KB059713

이 책에 쏟아진 찬사

버핏이 전 세계에서 가장 유명한 부자이고, 주식 투자자들에게 항상 영감을 주는 인물이어서 그에 대한 책도 많다. 이 책은 출간된 지 시간이 꽤 지났지만 여전히 많이 읽힌다는 점에서 돋보인다. 1995년 초판으로 버핏의 투자법을 알린 지 10년 만인 2005년에 개정판이 나온 데 이어, 2020년 네 번째 개정판이 나왔다. 버핏의 초창기 투자부터 2000년 이후 변화한 투자 전략까지 담았다. 그의 투자철학을 사례 중심으로 이해하고, 장기 투자자의 시각으로 주식시장을 바라보는 방법을 배울 수 있다.

손덕호, 조선비즈 기자

『워런 버핏의 완벽투자기법』은 워런 버핏의 투자법에 궁금증을 갖고 관련 서적을 뒤지다 보면 반드시 마주하게 되는 책이다. 나도 이 책을 통해 본격적으로 버핏에 관심을 갖게 됐고, 여러 차례 밑줄을 그어가며 읽었다.

이 책은 버핏이 성장기에 겪은 일화를 통해 그의 투자법의 형성 과정을 소개하고, 그가 실제로 매입했던 기업과 주식을 사례로 가치투자가 어떻게 적용되는지를 설명하고 있다. 자칫 난해할 수 있는 가치투자의 개념을 유머러스한 표현을 사용하며 알기 쉽게 풀어 쓴 것이 이 책을 스테디셀러로 만든 비결일 것이다. 이 책을 읽고 나서 '주식은 어려울 수 있지만 단순하다', '내가 일상에서 먹고, 마시고, 즐기는 제품을 생산하는 기업에 좋은 주식이 있다'를 깨닫는다면 큰 소득일 것이다.

이민주, 서울경제TV 경제산업부장(부국장). 전 버핏연구소 대표

많은 이들이 세계 최고의 투자자라고 평하는 워런 버핏의 투자 기법에 관한 매우 유용한 해설서이자 최고의 투자 전략서이다.

월스트리트저널

로버트 해그스트롬은 워런 버핏의 전략에 대해 심도 깊이 조사하여, 버핏의 놀라운 투자 실적에 기여한 주요 종목들이 선정된 과정과 이유를 알려준다.

존 G. 보글, 뱅가드 그룹의 창설자 겸 CEO

투자지침서나 워런 버핏 관련 도서로 최고의 책이다. 많은 사람들이 워런 버핏의 말에 관심을 기울이지만, 그 누구도 로버트 해그스트롬만큼 그의 말을 제대로 이해해 알기 쉽고 정확하게 설명하지 못했다.

존 로스차일드, 『피터 린치의 투자 이야기』의 저자

투자지침서나 벤저민 그레이엄부터 필립 피셔에 이르기까지 금세기 투자 거장들의 중요 개념들을 포착하는 데 그치지 않고, 그들이 가진 통찰력의 이론적 기반까지 명료하게 설명하고 있다. 이 책은 단순한 투자 서적이 아니라 한 권의 책으로 탄생한 투자 전문 도서관이다.

크리스 데이비스, 데이비스 어드바이저스 포트폴리오 매니저

워런 버핏의
완벽투자기법

THE WARREN BUFFETT WAY, + Website, 3rd edition (9781118503256/1118503252) by Robert G. Hagstrom
Copyright ⓒ 2013 by Robert G. Hagstrom
This Korean edition was published by Sejong Books, Inc. in 2014 by arrangement with John Wiley & Sons International Rights, Inc. through KCC(Korea Copyright Center Inc.), Seoul.

워런 버핏의 완벽투자기법

지은이	로버트 해그스트롬
옮긴이	신현승
펴낸이	오세인
펴낸곳	세종서적(주)

주간	정소연
편집	최정미
디자인	안자은
마케팅	임종호
경영지원	홍성우

출판등록	1992년 3월 4일 제4-172호
주소	서울시 광진구 천호대로 132길 15 3층
전화	영업 (02)778-4179, 편집 (02)775-7011
팩스	(02)776-4013
홈페이지	www.sejongbooks.co.kr
블로그	sejongbook.blog.me
페이스북	www.facebook.com/sejongbooks

개정4판 1쇄 발행 2020년 5월 29일
개정4판 3쇄 발행 2021년 9월 15일

ISBN 978-89-8407-792-8 03320

이 도서의 국립중앙도서관 출판시도서목록(CIP)은 서지정보유통지원시스템
홈페이지(http://seoji.nl.go.kr)와 국가자료공동목록시스템(http://www.nl.go.kr/kolisnet)에서
이용하실 수 있습니다.(CIP제어번호: CIP2020018829)

- 이 책은『워렌 버핏의 완벽투자기법』의 4번째 개정판입니다.
- 잘못 만들어진 책은 바꾸어드립니다.
- 값은 뒤표지에 있습니다.

The Warren Buffett Way

워런 버핏의
완벽투자기법

로버트 해그스트롬 지음
신현승 옮김

세종

차례

1

5시그마 사건_세상에서 가장 위대한 투자자 51

2

워런 버핏의 교육 79

3

기업 인수_12가지 불변의 요소들 113

4

보통주 매입_9가지 사례 연구 151

5

포트폴리오 경영_투자의 수학 247

머리말

워런 버핏이 이례적일 정도로 투자에서 눈부신 성공을 거둔 까닭은 무엇일까? 그것이야말로 내가 가장 자주 하는 질문이자 이 추천사에서 연구하고 싶은 질문이다.

1960년대 후반 시카고 대학교에서 MBA를 이수하던 시절, 나는 수년 전에 등장한 새로운 금융 이론을 접했다. 시카고학파의 가장 중요한 구성 요소 중 하나인 효율적 시장 가설(Efficient Market Hypothesis)이었다. 이 가설에 따르면 총명하고 의욕적이고 객관적이고 정보에 밝은 많은 투자자들의 연합 덕분에 정보는 시장가격에 즉각 반영된다. 그 결과 자산은 리스크가 조정된 적절한 수준의 수익을 올릴 수 있다. 투자자들이 기회로 활용할 수 있을 만큼 주가가 지나치게 높거나 낮게 형성되는 법은 없다. 따라서 그 어떤 투자자도 지속적으로 이득을 거두는 기회를 포착할 수 없다. 이 가설로 널리 알려진 시카고학파의 금언 "당신은 시장을 이길 수 없다"가 생겨났다.

효율적 시장 가설은 이 결론에 대해서 합리적인 근거를 제시한다. 아울러 온갖 노력에도 불구하고 대다수 투자자들이 시장을 이길 수 없음을 보여주는 많은 실증적 자료들도 존재한다. 이것이 시장을 능가할 수 없음을 입증하는 강력한 논거이다.

물론 모든 투자자가 그런 것은 아니다. 어쩌다 한 번 시장을 이기는 투자자들이 있다. 왜냐하면 개인 투자자의 수익률이 시장의 수익률에서 벗어나는 것을 불가능하게 할 정도로 시장 효율성의 영향력이 막강하지는 않기 때문이다. 다만 효율적 시장 가설이 틀렸음을 입증할 만큼 충분히, 그리고 지속적으로 시장을 이길 사람은 아무도 없다는 주장이 제기될 뿐이다. 대개의 과정이 그렇듯이 여기서도 일반적인 기준에서 벗어나는 투자자들이 존재한다. 그러나 그들의 뛰어난 수익은 무작위에 근거하고 있으며, 그 결과 일시적인 것으로 설명된다. 내가 어릴 적에 "타자기가 있는 방에 충분한 수의 침팬지를 집어넣으면 언젠가 그중 한 놈은 성경을 타자기로 칠 것이다"라는 말이 있었다. 즉 무작위성이 존재할 경우 가끔씩 어떤 일이든 발생할 수 있다는 것이다. 그러나 예전에 나의 어머니가 말했듯이 "예외가 있으므로 규칙이 있다." 일반 규칙을 100퍼센트 확신하지 못할 수 있다. 그러나 아주 드물게 예외가 발생한다는 사실이 그것의 기본적인 진실성을 입증한다. 따라서 설혹 예외가 있을지라도 아마추어건 프로건 매일 수많은 투자자가, 당신이 시장을 이길 수 없음을 입증하고 있다.

그럼 여기서 워런 버핏의 경우를 살펴보자.

워런을 비롯한 몇몇 전설적인 투자자들—벤저민 그레이엄, 피터 린치, 스탠리 드러켄밀러, 조지 소로스, 줄리언 로버트슨 등—은 시카고학파에 정면으로 도전할 만큼 탁월한 실적을 가지고 있다. 요컨대 그들은 충분히 오랜 기간 막대한 수익을 거둬들임으로써 시장 효율성 지지자들을 수세로 내몰고 있다. 그리고 이런 실적은 그들이 뛰어난 역량을 통해서 시장을 이길 수 있고, 또 그것이 단순한 요행이 아님을 입증해준다.

그러나 워런의 경우에는 확실한 증거를 가지고 논쟁하는 것이 쉽지 않다. 워런의 사무실 벽에는 그가 직접 타이핑한 보고서 한 장이 걸려 있다. 그것은 그가 1956년에 10만5,000달러를 가지고 버핏합자회사(Buffett Partnership Ltd.)를 설립했음을 알려주는 보고서이다. 합자회사 설립 이후 그는 추가 자본을 끌어들여 수익을 올렸는데, 현재 버크셔해서웨이는 총 1,439억 달러의 투자액과 2,020억 달러의 순자산을 갖추고 있을 정도로 크게 성장했다. 그는 오랜 기간 동안 통계 지수를 훌쩍 뛰어넘는 놀라운 실적을 기록했다. 그리고 미국에서 두 번째로 부유한 사람이 되었다. 하지만 그것은 『포브스』의 세계 부자 순위에 오른 대다수 갑부들처럼 왕조의 부동산 자산이나 독특한 기술적 발명이 아니라, 만인에게 열려 있는 투자시장에서 공들인 노력과 역량 덕분에 이룬 성과였다.

그렇다면 워런 버핏이 이처럼 뛰어난 성과를 거둘 수 있었던 까닭은 무엇일까? 여기에는 다음과 같은 중요한 이유들이 있었다.

버핏은 아주 영리하다

다음은 기지 넘치는 워런 버핏의 많은 명언들 중 하나이다. "만약 당신의 지능지수가 160이라면 30은 팔아치워라. 당신에게 그 숫자는 불필요하다"라고 맬컴 글래드웰이 『아웃라이어(*Outliers*)』에서 지적했듯이 눈부신 성공을 거두기 위해서는 굳이 천재일 필요가 없다. 적당히 영리하기만 해도 충분하다. 그 이상으로 지능이 높아봤자 자신에게 주어진 기회를 이용하는 데 별 도움이 되지 않는다. 실제로 지나치게 총명한 나머지 자신만의 방식에서 벗어나지 못하거나 현실에서 성공(그리고 행복)에 이르는 길을 발견하지 못하는 이들이 있다. 높은 지능지수가 누군가를 훌륭한 투자자로 만들어주는 것은 아니다. 만약 그렇다면 대학교수들이 세상에서 가장 부유한 사람들이 되었을 것이다. 뛰어난 투자자가 되려면 사업 위주여야 하고, 요령과 풍부한 세상 경험을 가지는 것이 중요하다.

개인적으로 나는 버핏의 지능지수가 130을 넘어서는지 궁금하다. 그는 지능지수에서 '불필요한' 가외 점수를 얻기 위하여 그 어떤 노력도 하지 않는다. 그는 문제의 핵심을 파고들어 근거가 충분한 결론을 도출하고, 설령 처음에는 자신에게 불리하더라도 그 결론을 고수하는 능력을 가지고 있다. 이런 능력은 그의 존재와 투자 실적을 구성하는 중요한 요소이다. 한마디로 그는 매우 분석적이다.

또한 버핏은 놀라우리만치 기민하다. 그가 결론에 도달하는 데는 몇 주나 몇 달이 걸리지 않는다. 그에게는 숫자 놀음에 매달리는 분석가 집단도 필요 없다. 그는 숫자로 표기된 모든 데이터를 빠짐없이 알거나 고려해야 한다고 생각하지 않는다. 중요하게 여기는 것들만 챙길 뿐이다. 그는 그런 것들을 감지하는 데 탁월한 감각을 가지고 있다.

버핏은 중요한 철학을 가지고 있다

많은 투자자들이 모든 것에 통달할 정도로 자신이 똑똑하다고 혹은 최소한 그렇게 행동하고 있다고 생각한다. 나아가 그들은 세상이 끊임없이 변하고 있으며, 최신 정보를 따라잡으려면 취사선택을 잘해야 하고 자신의 접근법을 변화시켜 거기에 적응해야 한다고 믿고 있다. 여기서 문제는 어느 누구도 모든 것을 다 알 수 없고, 새로운 비법을 부단히 개선하고 익히는 것이 무척 힘들다는 것이다. 게다가 이런 태도는 특정한 전문 지식이나 유용하고 손쉬운 방법을 개발하는 데 방해가 된다.

그러나 버핏은 자신이 모르는 것을 인정하고 자신이 아는 것을 고수하며, 나머지는 타인에게 맡긴다. 마크 트웨인이 "당신은 무지 때문에 곤경에 빠지는 것이 아니다. 곤경에 빠뜨리는 것은 당신의 확신이다"라고 말한 이래로 이런 방식은 매우 중요해졌다. 버핏은 자신이 잘 알고 있는 기업들에만 투자한다. 예를 들면 그는 평범한 분야를 중시하고 첨단 기술 업체들은 기피한다. 그는 자신의 철학과 시야에서 벗어난 것들은 그냥 넘어가는 것으로도 유명하다. 그 같은 행동이 타인의 돈벌이 수단이 되더라도 기꺼이 감수한다(대다수 사람들은 그렇게 하지 못한다).

버핏은 정신적으로 유연하다

삶의 지침이 되는 철학을 가지는 것이 중요하다 할지라도 그것이 변화가 절대 필요하지 않다는 의미는 아니다. 변화하는 환경에 적응하는 것이 바람직할 수도 있다. 심지어 더 훌륭한 철학과 우연히 마주칠 수도 있다. 핵심은 언제 변화하고, 언제 고수해야 하는지를 아는 것이다.

버핏은 사회생활 초기에 스승이었던 벤저민 그레이엄의 접근법을 채택했다. '딥 밸류(deep value)'라고 불리는 접근법이 그것이다. 딥 밸류란 순현금가 이하로 사들일 수 있는 버림받은 기업들의 주식 매입을 의미한다. 간혹 '담배꽁초 줍기(picking up cigar butts)'로 표현되기도 한다. 그러나 동업자인 찰리 멍거의 충고를 받은 이후 그는 방어용 '해자(moat)'와 가격 결정력을 갖추고, 훌륭한 사람들이 경영하는 합당한 가격의 우량 기업들을 중시하는 쪽으로 방향을 틀었다.

오랜 기간 버핏은 자본 집약형 기업들을 기피하는 접근법을 가지고 있었다. 그러나 그는 벌링턴노던샌타페이철도회사(Burlington Northern Santa Fe Railway)를 매수함으로써 이런 편견을 부수었으며, 벌링턴노던샌타페이철도회사가 2008년 금융 붕괴 이후 가지게 된 경제적 민감도와 철도 화물 증가에 대한 전망을 이용할 수 있었다.

개인의 철학은 길잡이가 되어야 하지만 경직되어서는 안 된다. 투자 철학도 다른 것들과 마찬가지로 풀기 힘든 딜레마를 가지고 있다. 그러나 버핏은 도전을 겁내지 않는다. 또 새로운 유행이 등장할 때마다 유행에 따라 변하지 않고, 자신의 사고가 경직되게 내버려두지 않는다.

버핏은 감정에 휘둘리지 않는다

투자의 장애물 중 많은 것이 인간의 감정과 관련 있다. 효율적 시장 가설이 실패하는 주된 이유는 투자자들이 좀처럼 객관성을 유지하지 못하기 때문이다. 가격이 상승하면 대다수가 욕심을 내고 자신만만해지며 즐거움에 도취된다. 그 결과 그들은 승리를 자축하며 수익을 얻기보다 더 많은 매수에 나선다. 반대로 가격이 하락하면 그들은 의기소침해지고 두려움을 느낀다. 그 결과 그들은 헐값에 자산을 팔아치우고 매수는 엄두도 내지 못한다. 그중 최악은 타인에 의존하여 자신이 행동 방식을 판단하려는 성향이 강하게 나타나는 것이다. 또 타인의 성공을 선망한 나머지 그들이 그렇게 해서 성공했다는 이유 하나만으로 더 많은 위험을 감수하려는 성향도 나타난다. 이런 선망으로 인해서 사람들은 무작정 성공한 이들을 뒤따라가며 자신이 잘 모르는 투자에 나선다.

버핏은 시세가 올랐다고 크게 기뻐하지 않으며, 시세가 떨어졌다고 의기소침하지도 않는다. 그에게 성공이란 대중이나 미디어가 결정하는 것이 아니라 자기 자신이 결정하는 것이다. 그는 타인이 보기에 그의 판단이 옳은지 혹은 그의 투자 결정이 그에게 좋은 평판을 가져다주는지 여부에 관심을 두지 않는다(그는 2000년 초반에 닷컴 버블 참여로 실패를 맛보면서 '전성기가 지났다'고 인식했다. 그럼에도 자신의 투자 방식을 바꾸지 않았다). 그는 오직 자신(그리고 찰리 멍거)이 생각하는 것 그리고 주주에게 수익을 가져다줄 수 있는지 여부에만 관심을 가졌다.

버핏은 통념과 반대되는 역투자자이자 인습 타파주의자다

일반 투자자들은 감정에 휘둘려 실수를 범하면서도 대중을 따라야 한다고 생각하는 반면 최고의 투자자들은 역투자자처럼 행동하면서 결정적인 순간에 대중과 갈라선다. 그러나 타인과 반대로 행동하는 것만으로는 충분치 않다. 당신은 그들이 무엇을 하고 왜 그것이 잘못인지 이해해야 하며, 그 대신 무엇을 할 수 있는지 알아야 한다. 또한 정반대 방식(예일 대학교의 데이비드 스웬슨이 "거북할 정도로 특이한 태도"라고 칭한 것을 채택하고 고수하는 방식)으로 행동할 용기를 가지고 있어야 하며, 상황이 반전되어 당신의 판단이 옳았음이 입증될 때까지 잘못 생각하고 있다는 대중의 비난을 감수할 수 있어야 한다. 특히 후자는 "지나치게 시대에 앞서나가는 것은 그릇된 것과 구별되지 않는다"라는 옛말처럼 두고두고 감당해야 하는 것처럼 느껴질 수 있다. 한마디로 결코 쉬운 일이 아니다.

버핏은 분명 역투자자로서의 뛰어난 능력이 있다. 실제로도 역투자자로 행동하는 것을 즐긴다. 예전에 내게 보낸 글에서 버핏은 시장이 꽃으로 평가한 고수익 채권을 잡초로 여긴 적이 있다며 "그 채권이 잡초일 때 더 좋아했다"라고 적었다. 역투자자는 투자물의 인기가 없을 때 오히려 그것을 매수한다. 버핏은 다른 누구보다 이런 방식을 선호한다.

버핏은 경기 역행적이다

투자에는 미래를 다루는 일도 포함되어 있다. 그러나 최고의 투자자들 중 다수가 경제 발전과 이자율, 시장 기능과 관련하여 거시적으로 미래의 상황을 예측할 수 없음을 인정하고 있다. 만약 우리가 대다수 사람들이 의지하고 싶어 하는 것들을 잘 다루지 못한다면 과연 우리는 무엇을 할 수 있을까? 나는 경기 역행적으로 행동하는 방식에 상당한 이점이 있다고 생각한다.

경제가 호전되고, 기업들이 높은 수익을 발표하고, 자산 가치가 상승하고, 위험부담이 보답을 받을 때 감정에 치우쳐 투자하기 쉽다. 그러나 가치가 오른 자산을 매수한다고 해서 그것이 월등한 투자 결과를 담보하는 것은 아니다. 그보다는 경제와 기업들이 처한 상황이 악화되고 있을 때 오히려 헐값 매수가 가능하다. 왜냐하면 자산 가격이 저평가되는 상황일 가능성이 크기 때문이다. 그러나 이런 매수 역시 쉬운 일은 아니다.

버핏은 경기 순환의 저점에 투자함으로써 자신의 능력—실제로는 기호에 따른 그의 선택—을 반복적으로 입증했다. 상징적인 예를 들자면, 2008년에 금융 위기가 심화되던 시점에 그는 골드만삭스와 제너럴일렉트릭의 10퍼센트 우선주에 각각 50억 달러를 투자했으며, 2009년에는 경제적으로 불안정한 벌링턴노던샌타페이철도회사를 340억 달러에 매수했다. 오늘날 돌이켜 생각해보면, 이것은 분명 현명한 투자였다. 그러나 금융 붕괴의 공포감이 만연하던 시기에 이처럼 과감하게 행동에 나설 투자자들이 과연 얼마나 되겠는가?

버핏은 장기적인 목표를 가지고 있으며 변동성에 관심을 보이지 않는다

업계에서 보낸 45년 사이에 투자자들의 투자 기간은 점점 짧아졌다. 아마도 이는 투자 결과에 대한 미디어의 관심 증가(1960년대에는 이런 관심이 존재하지 않았다), 투자자와 고객들에게 미친 미디어의 확산 그리고 헤지펀드의 성공 보수에 의해서 도입된 연간 수익을 얻으려는 노력 때문일 것이다. 그러나 타인이 어리석은 편견에 사로잡혀 그들의 생각과 행동에 영향을 미치도록 내버려둘 때 그런 편견을 피하는 것으로 이득을 얻을 수 있다. 즉 많은 투자자들이 분기 실적과 연간 실적에 목매고 있으면, 장기적인 안목을 가진 이들에겐 그것이 수익의 기회가 될 수 있다는 것이다.

버핏은 "나의 보유 기간은 영원하다" 그리고 "나는 매끄러운 12퍼센트 연간 수익률보다 울퉁불퉁한 15퍼센트 연간 수익률을 더 좋아한다"라는 유명한 말을 남겼다. 이런 태도 덕분에 그는 좋은 아이디어를 장기간 고수함으로써 수익을 눈덩이처럼 불릴 수 있었을 뿐 아니라 해마다 포트폴리오를 바꾸면서 단기금리로 세금을 지불하는 대신 비과세로 수익을 누적시킬 수 있었다. 또 변동성이 심한 시기에 손해를 보는 대신 그 시기를 기회로 이용할 수 있었다. 실제로 유동성을 주장하면서 그것을 빌미로 투자에서 발을 빼는 대신 버핏은 자신이 결코 포기할 수 없는 투자에 기꺼이 나서고 있음을 행동으로 분명히 보여주고 있다.

버핏은 좋은 아이디어에 거액의 베팅을 하는 것을 주저하지 않는다

분산투자는 이른바 분별 있는 투자 관리에서 오랫동안 중요한 역할을 했다. 요컨대 분산투자는 개인 투자에서 거액의 손실을 입을 확률을 줄여준다(지나친 손실을 입었다는 이유로 소송을 당할 확률도 줄여준다). 그러나 투자 손실로 인한 고통을 줄여주는 반면 승자의 잠재적 이득도 감소시킨다.

다른 많은 경우와 마찬가지로 버핏은 분산투자와 관련해서도 다른 관점을 가지고 있다. "우리가 채택한 전략은 표준적인 분산투자의 교리에서 벗어나는 것이다. 때문에 많은 전문가들은 이 전략이 일반 투자자들이 사용하는 전략보다 분명 더 위험하다고 말한다. 우리는 포트폴리오 집중 정책이 당연히 리스크를 줄여준다고 확신한다. 만약 그것이 투자자가 어떤 기업에 관해서 생각하는 집중력을 키워줄 뿐 아니라 투자에 앞서 그 기업의 경제적 특징들을 훤히 알 수 있게 해준다면 말이다."

버핏은 좋은 아이디어들이 매우 드물게 찾아온다는 것을 잘 알고 있다. 그래서 그는 기준을 높게 설정해놓고 오직 좋은 아이디어에만 투자하며, 그런 아이디어가 눈에 보이면 거액을 베팅한다. 즉 자신이 확신하는 기업과 사람들에 충실하며, 타인이 투자한다고 무작정 따라 하지 않는다. 또 자신이 납득하지 못한 상태에서 투자가 잘 이루어질지 우려하며, 단지 실수의 충격을 완화—이른바 그가 말하는 '최악의 사태를 면함(de-worstification)'을 실행에 옮기는 것—하기 위해서 중요시하지 않는 자산으로의 분산투자를 거부한다. 물론 뛰어난 실적을 얻을 기회가 된다면 이 모든 것이 매우 중요하다. 그러나 규칙이 아닌 포트폴리오 관리라면 이것은 예외적일 수밖에 없다.

버핏은 투자에 소극적인 태도를 보인다

수많은 투자자들이 항상 뭔가 대단한 일을 할 것처럼 행동한다. 혹은 항상 훌륭한 투자처를 발견할 수 있을 만큼 자신이 총명하다는 인상을 심어주어야 한다고 생각하는 듯하다. 그러나 정말 좋은 투자 기회는 예외적이다. 이는 매일같이 이런 기회가 찾아올 수 없음을 의미한다.

버핏은 좋은 투자처가 나타날 때까지 계속 거래를 거부하면서 투자에 소극적인 태도를 보이는 것으로 유명하다. 또 가장 위대한 타자인 테드 윌리엄스와 유사한 것으로도 유명하다. 테드는 홈 플레이트에서 어깨에 배트를 걸친 채 완벽한 투구가 날아올 때까지 계속 기다렸다. 마찬가지로 버핏 역시 오직 설득력이 있을 때에만 투자에 나섰다. 꾸준히 좋은 거래가 이루어진다고 혹은 항상 투자하기 좋은 시기라고 어느 누가 감히 주장할 수 있겠는가?

버핏은 실직을 두려워하지 않는다

자신이 옳다고 여기는 것을 모두 행동으로 옮길 수 있는 투자자들은 거의 없다. 대다수는 자신의 능력을 제약하면서 비유동적이거나 논란의 여지가 있거나 부적절해 보이는 자산을 매수하는 반면 '모든 이'가 보유하고 싶어 하는 고평가 자산은 팔아치운다. 그리고 소수의 좋은 방안에 자신의 포트폴리오를 집중한다. 왜 그럴까? 그것은 그들이 잘못된 결과를 두려워하기 때문이다.

타인의 돈을 관리하는 중개인들은 대담하게 행동했다가 해고를 당하거나 계약 해지를 당할 위험이 생길까 걱정한다. 그 결과 그들은 행동을 절제하면서 가급적 조심스럽고 논란이 생기지 않게 한다. 이런 성향에 대해서 존 메이너드 케인스는 "세상은 명성을 위해서라면 관례에 맞지 않게 성공하는 것보다 관례에 맞게 실패하는 편이 더 낫다고 가르친다"라고 주장한다. 그러나 이런 성향은 매우 어려운 문제를 제기한다. 즉 실패가 두려워서 과감하게 투자에 나설 의지가 없다면 상대적으로 성공할 경우 차별화될 수 있는 투자에 나서는 것도 불가능하다는 점이다. 위대한 투자자들은 행동과 함께 지적인 판단을 따라갈 수 있다. 즉 그들은 위대해질 수 있는 용기를 가지고 있다.

물론 버핏은 해고를 걱정할 필요가 없다. 왜냐하면 자금이 남아 있는 한 그의 직책은 거의 영구적이기 때문이다. 그러나 시장이 붕괴할 때 보통의 펀드매니저들에게 닥치는 상황처럼 헐값에 자산 매각을 요구하면서 자기 자금을 인출할 수 있는 고객은 없다. 위대한 투자자의 성공을 살펴보면 이런 간단한 사실이 중요한 역할을 한다. 따라서 버핏이 이런 방식을 선택하여 헤지펀드 체계에서 버크셔해서웨이 기업 형태로 옮겨간 것은 단순한 우연의 일치가 아니다. 그는 다른 방식을 선택하려 하지 않았다.

물론 버핏은 탁월한 투자자들의 다른 많은 특징들도 공유하고 있다. 그는 집중력과 절제력과 목적의식이 있으며 부지런히 일한다. 또 수리 계산에 강하고 논리적이며, 독서와 인적 교류를 통해서 가능한 한 많은 정보를 수집한다. 그리고 현시점에서 명성을 얻거나 돈을 벌려는 것이 아니라 지적으로 난해한 문제 풀이를 즐기려는 목적으로 투자에 나서고 있다. 여기서 돈벌이는 그의 목적이 아니라 이런 노력의 부산물에 지나지 않는다.

이론적으로 보자면, 많은 투자자들도 버핏이 지난 60년 동안 행한 방식을 그대로 실행할 수 있었다. 위에서 언급한 특징들은 좀처럼 찾아보기 힘들긴 해도 유일무이한 것은 아니다. 각각의 특징들은 나름의 설득력을 가지고 있다. 이와 반대로 행동하려는 이는 아마 없을 것이다. 그러나 이 모든 특징을 행동으로 보여줄 수 있는 사람들은 극소수이다. 버핏은 이 모두를 결합시킨 '워런 버핏의 완벽투자기법'을 적용함으로써 눈부신 성공을 거둘 수 있었다.

_하워드 막스

개정판에 대한 추천사

로버트 해그스트롬이 저술한 이 책은 1994년에 초판이 출간되자마자 선풍적인 인기를 끌며 지금까지 120만 부 넘게 판매되었는데, 이 같은 인기는 책에 실린 분석과 조언이 얼마나 훌륭한 가치가 있는지 입증해 주는 것이나 다름없다.

워런 버핏을 떠올릴 때 투자자들은 그와 관련된 엄청난 숫자에 압도될 수밖에 없다. 대다수 투자자들은 고작해야 한 번에 수백 또는 수천 달러 단위로 투자하는 반면 버핏은 수백만 혹은 수십억 달러 단위로 투자하기 때문이다. 그렇다고 해서 우리가 그로부터 배울 것이 전혀 없다는 의미는 아니다. 오히려 정반대이다. 만약 투자자가 버핏이 어떤 일을 하고 있으며, 또 어떤 일을 해왔는지 살펴보고 그 기저에 깔린 생각을 이해한다면 우리의 의사 결정에 버핏을 본보기로 삼을 수 있을 것이다.

바로 이 점에서 로버트의 책이 크게 기여하고 있다. 로버트는 워런 버핏의 행동과 말과 의사 결정을 오랜 기간 면밀히 연구하여 공통점을 찾고 그것들에 대한 분석을 시작했다. 이 책에서 그는 이런 공통점을 토대로 열두 가지 투자 요소, 즉 모든 환경과 시장에서 버핏의 투자 철학을 유도하는 원칙들을 도출했다. 이 원칙들은 동일한 방식으로 모든 투자자를 성공으로 이끌어줄 것이다.

로버트의 저서가 영구적인 가치를 지닌 까닭은 초점이 분명하기 때문이다. 이 책에서도 투자 기법을 언급하고 있지만 근본적으로는 투자 원칙에 관한 내용을 다루고 있다. 투자 원칙은 변하지 않는다. 마치 버핏이 쓸쓸한 미소를 지으며 "변하지 않기 때문에 사람들이 그것을 원칙이라 부르는 겁니다"라고 말하는 소리가 내 귀에 들리는 듯하다.

지난 10년 동안 우리는 이런 기본적인 사실을 생생하게 목격할 수 있었다. 그 기간 동안 주식시장은 몇 차례 변화의 과정을 거쳤다. 우리는 많은 사람들에게 부를 안겨준 버블을 목격했고, 그 이후에는 주식시장의 폭락 그리고 2003년 봄에 바닥을 치고 회복하기까지 오래 지속된 고통스러운 하락 장세를 지켜보았다.

그러나 이 모든 일이 벌어지는 동안에도 워런 버핏의 투자법은 한 번도 변한 적이 없었다. 그는 이 책에 요약된 다음과 같은 투자 원칙들을 계속 고수했다.

- 주식 매입을 기업의 지분 매입처럼 생각하라.
- 집중투자 방식의 회전율이 낮은 포트폴리오를 구성하라.
- 자신이 이해할 수 있고 분석할 수 있는 기업에만 투자하라.

• 기업의 장기적인 내재 가치와 주식 매입 가격 간의 안전 마진을 확보하라.

버크셔해서웨이 투자자들은 이처럼 한결같은 접근법 덕분에 혜택을 받고 있다. 주식시장이 2003년에 회복하기 시작한 이래로 버크셔해서웨이의 주가는 30퍼센트 이상 뛰어 주당 2만 달러까지 상승했다. 이것은 동일 기간에 전체 주식시장의 수익률을 훨씬 뛰어넘는 수치였다.

벤저민 그레이엄에서 출발하여 워런 버핏과 동시대의 투자자들 그리고 로버트 해그스트롬 같은 다음 세대의 투자자들에게까지 이어지는 가치 투자라는 사고의 사슬이 존재한다. 그레이엄의 가장 유명한 제자인 버핏은 종종 투자자들에게 그레이엄의 『현명한 투자자(*The Intelligent Investor*)』를 탐독하라고 권유한다. 나 역시 종종 투자자들에게 똑같은 권유를 한다. 나는 로버트의 책이 그레이엄의 고전과 한 가지 중요한 점을 공유하고 있다고 확신한다. 물론 이 책의 조언을 따르더라도 당신은 부자가 되지 못할 수 있다. 그러나 당신이 가난해질 가능성은 현저히 낮아질 수 있다. 이 책에 기술된 투자 기법과 투자 원칙들을 이해하고 현명하게 적용하면 당신도 훌륭한 투자자가 될 수 있다.

_빌 밀러
(LMM, LLC 회장 겸 최고투자책임자)

초판에 대한 추천사

1989년 초의 어느 날 저녁, 집에 있을 때 한 통의 전화가 걸려왔다. 당시 열한 살이던 둘째 딸 애니가 전화를 받았다. 애니는 워런 버핏이라는 사람이 전화를 걸었다고 내게 말했다. 나는 당연히 농담으로 하는 장난이라고 생각했다. 전화를 건 사람이 말하기 시작했다. "나는 오마하 출신의 워런 버핏이라는 사람입니다(마치 내가 또 다른 워런 버핏과 혼동할까 봐 하는 말 같았다). 방금 당신의 책을 다 읽었는데 정말 마음에 쏙 들었습니다. 그래서 하는 말인데 당신의 책에 실린 문장 하나를 우리 버크셔의 연차 보고서에 인용하고 싶습니다. 나도 항상 책 한 권을 쓰고 싶은 마음이 굴뚝같은데 뜻대로 되질 않더군요." 그는 아주 빠른 속도로 열정 넘치게 말했다. 두어 차례 웃음을 터뜨리면서도 15~20초 안에 40단어 이상 말했던 것 같다. 나는 곧바로 그의 부탁에 동의했다. 우리는 5~10분 동안 대화를 나누었다. 버핏이 마지막에 한 말은 지금도 내 기억에 생생하다. "만약 당신이 오마하에 들렀는데도 나를 찾아오지 않으면 네브래스카에서 당신의 이름은 악평이 자자해질 거요."

나는 네브래스카에서 내 이름이 더러워지는 것을 원하지 않았기에 6개월 후 그에게 연락을 취했다. 워런 버핏은 자기 사무실을 구석구석 구경시켜주었다(사무실이라고 해봤자 테니스 코트 반쪽만 한 크기여서 시간은 그리 오래 걸리지 않았다). 나는 열한 명의 회사 직원들 모두에게도 인사를 건넸다. 그런데 사무실 어디에도 컴퓨터나 주가 단말기가 눈에 띄지 않았다.

한 시간쯤 뒤에 나는 버핏을 따라 지역의 한 식당으로 자리를 옮겼다. 그곳에서 나는 기막히게 맛있는 스테이크를 먹었고, 30년 만에 처음으로 체리콜라를 맛보았다. 우리는 어린 시절에 했던 일, 야구, 브리지 게임 등에 대해서 대화를 나누었으며, 과거에 투자했던 기업들에 대해서도 이야기를 주고받았다. 버핏은 버크셔(그는 절대 버크셔해서웨이라는 정식 명칭으로 부르지 않았다)가 소유한 개개의 주식이나 영업에 대해서 설명하거나 내 질문에 답했다.

버핏은 어떻게 역사상 가장 훌륭한 투자자가 되었을까? 개인으로서, 주주로서, 경영자로서, 기업체 소유주로서 버핏은 각각 어떤 모습일까? 버크셔해서웨이의 연차 보고서가 독특한 까닭은 무엇일까? 왜 버핏은 연차 보고서에 심혈을 기울이는 걸까? 버크셔해서웨이의 연차 보고서에서 무엇을 배울 수 있을까? 이런 의문에 대한 답을 찾고자 나는 버핏과 직접 대화를 나누었으며, 그가 회장으로 취임했을 당시의 최초 연차 보고서(달랑 2쪽 분량의 1971년도 연차 보고서와 1972년도 연차 보고서)와 지난 5년 동안의 연차 보고서를 다시 읽어보았다. 아울러 짧게는 4년에서 길게는

30여 년 동안 버핏과 적극적으로 관계를 맺어왔던 아홉 명의 인물들—존 번, 로버트 데넘, 도널드 키오, 캐럴 루미스, 토머스 머피, 찰리 멍거, 칼 라이하르트, 프랭크 루니, 세스 스코필드—과도 대화를 나누었다.

워런 버핏의 개인적인 자질과 관련하여 그들의 반응은 한결같았다. 무엇보다도 버핏은 매우 만족해하고 있다. 그는 사람들을 상대하거나, 엄청난 분량의 연차 보고서와 분기별 보고서, 각종 신문과 잡지를 읽으면서 자신이 하는 모든 일을 무척 좋아한다. 투자자로서 버핏은 자신의 투자 원칙을 고수하고, 참을성이 강하고, 유연하고, 대담하고, 확신에 차 있고, 의사 결정이 분명하다. 그는 항상 리스크가 아예 없거나 최소화된 투자처를 찾고 있다. 확률과 내기에도 일가견이 있다. 나는 버핏의 이런 능력이 선천적으로 수학적 계산을 좋아하고, 브리지 게임을 즐기며, 보험에서 높은 수준의 리스크를 다룬 경험이 풍부하기 때문에 얻은 것이라고 생각한다. 그는 총손실의 확률은 낮은 반면 수익을 얻을 확률이 높으면 리스크를 감수할 의향이 있다. 그는 자신의 실패와 실수를 기록해두지만 변명하지 않는다. 또한 농담을 즐기며 동료들을 칭찬한다.

워런 버핏은 기업을 열심히 공부하는 학생이자 남의 말에 귀 기울이는 청자이며, 회사의 중요한 구성 요소와 복잡한 문제들을 빠르고 정확하게 결정할 수 있다. 그는 단 2분 만에 투자 포기를 결정하고, 단 며칠간의 검토만으로 대규모 투자를 감행할 시기를 결론 내릴 수 있다. 그리고 연차 보고서에 적은 것처럼 항상 준비되어 있다. "노아는 비가 내리고 있을 때에도 아직 방주를 만들지 않았다."

경영자로서 버핏은 웬만해서는 각 사업 부문의 책임자나 최고경영자를 호출하지 않는다. 반면 그들이 무언가를 보고하거나 자문을 구하기 위해서 자신에게 전화를 거는 것이라면 밤이든 낮이든 상관없이 언제나 반긴다. 그리고 주식에 투자하거나 기업을 인수한 이후에는 치어리더나 공명판 같은 역할을 한다. "버크셔에서는 4할 타율의 타자에게 타격하는 법을 알려주지 않는다." 야구에 비유하여 버핏이 한 말이다.

무엇이든 기꺼이 배우고 적응하려는 워런 버핏의 사례를 두 가지만 들자면 대중 연설과 컴퓨터 사용이 있다. 1950년대에 버핏은 데일 카네기 코스를 수료하기 위해서 100달러를 투자했다. "대중 앞에서 연설하면서 다리가 후들후들 떨리지 않기 위해서가 아니라 다리가 후들후들 떨려도 대중 앞에서 연설할 수 있기 위해서였다." 버크셔해서웨이 연례 주주총회에서 버핏은 부회장 찰리 멍거와 나란히 단상에 앉아 2,000명의 주주들 앞에서 메모도 없이 연설을 하고 주주들의 질문에 답한다. 그의 이런 모습을 본다면 벤저민 그레이엄이나 필립 피셔 같은 그의 스승, 데이비드 레터맨 같은 토크쇼 사회자, 지혜로운 솔로몬 왕, 유명한 카우보이 영화배우 윌 로저스, 유명한 코미디언 겸 배우 빌리 크리스털 같은 이들도 감탄을 금치 못할 것이다. 한편 브리지 게임에서 실력 향상을 원했던 버핏은 전 세계 도처의 사람들과 브리지 게임을 할 수 있는 네트워크에 가입하기 위해서 1994년 초에 컴퓨터 사용법을 배웠다. 어쩌면 가까운 미래에 버핏은 오늘날 컴퓨터상으로 이용 가능한 자료 검색 및 기업 정보 서비스를 투자 조사 목적으로 활용할지도 모른다.

버핏은 투자의 핵심적인 요소가 기업의 내재 가치를 구한 다음 공정한 가격 또는 저렴한 가격에 주식을 매입하는 것임을 강조한다. 그는 최근의 주식시장 동향이나 미래의 주식시장 동향에는 관심을 보이지 않는다. 버핏은 코카콜라의 주가가 6년 동안 5배, 60년 전과 비교했을 때 500배나 상승했음에도 불구하고 그 이후인 1988년과 1989년에 10억 달러 이상 투자하여 그 회사의 주식을 대량으로 매입했다. 버핏은 불과 3년 만에 투자 원금보다 4배나 많은 수익을 벌어들였다. 그럼에도 향후 5년, 10년 혹은 20년 동안 더 많은 수익을 얻을 것으로 예상하고 있다. 1976년에는 GEICO의 주가가 61달러에서 2달러로 폭락하여 주식이 휴지 조각이 되리라는 일반적인 인식에도 불구하고 GEICO 주식 매입에 거액을 투자했다.

그렇다면 일반 투자자들은 워런 버핏의 투자 기법을 어떻게 활용할 수 있을까? 버핏은 자신이 잘 모르거나 자신의 '능력 범위'에서 벗어난 기업은 절대 투자에 나서지 않는다. 모든 투자자가 시간이 지나면서 자신이 직접 연관되어 있거나 쉽게 조사할 수 있는 업종에서 잘 아는 기업을 찾아내어 집중하게 된다. 투자자가 평생 옳은 결정만 내릴 필요는 없다. 버핏의 경우 40년의 투자 경력에서 단 12차례의 투자 결정이 그에게 매우 중요한 영향을 미쳤다.

소수의 주식에만 투자를 집중함으로써 투자자가 더 신중하고 철저해지면 리스크를 크게 줄일 수 있다. 보통 때라면 버크셔해서웨이가 보유한 포트폴리오의 75퍼센트 이상이 단 5개 종목에 집중되어 있다. 이 책에서 여러 차례 밝힌 원칙들 중 하나는 우량 기업이 일시적인 문제를 겪거나 주식시장의 약세로 주가가 과소평가되어 있을 때 그 주식을 매입하라는 것이다. 또한 주식시장의 향방, 경제 상황, 이자율, 선거 결과 등을 예측하지 말고, 이런 예측 행위를 생계 수단으로 삼는 개인들에게 돈을 낭비하지도 말아야 한다. 그리고 기업과 관련된 사실과 재무 상태를 조사하고 미래 전망을 따져본 다음 모든 상황이 자신에게 유리할 때 주식을 매입해야 한다. 그러나 많은 사람들이 자신의 카드는 들여다보지도 않은 채 밤새워 포커 게임을 하듯 투자에 나서고 있다.

GEICO의 주가가 2달러일 때, 웰스파고나 제너럴다이내믹스의 주가가 폭락하고 많은 전문가들이 해당 기업들에 심각한 문제가 있다고 주장할 때 과감히 주식 매입에 나설 정도로 지식과 용기를 갖춘 투자자는 거의 찾아보기 힘들 것이다. 그러나 워런 버핏은 캐피털시티스/ABC, 질레트, 워싱턴포스트, 어필리에이티드퍼블리케이션스, 프레디맥, 코카콜라 같은 기업들의 주식도 매입했다. 이들 기업은 오랜 기간 높은 수익성을 가지고 잘 운영되고 있으며, 지배적인 독점 판매권을 가진 우량 기업들이었다.

워런 버핏은 버크셔 주주들뿐만 아니라 일반 대중이 더 나은 투자자가 되는 것을 돕기 위해서 버크셔의 연차 보고서를 활용했다. 버핏의 가족을 살펴보면, 부모는 모두 신문사 편집 일을 했고, 고모 앨리스는 30년 이상 공립학교 선생으로 재직했다. 워런 버핏은 일반적으로 기업들에 관해서, 그리고 특별히 투자에 관해서 가르치는 것과 글 쓰는 것을 모두 좋아했다. 스물한 살 무렵에는 오마하의 네브래스카 주립대학에서 자원봉사로 다른 학생들을 가르쳤다. 뉴욕 시에서 근무하던 1955년에는 스카스데일 고등학교에서 주식시장에 대한 강의를 했다. 그리고 1960년대 후반부터 1970년대의 10년 동안에는 크레이턴 대학에서 무보수로 강의하기도 했다. 1977년에는 알 소머 주니어가 장(長)으로 있던 위원회의 일원이 되어 기업공시에 관하여 증권감독원에 자문을 했다. 이후 버핏은 1977년 후반부터 1978년 초까지 작성된 1977년도 연차 보고서에 극적인 변화를 꾀했다. 1956년부터 1969년까지 자신이 작성했던 합자 회사 연차 보고서와 좀 더 유사하게 버크셔 연차 보고서 형식을 바꾼 것이다.

1980년대 초부터 버크셔의 연차 보고서는 주주들에게 회사 보유 주식과 신규 투자의 실적을 고지하고, 보험 및 재보험 산업의 최신 현황도 알려주었다. 특히 1982년부터는 버크셔가 매입하려는 기업들의 인수 기준을 일람표로 작성했다. 버크셔의 연차 보고서에는 올바른 주식 투자를 하기 위해서 지켜야 할 규칙들을 포함하여 다양한 사례 및 비유와 일화들이 실려 있다.

워런 버핏은 버크셔의 내재 가치를 장기적으로 연간 15퍼센트씩 증가시킨다는 목표와 함께 미래의 버크셔 실적에 높은 기준을 설정했는데, 이는 1956년부터 1993년까지 버핏을 제외한 어느 누구도 달성하지 못한 목표였다. 사실 버핏 자신도 회사의 규모가 훨씬 더 커짐에 따라 이 같은 기준을 유지하기 힘들 것이라고 말한 적이 있다. 그러나 도처에 항상 기회가 있고, 버크셔에는 투자를 위한 많은 현금이 준비되어 있으며, 회사는 매년 성장을 이어가고 있다. 버핏의 자신감은 1993년 6월에 나온 버크셔 연차 보고서 60쪽에 다음과 같이 강조되어 있다. "버크셔는 1967년 이래로 한 번도 현금 배당을 공표하지 않았다."

워런 버핏은 항상 투자에 관한 책을 쓰고 싶다고 말했다. 언젠가 그의 바람이 실현되었으면 한다. 그러나 그때까지는 버크셔의 연차 보고서가 에드거 앨런 포, 윌리엄 메이크피스 새커리, 찰스 디킨스 같은 19세기 작가들의 시리즈 소설과 유사한 방식으로 그 역할을 해낼 것이다. 1977년부터 1993년까지의 버크셔해서웨이 연차 보고서가 버핏 책의 17장을 구성하고 있는 셈이다. 로버트는 이 책에서 버핏의 경력을 요약해서 보여주고 있으며, 버핏의 투자 기법과 투자 방법의 발전 과정 그리고 이와 관련된 주요 인물들에 대한 사례를 소개하고 있다. 또한 누구와도 견줄 수 없는 버핏의 탁월한 투자 실적을 이끌어낸 주요 투자 결정도 상세히 기술되어 있다. 마지막으로 이 책에는 부유함의 정도에 상관없이 누구나 쉽게 접할 수 있는 수단을 사용하여 지속적으로 돈을 벌어들인 워런 버핏이라는 한 투자자의 사고와 철학이 담겨 있다.

_피터 S. 린치

소개글

나의 아버지 필립 A. 피셔는 워런 버핏을 알아보고 오랫동안 절친한 관계를 유지했다는 사실에 커다란 자부심을 가지고 있었다. 만약 아버지가 생존하여 이 소개글을 썼다면 투자 세계에서 자신보다 더 환하게 빛을 발했던 극소수의 사람들 중 한 명과 수십 년간 친분을 나누면서 경험했던 좋은 감정을 공유할 수 있는 이런 기회를 흔쾌히 받아들였을 것이다. 아버지는 진심으로 워런 버핏을 좋아했으며, 본인의 아이디어 일부를 버핏이 받아들였다는 사실을 명예롭게 생각했다. 아버지는 아흔여섯에 세상을 떠났는데, 정확히 석 달 전에 나는 아버지와 워런 버핏에 관한 글을 부탁하는 예상치 못한 청탁을 받았다. 이 소개글 덕분에 나의 아버지와 버핏의 관계를 연결하고 매듭지을 수 있었다. 모쪼록 『워런 버핏의 완벽투자기법』 독자들에게 투자의 역사에 대한 아주 사적인 중요한 정보와 이 놀라운 책을 최대한 활용하는 방법을 알려줄 수 있었으면 하는 것이 나의 바람이다.

사실 버핏에 대해서는 할 말이 별로 없다. 이미 로버트 해그스트롬이 이 책에서 통찰력 있게 잘 다루고 있기 때문이다. 나의 아버지는 워런 버핏에게 지대한 영향을 미쳤다는 사실로 널리 알려져 있다. 아버지가 미친 영향은 최근 들어 버핏의 사고에 더욱 두드러지게 나타나고 있다. 한편 아버지는 워런 버핏과 친숙해지면서 투자 성공을 위해서 꼭 필요하지만 투자자들 사이에서는 보기 드문 자질을 발견하고 점점 더 버핏을 칭송하게 되었다.

40년 전에 워런 버핏이 나의 아버지를 방문했을 때만 해도 오늘날의 기준으로 보면 다소 원시적인 정보 수단만 겨우 이용할 수 있었다. 그러나 아버지는 나름의 방식으로 수집한 정보가 있었다. 아버지는 수십 년에 걸쳐 차근차근 인간관계를 구축했다. 즉 자신이 존경하는 투자 전문가들, 자신의 관심사가 무엇인지 충분히 파악하고 있는 사람들, 자신과 함께 좋은 아이디어를 공유할 수 있는 사람들과 교류했다. 이런 목적을 위해서 아버지는 누구든 젊은 투자자라면 만나고 싶어 했다. 그리고 깊은 인상을 받으면 그 사람을 다시 만나 관계를 맺었다. 하지만 누군가를 두 차례 만나는 것은 매우 드문 일이었다. 만남의 기준이 아주 높았던 것이다! 아버지가 판단할 때 'A' 등급이 아니라면 당신은 'F' 등급을 얻은 것이나 진배없었다. 게다가 일단 아버지의 눈 밖에 나면 그 사람은 영원히 만남에서 배제되었다. 아버지와 인간관계를 맺을 수 있는 기회는 오직 한 차례뿐이었다.

젊은 버핏은 첫 만남에서 아버지에게 깊은 인상을 심어주었고, 그 이후에 많은 만남을 가졌던 극히 소수의 인물들 중 한 명이었다. 나의 아버지는 개인의 성격과 능력을 예리하게 판단할 줄 아는 분이셨다. 그래서 사람들을 판단하는 것이 아버지의 본업이 되었을 것이다. 이것은 아버지의 가장 뛰어난 자질 중 하나로, 주식 분석에서 경영진의 자질을 강조한 주된 이유이기도 했다. 아버지는 버핏이 많은 명성과 칭송을 얻기 전에 그를 'A' 등급으로 선정했다는 사실을 무척 자랑스러워했다.

워런 버핏과 아버지의 관계는, 아버지가 실수로 버핏을 자주 '하워드'(버핏의 아버지 이름)로 불렀음에도 불구하고 계속 이어졌다. 세상 사람들은 이 일화가 금시초문이겠지만 여기에는 아버지와 워런 버핏의 관계에 대한 많은 것들이 담겨 있다.

나의 아버지는 넘치는 열정과 넓은 마음을 가진 작은 체구의 사내였다. 다정하긴 했지만 과민했으며, 가끔은 초조해하고 개인적으로 불안정한 모습을 보였다. 그리고 잠자는 것을 무척 좋아했다. 잠들어 있을 때는 신경과민이나 불안을 느끼지 않았기 때문이다. 아버지는 한밤중에 가슴이 쿵쿵 뛰는 것을 멈출 수 없을 때면 머릿속으로 양을 세는 대신 암기 게임을 했다. 수면을 위한 그 게임은 잠들 때까지 국회의원들의 이름과 지역구를 암기하는 것이었다.

아버지는 1942년부터 10년 이상 밤마다 오마하와 연결시켜 하워드 버핏의 이름을 암기했다. 그 결과 아버지가 워런 버핏을 만나기 오래전부터 아버지의 머릿속에서는 '오마하'와 '버핏'과 '하워드'가 저절로 연결되었다. 나중에 버핏이 경력을 쌓기 시작하여 투자 세계의 유망주로 떠올랐을 때에도 아버지가 '하워드'로부터 버핏과 오마하의 연결 고리를 완전히 끊기까지는 20년이 더 걸렸다. 이런 실수는 아버지를 당혹스럽게 만들었다. 한편으로는 본인의 마음을 통제할 수 없었기 때문이고, 다른 한편으로는 워런 버핏을 좋아하고 그와의 관계를 소중히 여겼기 때문이다. 아버지는 버핏이 누구인지 정확히 알고 있었지만 가벼운 대화에서도 종종 "오마하 출신의 똑똑한 그 젊은이가 하워드 버핏이지"라고 말했다. 그런데 이런 식으로 말할수록 하워드를 없애는 것이 더욱 어려워졌다. 습관대로 살아가는 사내가 습관적으로 고통을 받는 셈이었다.

어느 날 아침 두 사람이 만났을 때 아버지는 의도적으로 '워런'으로부터 '하워드'를 구분하려고 애썼다. 그러나 대화 도중 어느 시점에서 아버지는 버핏을 두고 '하워드'라고 말했다. 설령 버핏이 이를 눈치챘다 할지라도 그는 아버지의 실수를 바로잡으려 하지 않았을 것이다. 1970년대 내내 이런 상황이 산발적으로 발생했다. 그러나 1980년대에 마침내 아버지는 버핏을 나타내는 모든 문장에서 '하워드'를 없앨 수 있었다. '하워드'를 영원히 지워버렸을 때 아버지는 이를 아주 뿌듯해했다. 수년 후 나는 이 사실을 버핏에게 설명했느냐고 물었는데 아버지는 설명해봤자 버핏을 몹시 당혹스럽게 할 것 같아서 그러지 않았다고 대답했다.

두 사람의 관계는 아주 단단한 기반을 가지고 있었기 때문에 오래 지속되었다. 개인적으로 나는 그들이 맺은 관계의 핵심이 성실하고 능력 있는 사람들이 공유하는 철학이라고 생각한다. 버핏이 버크셔해서웨이 관리자들을 감독하는 일과 관련하여 "우리는 4할 타자에게 타격하는 법을 알려주지 않는다"라고 말한다면 이것은 나의 아버지 필립 피셔의 각본에서 나온 것이다.

오랜 세월에 걸쳐 아버지는 버핏이 핵심적인 원칙을 양보하지 않고 투자자로 발전해가는 모습에 깊은 인상을 받았다. 10년마다 버핏은 자신의 과거를 조사한 사람 어느 누구도 예상할 수 없는 일을 해냈다. 그것도 아주 잘해냈다. 전문 투자업계에서 대다수 사람들은 마치 공예를 배우듯 특정한 투자 유형을 배운 다음 그것을 결코 바꾸지 않는다. 그는 낮은 주가 수익(P/E) 주식이나 선도적인 기술주를 매입한다. 그들은 이렇게 '공예품'을 만들면 결코 바꾸지 않거나, 조금만 바꾼다. 반면 버핏은 10년마다 꾸준히 새로운 접근법을 선택했다. 따라서 다음에 그가 무엇을 할지 예측하는 것은 불가능에 가깝다. 만약 당신이 초창기 버핏의 엄격한 가치 투자 성향을 알고 있었다면 1970년대의 그의 프랜차이즈 성향을 예측할 수 없었을 것이다. 또한 그의 과거의 접근법을 알고 있었다면 1980년대의 시장 평균 수익률보다 높은 소비자 제품에 대한 그의 성향을 예측할 수 없었을 것이다. 아마도 변화할 줄 아는 그의 능력—또한 성공적으로 변화할 수 있는—은 그 자체로 한 권의 책이 될 수 있을 것이다. 많은 사람들이 버핏처럼 진화하려고 애쓰지만 실패를 맛본다. 나의 아버지는 버핏이 실패하지 않는 이유가 자신의 본모습에서 결코 시선을 떼지 않기 때문이라고 생각했다. 그는 항상 자신을 속이지 않았다.

나의 아버지는 러디어드 키플링의 유명한 시 「만약(If)」을 항상 곁에 두고 지냈다. 아버지의 책상과 침실용 탁자와 서재에 키플링의 시가 있었다. 아버지는 반복해서 키플링의 시를 읽었는데, 가끔 내게 그 시를 인용하기도 했다. 나는 곁에 두고 싶은 마음에 그 시를 내 책상 서랍 안에 간직하고 있다. 심리적으로 불안정했지만 의연하기도 했던 아버지라면 아마도 키플링 스타일로 당신의 경력과 투자에는 진지해야 하지만 당신 자신은 너무 진지하게 생각하지 말라고 당부할 것이다. 또 당신에 대한 타인의 비판은 숙고해야 하지만 절대 그들을 당신의 심판관으로 삼아서는 안 된다고 충고할 것이다. 스스로에게 도전해야 하지만 지나치게 극단적으로 스스로를 판단해서는 안 된다는 충고도 빠뜨리지 않을 것이다. 당신의 눈에 실패로 보일지라도 스스로 다시 시도해야 한다. 그리고 불확실하더라도 다음 일을 해야 한다고 충고할 것이다.

나의 아버지가 가장 칭찬을 아끼지 않은 것은 자신의 가치와 과거—불확실하더라도 다음 일을 하는 것—를 끊임없이 발전시킨 버핏의 솜씨였다. 버핏은 과거의 속박이나 발언 또는 확신이나 자부심에 얽매이지 않고 앞으로 나아갔다. 아버지가 보기에 버핏은 키플링이 묘사한 불멸의 자질을 구현한 인물이었다.

유감스럽게도 이 세상에는 자신의 삶을 스스로 개척할 수 없는 편협하고 질투심 강한 악한들이 존재한다. 우리 사회에서 그들이 차지하는 비중은 얼마 되지 않지만 숫자로만 보면 결코 적은 수도 아니다. 그들은 자기 삶을 개척하는 대신 상대방에게 진흙 던지기를 좋아한다. 이런 그릇된 영혼들의 삶의 목적은 고통을 만들려고 애쓰는 것이다. 성공적인 경력이 끝날 때까지 그들은 성과를 올린 거의 모든 사람에게 진흙을 던질 것이다. 설령 진흙이 아니더라도 상대방의 몸에 들러붙는다면 무엇이든 던질 것이다. 심리적으로 불안정한 아버지는 항상 자신을 포함하여 모든 사람이 진흙 세례를 받을 것이라고 예상했다. 그러나 아버지가 칭송하는 사람들은 진흙 세례를 받지 않길 바랐다. 하지만 진흙이 날아오면 그들은 키플링처럼 흔들리지 않고 그 비난과 반박을 심사숙고할 것이라고 아버지는 예상했다. 매사에 키플링의 시각으로 그렇게 한다는 것이다!

버핏은 대다수 투자자들보다 더 오랜 경력을 가지고 있지만 놀랍게도 진흙 세례를 거의 받지 않았다. 덕분에 그의 몸에는 진흙이 전혀 들러붙어 있지 않다. 그 증거는 확실하다. 아마 나의 아버지처럼 키플링도 버핏의 그런 모습에 기뻐했을 것이다. 이쯤에서 버핏의 핵심 가치로 돌아가자. 그는 자신의 존재와 실체를 정확히 알고 있었다. 그는 자신의 원칙들을 약화시키면서 칭송받지 못할 행동을 불러일으키는 이해의 충돌에 고민하지 않는다. 사람들이 자신에게 진흙을 던지지 않고, 그 진흙이 자기 몸에 들러붙지도 않기 때문이다. 그리고 이것이 바로 당신이 모방해야 할 워런 버핏의 진면목이다. "너 자신을 알라."

부분적으로 나는 이 책의 활용법을 알려주기 위해서 이 소개글을 쓰고 있다. 사회생활을 하는 내내 사람들은 왜 내가 아버지나 버핏처럼 행동하지 않는지 물었다. 나의 답변은 간단하다. 나는 나 자신이지 아버지나 버핏이 아니다. 나는 나만의 비교 우위를 활용해야 한다. 나는 아버지만큼 예리하게 사람들을 판단하지 못할뿐더러 버핏처럼 천재도 아니다.

무엇보다 이 책을 활용하여 배움을 얻는 것이 중요하다. 그러나 버핏처럼 되기 위하여 이 책을 활용해서는 안 된다. 당신은 워런 버핏이 될 수 없다. 만약 당신이 워런 버핏이 되려고 시도한다면 고통을 받을 것이다. 버핏의 아이디어를 이해한 다음 그 아이디어를 받아들여 당신의 투자법과 합칠 수 있도록 이 책을 활용하라. 오직 자신의 아이디어를 통해서만 당신은 정말 중요한 것을 이끌어낼 수 있다. 당신은 이 책에서 얻은 통찰력에 맞추기 위하여 당신의 외적 자아를 왜곡하는 대신 그것들을 흡수하여 당신의 외적 자아로 만들어야 한다. 그래야만 이 책에서 얻은 통찰력이 유용할 수 있기 때문이다(선천적인 경우가 아니라면 왜곡된 마음을 가진 외적 자아는 형편없는 투자자가 된다). 어쨌든 당신이 어떤 글을 읽건 혹은 당신이 아무리 열심히 시도하건 당신은 워런 버핏이 될 수 없다고 나는 확신한다. 당신은 당신 자신이어야 한다.

이것이 내가 아버지로부터 얻은 가장 값진 교훈이다. 즉 아버지나 다른 사람이 아니라 진화할 수 있는 최상의 나 자신이 되어야 한다는 것이다. 당신이 워런 버핏으로부터 얻은 가장 값진 교훈은 무엇인가? 당신은 버핏처럼 되고자 하는 열망 없이 그로부터 배움을 얻어야 한다. 만약 당신이 젊은 독자라면 가장 값진 투자 교훈은 당신의 진정한 모습을 발견하는 것이다. 반면 당신이 나이 든 독자라면 가장 값진 교훈은 자신이 생각하는 것보다 당신은 훨씬 젊어 보이며, 또 그런 식으로 행동해야 한다는 것이다. 만약 이것이 가능하지 않았다면 버핏 역시 퇴직 연령대에 이른 대다수 사람들처럼 제대로 진화하지 못했을 것이다. 버핏을 롤모델이 아닌 교사로 생각해보라. 그리고 이 책이 그의 가르침을 가장 잘 설명하고 있다고 생각해보라. 당신은 이 책을 통해서 엄청난 양의 배움을 얻을 수 있으며, 또 그것이 당신의 성공적인 투자 철학 발전을 위한 기반이 될 수 있다.

_케네스 L. 피셔

서문

1984년 6월에 나는 메릴랜드 주 볼티모어에 위치한 레그메이슨 우드 워커의 트레이닝 프로그램에 등록하여 2주 동안 투자, 시장 분석, 승낙과 판매 기법에 대한 프레젠테이션을 들었다. 나는 조만간 투자 중개인으로서 사회생활에 첫발을 내디딜 것이라고 예상했지만 내가 엄청난 실수를 하고 있다는 느낌을 떨쳐낼 수 없었다.

레그메이슨은 가치 투자를 위한 자산 관리 회사였는데, 그곳의 트레이닝 프로그램에서는 벤저민 그레이엄과 데이비드 도드의 『증권 분석(Security Analysis)』과 벤저민 그레이엄의 『현명한 투자자』를 포함하여 가치 투자에 대한 전형적인 활동을 강조했다. 매일같이 이 회사의 베테랑 중개인들이 들러 주식과 시장에 대한 그들의 통찰력을 공유했다. 그들은 자신이 선호하는 주식에 대한 주가 정보와 기업 정보인 '밸류라인 인베스트먼트 서베이'를 건넸다. 각각의 기업들은 동일한 특징을 가지고 있었다. 낮은 주가수익률(PER)과 낮은 주가순자산비율과 높은 배당률이 그 것이었다. 대체로 이들 기업은 주식시장에서 인기가 없는데 오랜 기간 해당 주식의 수익률이 주식시장의 수익률을 밑돌았기 때문이다. 그럼에도 우리는 고공비행으로 인기를 끄는 성장주를 피하고, 그 대신 위험보상비율(risk-reward ration)이 훨씬 더 양호한 약세 주식에 초점을 맞추라는 말을 반복적으로 들었다.

나는 가치 투자 접근법의 논리를 이해했다. 수학적 계산은 어렵지 않았다. '밸류라인'을 통해서 우리는 20년을 거슬러 올라가 해당 기업의 대차대조표와 손익계산서를 쉽게 살펴볼 수 있었다. 아울러 연간 실적과 보조를 같이하는 그 회사의 주가 그래프도 있었다. 그러나 해당 기업의 스프레드시트를 아무리 보아도 뭔가 빠졌다는 느낌을 지울 수 없었다.

트레이닝 프로그램이 끝나던 목요일 오후에 강사가 버크셔해서웨이 1983년도 연차 보고서 복사본을 내게 건넸다. 버크셔해서웨이라는 회사도, 그 보고서를 작성한 워런 버핏도 내게는 모두 금시초문이었다. 강사는 우리에게 '회장의 서한'을 읽은 다음, 이튿날 아침 그것에 대한 토론을 준비해달라고 부탁했다.

그날 밤 나는 호텔 방에서 버크셔의 연차 보고서를 재빨리 훑어보았다. 실망스럽게도 그 보고서에는 사진이나 그래프가 전혀 없었다. 주주에게 보내는 회장의 서한만 거의 20쪽 분량이었다. 나는 기대를 접고 의자에 앉아 보고서를 읽기 시작했다. 그 이후에 벌어진 상황은 설명하기 힘들다. 하지만 그날 밤을 보내면서 투자에 대한 나의 전반적인 시각이 변했다.

2주 동안 나는 수치와 비율과 공식을 뚫어지게 응시한 결과, 이제는 기업들과 그 기업을 운영하는 사람들에 관한 정보를 읽게 되었다. 버핏은 여든 살의 로즈 블럼킨을 소개했다. 러시아 이민자인 그녀는 네브래스카 퍼니처 마트에서 1억 달러의 매출을 올리고 있었다. 그리고 「버펄로 뉴스」의 발행인 스탠 립시와 시즈캔디즈(See's Candies)의 척 허긴스도 알게 되면서, 신문사 운영의 경제학 및 제과회사의 비교 우위에 관한 배움을 얻었다. 이어 버핏은 내셔널인템니티컴퍼니와 3분의 1 지분을 가진 GEICO 같은 버크셔 산하 보험회사들의 운영 실적에 대해서 의견을 나누었다. 그러나 버핏은 단순히 수치만 줄줄이 나열하지 않았다. 그는 연간 보험료, 지급준비금, 합산 비율, 구조화된 지급의 절세 등과 같은 보험회사의 미묘한 차이점들을 내게 가르쳐주었다. 이것만으로 충분치 않을 경우에는 경제적 영업권의 마법으로 기업의 내재 가치가 장부 가치를 능가할 수 있는 방법에 대해서도 이해하기 쉽게 주주들에게 가르침을 주었다.

이튿날 아침 나는 달라진 모습으로 트레이닝 프로그램에 다시 돌아갔다. 끊임없는 수치로 이어진 밸류라인 보고서들이 아직 거기에 있었지만 숫자로 표시된 뼈대에 갑자기 근육과 살과 숨이 붙기 시작했다. 한마디로 기업들이 생명을 얻었다. 나는 수치를 관찰하는 대신 기업들과 그 기업을 운영하는 경영자들 그리고 스프레드시트를 채우는 숫자들을 양산하는 제품 및 서비스에 대해서 숙고하기 시작했다.

그다음 주에 회사 업무를 다시 시작한 나는 목적의식으로 가득 차 있었다. 내가 무엇을 해야 할지에 대해서는 명약관화했다. 내 고객들의 돈을 버크셔해서웨이와 버크셔가 자신의 포트폴리오를 위해서 매입한 주식에 투자하는 것이었다. 버핏이 빵 부스러기를 떨어뜨릴 때마다 나는 그것을 집어 들고 고객들을 위해서 매입했다. 버핏이 주식을 매입하면 나는 해당 기업에 전화를 걸어 연차 보고서를 요청한 다음 상세히 검토하며 다른 사람들이 간과한 것에서 그는 무엇을 보았는지 알아내려고 애썼다. 인터넷이 도래하기 이전에는 증권거래위원회에 25달러를 보내면 자신이 원하는 모든 기업의 연차 보고서 사본을 구할 수 있었다. 나는 버크셔해서웨이의 연차 보고서를 전부 다 입수했다. 그리고 버핏에 관한 신문과 잡지 기사도 모두 수집했다. 버핏이나 버크셔와 관련된 것이라면 무엇이든 사본을 구해서 읽고 파일로 정리했다. 마치 야구 선수를 추앙하는 꼬마아이처럼.

몇 년 뒤, 캐럴 루미스가 『포천』에 '워런 버핏의 내막'이라는 제목의 기사를 썼다(1998년 4월 11일). 당시 『포천』의 편집주간이던 마셜 로브는 전반적으로 버핏을 소개할 때가 되었다고 생각했다. 그는 캐럴이 적격자임을 알고 있었다. 그때까지 버핏의 내막을 알 수 있는 유일한 정보는 회장의 서한과 1년에 한 차례 오마하에서 열리는 연례 회의뿐이었다. 그러나 캐럴 루미스가 버크셔의 연차 보고서 편집도 책임지고 있다는 사실을 아는 사람들은 버핏의 내막에 관해서 글을 쓸 필자가 있다면 오직 그녀뿐이라고 생각했다. 나는 버핏과 관련하여 가장 최근에 나온 기사를 구하려고 가판대로 달려갔다.

캐럴은 버핏을 단순한 투자자가 아니라 '특출한 사업가'임을 강조하는 식으로 색다른 형식의 이야기를 쓰고 싶다고 말했다. 그녀는 우리를 실망시키지 않고 무려 7,000단어를 유려하게 구사하여 기사를 작성했다. 덕분에 버핏의 지지자들은 '오마하의 마법사(Wizard of Omaha)'라는 별명이 붙은 사내를 좀 더 깊이 있게 들여다볼 수 있었다. 캐럴은 우리에게 많은 통찰력을 선사했지만 그중에서도 나의 뇌리에 가장 인상적이었던 것은 기사에 실린 다음 세 문장이었다.

"우리는 남들보다 뛰어난 능력을 발휘하는 것이 아니다. 나는 투자나 회사 경영이나 다 마찬가지라고 생각한다. 뛰어난 성과를 얻기 위해서 굳이 뛰어난 행동을 할 필요는 없다." 버핏의 말이다.

아마도 이 글을 읽는 독자들은 버핏이 남서부인 특유의 겸손한 표현을 했다고 생각할 것이다. 버핏은 허풍쟁이가 아니다. 그러나 그는 사람들을 잘못된 길로 인도하지도 않는다. 나는 그가 자신의 말이 사실임을 믿지 않았다면 이런 발언을 하지도 않았을 것이라고 확신한다. 그리고 내가 확신하듯이 이 말이 사실이라면 일반적인 투자에 관해서, 나아가 특별한 주식 선정에 관해서 버핏이 어떻게 생각하는지 그 길을 알려주는 도로 지도나 보물 지도를 발견할 가능성이 있음을 시사한다. 내가 이 책을 쓰게 된 동기가 바로 그것이다.

20일 동안 버크셔해서웨이의 연차 보고서와 버크셔에서 주식을 매입한 기업들의 연차 보고서 그리고 버핏에 관한 많은 기사들을 읽은 것이 주식 투자에 관한 버핏의 사고방식을 이해하는 데 도움이 되었다. 이런 글을 통해서 내가 얻은 가장 중요한 통찰력은 버핏이 보통주를 매입하거나 전액 출자 기업을 인수하거나 상관없이 동일한 방식으로 거래에 임했다는 것이었다. 공기업이나 사기업 주식을 매입할 때에도 버핏은 거의 똑같은 과정을 거쳤다. 그는 기업과 그 기업의 경영자들, 기업의 경제적 환경과 기업의 가치에 관해서 숙고했다. 그리고 이 각각의 사례를 자신의 벤치마크와 비교했다. 나는 그것들을 투자 요소들이라 이름 붙이고 기업 요소, 경영 요소, 재무 요소와 시장 요소라는 네 가지 카테고리로 구분했다. 이 책을 쓴 목적은 버핏이 버크셔해서웨이를 위해서 주식을 매입한 주요 기업들을 선택하여 그 기업들이 버핏의 글과 말에 반영된 이런 요소들과 맞아떨어지는지 알아내는 것이다. 내 생각에 투자자들에게 가치 있는 일은 오랜 기간 버크셔에서 투자한 것과 일맥상통하는 버핏의 생각과 전략을 철저히 검토하는 것이다. 그 목적을 이루는 데 우리가 성공했다고 나는 믿는다.

나는 이 책의 초판을 집필하기 전에 워런 버핏을 만난 적이 한 번도 없었다. 이 책을 완성하는 동안 그와 상의한 적도 없었다. 물론 그와 상의했다면 추가 보너스나 다름없었겠지만 다행히도 투자를 주제로 그가 남긴 많은 글에서 충분한 자료를 구할 수 있었다. 나는 이 책 전반에 걸쳐 버크셔해서웨이의 연차 보고서, 특히 회장의 서한에서 아주 많은 인용문들을 활용했다. 버핏은 이 책을 검토할 기회를 가진 이후에 저작권이 있는 자료들의 사용을 내게 허락했다. 그러나 이렇게 허락했다고 하여 그가 이 책을 위해서 협력했다거나 그의 기존 글에서 이용할 수 없는 비결이나 전략을 내가 이용할 수 있게 한다는 의미는 결코 아니었다. 버핏이 행한 거의 모든 것이 공개되어 있지만 잘 알려져 있지 않았다.

이 책을 쓰면서 내가 부닥친 주요 과제는 "'나는' 남들보다 뛰어난 능력을 발휘하는 것이 아니다"라는 버핏의 고백이 옳은지 틀린지를 입증하는 것이었다. 몇몇 비판자들은 버핏이 성공했음에도 불구하고 그의 특이한 성격 때문에 그의 투자법이 널리 채택되지 않았다고 주장한다. 그러나 나는 이 주장에 동의하지 않는다. 버핏이 특이한 성격의 소유자이긴 하지만 일단 그의 방법론을 이해하면 개인 투자자와 기관 투자자 모두 그것을 응용할 수 있다는 것이 내 생각이다. 이 책의 목적은 워런 버핏을 성공으로 이끈 전략을 투자자들이 활용할 수 있도록 도움을 주는 것이다.

그런데도 아직 의심하는 사람들이 있다. 오랫동안 그들이 내세운 주요 반박 논리는 워런 버핏에 관한 책을 읽는다고 해서 그것이 버핏과 동일한 수준의 투자수익률을 보장하지는 않는다는 것이었다. 그러나 나는 이 책을 읽음으로써 개인이 버핏과 동일한 수준의 투자수익률을 올릴 수 있다고 단 한 번도 암시한 적이 없었다. 나는 사람들이 왜 그렇게 생각하는지 이해할 수 없었다. 당신이 타이거 우즈처럼 골프 경기를 하는 법에 관한 책을 읽는다고 해서 골프 코스에서 우즈와 비슷한 수준으로 플레이하리라고 예상할 수 없는 것과 같은 이치이다. 따라서 당신이 이 책을 읽는 까닭은 당신의 게임을 향상시키는 데 도움이 되는 몇몇 조언들이 담겨 있기 때문이다. 이 책도 마찬가지이다. 만약 이 책을 읽음으로써 당신의 투자 실적 향상에 도움이 되는 몇 가지 교훈을 얻을 수 있다면 이 책은 성공작이 될 것이다. 대다수 사람들이 주식시장에서 얼마나 형편없는 실적을 거두는지 감안할 때 이런 식으로 투자 능력을 향상시키는 것이 엄청나게 힘든 일은 아닐 것이다.

예전에 버핏과 버크셔 부회장인 찰리 멍거는, 두 사람의 위대한 정신이 새로운 세대의 투자자들을 교육시킬 가능성이 있는지 여부를 묻는 질문을 받은 적이 있다. 물론 지난 40년간 그들이 행한 것이 바로 이것이다. 버크셔해서웨이의 연차 보고서는 자선 활동과 매우 훌륭한 교육적 가치로 유명하다. 운 좋게도 버크셔해서웨이의 연례 주주총회에 참석한 이라면 누구든 이런 특징들이 얼마나 돋보이는지 잘 알고 있을 것이다.

지식을 얻는 것은 일종의 여행이다. 워런 버핏은 이 여정에서 벤저민 그레이엄이나 필립 피셔 같은 타인으로부터 많은 지혜를 얻었다. 아울러 동업자인 찰리 멍거에게서도 많은 교훈을 얻었다. 총체적으로 이런 경험을 통해서 버핏은 투자를 이해할 수 있는 모자이크를 완성해가며 다른 사람들과 아낌없이 그것을 공유했다.

1995년도 버크셔해서웨이 연례 주주총회에서 찰리 멍거는 이렇게 말했다. "몇몇 사람들이 무언가를 배우는 것에 저항하는 과정을 보면 어이없다는 생각이 듭니다." 버핏이 한마디 덧붙였다. "정말 놀라운 점은 배우는 것이 이기적인 행위임에도 불구하고 그렇게 저항한다는 겁니다." 잠시 후 버핏은 더 사려 깊은 어조로 말을 이었다. "생각하는 것이나 변화하는 것에 대해서 엄청난 저항이 존재합니다. 나는 '대다수 사람들은 생각을 하느니 차라리 죽기를 원한다'라는 버트런드 러셀의 말을 한 차례 인용한 적이 있습니다. 금융 투자의 관점에서 보면 꼭 들어맞는 말입니다."

내가 이 책의 초판을 집필한 지 20년의 세월이 흐르는 동안 주식시장에서 흘러나오는 소음은 계속 커졌다. 그러다가 소음이 더 이상 커질 수 없다고 생각하는 순간 그 소음은 귀청이 터질 듯한 날카로운 소리로 변했다. 텔레비전 해설자, 금융 보고서 전문가, 분석가와 시장 전략가들이 죄다 투자자들의 관심을 끌기 위해서 경쟁을 벌이며 서로에게 다변을 쏟아내고 있다. 인터넷은 정보를 위한 경이로운 산물이다. 모든 이가 이에 동의한다. 그러나 인터넷은 금융과 관련된 자기 견해를 가진 모든 이가 자유롭게 드나드는 것도 허용한다. 그 결과 금융과 관련된 조언들이 넘쳐나고 있다.

그러나 넘쳐나는 정보의 홍수에도 불구하고 투자자들은 여전히 수익을 얻기 위해서 분투하고 있다. 심지어 어떤 이들은 투자를 계속하는 것조차 힘겨워한다. 주가는 별 이유 없이 급등하다가 곧바로 급락하곤 한다. 때문에 자녀 교육이나 자신의 은퇴를 위한 투자로 주식시장에 의지하는 사람들은 갈피를 못 잡고 있다. 주식시장에는 아무런 사리 분별 없이 어리석음만 남아 있는 것처럼 보인다.

그러나 워런 버핏의 지혜와 조언은 주식시장의 광기보다 훨씬 높은 곳에 위치해 있다. 투자자보다 투기꾼에게 유리해 보이는 환경에서 버핏의 조언은 실패한 수많은 투자자들에게 안전한 항구임이 거듭 입증되고 있다. 가끔 불량한 투자자들이 "그러나 이번에는 다를 거야!"라고 고함을 지른다. 물론 그들이 옳을 때도 있을 것이다. 정치가 세상을 깜짝 놀라게 하고 경제가 반응을 보이면 주식시장도 다소 다른 분위기로 반향을 불러일으킨다. 신생 기업들이 생기는 동안 다른 기업들은 성숙 단계에 이른다. 산업이 진화하고 적응한다. 변화가 거듭된다. 그러나 이 책에 요약된 투자 원칙들은 오래 지속된다. "그것들이 원칙이라고 불리는 이유가 바로 여기에 있다." 예전에 버핏이 비꼬듯 한 말이다.

버크셔의 1996년도 연차 보고서에는 다음과 같은 간결하면서도 강렬한 교훈이 실려 있다. "투자자로서 여러분의 목표는 쉽게 이해할 수 있는 기업의 지분을 합리적인 가격으로 매입하는 것이어야 합니다. 그런데 이 기업은 향후 5년이나 10년 또는 20년 동안 실질적으로 지금보다 더 높은 수익률을 유지해야 합니다. 시간이 지나면 이 기준에 부합하는 기업은 극소수에 지나지 않을 겁니다. 따라서 이런 자격을 갖춘 기업을 발견하면 가급적 많은 주식을 매입해야 합니다."

당신이 투자를 위해서 이용 가능한 펀드의 수준이 무엇이건 간에, 또 당신이 관심을 가지는 산업이나 기업이 무엇이건 간에 당신은 이보다 더 나은 기준을 발견하지 못할 것이다.

_로버트 G. 해그스트롬

1

5시그마 사건
세상에서 가장 위대한 투자자

"스스로 대비하세요." 익살맞은 미소를 지으며 버핏이 말했다. 어느 봄날 아침에 그는 오랜 친구인 캐럴 루미스와 함께 맨해튼의 거실에 앉아 있었다. 「뉴욕타임스」 베스트셀러 목록에 오른 저자이자 수상 경력이 있는 저널리스트인 캐럴은 1954년 이래 『포천』의 선임 기자로 일하면서 워런 버핏에 관한 한 전문가로 꼽히고 있다. 또한 버핏의 지지자들 사이에서는 1977년 이래로 버크셔해서웨이의 연차 보고서를 편집한 당사자로 잘 알려져 있다.

2006년 어느 봄날에 버핏은 버크셔해서웨이 주식에 속한 자신의 재산을 배분하는 방식과 시기에 대한 생각을 바꾸었다고 캐럴에게 말했다. 대부분의 사람들처럼 캐럴 역시 버핏이 세 자녀에게 소액의 유산을 배분한 다음 자선단체에 그의 재산 99퍼센트를 남기는 것으로 알고 있었다.

자선단체는 당연히 고인이 된 그의 아내 수전이 설립한 버핏재단일 터였다. 그런데 버핏이 캐럴에게 자신의 생각이 바뀌었다고 말했다. "내가 하고 싶어 하는 것이 무엇인지 알았습니다. 그리고 그것을 시작하는 것이 일리가 있다고 생각합니다."[1]

2006년 6월 26일 점심시간 직전에 당시 세상에서 두 번째로 부자였던 워런 버핏은 뉴욕 공공 도서관 내부에 마련된 마이크를 향해 다가갔다. 청중들—뉴욕 시에서 가장 부유한 수백 명의 주민들—이 기립 박수를 보내며 그를 반갑게 맞이했다. 간단히 몇 마디 하고 나서 버핏은 재킷 주머니에서 다섯 장의 증서를 꺼냈다. 재산 양도에 관한 내용이 적힌 그 증서들은 그의 서명만 기다리고 있었다. 처음 세 장의 증서는 그리 어렵지 않았다. 그는 간단히 '아빠'라고 서명한 후 그것을 자녀들—딸 수전과 장남 하워드와 차남 피터—에게 건넸다. 네 번째 증서는 버핏재단의 대리인에게 건넸다. 그 증서는 총 60억 달러를 양도하기로 약정되어 있었다.[2]

다섯 번째 증서는 전혀 예상치 못한 것이었다. 버핏은 그 증서에 서명한 다음 지구 상에서 유일하게 그보다 부자인 인물의 아내에게 건넸다. 그 증서와 함께 버핏은 세계 최대 자선단체인 빌앤드멜린다게이츠재단에 버크셔해서웨이 주식 중 300억 달러를 양도하기로 약속했다. 그것은 일회성 기부금 중에서는 최고 수준으로 앤드루 카네기(현 시세로 72억 달러)나 존 D. 록펠러(71억 달러) 또는 존 D. 록펠러 주니어(55억 달러)의 기부금보다 월등히 많은 금액이었다.

그 후 며칠 동안 수많은 질문들이 쏟아졌다. 버핏이 병에 걸린 것인가, 혹시 죽어가고 있는 것은 아닐까? 그러나 버핏은 "아니요, 절대 그렇지 않습니다. 나는 아주 멀쩡합니다"라고 대답했다. 아내의 죽음이 그의 결정과 모종의 관련이 있는 걸까? "네, 그렇습니다." 버핏이 솔직하게 시인했다. 수전이 버핏재단을 위해서 버핏의 재산을 물려받았다는 것은 잘 알려진 사실이었다. "아마 수전이라면 이런 과정을 즐겼을 겁니다. 규모가 커진 것은 조금 걱정했을지 모르지만 이런 과정을 좋아하고, 또 능숙하게 처리했을 겁니다."[3]

그러나 아내의 죽음 이후 버핏은 생각을 바꾸었다. 그는 빌앤드멜린다게이츠재단이 그가 양도할 수십억 달러의 돈을 다룰 줄 아는 매우 훌륭한 단체임을 깨달았다. "그들은 버핏재단과 달리 규모를 키우기까지 힘든 과정을 거치지 않아도 됩니다. 게다가 지금 당장 내 돈을 생산적으로 활용할 수 있습니다." 버핏의 말이다. "당신이 무슨 일을 원하든 당신보다 더 나은 능력을 갖춘 사람을 찾는 것이 가장 이치에 맞지 않나요?"[4]

이것이 버핏의 전형적인 모습이다. 그에겐 합리성이 우선이다. 버핏은 버크셔해서웨이에 자신보다 업무 능력이 훨씬 더 뛰어난 수십 명의 매니저들이 있다는 사실을 우리에게 상기시켜준 적이 있다. 이와 마찬가지로 빌앤드멜린다게이츠재단이 버핏 자신보다 자선단체 관리를 훨씬 더 잘해낼 수 있다는 것이 그의 생각이었다.

빌 게이츠는 친구에게 이런 말을 한 적이 있다. "워런은 가장 위대한 투자자로서뿐만 아니라 선행을 베푼, 세상에서 가장 위대한 투자자로 기억될 겁니다."[5] 이 말은 틀림없는 사실일 것이다. 그러나 자선을 베푸는 그의 선행이 다른 무엇보다도 그의 탁월한 투자 능력 덕분에 가능하다는 것을 마음 깊이 새겨두어야 한다. 버핏이 멜린다 게이츠에게 증서와

300억 달러 수표를 건넸을 때 나는 50년 전에 그가 서명했던 또 다른 수표—버핏합자회사에 처음으로 투자한 100달러—를 떠올렸다.

버핏은 자신이 난소의 제비뽑기에서 이겼다고 늘 주장했다. 그는 1930년대에 미국에서 자신이 태어날 확률이 약 30대 1이라고 추정했다. 그는 자신이 빨리 달릴 수 없었으며, 뛰어난 축구 선수가 되고 싶어 한 적도 없다고 고백했다. 우쿨렐레(기타 비슷한 하와이의 4현악기_옮긴이) 연주에 소질이 있었음에도 바이올리니스트가 되고 싶어 한 적도 없었다. 그러나 그는 "많이 활동하면서 거대한 자본주의 경제에서 성공 가도를 달리게 해주는 그런 특별한 방식에 몰두했다."[6]

"나의 부는 미국에서의 삶과 어느 정도 행운이 따른 유전자 그리고 복리 이자가 모두 결합한 것에서 나왔다." 버핏의 말이다. "전반적으로 우리 국가에 많은 기여를 했지만 때로는 왜곡된 결과를 낳기도 했던 시장 시스템에서 살아온 것이 나의 행운을 돋보이게 했다." 버핏은 자신이 "전쟁터에서 타인의 생명을 구한 이에게 훈장으로 보답하고, 훌륭한 교사에게 부모의 감사 편지로 보답하지만 주가를 잘못 매긴 것을 감지할 수 있는 이들에게는 수십억 달러의 돈으로 보답하는 경제에서" 우연히 일하고 있다는 사실을 우리에게 상기시킨다. 그는 이를 운명을 결정하는 '긴 밀짚들(long straws)'의 변덕스러운 분배라고 말했다.[7]

어쩌면 그의 말이 사실일지 모른다. 그러나 명심해야 할 점은 버핏이 스스로 자신의 운명을 개척하며 이런 결정을 내렸다는 것이다. 다음은 워런 버핏이 스스로 자신의 '긴 밀짚들'을 만들어가는 과정에 관한 스토리이다.

개인적인 약력과 투자의 시작

워런 에드워드 버핏은 1930년 8월 30일에 네브래스카 주 오마하에서 태어났다. 그는 오마하 홈(Omaha home)이라 불리는 버핏 가문의 7대손이었다. 네브래스카 주에 처음 터전을 잡은 버핏의 선조는 1869년에 잡화점을 열었다. 버핏의 할아버지 역시 잡화점을 운영했는데, 훗날 버크셔해서웨이의 부회장이 되는 찰리 멍거도 젊은 시절 그곳에서 일했다. 버핏의 아버지 하워드는 지역 증권 중개인이자 금융업자였다. 훗날 그는 공화당 하원의원이 되었다.

소문에 따르면 워런 버핏은 태어나자마자 숫자에 매료되었다. 이 이야기는 과장일 수도 있지만 유치원에 입학하기 전에 그는 이미 걸어 다니는 계산기였다. 소년 시절에 버핏과 친구인 밥 러셀은 러셀의 집 현관에 앉아 지나가는 자동차들의 번호판을 기록하곤 했다. 어둠이 깔리면 그들은 실내로 들어가 「오마하 월드헤럴드」를 펼치고 신문에 실린 각각의 철자 수를 셌다. 그런 다음 마치 일급 기밀처럼 스크랩북에 자신들이 계산한 것을 남몰래 기록했다.

어린 버핏에게 가장 소중한 장난감 중 하나는 앨리스 고모가 선물한 것이었다. 앨리스는 특이하지만 사랑스러운 조카를 애지중지했기 때문에 그에게 아주 매혹적인 제안을 했다. 만약 버핏이 아스파라거스를 먹는다면 스톱워치를 선물한다는 제안이었다. 버핏은 정확히 숫자를 세는 기계에 매료되어, 구슬 놀이처럼 끊임없이 이어지는 어린아이의 모험에 그것을 사용했다. 그는 두 명의 누이를 욕실로 불러들여 욕조를 물로 채운 다음 그녀들의 구슬을 한쪽 끝에 떨어뜨려줄 것을 주문했다. 자신의 구슬이 먼저 배수구 마개에 닿으면 승리하는 게임(욕조의 경사를 활용한 게임)이었다. 스톱워치를 준비한 버핏은 각 게임의 시간을 기록했다.

그러나 여섯 살 버핏을 새로운 방향으로 이끈 것은 앨리스 고모의 두 번째 선물―단순히 숫자가 아니라 돈으로 매료시킨―이었다. 크리스마스 날에 선물을 개봉한 버핏은 자신의 가장 소중한 보물을 벨트에 묶었다. 그것은 니켈 도금의 환전기였다. 그는 이내 그것을 유용하게 사용할 수 있는 다양한 방법들을 찾아냈다. 그는 집 밖에 테이블을 설치하고 그곳을 지나가는 사람에게 치클릿 껌을 팔았다. 또 집집마다 다니며 껌과 소다수를 팔았다. 할아버지 잡화점에서 여섯 병짜리 콜라 한 세트를 25센트에 가져와 낱개로 한 병당 5센트에 팔기도 했다. 25퍼센트의 이윤을 남기는 장사였다. 가가호호 방문하여 『새터데이 이브닝 포스트』와 『리버티』 같은 잡지를 팔기도 했다. 주말이면 지역 축구 경기장에서 팝콘과 땅콩을 팔았다. 그는 달러를 잔돈으로 바꿔주는 환전기를 가지고 이 모든 사업을 진행했다.[8]

지금까지는 평화로운 아동기처럼 보일 수 있지만 어느 날 저녁 버핏의 아버지가 귀가하여 자신이 일하던 은행이 문을 닫았다는 소식을 전하면서 상황이 급반전되었다. 아버지가 실직하면서 저축했던 돈도 바닥을 드러냈다. 설상가상으로 대공황의 여파가 오마하를 덮쳤다. 아버지는 잡화점 주인이었던 버핏의 할아버지가 건넨 돈으로 가까스로 가족을 부양했다.

다행히 절망감은 그리 오래가지 않았다. 얼마 후 하워드 버핏은 몸을 추스르고 일어나 파넘 가에 위치한 유니언스테이트 빌딩에서 스클레니카앤드컴퍼니(Sklenica & Company)가 영업을 시작했다는 소식을 알렸다. 훗날 버핏이 주택을 구입하고 자신의 투자 합자회사를 세운 곳이 바로 그 거리였다.

짧은 기간이긴 했지만 버핏 가족은 대공황의 여파로 고통받아야 했다. 이 시기는 어린 버핏에게 강한 인상을 남겼다. "난생처음 혹독한 시기에서 빠져나온 버핏은 무조건 부자가 되겠다는 절대적인 욕구를 갖게 되었다." 『버핏(Buffett: The Making of an American Capitalist)』을 펴낸 로저 로웬스테인의 글이다. "그는 다섯 살이 되기도 전에 부자가 되는 것에 대해서 생각했다. 이후로 그는 좀처럼 그 생각을 떨쳐버릴 수 없었다."[9]

버핏이 열 살이 되자 아버지가 그를 뉴욕으로 데려갔다. 자녀들에게 생일 선물로 안겨준 여행이었다. "나는 아버지에게 세 가지를 보고 싶다고 말했다." 버핏의 말이다. "나는 스콧스탬프앤드코인컴퍼니(Scott Stamp and Coin Company)와 라이오넬열차회사(Lionel Train Company)와 뉴욕 증권거래소를 구경하고 싶었다."[10] 하룻밤 열차를 타고 나서 버핏과 그의 아버지는 월스트리트에 도착했다. 그곳에서 그들은 증권거래소 회원인 앳 몰을 만났다. "점심 식사를 마쳤을 때 한 사내가 세 종류의 담뱃잎이 놓인 접시를 가지고 왔다." 버핏의 회상이다. "그 사내는 몰이 선택한 담뱃잎을 가지고 담배를 만들었다. 나는 바로 그거야, 라고 생각했다. 이보다 더 좋을 수가 없었다. 고객 맞춤형 담배였기 때문이다."[11]

얼마 후 하워드 버핏은 골드만삭스의 시니어 파트너인 시드니 웨인버그에게 자기 아들을 소개했다. 그 당시 웨인버그는 월스트리트에서 가장 유명한 사람이었다. 웨인버그의 사무실에서 서성거리며 버핏은 벽에 붙은 사진과 문서에 매료되었다. 그는 액자에 넣은 원본 글에 주목했다. 버핏도 잘 아는 유명 인사들이 쓴 글이었다. 하워드와 웨인버그가 그날의 금융 문제에 관해서 대화를 나누는 동안 버핏은 웨인버그의 사무실을 돌아다니면서 넋을 잃고 장식품들을 바라보았다. 헤어질 시간이 되자 시드니 웨인버그가 버핏을 얼싸안으며 좋아하는 주식이 있느냐고 농담하듯이 물었다. "아마 그는 다음 날 자신이 무슨 말을 했는지 다 잊었을 것이다. 그러나 나는 그 순간을 영원히 잊지 못할 것이다."[12] 버핏의 회상이다.

뉴욕으로 여행을 떠나기 전에 이미 버핏은 주식과 주식시장에 호기심을 가지고 있었다. 버핏은 아버지의 주식 중개인 사무실을 자주 방문했는데, 그곳에서 그는 시드니 웨인버그의 사무실에서처럼 벽에 걸려 있던 주식과 채권 증서를 주시하곤 했다. 층계를 두 칸씩 뛰어 내려가 증권회사 해리스업햄으로 들어가기도 했다. 많은 중개인들이 쉬지 않고 질문을 쏟아내는 꼬마를 성가셔 하면서도 그를 좋아했다. 가끔은 어린 버핏이 칠판에 주가를 적는 것을 허락하기도 했다.

어느 토요일 아침, 증권거래소가 두 시간 동안 열렸을 때 버핏은 큰아버지 프랭크 버핏과 외삼촌 존 바버와 함께 중개업 사무실에서 시간을 보냈다. 버핏에 따르면 프랭크는 끊임없이 덤비는 곰 같은 사람이었고, 존은 항상 낙천적인 황소 같은 사람이었다. 그들은 세상 돌아가는 이야기를 하면서 버핏의 관심을 끌려고 서로 경쟁했다. 그동안 버핏은 고개를 처들고 수시로 변하는 주가를 이해하려고 애쓰며 트랜스-럭스 주식

시세 표시기를 응시했다. 주말에는 『배런스(Barron's)』의 '트레이더(Trader)' 칼럼을 빼놓지 않고 읽었다. 일단 아버지 서재에 있던 책들을 다 독파하자 지역 도서관에서 투자 관련 서적들을 닥치는 대로 읽었다. 얼마 후 그는 눈앞에서 번쩍이는 숫자의 패턴을 이해하려고 애쓰며 차트에 직접 주가를 그리기 시작했다.

열한 살의 버핏이 난생처음 주식을 구매할 준비가 되어 있다고 알렸을 때 아무도 놀라지 않았다. 그러나 그가 소다수와 땅콩과 잡지를 팔아 모은 120달러를 투자하고 싶다고 하자 그들은 놀라움을 감추지 못했다. 그는 아버지가 선호하던 주식 중 하나인 시티스서비스(Cities Service)의 우선주를 매입하기로 결정했다. 누나 도리스까지 끌어들였다. 그들은 각각 114.75달러를 투자하여 각자 세 주의 주식을 매입했다. 버핏은 차트를 연구했기 때문에 자신만만했다.

그런데 그해 6월에 주가가 연중 최저치를 기록하면서 주식시장이 가라앉았다. 두 명의 어린 버핏은 주가가 30퍼센트나 하락하는 것을 지켜볼 수밖에 없었다. 도리스는 하루도 빠짐없이 손실을 들먹이며 동생을 괴롭히는 바람에 시티스서비스 우선주의 주가가 40달러 선까지 회복하자 버핏은 주당 5달러 수익을 남기고 주식을 모두 매도했다.

그러나 유감스럽게 시티스서비스 우선주는 주당 202달러까지 치솟았다. 수수료를 정산한 후 버핏은 492달러 이상의 수익이 사라졌다고 계산했다. 버핏은 자신이 120달러를 모으는 데 5년이 걸렸으므로 20년 동안 일한 것을 포기한 것이나 마찬가지라고 생각했다. 그것은 뼈아픈 교훈이었지만 궁극적으로 가치 있는 경험이었다. 버핏은 다음과 같이 맹세했다. 주식을 위해서 투자한 돈이 다시는 곁길로 새지 않게 하고, 적은 수익에 안주하지 않겠노라고. 열한 살이었음에도 불구하고 버핏은 이미 투자에서 가장 중요한 교훈 중 하나인 인내심을 배웠다(이 자질은 제7장에서 상세히 살펴볼 것이다).

버핏이 열두 살 되던 해인 1942년에 아버지가 국회의원에 선출되자 가족은 워싱턴으로 이사했다. 어린 소년에게 이런 변화는 견디기 힘든 것이었다. 버핏이 비참하고 끔찍한 향수병에 시달리자 가족은 1년간 오마하로 돌아가 할아버지와 앨리스 고모와 함께 생활할 수 있게 해주었다. 이듬해인 1943년의 워싱턴은 그에게 또 다른 기회의 장이 되었다.

시간을 보낼 만큼 친숙한 증권회사가 없었기 때문에 버핏의 관심사는 차츰 주식시장에서 사업가적인 시도로 옮겨갔다. 열세 살에 그는 「워싱턴포스트」와 「워싱턴타임스헤럴드」의 신문 배달을 시작했다. 우드로 윌슨 고등학교에서는 돈 댄리와 친구가 되었는데, 그는 돈벌이를 위한 버핏의 열정에 즉시 깊은 인상을 받고 저축한 돈을 공동으로 투자하여 중고 핀볼 기계를 25달러에 구입했다. 버핏은 수익을 절반씩 나누는 조건이면 지역 이발사가 가게에 그 기계를 들여놓을 것이라고 확신했다. 영업 첫날에 그들은 첫 번째 기계에서 5센트 동전으로 4달러를 벌어들였다. 그들은 윌슨코인오퍼레이티드머신컴퍼니(Wilson Coin-Operated Machine Company)로 이름 붙인 핀볼 기계를 일곱 대까지 확충했다. 얼마 후 버핏은 매주 50달러를 집에 가져왔다.

버핏이 고등학교를 졸업할 즈음 다양한 방법으로 모은 그의 저축액은 9,000달러에 달했다. 그는 즉시 대학에 진학할 이유가 없다고 알렸다. 대학 진학이 사업에 방해가 된다고 생각한 것이다. 그러나 아버지는 그의 주장을 받아들이지 않았다. 그해 가을 버핏은 펜실베이니아 대학 와튼 경영학부에 입학했다. 와튼에서는 비즈니스와 금융을 중시했음에도 불구하고 버핏은 대학에 별 감흥이 없었다. "솔직히 말하자면 대학에 관심이 없었다. 그곳에서 많은 배움을 얻을 것 같지 않았기 때문이다."[13] 버핏의 고백이다. 와튼의 교과과정은 비즈니스의 이론적 측면을 강조했다. 그러나 버핏의 관심사는 비즈니스의 실용적 측면, 즉 돈을 만드는 방법이었다. 와튼에서 2년(1947~1949)을 보낸 뒤 버핏은 네브래스카 대학으로 편입했다. 그는 1년 동안 14강좌를 이수하고 1950년에 졸업했다. 아직 채 스무 살도 되지 않은 나이였다.

오마하로 돌아온 버핏은 주식시장을 다시 찾아갔다. 그는 중개인으로부터 확실한 정보를 수집하는 한편 간행물을 구독했다. 그리고 주가 차트를 다시 만들었으며 기술적 분석에 관한 책들을 연구했다. 그는 맥기 P&F(McGee point-and-figure) 시스템을 비롯하여 다양한 시스템을 응용하면서 효과 있는 시스템을 찾아내려고 애썼다. 그러던 어느 날 지역 도서관에서 '현명한 투자자'라는 제목으로 근래에 출간된 벤저민 그레이엄의 책을 우연히 발견했다. "그 순간은 마치 광명을 보는 것 같았다."[14] 버핏의 말이다.

버핏은 데이비드 도드와 공동으로 집필한 『증권 분석』(1934)을 포함하여 투자에 관한 그레이엄의 논문에 많은 영향을 받았다. 그래서 그는 컬럼비아 경영대학원에서 그레이엄의 가르침을 받으려고 오마하를 떠나 뉴욕으로 건너갔다. 그레이엄은 기업의 내재 가치에 대한 이해의 중요성을 설파했다. 그는 내재 가치를 정확히 계산하여 그 가격 이하로 주식을 매수하는 투자자들이 주식시장에서 수익을 거둘 수 있다고 확신했다. 숫자를 좋아하던 버핏에게는 이런 수학적 접근법이 마음에 들었다.

그레이엄의 강의를 듣는 학생은 20명이었다. 대부분 버핏보다 나이가 많았으며, 몇몇은 월스트리트에서 일하고 있었다. 저녁이면 이들 월스트리트 전문가들은 그레이엄의 수업을 들으며 어떤 주식이 지나치게 저평가되었는지 논의했다. 그리고 이튿날 일터로 돌아가 전날 밤 분석한 주식을 매수하여 돈을 벌었다.

얼마 후 버핏이 가장 총명한 학생임을 모두가 인정하게 되었다. 그는 종종 그레이엄이 질문을 마치기도 전에 손을 들었다. 훗날 리처드 쿠니프와 공동으로 세쿼이아펀드를 창립한 빌 루안도 같은 강의를 듣는 학생이었다. 그는 그레이엄과 버핏 사이에 즉각적으로 통하는 교감이 있었다고 회상한다. 강의를 듣던 나머지 학생들은 구경꾼이나 다름없었다.[15] 그 수업에서 버핏의 학점은 A⁺였는데, 그레이엄이 22년간 강의하면서 처음으로 준 점수였다.

컬럼비아 대학을 졸업한 후 버핏은 그레이엄에게 일자리를 부탁했지만 거절당했다. 처음에는 그 거절에 기분이 상했지만 나중에 그레이엄 뉴먼(Graham-Newman)에 빈자리가 생기면 월스트리트에서 부당한 대우를 받고 있는 유대인들을 우선적으로 채용한다는 소식을 들었다. 버핏은 포기하지 않고 아버지가 중개업을 하던 버핏포크컴퍼니(Buffett-Falk Company)에 합류하기 위해서 오마하로 돌아왔다. 그는 그레이엄의 기준에 부합하는 주식을 적극적으로 추천하면서 성공 가도를 달렸다. 그 와

중에도 버핏은 그레이엄과 꾸준히 연락을 취하면서 그에게 주식에 관한 아이디어들을 계속 전달했다. 1954년에 그레이엄이 새로운 소식을 가지고 전화를 걸었다. 종교적 장벽이 제거되었으므로 버핏이 아직 관심이 있다면 그레이엄뉴먼에서 일할 수 있다는 소식이었다. 버핏은 곧바로 비행기를 타고 뉴욕으로 떠났다.

그레이엄뉴먼에 재직하는 동안 버핏은 스승의 투자 방식에 완전히 몰두했다. 그레이엄은 버핏과 함께 월터 슐로스, 톰 냅과 빌 루안도 직원으로 고용했다. 슐로스는 WJS파트너스에서 28년 동안 자금 관리를 담당하고 있었으며, 프린스턴 대학에서 화학을 전공한 냅은 트위디브라운파트너스(Tweedy, Browne Partners)의 창립 멤버였다. 그리고 루안은 세쿼이아 펀드를 공동으로 창립했다.

버핏에게 그레이엄은 가르침을 주는 지도교수 이상의 의미가 있었다. "불가사의하면서 종종 으스스한 도시인 주식시장에서 처음으로 신뢰할 만한 지도를 제공한 이가 바로 그레이엄이었다." 로저 로웬스테인의 글이다. "그는 과거에 도박과 유사한 사이비 과학이었던 주식 선택에서 방법론적 기초를 닦았다."[16] 열한 살 때 처음으로 시티스서비스 우선주를 매입했던 그날 이후로 버핏은 주식시장의 미스터리를 연구하며 반평생을 보냈다. 이제 그는 그 답을 가지고 있다. 『스노볼(The Snowball: Warren Buffett and the Business of Life)』의 저자 앨리스 슈뢰더는 이렇게 적었다. "워런의 반응은 평생토록 생활하던 어두운 동굴에서 나와 난생처음 눈부신 햇빛에 눈을 깜빡였던 사람의 반응과 같은 것이었다." 슈뢰더에 따르면 "주식에 대한 버핏의 초창기 개념은 종잇조각으로 거래되는 가격에 의해서 형성되는 패턴에서 유래했다. 지금 그는 이런 종잇조각을 기본적인 진리의 상징으로 여기고 있다."**17**

버핏이 입사하고 2년 뒤인 1956년에 그레이엄뉴먼은 해체되었다. 그러자 당시 예순한 살이던 그레이엄은 은퇴를 결심했다. 버핏은 또다시 오마하로 돌아왔다. 그는 그레이엄에게서 얻은 지식을 바탕으로 가족과 친구들의 재정 지원에 힘입어 투자 합자회사를 설립했다. 당시 그의 나이 스물다섯 살이었다.

버핏합자회사

버핏합자회사는 모두 합쳐 10만5,000달러를 기부한 일곱 명의 유한책임 조합원들과 함께 출범했다. 무한책임 조합원인 버핏은 100달러로 시작했다. 유한책임 조합원들은 매년 투자금의 6퍼센트에 해당하는 배당금과 배당금을 제외한 수익의 75퍼센트를 지급받았으며, 나머지 25퍼센트는 버핏에게 돌아갔다. 그러나 합자회사의 목적은 절대적이 아니라 상대적이었다. 버핏은 다우존스 산업평균지수보다 10퍼센트 높은 수익률을 거두는 것이 자신의 계획이라고 조합원들에게 말했다.

버핏은 "인기가 아닌 가치에 근거하여 투자가 이루어질 것이며, 합자회사는 영구적으로 자본 손실(단기간 시세 손실이 아님)을 최소화할 것"이라고 조합원들에게 약속했다.**18** 초창기에 합자회사는 그레이엄의 엄격한 기준에 따라 저평가된 보통주를 매수했다. 버핏은 합병 차익 거래—안전한 수익 창출을 위해서 합병하는 두 회사의 주식을 동시에 매수하고 매도하는 전략—에도 관여했다.

버핏합자회사는 출범하자마자 놀라운 실적을 발표했다. 다우지수의 수익률이 75퍼센트 상승한 첫 5년(1957~1961) 동안 버핏합자회사는 251퍼센트의 수익률(조합원들은 181퍼센트)을 기록했다. 출범 초기에 약속한 10퍼센트가 아니라 평균 35퍼센트의 수익률로 다우지수를 능가한 것이다.

버핏의 평판이 널리 알려지면서 더 많은 사람들이 자금 관리를 부탁했다. 투자자들이 몰려들자 합자회사도 더 많이 결성되었다. 결국 버핏은 1962년에 모두를 묶어 단일 합자회사로 재조직하기로 결정했다. 그해에 버핏은 자택에서 오마하의 키윗 플라자로 합자회사 사무실을 옮겼다. 지금도 그곳에는 그의 사무실이 남아 있다. 이듬해 버핏은 기존에 형성된 자신의 평판을 더욱 높여준 또 다른 중요한 투자를 시도했다.

티노 데 앤젤리스가 이끌던 얼라이드크루드오일컴퍼니(Allied Crude Oil Company)가 자사의 샐러드유 재고를 담보로 대출이 가능하다는 사실을 알아차렸던 1960년대에 최악의 기업 스캔들이 발생했다. 기름이 물 위에 뜬다는 단순한 사실을 이용하여 데 앤젤리스는 사기 행각을 벌였다. 그는 뉴저지에 정유 공장을 건설하고 식용유를 보관하는 5층짜리 저장탱크 139개를 설치한 다음 불과 몇십 센티미터 높이로 샐러드유를 띄우고 나머지는 물로 채웠다. 얼라이드 종업원들이 탱크 위로 올라가 측정막대를 담근 후 지상에 있던 검사관에게 거짓 수치를 알려주었다. 스캔들이 터지면서 뱅크오브아메리카, 레우미 은행, 아메리칸익스프레스와 여타 국제 거래회사들이 이 사기 대출에 1억5,000만 달러의 보증을 섰다는 사실이 알려졌다.

아메리칸익스프레스가 샐러드유 스캔들로 알려진 이 사건의 최대 피해자였다. 회사는 5,800만 달러의 손실을 입었으며 주가도 50퍼센트 이상 폭락했다. 버핏이 벤저민 그레이엄에게 배운 것이 있다면 바로 다음과 같은 것이었다. 건전한 기업의 주식이 내재 가치 이하로 팔리고 있다면 과감하게 투자에 나서라.

버핏은 5,800만 달러의 손실을 잘 알고 있었지만 고객들이 그 스캔들을 어떻게 바라보는지는 몰랐다. 그래서 그는 오마하의 레스토랑 계산대에서 많은 시간을 보냈는데, 덕분에 유명한 아메리칸익스프레스 그린카드 사용이 줄어들지 않았음을 알게 되었다. 또 지역의 몇몇 은행들을 방문했는데, 거기서 금융 스캔들이 아메리칸익스프레스 여행자수표에도 아무런 영향을 미치고 있지 않음을 알게 되었다.

사무실로 돌아온 버핏은 아메리칸익스프레스에 1,300만 달러—무려 합자회사 자산의 25퍼센트—를 투자했다. 그 후 2년간 주식은 3배로 뛰어올랐고, 버핏합자회사는 2,000만 달러의 순이익을 거두어들였다. 이것이 그레이엄의 진면목이자, 버핏의 진면목이었다.

초창기에 버핏은 합자회사 운영을 저평가된 주식 매수와 특정한 기업 합병 차익 거래에 국한시켰다. 그러나 5년이 지나자 처음으로 기업의 지배 지분 매입에 나섰다. 농업 장비업체인 뎀스터밀매뉴팩처링컴퍼니(Dempster Mill Manufacturing Company)가 그 회사이다. 그리고 다음으로 버크셔해서웨이라는 영국 섬유회사의 지분을 사들이기 시작했다. 1965년경에 그는 그 회사의 경영권을 인수했다.

미분학에서 변곡점은 곡률이 플러스에서 마이너스 또는 마이너스에서 플러스로 변화하는 곡선상의 한 점이다. 이 변곡점은 기업, 산업, 경제, 지정학적 상황과 개인들 사이에서도 발생할 수 있다. 나는 1960년대가 버핏에게 변곡점에 해당한다고 생각한다. 그 시점에서 버핏은 투자자에서 사업가로 진화했다. 당시는 시장 자체가 변곡점에 도달한 시기이기도 했다. 1956년 이래로 그레이엄이 토대를 만들고 버핏이 활용하던 가치 판단 전략이 주식시장을 지배했다. 그러나 1960년대 중반에 이르자 새로운 시대가 펼쳐졌다. '고고 시대(Go-Go years)'로도 불리던 때였는데, '고고'는 성장 주식을 일컫는 용어였다. 탐욕이 시장을 주도하던 이 시기에 사람들은 고공비행을 하는 성과주를 쫓다가 벼락부자가 되거나 빈털터리가 되었다.[19]

시장 심리에 근본적인 변화기 있었음에도 불구하고 버핏합자회사는 꾸준히 뛰어난 실적을 발표했다. 1966년 말에 합자회사는 1,156퍼센트의 수익률(유한투자 조합원들의 경우 704퍼센트)을 올리면서 같은 기간에 123퍼센트의 수익률을 기록한 다우존스를 압도했다. 그럼에도 버핏은 점점 불안해졌다. 시장은 그레이엄의 원칙에 따라 춤을 추었지만 주식시장에서 연주되는 새로운 음악은 잘 와 닿지 않았기 때문이다.

1969년에 버핏은 투자 합자회사를 해체하기로 결정했다. 그는 주식시장에 투기성이 고조되고 있으며, 가치 있는 주식이 갈수록 희귀해지고 있음을 깨달았다. 투자자들은 누구든 니프티 피프티(Nifty Fifty, 1970년대 초반 최고의 성장성을 인정받던 50개 종목_옮긴이)를 입에 올렸다. 에이본(Avon), 폴라로이드(Polaroid), 제록스(Xorox) 같은 주식들은 100배의 수익률을 거두며 피프티에서 거래되었다. 버핏은 조합원에게 보낸 편지에서 자신이 작금의 주식시장 환경에 보조를 맞추지 못하고 있다는 사실을 고백했다. "그러나 한 가지만큼은 분명히 못 박고 싶습니다. 나는 과거의 접근법을 포기하지 않을 겁니다. 그것이 적용하기 힘들다 하더라도, 심지어 그것이 쉽게 얻을 수 있는 많은 수익에서 멀어지는 것을 의미한다 할지라도 나는 포기하지 않을 겁니다. 내가 충분히 이해하지 못해서 성공적으로 실행할 수 없는 접근법 그리고 영구적으로 상당한 자본 손실을 초래할 수 있는 접근법은 받아들이지 않을 겁니다."[20]

합자회사를 시작할 때 버핏은 해마다 다우지수를 평균 10퍼센트 능가한다는 목표를 설정했다. 1957년부터 1969년 사이에 그는 매해 10퍼센트가 아닌 22퍼센트 수준으로 다우지수를 능가했다. 버핏합자회사가 해체되었을 때 투자자들은 자신의 지분을 받았다. 일부 투자자들은 지방채 교육을 받았고, 또 다른 투자자들은 곧바로 펀드매니저가 되었다. 버핏이 추천한 유일한 인물은 예전에 컬럼비아 대학에서 함께 강의를 들었던 빌 루안이었다. 루안은 조합원들의 자금 중 일부를 관리하는 데 동의했다. 그렇게 해서 태어난 것이 바로 세쿼이아펀드이다. 버핏을 포함하여 합자회사의 다른 구성원들은 버크셔해서웨이 주식에서 자신의 몫을 차지했다. 합자회사에서 버핏의 지분은 2,500만 달러로 증가했는데, 버크셔해서웨이를 지배하기에는 충분한 돈이었다.

워런 버핏이 합자회사를 해체할 때 많은 이들이 '환전상'의 전성시대

는 지나갔다고 생각했다. 그러나 실제로 그는 이제 막 첫발을 내디뎠을
뿐이었다.

버크셔해서웨이

원기업(原企業)인 버크셔코튼매뉴팩처링(Berkshire Cotton Manufacturing)은
1889년에 설립되었다. 40년 뒤 버크셔는 몇몇 다른 방직 공장들과 합
병하여 뉴잉글랜드의 최대 기업 중 하나가 되었다. 이 기간에 버크셔는
전국 면화 수요의 25퍼센트가량을 생산했으며, 뉴잉글랜드의 전기 생
산량 중 1퍼센트를 사용했다. 1955년에는 해서웨이매뉴팩처링(Hathway
Manufacturing)과 합병하여 버크셔해서웨이로 기업명이 바뀌었다.

유감스럽게도 합병 이후는 암울했다. 10년이 채 지나기도 전에 주가는
절반쯤 하락했고, 영업손실도 1,000만 달러를 상회했다. 그 후 20년간
버핏은 방직 그룹을 관리하던 켄 체이스와 함께 뉴잉글랜드 방직 공장
들의 실적을 호전시키고자 많은 공을 들였다. 그러나 결과는 실망스러웠
다. 자기자본수익률이 두 자릿수에 도달하는 것조차 만만치 않았다.

1970년대에 들어서자 버크셔해서웨이 주주들은 섬유 사업에 계속 투
자하는 것이 과연 현명한 방법인지 의구심을 갖기 시작했다. 버핏은 힘
겨운 상황을 숨기려 하지 않았다. 가끔 그는 다음과 같은 자신의 생각을
설명했다. 방직 공장들은 그 지역에서 최대 고용주이다. 노동자들은 양
도하기 힘든 고급 기술을 가진 나이 든 연령 집단이다. 경영진은 대단한

열정을 보여주고 있다. 노조도 합리적이다. 무엇보다도 버핏은 섬유 사업을 통해서 어느 정도 이윤을 실현할 수 있다고 확신했다.

그러나 그는 방직 그룹이 적절한 자본 지출보다 높은 수익을 거두길 기대한다는 점을 명확히 했다. 버핏은 이렇게 말했다. "나는 단지 우리 회사의 수익을 좀 더 높이기 위해서 평균 이하의 수익성을 가진 사업을 포기하는 일은 하지 않을 것이다. 아울러 높은 수익성을 가진 기업이라 할지라도 일단 지속적으로 손실이 발생할 가능성이 보이면 그 기업 운영에 자금을 지원하는 것은 부적절하다고 생각한다. 아마 애덤 스미스라면 나의 첫 번째 진술에 동의하지 않을 것이고, 카를 마르크스라면 나의 두 번째 진술에 동의하지 않을 것이다. 여기서 내가 마음 편히 취할 수 있는 일은 중립을 지키는 것뿐이다."[21]

1980년대에 접어들자 버핏은 다음과 같은 몇 가지 현실을 자각하기 시작했다. 첫째, 섬유 사업은 근본적으로 높은 자기자본수익률을 얻는 것이 가능하지 않다. 섬유는 생필품이고, 생필품은 경쟁사들의 제품과 차별화하는 데 어려운 시기를 맞고 있다. 왜냐하면 저임금 노동자들을 고용하는 외국 기업들이 마진을 쥐어짜고 있기 때문이다. 둘째, 방직 공장이 경쟁력을 유지하려면 상당한 수준의 자본 개선이 필요하다. 그러나 인플레이션 환경에서는 전망이 그리 밝지 않으며, 사업 수익성이 형편없을 경우 파멸을 초래할 수도 있다.

버핏은 어려운 선택에 직면했다. 만약 그가 경쟁력 유지를 위해서 섬유 부문에 대규모 자본 투자를 한다면 버크셔는 확장된 자본의 규모에 비해 저조한 수익률을 거두게 될 것이다. 다른 한편 그가 재투자하지 않는다면 버크셔의 방직 공장들은 다른 국내 섬유 제조업체들과 비교할 때 점점 경쟁력을 잃게 될 것이다. 또한 버크셔의 재투자 여부와 상관없이 외국 경쟁 업체들은 값싼 노동력 고용으로 경쟁력에서 계속 우위를 보일 것이다.

1980년의 연차 보고서는 방직 그룹의 미래에 불길한 전망을 내비쳤다. 그해에 버크셔 산하의 방직 그룹은 '회장의 서한'에서 명망 높은 첫 번째 순서를 차지하지 못했다. 그 이듬해에는 회장 인사말에서 언급조차 되지 않았다. 급기야 1985년 7월에 버핏은 방직 그룹에서 손을 떼며 100여 년 전에 출범한 사업에 종지부를 찍었다.

그러나 방직 그룹의 불행에도 불구하고 그 경험이 완전한 실패는 아니었다. 첫째, 버핏은 기업 회생과 관련하여 소중한 교훈을 배웠다. 바로 기업 회생은 좀처럼 성공하지 못한다는 것이었다. 둘째, 방직 그룹이 초기에 충분한 자본을 창출한 덕분에 보험회사를 매수할 수 있었고, 그것이 더 밝은 미래를 가져다주었다.

보험 사업

1967년 3월에 버크셔해서웨이는 오마하에 본사를 둔 두 개 보험회사의 사외주를 8,600만 달러에 인수했다. 내셔널인뎀니티컴퍼니(National Indemnity Company)와 내셔널손해보험회사(National Fire & Marine Insurance Company)가 그것이었다. 그리고 이것이 버크셔해서웨이의 경이로운 성공

스토리의 서막이었다.

이런 현상을 이해하려면 보험회사의 진정한 가치를 인식하는 것이 중요하다. 보험회사는 때로 좋은 투자이지만, 또 때로는 그렇지 않다. 하지만 언제나 훌륭한 투자 '매개물'이다. 계약자들은 보험료를 지불함으로써 일정한 현금 흐름을 제공한다. 보험회사는 보험금 청구가 제기될 때까지 이 현금을 투자금으로 사용한다. 보험금 청구가 발생하는 시점이 불확실하기 때문에 보험회사는 유동증권—주로 단기 확정금리부 증권, 장기 상환 채권과 주식—으로의 투자를 선택한다. 그 결과 워런 버핏은 비교적 건전한 두 회사뿐만 아니라 투자 관리를 위한 확실한 매개물까지 인수한 셈이었다.

1967년에 두 보험회사는 2,470만 달러 가치의 채권 포트폴리오와 720만 달러 가치의 주식 포트폴리오를 소유했다. 2년 뒤에 이 포트폴리오의 합계는 4,200만 달러에 육박했다. 버핏 같은 노련한 증권 컨설턴트에겐 만족스러운 포트폴리오였다. 그는 이미 섬유회사의 증권 포트폴리오 관리에서 제한적이나마 일부 성공을 거둔 경험이 있었다. 1965년에 버핏이 버크셔를 장악했을 때 그 회사는 290만 달러의 유가증권을 보유하고 있었다. 그해가 끝날 무렵 버핏은 증권 계정을 540만 달러까지 늘렸다. 1967년에는 투자를 통한 현금 수익률이 전체 섬유 부문 수익률의 3배에 달했는데, 그것은 보통주 주식 포트폴리오의 자산 기준보다 10배나 높은 수익률이었다.

버핏이 보험회사에 발을 들여놓으면서 섬유 사업에서 손을 뗐을 때 그는 단지 하나의 실용품을 다른 범용품으로 교환했을 뿐이라는 주장이 있었다. 보험회사는 섬유와 마찬가지로 차별성 없는 상품이다. 보험 정책은 표준화되어 있고, 누구든 그것을 베낄 수 있다. 보험회사들 간에는 서로의 차별성을 낳는 트레이크마크, 특허, 지리상의 이점 또는 원료가 존재하지 않는다. 허가를 얻는 것도 어렵지 않고, 보험률도 개방되어 있다. 일반 보험회사에서 가장 차별화되는 특징은 직원들이다. 개별 매니저들의 노력이 보험회사의 실적에 지대한 영향을 미친다. 버핏은 여러 해에 걸쳐 몇몇 보험회사들을 버크셔 보험 그룹에 추가시켰다. 그중 하나가 바로 재치 있는 광고로 널리 알려진 GEICO이다. 1991년에 버크셔해서웨이는 GEICO의 사외보통주 중 거의 절반을 소유했다. 그 후 3년 동안 회사의 실적은 가파르게 올랐다. 버핏의 이익도 함께 증가했다. 1994년에 버크셔는 그 회사의 지분을 51퍼센트 소유한 사실을 발표했다. 그리고 버크셔 그룹에 GEICO를 합류시키는 것에 대한 진지한 논의가 시작되었다. 2년 후 버핏은 23억 달러를 지불하고 GEICO를 완전히 인수했다. 버핏은 여기서 멈추지 않았다. 그는 GEICO에 남아 있던 사외주 매입을 위해서 사용한 금액보다 7배나 더 많은 160억 달러를 지불하고 제너럴리(General Re)라는 재보험회사를 인수했다. 그것은 당시까지 최대 규모의 기업 인수였다.

수년간 버핏은 보험회사를 잇달아 인수했다. 그러나 그중에서 가장 현명한 인수는 버크셔해서웨이 재보험 그룹을 운영하기 위해서 그가 고용한 아짓 제인이라는 인물이었다. 1951년에 태어난 아짓은 저명한 인도 공과대학에서 공학 학위를 받았다. 그리고 IBM에서 3년간 근무한 다음 경영학 학위를 얻기 위해서 하버드 대학에 입학했다.

아짓은 보험과 관련된 경력이 전무했지만 버핏은 그의 탁월한 재능을 간파했다. 1985년에 보험 업무를 시작하면서 아짓은 재보험 그룹의 유동자금(지불하지 않은 보험료 수입)을 20여 년 동안 340억 달러로 키웠다. 버핏에 따르면 "아짓은 어느 누구도 떠맡을 욕구나 자금이 없는 그런 리스크를 확실히 책임진다. 그는 보험 사업에서 유일무이한 방식으로 능력과 속도, 결단력과 지능을 결합하여 회사를 운영하고 있다."[22] 버핏과 아짓은 하루도 빠짐없이 대화를 나눈다. 버핏은 2009년도 버크셔 연차 보고서에서 아짓의 가치에 대해서 이렇게 적었다. "만약 나와 찰리와 아짓이 침몰하는 배에 타고 있는데 그중 한 명만 구할 수 있다면 아짓을 향해 헤엄쳐 가라."

한 남자와 그의 회사

워런 버핏은 설명하기 쉬운 사람이 아니다. 겉모습은 기업계의 거물이라기보다 할아버지처럼 보이는 평범한 모습이다. 지능적으로는 천재로 보이지만 사람들과의 실제 관계는 그리 복잡하지 않다. 그는 소박하고 솔직하며 정직하다. 그리고 세련된 위트와 감성적인 유머를 모두 구사할 줄 안다. 또 논리적인 것을 매우 존중하는 반면 엉뚱한 짓을 좋아하는 고약한 취향도 가지고 있다. 그는 단순한 것을 포용하며 복잡한 것을 멀리한다.

연차 보고서를 읽다 보면 버핏이 성경이나 존 메이너드 케인스 또는 메이 웨스트를 자유자재로 인용하는 모습에 깜짝 놀랄 수밖에 없다. 보고서의 주된 용도는 '읽기 위한 것'이다. 60~70쪽 분량의 각 보고서는 정보로 빽빽하게 채워져 있다. 그림도, 컬러그래픽도, 차트도 없다. 처음부터 시작하여 방해 없이 계속 읽을 수만 있다면 투자와 관련된 통찰력과 소탈한 유머 그리고 솔직함에 대한 다량의 정보를 보답받을 수 있다. 그는 버크셔 사업의 장점과 단점을 모두 강조한다. 그는 버크셔 주식을 소유한 사람들이 곧 그 회사의 소유주라고 생각한다. 그래서 그들이 듣고 싶어 하는 것들을 그들의 입장에서 가능한 한 많이 말해준다.

버핏이 인도하는 회사는 그의 개성과 철학(그의 투자 철학과 동일하다) 그리고 그 자신의 독특한 스타일을 구현하고 있다. 버크셔해서웨이는 복잡하지만 혼잡하진 않다. 그곳에는 비보험 분야 비즈니스 수익과 보험회사의 유동자금으로 가능한 영업 비즈니스와 증권 포트폴리오라는 두 가지 부문만 존재한다. 워런 버핏은 즉각적인 매수를 고려하는 기업체, 즉 보통주 매수를 위해서 자신이 평가하는 기업체 또는 자기 회사 관리에 철저히 이런 방식으로 바라보고 있다.

오늘날 버크셔해서웨이는 세 개의 주요 그룹으로 나뉘어 있다. 하나는 보험 사업이고, 다른 하나는 미드아메리칸에너지(MidAmerican Energy)와 벌링턴노던샌타페이철도회사를 포함한 조정된 자본 집약형 사업이다. 나머지 하나는 막대사탕부터 제트 항공기까지 생산하는 제조와 서비스 및 소매 사업이다. 이 사업들을 다 합치면 2012년에 버크셔해서웨이를 위해서 거둬들인 수익은 108억 달러에 달한다. 비교하자면 1988년에 사업가 버핏이 벌어들인 수익은 3억9,900만 달러였다. 2012년 말 현재 버크셔해서웨이의 투자 포트폴리오는 498억 달러 원가 기준 대비 876억 달러의 시장 가치를 보유하고 있다. 25년 전인 1988년에 투자자 버핏은 13억 달러 원가 기준 대비 30억 달러 가치의 포트폴리오를 보유하고 있었다.

버핏이 버크셔해서웨이의 경영권을 인수한 1965년을 시점으로 지난 48년 동안 그 회사의 1주당 순자산 가치는 19달러에서 11만4,214달러로 올라갔다. 복리 이자로 계산하면 연간 19.7퍼센트의 수익률을 기록한 셈이다. 같은 기간에 S&P500지수는 배당금 포함 9.4퍼센트의 수익률을 기록했다. 둘을 비교했을 때 버크셔해서웨이가 거의 50년 동안 10.3퍼센트나 상대적으로 더 나은 실적을 올린 것이다. 앞서 말했듯이 '환전상'이 버핏합자회사의 문을 닫았을 때 그는 이제 막 걸음을 내디뎠을 뿐이었다.

5시그마 사건

오랜 기간에 걸쳐 학계와 투자 전문가들은 효율적 시장 이론의 타당성에 관해서 논쟁을 벌였다. 논란이 많은 이 이론은, 이용 가능한 모든 정보가 현 시세에 이미 반영되어 있으므로 증권 분석이 시간 낭비임을 시사한다. 이 이론을 신봉하는 이들은 발췌된 한 페이지의 주식에 다트를 던져서 최신 연차 보고서나 분기별 보고서를 몇 시간 동안 꼼꼼히 살피는 노련한 금융 분석가들 못지않게 좋은 주식을 골라낼 수 있다고 농담하듯이 주장한다.

그러나 지속적으로 지수를 능가하는 몇몇 개인들—가장 유명한 워런 버핏을 포함해서—의 성공은 효율적 시장 이론에 결함이 있음을 시사한다. 물론 효율적 시장 이론가들은 그것이 결함 없는 이론이라고 맞받아친다. 대신 그들은 버핏 같은 개인들이 '5시그마 사건(five-sigma event, 통계학적으로 0.0001퍼센트의 확률_옮긴이)', 즉 현실에서는 절대 발생하기 힘들 정도로 매우 희귀한 통계학적 확률의 산물이라고 말한다.[23] 보통은 버핏이 통계학적으로 희귀한 사례라고 주장하는 이들의 편을 들어주기 십상이다. 왜냐하면 버핏합자회사에서 13년 동안 얻는 결과이건, 버크셔해서웨이에서 거의 50년 동안 얻는 실적이든 간에 지금까지 어느 누구도 그의 투자 실적에 근접하지 못했기 때문이다. 많은 투자 전문가들이 시간의 경과와 함께 주요 지수들을 따라잡지 못한 데 주목하면서 그들의 실적을 일람표로 만들어보면 다음과 같은 의구심이 생긴다. 실제로 주식시장은 난공불락일까 아니면 대다수 투자자들이 사용하는 방법에 문제가 있는 걸까?

마지막으로 버핏 본인의 말을 생각해보자. "우리는 다른 사람의 능력보다 더 뛰어난 것이 아니다. 투자와 마찬가지로 관리에서도 나는 똑같은 생각을 가지고 있다. 뛰어난 결과를 얻기 위해서 굳이 뛰어난 행동을 할 필요는 없다."[24] 대다수 사람들은 버핏의 이런 설명이 중서부인 특유의 겸손한 표현에 지나지 않는다고 일축한다. 그러나 나는 그의 말을 액면 그대로 받아들였다. 그리고 이것이 바로 이 책의 주제이다.

2

워런 버핏의 교육

경이로운 지적 능력을 가진 '5시그마 사건'의 산물이라 할지라도 버핏은
자신보다 앞선 이들의 가르침에 의존하지 않을 수 없다. 심지어 그조차
배움의 과정을 건너뛸 수 없기 때문이다. 차차 살펴보겠지만 워런 버핏
이 받은 교육은 세 명의 영향력 있는 인물—벤저민 그레이엄, 필립 피셔,
찰리 멍거—의 사상에서 나온 특징적인 투자 철학의 종합판이라 해도
과언이 아니다.

　그레이엄이 버핏에게 미친 영향은 잘 알려져 있다. 실제로 어떤 이들
은 그가 전체적으로 영향을 미쳤다고 생각한다. 두 사람 사이에 얽히고
설킨 그간의 역사를 고려하면 그리 놀라운 일이 아니다. 버핏은 처음에
그레이엄에게 관심을 가진 독자였고, 나중에는 학생이자 직원이자 협력
자였다가 마침내 그의 동료가 되었다. 그레이엄은 훈련받지 않은 버핏의

사고를 가다듬었다. 그러나 버핏을 그레이엄의 가르침의 유일한 소산으로 단정짓는 것은 필립 피셔와 찰리 멍거라는 또 다른 탁월한 금융 전문가가 미친 영향을 무시하는 것이다. 그래서 이 장에서는 이 두 사람도 함께 살펴볼 것이다.

벤저민 그레이엄

벤저민 그레이엄은 금융 분석에서 학장과도 같은 존재로 여기고 있다. 애덤 스미스가 지적한 것처럼 말하면 "그 이전에는 (금융 분석) 전문가가 존재하지 않았으며, 그 이후에 사람들은 그것을 금융 분석이라고 불렀다."[1] 오늘날 그는 저명한 두 작품으로 널리 알려져 있다. 데이비드 도드와 공동으로 집필하여 1934년에 출간된 『증권 분석』과 1949년에 출간된 『현명한 투자자』가 그것이다. 부분적으로 『증권 분석』이 지속적으로 중시되는 까닭은 그 타이밍 때문이다. 이 책은 1929년 주식시장 붕괴 이후 몇 년 지나지 않아 발간되었다. 세상을 변화시켰던 주식시장 붕괴는 저자와 그의 사상에 지대한 영향을 미친 일대 사건이었다. 다른 학자들이 이러한 경제적 현상을 설명하려고 애썼다면 그레이엄은 사람들이 재정적으로 다시 일어나 수익성 있는 활동을 계속할 수 있도록 도움을 주려고 했다. 벤저민 그레이엄은 스무 살 때인 1914년에 컬럼비아 대학에서 이학사 학위를 받았다. 그는 그리스어와 라틴어에 능통했으며, 수학과 철학에도 학구적인 관심을 보였다. 이렇듯 비즈니스와 무관한 교육을 받았지만 그럼에도 불구하고 그는 월스트리트에서 경력을 쌓기 시작했다. 그는 뉴버거핸더슨앤드로브(Newburger, Henderson & Loeb) 증권회사에 들어가 사환으로 일했다. 주급 12달러를 받으며 칠판에 채권과 주가를 게시하던 그는 사환에서 조사 보고서를 작성하는 직책으로 승진했으며, 곧이어 회사의 조합원 자격을 얻었다. 1919년에는 스물다섯 살의 나이에 60만 달러를 벌어들였다. 2012년 가치로 환산하면 거의 800만 달러에 달하는 금액이었다.

1926년에 그레이엄은 제롬 뉴먼과 함께 투자 합자회사를 설립했다. 30여 년 후에 버핏을 고용한 바로 그 회사였다. 그레이엄뉴먼 합자회사는 1929년의 주식시작 붕괴, 대공황, 제2차 세계대전과 한국전쟁에도 살아남았다가 1956년에 해체되었다.

그레이엄이 1929년 주식시장 붕괴 때 재정적으로 파산 상태였음을 아는 사람은 거의 없다. 당시에 그는 평생 두 번째(첫 번째는 그의 아버지가 세상을 떠나는 바람에 가족이 재정적으로 보호받지 못하는 상태로 남았을 때)로 부의 재건에 착수했다. 그는 자신의 모교에서 영감을 발견했다. 그곳에서 그는 야간 강좌로 금융을 가르쳤는데, 학계로 피신한 덕분에 반성과 재평가의 기회를 가질 수 있었다. 그레이엄은 동료 교수인 데이비드 도드의 자문을 받으며 보수적 투자에 관한 고전적인 논문을 완성했다.

그레이엄과 도드는 15년 이상의 투자 경험을 가지고 있었다. 그들이 『증권 분석』을 완성하기까지는 꼬박 4년의 시간이 걸렸다. 1934년에 이 책이 처음 출간되었을 때 루이스 리치는 「뉴욕타임스」에 이렇게 적었다. "이 책은 학구적인 조사와 실용적인 지혜에서 나온, 충실하고 원숙하고 꼼꼼하고 칭찬할 만한 결과물이다. 만약 이 책의 영향력이 그대로 발휘된다면 투자자로 하여금 시장보다는 주식에 대해서 더욱 숙고할 수 있게 해줄 것이다."[2]

이 책 초판에서 그레이엄과 도드는 기업의 폐습에 상당한 관심을 보였다. 그들에겐 많은 자료가 있었다. 1933년의 증권법과 1934년의 증권거래법이 제정되기 이전만 해도 기업 정보는 턱없이 부족했고, 간혹 허위 정보가 나돌기도 했다. 대다수 기업들은 매출 정보 공표를 거부했으며, 자산 가치도 의심받기 일쑤였다. 기업의 잘못된 정보는 신규 주식 공모와 애프터마켓(신규 증권 발행 후의 시장_옮긴이)에서 주가 조작에 이용되었다. 그러다가 증권법 제정 이후에 느리지만 체계적으로 기업 개선이 이루어졌다. 1951년에 이 책의 3판이 출간될 즈음 그레이엄과 도드는 기업의 폐습에 관한 언급을 삭제하고, 그 대신 주주-경영진 관계, 경영진의 역량과 배당 정책의 문제점을 알렸다.

『증권 분석』의 핵심은 합리적인 가격을 기반으로 엄선된 보통주 포트폴리오가 건전한 투자가 될 수 있다는 것이다. 그레이엄은 신중하게 단계별로 투자자들이 자신의 접근법의 논리를 이해할 수 있도록 도움을 주었다.

그레이엄이 씨름해야 했던 첫 번째 문제는 '투자'에 대한 단일화되고 보편적인 정의가 쉽지 않다는 것이었다. 그는 루이스 브랜다이스 판사를 인용하면서 "투자는 다양한 의미를 가진 단어다"라고 주장했다. 문제는 그 품목이 증권(결과적으로 투기)이냐 채권(결과적으로 투자)이냐의 여부가 아니다. 불완전한 채권은 단지 그것이 채권이라는 이유만으로 투자로 간주될 수 없다. 그런가 하면 순유동자산 이하의 주당 가격을 가진 주식은 단지 그것이 주식이라는 이유만으로 투기로 간주될 수 없다. 그레이엄에 따르면 정작 중요한 것은 투자자의 의도이다. 채권이든 주식이든 재빨리 이익을 얻기 위해서 빌린 돈으로 주식을 사들이는 것은 투기이다. 그레이엄은 문제의 복잡성을 감안하여 이렇게 제안했다. "투자 활동은 철저한 분석을 통해서 투자 원금의 안전과 만족스러운 수익을 약속하는 것이다. 이런 요건을 충족하지 못하면 투기가 된다."[3] 이 간단한 문장에는 깊은 뜻이 담겨 있으며, 우리의 관심을 끌 만한 가치가 충분하다.

그렇다면 먼저 '철저한 분석'이란 어떤 의미일까? 그는 "확립된 원칙과 견고한 논리를 기반 삼아 결론을 이끌어내려는 시도로 이용 가능한 사실들에 대한 면밀한 조사"라고 간결하게 정의했다.[4] 그리고 한 걸음 더 나아가 다음 3단계 과정으로 분석을 설명했다. (1) 서술적 단계, (2) 비판적 단계, (3) 선택적 단계. 첫 번째 단계는 모든 사실을 수집한 다음에 지적으로 그것을 진술하는 과정이다. 두 번째 단계는 정보 전달을 위해서 사용되는 기존의 장점들을 살펴보는 과정이다. 예를 들면 사실들이 공정하게 진술되었는지 따져보는 식이다. 마지막 단계는 주식의 장점을 판단하기 위해서 분석이 필요한 과정이다.

다음으로 그레이엄은 투자를 고려하는 주식에 대해서 두 가지 조건이 제시되어야 한다고 주장한다. 하나는 어느 정도 보장되는 투자 원금의 안전성이고, 다른 하나는 만족스러운 수익률이다. 전자에 대해서 그는 안전성이 절대적일 수 없음을 경고했다. 전혀 예기치 못하거나 불가능해 보이는 사건이 발생하면 안전한 채권조차 지급불능에 빠질 수 있다는 것이다. 대신 그는 합리적인 조건에서 손실로부터 안전한 투자를 고려해야 한다고 주장했다.

후자인 만족스러운 수익률 역시 주의해야 한다. 왜냐하면 그레이엄이 언급한 것처럼 '만족스러운'이라는 표현은 주관적인 용어이기 때문이다. 그는 투자자가 어느 정도 지적으로 행동하고 투자의 정의를 모두 준수하는 한 아무리 수익률이 낮아도 수익을 거둘 수 있다고 말했다. 그레이엄의 정의에 따르면 견고한 논리를 토대로 철저한 재정 분석을 실시하고, 투자 원금의 안전성 훼손 없이 적절한 수익률을 선택하는 사람이라면 그는 투기꾼이 아니라 투자자에 해당한다.

그레이엄은 평생을 두고 투자와 투기 문제로 골머리를 앓았다. 말년에는 기관 투자자들이 명백히 투기성 있는 행동을 받아들이는 것을 보고 실망을 금치 못했다. 1973년과 1974년의 베어마켓(하락 장세_옮긴이) 직후에 그레이엄은 DLJ(Donaldson Lufkin & Jenrette)가 주관하는 펀드매니저 회의에 초대받았는데, 그곳에서 큰 충격을 받았다. "기관의 자금 관리가 건전한 투자에서 최단 기간에 가능한 최고 수익을 얻으려는 극심한 생존 경쟁으로 타락하는 과정을 나는 이해할 수 없었다."**5**

그레이엄의 두 번째 공헌—투자와 투기의 차이를 분명하게 확립한 이후—은 투기가 아닌 투자로서의 자격을 갖춘 보통주 매수 방법론이었다. 그의 방법론은 안전 마진(margin of safety)으로 불리는 개념에 중점을 두고 있다. 이 역시 1929년 주식시장 붕괴에 자극을 받은 것이었다.

1929년에 닥친 위험은 투기가 투자로 변장한 것이 아니라 투자가 그 자체로 투기화했다는 것이다. 그레이엄은 과거의 역사에서 비롯된 낙관주의가 만연해 있으며 그것이 위험천만하다는 점을 지적했다. 과거로부터 용기를 얻은 투자자들은 지속적인 성장과 번영의 시대를 예상했다. 그 결과 주가에 대한 균형 감각을 잃기 시작했다. 그레이엄은 사람들이 합리적인 수학적 예상 없이 낙관적인 주식시장이 인용한 가격만큼 가치가 있다고 믿으며 주식 매입에 나선다고 말했다. 이런 무모함이 최고조에 달할 때 투자와 투기의 경계선은 모호해진다.

이런 위험한 행동에 대한 해결책으로 그레이엄은 이른바 '안전 마진'에 의존하는 증권 선택 방식을 제안했다. 이 접근법에 따르면 특정 기업의 미래 성장에 낙관적인 투자자들은 자신의 포트폴리오에 주식을 추가하기 위해서 두 가지 기법을 사용한다. (1) 전체 시장이 낮은 가격에 거래되고 있을 때 주식을 매수한다(일반적으로 베어마켓이나 그와 유사한 형태의 하락장에서 이런 상황이 발생한다). (2) 전체 시장이 낮은 가격으로 형성되어 있지 않을지라도 내재 가치 이하로 거래될 때 주식을 매수한다. 그레이엄은 이 같은 기법을 사용할 경우 매수 가격에 안전 마진이 포함된다고 말했다.

첫 번째 기법—오직 하락 시장에서 주식을 매수하는 것—은 태생적으로 몇 가지 난점을 가지고 있다. 이 기법에서는 시장가격이 높은 때와 낮은 때를 알려주는 공식을 개발하도록 투자자들을 유인한다. 그러면 투자자들은 확실치 않은 시장의 변동을 예측하는 데 볼모로 잡히는 신세가 되고 만다. 게다가 시장이 아주 높은 가격으로 형성되어 있으면 투자자들은 수익성 있게 보통주를 매수할 수 없다. 그러나 주식 매수 이전에 마냥 하락 시장만 기다리는 것은 사람들을 지치게 할 뿐 아니라 종국에는 자멸에 빠지게 한다.

그레이엄은 투자자의 에너지를 두 번째 기법—전반적인 시장가격 수준에 상관없이 저평가된 증권을 확인하는 것—에 사용하는 편이 더 낫다고 주장했다. 그레이엄은 이 전략을 체계적으로 활용하려면 투자자들이 계산된 가치 이하로 팔리는 주식을 확인하는 방법을 알아야 한다고 말했다. 이를 위해서 그는 『증권 분석』 이전에 알려지지 않은 계량적 접근법을 개발했다.

그레이엄은 건전한 투자 개념을 소위 말하는 안전 마진 개념으로 축소시켰다. 이를 가지고 그는 단일한 투자 접근법으로 모든 증권—주식과 채권—을 통합하려 했다.

채권의 경우 안전 마진 개념을 확립하는 것은 그리 어렵지 않다. 예컨대 분석가가 어떤 회사의 실적을 검토하다가 지난 5년 동안 평균적으로 고정 금융 비용의 5배 수익을 올리고 있음을 알게 되었다면 그 회사의 채권은 안전 마진을 확보하고 있는 것이다. 그레이엄은 투자자들이 기업의 미래 수입을 정확히 산정할 수 있을 것이라고 기대하지 않았다. 대신 수익과 고정 금융 비용 간의 마진이 충분히 클 경우 투자자들이 그 회사의 예기치 못한 수입 감소로부터 보호받을 수 있을 것이라고 생각했다.

진정한 시험대는 보통주에 그 개념을 적용시킨 그레이엄의 능력이었다. 그는 주식가격이 내재 가치보다 낮게 형성되어 있을 경우 보통주에 대한 안전 마진이 존재한다고 추론했다. 그러면 당연히 다음과 같은 질문이 뒤따를 것이다. 어떻게 내재 가치를 정할 것인가? 그레이엄은 또다시 간결한 정의로 이에 답한다. 내재 가치는 "사실에 의해서 결정되는 가치이다." 이런 사실에는 기업의 자산, 수익과 배당 그리고 미래의 확실한 전망이 포함된다.

물론 그레이엄은 가장 중요한 요소는 미래의 수익력이라고 확신했다. 여기서 그는 간단한 공식을 이끌어냈다. 한 기업의 내재 가치는 미래의 기업 수익을 추산하고, 이 수익을 적절한 자본화계수(capitalization factor)로 곱함으로써 결정될 수 있다는 것이 바로 그것이다. 그리고 이러한 자본화계수나 배율은 기업의 수익 안전성, 자산, 배당 정책과 재정 건전성의 영향을 받는다.

덧붙여 그레이엄은 각별히 주의할 점이 있다고 말했다. 이런 접근법의 성공은 기업의 경제적 미래를 계산하는 우리의 능력에 제약을 받는데, 그 계산은 필연적으로 부정확할 수밖에 없다. 매출액, 가격 책정, 비용 같은 미래의 요소들은 예측하기가 힘들기 때문에 좀 더 복잡한 배율을 적용하게 만든다.

그럼에도 그레이엄은 세 가지 영역에서 안진 마진이 성공적으로 작용할 수 있다고 믿었다. (1) 채권과 우선주 같은 안전한 증권, (2) 비교 분석, (3) 주식 선택. 여기서 한 가지 조건은 주가와 내재 가치 간의 간격이 충분히 넓어야 한다는 것이다. 그레이엄은 내재 가치가 포착하기 힘든 개념임을 인정해달라고 부탁했다. 그것은 주식시장에 형성되는 시세와 뚜렷이 구분된다. 원래 내재 가치는 기업의 장부 가격 또는 순자산에서 채무를 차감한 금액과 동일한 것으로 여겼다. 이 개념으로 내재 가치가 확정적이라는 믿음이 생겼다. 그러나 분석가들은 기업의 가치에 순자산뿐만 아니라 이런 자산이 창출하는 수익의 가치도 포함시켜야 한다는 사실을 깨달았다. 그레이엄은 한 기업의 정확한 내재 가치를 정하는 것이 반드시 필요하지는 않다고 주장한다. 매출 가격과 비교할 때 근사치로 매겨진 가치라 할지라도 안전 마진을 측정하기에 충분하다는 것이다.

그레이엄은 재무 분석이 엄정한 과학이 아님을 우리에게 상기시켰다. 물론 특정한 계량적 요소는 대차대조표, 손익계산서, 자산과 부채, 수익, 배당 등의 철저한 분석에 도움이 된다. 그러나 쉽게 분석할 수 없음에도 불구하고 기업의 내재 가치 확인에 반드시 필요한 특정한 계량적 요소들을 간과하지 말아야 한다. 이런 요소들 중 두 가지를 꼽는다면 경영 능력과 기업의 특성이 있다. 문제는 이것들에 얼마나 많은 관심을 가져야 하느냐는 것이다.

그는 계량적 요소들을 강조하는 것에 의문을 가지고 있었다. 경영과 기업의 특성에 관한 의견은 쉽게 측정되지 않을뿐더러 측정이 어렵다는 것은 곧 잘못 측정될 수 있음을 의미하기 때문이다. 계량적 요소들에 대한 낙관주의는 종종 더 높은 배율을 이끌어냈다. 그레이엄은 자신의 경험을 통해서 투자자들이 실물자산에서 무형자산으로 이동함으로써, 그들이 위험한 사고를 자초할 가능성이 있다고 믿었다. 한편 어떤 기업의 내재 가치 상당 부분이 측정 가능한 계량적 요소들의 총합이라면 투자자의 손실은 좀 더 제한적일 것이라고 그레이엄은 해석했다. 고정자산은 측정 가능하다. 배당도 측정 가능하다. 현재와 과거의 수익도 측정 가능하다. 이 각각의 요소들은 수치로 증명될 수 있으며, 실제 경험에서 참조할 수 있는 논리의 출처가 된다.

그레이엄은 자신의 기반부터 확실히 해야 한다고 말했다. 먼저 순자산 가치를 출발점으로 삼아야 한다. 만약 당신이 자산을 매입한다면 당신의 손실은 이 자산의 청산 가치에 국한된다. 그의 추론에 따르면 어느 누구도 낙관적인 성장 예측으로부터 빠져나올 수 없다. 만약 어떤 기업이 매력적인 투자처로 보이고, 뛰어난 경영진이 미래의 높은 수익을 예상하고 있다면 당연히 그 주식을 사려는 사람들이 늘어날 것이다. "따라서 그들(투자자들)은 그 주식을 매입할 것이다. 또 그렇게 함으로써 그들은 주가와 주가수익률을 경쟁적으로 끌어올릴 것이다. 여기서 점점 더 많은 투자자들이 미래에 약속된 수익에 현혹될수록 주가는 기저 가치에서 벗어나 막힘없이 상승하여 장밋빛 미래처럼 보이는 버블을 형성하게 된다. 그러나 버블은 결국 터질 수밖에 없는 운명이다."[6]

그레이엄은 기억을 잘하는 것이 자신에게 부담이 되었다고 말한다. 그는 평생 두 차례 재정적인 파탄을 경험했는데, 이런 기억 때문에 손실 방지와 잠재적 이익을 중시하는 투자법을 받아들이게 되었다는 것이다.

그레이엄은 투자에 두 가지 원칙이 있다고 말한다. 첫 번째 원칙은 '손해 보지 말아야 한다'는 것이고, 두 번째 원칙은 '손해 보지 말아야 한다'는 첫 번째 원칙을 잊지 않는 것이다. 그레이엄은 '손해 보지 말아야 한다'는 철학을 가지고 자신의 안전 마진을 공고히 해주는 구체적인 가이드라인을 만들었다. 첫 번째는 순자산 가치의 3분의 2 미만으로 거래되고 있는 주식을 매입하는 것이고, 두 번째는 주가수익률이 낮은 주식에 집중하는 것이었다.

순자산의 3분의 2 미만 가격으로 주식을 매입하는 첫 번째 접근법은 그레이엄의 현재 투자 감각과 잘 들어맞았고, 수학적 기대치에 대한 그의 욕구도 만족시켰다. 그레이엄은 기업의 공장 및 건물과 설비를 중시하지 않았다. 더 나아가 그는 기업의 단기 및 장기 부채를 모두 차감했다. 그 결과 남은 것은 유동자산뿐이었다. 만약 주가가 이런 주당 가치보다 낮은 수준이라면 그것은 결코 실패하지 않는 투자 방식이라고 그레이엄은 생각했다. 그는 이것이 개별적인 결과에 근거한 것이 아니라 한 그룹의 주식(분산투자)의 가능성 있는 성과에 근거하고 있음을 명확히 했다.

그런데 이런 접근법에는 한 가지 문제가 있다. 특히 상승장에서는 이 기준에 부합하는 주식을 찾기 힘들다는 점이 그것이다. 그레이엄은 하락장이 찾아올 때까지 기다려야 하는 불합리성을 인정하면서 자신의 두 번째 접근법을 내세웠다. 그것은 가격이 하락하여 낮은 주가수익률로 팔리는 주식을 매입하는 것이었다. 아울러 그는 해당 기업이 '어느 정도' 순자산 가치를 가지고 있어야 한다고, 즉 본래의 가치보다 작을지라도 그 가치를 보유하고 있어야 한다는 말을 덧붙였다.

그레이엄은 평생에 걸쳐 여러 차례 이런 접근법을 수정하는 작업을 했다. 1976년 죽기 직전에 그는 시드니 코틀과 함께 『증권 분석』 5판을 개정했다. 그 당시 그레이엄은 다음과 같은 기준에 근거하여 매입한 주식의 재무적 성과를 분석했다. 10년 동안 낮은 주가수익률과 주식시장에서 과거 고점의 절반으로 하락한 주가 그리고 순자산 가치가 그 기준이었다. 그레이엄은 1961년까지 거슬러 올라가 주식을 분석했는데, 그 결과가 아주 유망한 것으로 나타났다.

오랜 기간 동안 많은 투자자들도 내재 가치 확인을 위해서 이와 유사한 지름길을 찾아 나섰다. 그레이엄의 낮은 주가수익률은 지금도 널리 선호되고 있다. 그러나 오로지 회계수익률에만 의존하여 투자 결정을 하는 것이 높은 수익을 보장하진 않는다는 것을 투자자들은 알게 되었다. 오늘날 대다수 투자자들은 존 버 윌리엄스가 『투자 가치 이론(*The Theory of Investment Value*)』에서 설명한 가치에 대한 다음과 같은 고전적 정의에 의존하고 있다. "모든 투자 가치는 그 투자로부터 발생하는 미래의 현금 흐름을 할인한 현재 가치이다." 이와 관련된 배당 할인 모형은 제3장에서 좀 더 상세히 살펴볼 것이다.

여기서 주목할 내용은 그레이엄의 두 가지 접근법—순자산 가치의 3분의 2 미만 가격으로 거래되는 주식을 매입하는 것과 주가수익률이 낮은 주식을 매입하는 것—사이에 공통점이 있다는 것이다. 이런 접근법에 기초하여 선정한 주식들은 주식시장에서 인기가 없고, 어떤 이유에서건 시장 가치보다 낮은 가격으로 책정된 주식들이었다. 그러나 그레이엄은 '부당하게 낮은 가격'에 거래되는 이런 주식들이야말로 매력적인 투자 대상이라고 판단했다.

그레이엄의 확신은 특정한 가정에 근거하고 있다. 첫 번째 가정은 인간의 두려움이나 탐욕 때문에 주식시장에서 종종 주가 왜곡이 발생한다는 것이다. 낙관주의가 팽배할 때에는 탐욕이 주식의 내재 가치보다 높은 가격으로 주가를 끌어올리기 때문에 지나치게 고평가된 주식시장이 만들어진다. 반대로 두려움이 내재 가치보다 낮은 가격으로 주가로 끌어내릴 때에는 지나치게 저평가된 주식시장이 만들어진다. 두 번째 가정은, 그 자신이 사용한 용어는 아니지만 '평균으로의 회귀(reversion to the mean)'로 알려진 통계학적 현상에 근거한 것이다. 그는 시인 호라티우스가 유려하게 표현한 다음 시구를 자주 인용했다. "지금 몰락해 있을지라도 많은 이들이 언젠가는 일어날 것이고, 지금 영광에 가득 차 있을지라도 많은 이들이 언젠가는 몰락할 것이다." 통계학자이건 시인이건 누구의 말을 빌리건 간에 그레이엄은 시장의 비효율성은 수정될 수밖에 없으므로 그 과정에서 투자자가 이득을 얻을 수 있다고 확신했다.

필립 피셔

그레이엄이 『증권 분석』을 집필하고 있을 즈음 필립 피셔는 투자 자문가로서의 경력을 쌓기 시작했다. 스탠퍼드 경영대학원을 졸업한 후 피셔는 샌프란시스코에 위치한 앵글로런던앤드파리내셔널뱅크(Anglo London & Paris National Bank)에 애널리스트로 입사했다. 그리고 채 2년도 되지 않아 은행 통계부서 책임자 자리에 올랐다. 그 직책에 있는 동안 그는 1929년의 주식시장 붕괴를 목격했다. 그 후 지역 증권회사에 잠시 몸담으며 신통치 않은 실적을 올리다가 자신의 투자 자문회사를 설립하기로 결심했다. 1931년 3월 31일, 그가 설립한 피셔앤드컴퍼니(Fisher & Company)는 고객을 끌어들이기 시작했다.

　1930년대에 투자 자문회사를 차리는 일은 무모한 짓처럼 보일 수 있었다. 그러나 피셔는 두 가지 이점이 있다고 생각했다. 하나는 주식시장 붕괴 이후 조금이라도 돈이 남아 있는 투자자들이라면 그들이 거래하던 기존 중개업자들에게 큰 불만감을 품고 있다는 것이다. 다른 하나는 대공황의 와중에 사업가들이 피셔와 느긋하게 대화를 나눌 시간이 많아 졌다는 것이다.

스탠퍼드 대학에서 피셔가 수강한 경영학 수업에서는 교수와 함께 샌프란시스코 지역의 기업들을 주기적으로 방문하는 과정이 포함되어 있었다. 교수는 경영진을 만나 회사 운영에 관한 대화를 나누었는데, 가끔 그들이 당면한 문제에 도움을 주기도 했다. 그리고 대학으로 돌아오는 길에 피셔와 교수는 방문한 회사와 경영진에 대해서 자신들이 관찰한 것을 정리하곤 했다. 훗날 피셔는 "매주 그 시간은 내 인생에서 다시없을 유용한 교육 기회였다"라고 술회했다.[7]

이런 경험을 통해서 피셔는 더 나은 수익을 얻으려면, 평균 이상의 잠재력을 가진 기업에 투자하거나, 우수한 경영진이 있는 기업에 투자해야 한다는 확신을 갖게 되었다. 피셔는 이런 뛰어난 기업들을 선별하기 위해서 비즈니스와 경영진의 특성에 따라 개별 기업에 자격을 부여하는 '포인트 시스템'을 개발했다.

피셔에게 가장 인상적인 기업의 특성은 장기간에 걸쳐 업계의 평균 이상으로 매출과 수익을 끌어올리는 기업의 능력이었다.[8] 이를 위해서 기업은 "장기간 상당 수준의 매출 증가를 가능케 하는 충분한 시장 잠재력을 갖춘 제품이나 서비스"를 보유하고 있어야 한다고 피셔는 믿었다.[9] 피셔는 지속적인 연간 매출 증가에 관심을 갖지 않았다. 그 대신 다년 기준으로 개별 기업의 성공을 판단했다. 그는 기업 사이클의 변화가 매출과 수익에 중대한 영향을 미친다는 것을 이해하고 있었다. 그러나 다음 두 가지 유형의 기업들이 수십 년에 걸쳐 평균 이상의 성장을 약속한다고 믿었다. '운이 좋고 유능한' 기업들과 '유능하기 때문에 운이 좋은' 기업들.

첫 번째 유형의 사례로 알코아(Alcoa)가 있다. 알코아는 '유능한' 기업이었다. 그 회사의 창립자들이 대단히 유능한 사람들이었기 때문이다. 알코아 경영진은 자사 제품의 상업적 용도를 예견하고, 매출이 증가하는 알루미늄 시장을 기회로 이용하기 위해서 적극적으로 일했다. 피셔에 따르면 알코아는 '운이 좋은' 기업이기도 했다. 경영진이 즉각적으로 통제할 수 없는 상황들이 그 기업과 시장에 긍정적인 영향을 미쳤기 때문이다. 항공 운송의 빠른 발전으로 알루미늄 매출이 급증한 덕분에 경영진이 애초에 구상했던 것보다 알코아는 훨씬 더 많은 수익을 올릴 수 있었다.

'운이 좋은' 기업의 대표적인 사례로는 듀폰(DuPont)이 있다. 피셔에 따르면 듀폰은 '유능하기 때문에 운이 좋은' 기업이었다. 만약 듀폰이 오리지널 제품인 발파용 화약을 고수했다면 평범한 광업 회사들 수준의 성공을 거두었을 것이다. 그러나 경영진이 화약 제조로 얻은 정보를 잘 활용하면서 듀폰은 자신만의 시장을 창출하고 궁극적으로 듀폰에 수십억 달러의 매출을 안겨준 신제품 개발에 착수할 수 있었다.

피셔는 그 회사의 연구 개발이 평균 이상의 지속적인 매출 성장에 크게 기여했다는 점을 지적한다. 물론 연구 개발의 상당한 기여가 없었다면 듀폰도, 알코아도 장기간 성공 가도를 달리지 못했을 것이다. 심지어 비전문적인 비즈니스 분야라 할지라도 더 나은 제품과 더 효율적인 서비스를 양산하려면 헌신적인 연구가 필요하다.

피셔는 연구 개발과 함께 기업의 판매 조직도 점검했다. 그에 따르면 기업이 뛰어난 제품 및 서비스를 개발할 수 있지만 '전문적인 상품화'가 이루어지지 않으면 연구 개발은 결코 수익으로 연결되지 않는다. 피셔는 고객들이 그 회사의 제품 및 서비스의 혜택을 이해하도록 도움을 주는 것이 판매 조직의 책무라고 설명했다. 아울러 판매 조직은 고객의 구매 습관을 모니터링하면서 고객 욕구의 변화를 찾아낼 수 있어야 한다. 피셔는 판매 조직이 시장과 연구 개발 부서 간에 매우 중요한 연결 고리 역할을 한다고 주장했다.

그러나 시장 잠재력만으로는 충분하지 않다. 피셔는 어떤 기업이 평균 이상의 매출 성장을 이루어도 주주에게 수익을 안겨주지 못하면 적절한 투자 대상이 아니라고 믿었다. 그는 이렇게 말했다. "매출 증가에 상응하여 꾸준히 수익이 늘지 않으면 독보적으로 매출이 증가하더라도 올바른 유형의 투자 대상이 될 수 없다."[10] 그 결과 피셔는 저비용으로 제품이나 서비스를 생산하고 지속적으로 그 수준을 유지하기 위해서 헌신적인 기업들을 찾아 나섰다. 낮은 손익분기점 또는 이에 상응하여 높은 이익률을 가진 기업은 경제적 불황도 잘 견뎌낼 수 있다. 궁극적으로 그 기업은 부실한 경쟁사들을 몰아낼 수 있으며, 그 결과 시장에서 자신의 입지를 더욱 공고히 할 수 있다.

피셔는 어떤 기업이든 기업 운영비를 분석하는 동시에 제조 과정에서 각 단계의 비용을 파악하지 못한다면 꾸준한 수익성을 유지할 수 없다고 말했다. 여기서 그는 꾸준한 수익성을 유지하기 위해서는 적절한 회계 관리 및 비용 분석의 체계를 갖추어야 한다고 설명한다. 비용과 관련된 이런 정보를 통해서 경제적 잠재력이 가장 높은 제품이나 서비스에 자원을 전달할 수 있다는 것이다. 아울러 회계 관리는 회사 운영을 방해하는 장애물을 확인하는 데 도움이 된다. 이런 장애물이나 비효율성은 기업의 전반적인 수익성을 경고하는 조기 경보기 역할을 한다. 피셔는 기업의 수익성에 민감하게 반응하는데, 이것은 그의 또 다른 관심사—자본 증자 없이 미래에도 성장할 수 있는 기업의 능력—와 관련이 있다. 만약 어떤 기업이 성장할 수 있는 유일한 방법이 주식을 파는 것이라면 더 늘어난 발행주식 때문에 그 기업의 성장을 통해서 주주들이 실현할 수 있는 수익은 상쇄되고 말 것이다. 그러나 수익률이 높은 기업은 내부적으로 자금을 창출할 수 있으므로 이 자금을 이용하여 주주들의 소유권을 약화시키지 않고 성장을 지속할 수 있다고 피셔는 설명한다. 그뿐만 아니라 고정자산과 운영 자본에 대해서 적절한 비용 관리를 유지하는 기업은 더 손쉽게 필요한 현금을 관리하며 자기자본을 조달할 수 있다.

피셔는 우량 기업들이 평균보다 뛰어난 기업적 특성을 가지고 있을 뿐 아니라 평균 이상의 경영 능력을 가진 사람들이 그 기업들을 운영한다는 사실을 알고 있었다. 이런 경영자들은 기존 제품이나 서비스가 수명을 다했을 때 지속적인 매출 증가에 원동력이 될 수 있는 새로운 제품 및 서비스 개발에 심혈을 기울인다. 대다수 기업들은 다년간 제품 및 서비스 생산 라인이 그들을 지탱할 것으로 여기고 적절한 성장을 전망한다. 그러나 향후 10년 또는 20년 동안 지속적인 수익을 보장해주는 정책을 펼치는 기업들은 거의 없다. 피셔는 이렇게 말했다. "이런 개념이 요구하는 장기적 이익을 얻으려면 경영진은 눈앞의 이득에 집착하지 말고 이런 목적 달성을 위해서 실행 가능한 정책을 가지고 있어야 한다."[11] 여기서 눈앞에 보이는 이득에 집착하지 않는 것과 눈앞에 보이는 이득을 희생하는 것을 혼동하지 말아야 한다고 피셔는 설명한다. 평균 이상의 뛰어난 경영자라면 일상 업무에 초점을 맞추는 동시에 회사의 장기 계획도 실행에 옮기는 능력을 갖추고 있기 때문이다.

피셔는 다음과 같은 특징들도 매우 중요하다고 생각했다. 기업이 성실하고 정직한 경영진을 보유하고 있는가? 경영진이 주주들을 위한 신탁 관리자처럼 행동하는가 아니면 자신의 편안함에만 관심이 있는 것처럼 보이는가?

피셔는 경영진이 주주와 어떻게 의사소통하는지 관찰하면 그들의 의도를 알 수 있다고 주장했다. 좋건 나쁘건 모든 기업은 예상치 못한 곤경의 시기를 경험하기 마련이다. 일반적으로 회사 사정이 좋을 때면 경영진은 솔직하게 말하지만 회사 사정이 나쁠 때면 그 곤경에 대해서 아예 입을 다무는 경영자들이 있다. 피셔는 경영진이 회사의 곤경에 대처하는 방식이 회사의 미래를 책임지는 사람들에 대해서 많은 것을 알려준다고 말한다.

회사 운영에 성공하려면 경영진이 모든 직원과 좋은 관계를 유지해야 한다. 직원들은 자신이 몸담고 있는 회사가 일하기 좋은 곳이라고 느껴야 한다. 블루칼라 직원들에게는 인간적으로 존중받고 있다는 느낌이 전해져야 하고, 경영직 직원들에게는 편애가 아닌 능력에 근거하여 승진이 이루어진다는 느낌이 전해져야 한다.

피셔는 고위층 경영진도 고려했다. 그는 이런 질문을 던졌다. CEO가

유능한 팀을 거느리고 있으며, 경영의 일부분에 대한 권한을 위임하고 있는가?

마지막으로 피셔는 기업의 사업과 경영 부문 그리고 동일 업종에서 타기업과의 비교 방식도 점검했다. 이런 조사를 통하여 경쟁사들과의 관계에서 그 기업의 우월성을 파악할 수 있는 단서를 찾으려고 애썼다. 그는 투자 대상을 정당화하는 데 기업의 재무제표를 확인하는 것만으로는 충분치 않다고 주장한다. 그의 설명에 따르면 신중한 투자의 필수 단계는 기업에 정통한 사람들로부터 그 기업에 관해서 가능한 한 많은 정보를 알아내는 것이다. 피셔는 그것이 소문이든 뭐든 닥치는 대로 모든 정보를 수집하는 조사임을 시인한다. 오늘날의 용어를 빌리자면 비즈니스 그레이프바인(business grapevine, 기업에 대한 정보 수집망_옮긴이)과 유사한 활동이다. 피셔는 정보 수집을 잘해내면 투자자들이 좋은 투자 대상을 확인할 수 있는 중요한 단서를 얻게 된다고 주장했다.

피셔는 이런 조사를 하는 과정에서 많은 정보 제공자들과 인터뷰를 했다. 고객 및 판매업자들과 대화를 나누었으며, 회사를 위해서 일한 컨설턴트는 물론 퇴직한 직원들도 찾아 나섰다. 그리고 대학의 연구원들, 정부 관료들, 동업조합의 경영자들과도 접촉했다. 경쟁 업체들도 인터뷰했다. 피셔에 따르면 경영자들은 종종 자기 회사에 관해서 지나치게 많은 정보를 밝히길 주저하지만 경쟁 업체에 관해서는 정보 제공에 전혀 인색하지 않다. "여러모로 특정 기업에 관심 있는 사람들의 의견을 종합적으로 수렴하면 개별 기업의 장점과 단점에 관해서 정확한 객관적 시각을 얻을 수 있다는 것은 놀라운 일이다."[12] 피셔의 말이다.

대다수 투자자들이 피셔와 달리 기업을 파악하기 위해서 필요한 시간과 에너지를 투자하려 들지 않는다. 정보 수집을 위한 네트워크를 개발하고 인터뷰를 준비하는 것은 시간이 많이 소요되는 일이다. 검토 중인 개별 기업마다 정보 수집 과정을 되풀이하는 것도 벅찬 일일 수 있다. 그래서 피셔는 작업량을 줄일 수 있는 간단한 방법을 찾아냈다. 주식 투자 대상 기업들의 수를 줄이는 것이다. 그는 평균 이상의 많은 기업들보다 소수의 우량 기업들 주식을 선호한다고 늘 말했다. 일반적으로 그의 포트폴리오에는 열 개 미만의 기업들이 포함되어 있으며, 그중 서너 개의 기업들이 전체 주식 포트폴리오의 75퍼센트를 차지하고 있다.

피셔는 투자자들이 단지 몇 가지만 잘해도 성공할 수 있다고 확신했다. 그중 하나가 충분히 알고 있는 기업에 투자하는 것이다. 그는 이렇게 말했다. "초창기에 나는 내 능력을 과신하는 실수를 저지르곤 했다. 내가 훤히 알고 있는 업계가 아닌 전혀 다른 영역에 투자한 것이다. 그 결과 나는 비교할 만한 배경 지식이 전혀 없는 상황에 직면하고 말았다."[13]

찰리 멍거

워런 버핏이 1956년에 투자 합자회사를 설립했을 때 그의 투자금은 간신히 10만 달러를 웃도는 수준이었다. 따라서 가장 먼저 해야 할 일은 더 많은 투자자들을 설득하여 계약을 맺는 것이었다. 어느 날 버핏은 평소처럼 이웃인 에드윈 데이비스 박사 부부에게 투자에 관해서 조목조목 설명하고 있었다. 그때 데이비스 박사가 갑자기 그의 말을 가로막더니 선뜻 10만 달러를 투자하겠다고 공언했다. 버핏이 그 이유를 묻자 데이비스는 "왜냐하면 자네를 볼 때마다 꼭 찰리 멍거를 보는 것 같기 때문이지"라고 대답했다.[14]

버핏과 찰리는 모두 오마하에서 성장했고 많은 공통점을 가지고 있었지만 1959년에야 두 사람은 첫 만남을 가질 수 있었다. 그즈음 찰리는 이사하여 남부 캘리포니아에 거주하고 있었다. 그가 부친의 장례식에 참석하기 위해서 오마하로 돌아오자 데이비스 박사는 두 젊은이가 만날 때가 되었다고 생각하여 지역 레스토랑에서 저녁 식사 자리를 주선했다. 이것이 특출한 동업자 관계의 시발점이었다.

변호사의 아들이자 연방정부 판사의 손자였던 찰리 멍거는 로스앤젤레스에서 성공한 변호사로 자리 잡았지만 주식에 깊은 관심을 보이고 있었다. 처음 만난 식사 자리에서 두 젊은이는 증권을 포함하여 많은 대화를 나누었다. 이후에도 그들은 자주 교류의 장을 마련했는데, 버핏은 찰리에게 변호사를 그만두고 투자에 집중할 것을 권유했다. 한동안 찰리는 두 가지 일을 병행했다. 그는 변호사 업무를 유지하는 한편 1962년에 버핏의 합자회사와 유사한 투자 합자회사를 설립했다. 그 후 3년 동안 눈부신 성공을 거두자 그는 변호사 업무에서 손을 뗐다. 그러나 지금도 그는 자신의 이름으로 변호사 사무실을 운영하고 있다.

찰리의 투자 합자회사의 내력은 제5장에서 다시 간략하게 살펴볼 것이다. 여기서는 로스앤젤레스에 위치한 찰리의 합자회사와 오마하에 위치한 버핏의 합자회사가 유사한 접근 방식을 가지고 있었다는 점에 주목하려 한다. 두 회사 모두 내재 가치보다 낮은 가격에 거래되는 주식을 매입하려 했으며, 둘 다 뛰어난 투자 성과를 올렸다. 따라서 그들이 동일한 주식을 매수했다는 것은 놀라운 일이 아니다. 버핏과 마찬가지로 찰리 역시 1960년대 후반에 블루칩스탬프스(Blue Chip Stamps)를 사들이기 시작하여 마침내 회장 자리에 올랐다. 1978년에 버크셔와 블루칩스탬프스가 합병했을 때에는 부회장 자리에 올랐다.

찰리와 버핏의 사업상 관계는 공식적인 동업자 계약으로 맺어지진 않았지만 세월이 흐르면서 서로의 상생을 위하여 더욱 밀접한 관계로 발전해갔다. 심지어 찰리가 버크셔 이사회에 합류하기 이전에도 두 사람은 종종 일상적인 의견을 주고받으며 많은 투자 결정을 함께 내렸다. 그러면서 그들의 사업상 관계는 점점 떼려야 뗄 수 없는 관계로 발전했다.

지금도 찰리는 버크셔해서웨이의 부회장 직을 지키고 있다. 모든 면에서 그는 버핏이 인정하는 공동 경영자이자 또 다른 분신으로 자기 역할을 충실히 해내고 있다. 두 사람이 얼마나 밀접한 관계인지 알고 싶다면 버핏이 '찰리와 나'라는 표현을 얼마나 자주 사용하는지를 헤아려보는 것으로 충분하다. 버핏은 '찰리와 나'가 동일 인물의 이름인 것처럼 '찰리와 나'가 이런 일을 했다거나 저런 결정을 내렸다거나 이렇게 생각했다거나 저렇게 살펴보았다고 말한다.

두 사람의 사업상 관계에서 찰리는 재무적 수완뿐만 아니라 사업과 관련된 법률적인 기반도 제공했다. 또한 버핏과 사뭇 다른 지적인 시각도 제공했다. 찰리는 과학, 역사, 철학, 심리학, 수학 등 많은 지식 분야에 지대한 관심을 가지고 있으며, 이 각각의 분야에는 투자 결정을 포함하여 사려 깊은 사람들이 행하는 모든 일에 적용할 수 있고, 적용해야 하는 중요한 개념이 담겨 있다고 생각한다. 찰리에 따르면 '처세술(worldly wisdom)'을 얻기 위해서는 세상의 모든 중요한 개념들을 한데 묶어주는 정신적 모형의 격자 구조(latticework of mental models)를 구축하지 않으면 안 된다.[15] 찰리가 가진 지식의 폭과 넓이를 좀 더 이해하고 싶다면 그의 『불쌍한 찰리 연감(Poor Charlie's Almanack: The Wit and Wisdom of Charlies T. Munger)』을 숙독하기 바란다.

이런 모든 특징—재무적 지식과 법적 배경과 다른 원칙들에 담긴 교훈에 대한 이해—에서 찰리는 버핏과 조금 다른 투자 철학을 가지고 있었다. 벤저민 그레이엄에게 변함없이 헌신적이었던 버핏은 싼 가격에 주식을 매입하려는 시도를 계속했지만 찰리는 필립 피셔의 원칙에 따라 움직였다. 그는 적당한 회사의 주식 매입에 후한 가격을 지불하기보다는 훌륭한 회사의 주식 매입에 적당한 가격을 지불하는 편이 훨씬 더 낫다고 생각했다.

찰리가 버핏으로 하여금 가치 투자라는 루비콘 강을 건너 우량 기업들의 주식 매입을 고려하도록 도움을 준 과정에는 버크셔의 시즈캔디즈(See's Candies) 인수가 있었다.

1921년에 메리 시라는 이름의 일흔한 살 먹은 노인이 로스앤젤레스의 작은 동네에서 캔디숍을 차린 뒤 고유한 제조법으로 만든 초콜릿을 팔았다. 메리는 아들과 동업자의 도움으로 사업이 서서히 궤도에 오르자 남부와 북부 캘리포니아에도 체인점을 열었다. 그녀는 '제품 품질과 절대 타협하지 않는다'라는 불변의 전략으로 대공황과 제2차 세계대전 당시의 설탕 배급과의 치열한 경쟁을 버텨냈다.

그로부터 50년 후에 시즈(See's)는 웨스트코스트에서 으뜸가는 캔디숍 체인점이 되었다. 메리 시의 후계자들은 인생의 다음 단계로 이동할 준비가 되어 있었다. 30년 전에 그 회사에 합류한 척 허긴스가 최상의 인수자를 발굴하여 매출에 협력하는 역할을 맡았다. 인수를 원하는 몇몇 기업들이 타진을 해왔다. 그러나 계약이 성사되었다는 발표는 없었다.

1971년 말에 당시 버크셔해서웨이가 대주주였던 블루칩스탬프스의 한 투자 자문가가 시즈 인수를 제안했다. 호가는 4,000만 달러였다. 그러나 메리시즈(Mary See's)가 현금으로 1,000만 달러를 보유하고 있었기 때문에 실제 가격은 3,000만 달러였다. 버핏은 회의적이었다. 메리시즈는 장부 가격보다 3배나 높게 평가받았는데, 그레이엄의 가치 기반 지침에 따르면 터무니없이 높은 가격이었다.

찰리는 인수 가격이 터무니없이 높아 보이지만 좋은 거래라고 버핏을 설득했다. 버핏이 2,500만 달러를 제안하자 매도자 측에서 그의 제안을 받아들였다. 버핏의 경우 이번 거래는 장부 가격과 비교하여 저평가되었을 때에만 기업을 인수하라는 그레이엄의 철학에서 벗어난 최초의 사례였다. 또한 버핏의 사고에 커다란 변화를 일으킨 시발점이기도 했다. 그는 새로운 방향으로 자신을 밀어붙인 사람이 찰리임을 인정했다. 훗날 찰리는 이렇게 술회했다. "이것은 우리가 우량 기업에 돈을 지불한 최초의 투자였다."[16] 10년 후 버핏은 1972년의 인수 가격보다 5배 높은 1억 2,500만 달러에 시즈를 인수하려는 투자자의 제안을 받았다. 그러나 그는 그 제안을 받아들이지 않기로 결정했다.

버핏과 찰리의 동업자 관계가 오랫동안 지속될 수 있었던 이유 중 하나는 두 사람 모두 상식에 입각한 비즈니스 원칙에 대해서 타협하지 않는 태도를 보였기 때문이다. 게다가 우량 기업 운영에 필요한 뛰어난 경영 능력도 갖추고 있다. 그들은 주주들의 이익을 돌보며 어떠한 경제 환경에서도 수익을 올릴 수 있게 도움을 주는 경영자이다. 따라서 버크셔해서웨이의 주주들은 축복받은 이들이라 할 수 있다. 버핏의 정책에는 은퇴에 대한 강제 조항이 없다. 덕분에 버크셔의 주주들은 35년 이상 이 두 사람의 경영자로부터 크나큰 혜택을 누릴 수 있었다.

지적인 영향력의 융합

1976년 그레이엄이 사망하자 버핏은 그레이엄의 가치 투자 접근법의 대표자가 되었다. 사실상 버핏의 이름 자체가 가치 투자와 동의어로 통했다.[17] 그 이유는 간단하다. 그는 그레이엄의 수제자로 널리 알려져 있고, 버핏 자신이 기회 닿을 때마다 그레이엄에게 많은 신세를 졌다고 고백했기 때문이다. 심지어 오늘날에도 버핏은 자신의 투자 인생에서 아버지 다음으로 지대한 영향을 미친 인물로 그레이엄을 꼽고 있다.[18] 심지어 자신의 첫아들 이름을 하워드 그레이엄 버핏으로 지었을 정도이다.

그렇다면 그레이엄에게 많은 영향을 받았음에도 불구하고 버핏이 1973년에 워싱턴포스트컴퍼니, 1986년에 캐피털시티스/ABC, 1988년에 코카콜라컴퍼니, 2011년에 IBM 같은 기업들의 주식을 매수한 까닭은 무엇일까? 그레이엄의 엄격한 재무 기준을 적용하면 이들 기업은 모두 투자 대상이 아니었다. 그러나 버핏은 대규모 투자를 감행했다.

일찍이 1965년부터 버핏은 싼 주식을 매수하는 그레이엄의 전략에 한계가 있음을 인식하고 있었다.[19] 그레이엄은 매우 낮은 가격에 거래되는 주식을 매입할 것을 주문했다. 이러한 주식의 '일시적 하락' 덕분에 투자자들이 더 높은 가격에 주식을 매도할 수 있다는 것이었다. 버핏은 이런 전략을 '담배꽁초 투자법'이라고 불렀다. 거리를 걷던 투자자가 바닥에 있던 담배꽁초를 발견하고 마지막 한 모금을 빨기 위해서 그것을 집어 든다. 불결한 흡연이지만 공짜임을 감안하면 충분한 가치가 있다. 버핏은 그레이엄의 전략이 일관성을 가지려면 반드시 누군가 청산인 역할을 해야 한다고 주장했다. 만약 청산인이 없다면 다른 투자자가 당신 회사의 주식을 매입할 의향을 가지고 주가를 끌어올려야 한다.

버핏은 이렇게 설명한다. 당신이 1,000만 달러의 자산을 보유한 회사를 800만 달러에 인수할 경우 그 자산이 제때 팔리기만 한다면 당신은 상당한 수익을 얻을 수 있다. 그러나 기본적으로 재정적 여건이 부실하여 기업 매각에 10년이 걸린다면 당신의 총수익은 평균을 밑돌 것이다. 버핏은 "시간은 훌륭한 기업의 친구이자 평범한 기업의 적이다"라고 적었다.[20] 만약 부실한 실적을 올린 기업을 청산하지 못하고, 매수 가격과 기업 자산의 시장 가치 간의 차이로부터 이득을 얻지 못한다면 그의 투자 실적은 시간이 지날수록 부실한 재정적 여건을 그대로 답습하게 될 것이다.

초기에 몇 차례 투자 실패를 맛본 이후 버핏은 그레이엄의 가르침에서 한 발짝 떨어지기 시작했다. 한때 그는 이렇게 고백했다. "나는 진화했다. 그러나 적절한 방식으로 원숭이에서 인간으로 혹은 인간에서 원숭이로 진화한 것은 아니었다."[21] 그는 다른 기업들의 양적인 측면과 비교하여 특정 기업들의 질적인 측면을 이해하기 시작했다. 그러나 여전히 저가에 거래되는 주식을 찾아다녔다. "나는 농기구 제조업체인 뎀스터밀 매뉴팩처링(Dempster Mill Manufacturing), 삼류 백화점인 호크스차일드콘(Hochschild-Kohn), 뉴잉글랜드의 섬유 제조업체인 버크셔해서웨이에 투자하여 혹독한 대가를 치른 이후 비로소 가르침을 얻었다."[22] 버핏은 자신이 처한 딜레마를 설명하고자 케인스의 말을 인용했다. "어려움은 새로운 아이디어에 있는 것이 아니라 과거의 아이디어로부터 벗어나는 것에 있다." 버핏은 그레이엄의 가르침이 너무 소중했기 때문에 자신의 진화과정이 지연되었음을 솔직하게 인정했다.

1984년에 『증권 분석』 출간 50주년을 맞아 개최된 컬럼비아 대학 기념식 연설에서 버핏은 벤저민 그레이엄을 자신들의 지적인 스승으로 인정하는 성공적인 투자자 집단이 존재한다고 말했다.[23] 스승인 그레이엄은 안전 마진 이론을 제공했지만 제자들은 제각각 다른 방식으로 그 이론을 발전시켰고, 이를 적용하여 기업의 가치를 결정했다. 그러나 공통점은 그들 모두 기업의 내재 가치와 주식가격 간의 차이를 찾아 나섰다는 것이다. 버핏이 코카콜라와 IBM의 주식을 매수한 것에 혼란을 느낀다면 그것은 이론으로부터 방법론을 따로 떼어내어 생각하지 못한 탓이다. 버핏은 그레이엄의 안전 마진 이론을 충실히 따르고 있다. 그러나 그레이엄의 방법론에서는 분명 멀어졌다. 버핏에 따르면 1973년과 1974년의 강세장을 마지막으로 그레이엄의 방법론으로는 수익을 거두지 못했다.

그레이엄이 주식을 평가할 때 기업의 업종이나 경영 능력을 고려하지 않았다는 점을 명심해야 한다. 그는 자신의 조사를 기업의 서류와 연차 보고서에 국한시켰다. 만약 주가가 회사의 자산보다 낮은 가격에 형성되어 있어 수학적으로 수익을 얻을 가능성이 있으면 그레이엄은 그 회사의 주식을 매수했다. 또한 성공률을 높이기 위해서 이런 통계적 기준에 부합하면 가능한 한 많은 기업들의 주식을 사들였다.

만약 그레이엄의 가르침이 이런 개념에 국한되어 있었다면 오늘날 버핏은 그레이엄을 그다지 존경하지 않았을 것이다. 그러나 버핏에게 안전 마진 이론은 그레이엄의 방법론이 지닌 취약점을 눈감아줄 만큼 대단히 중요한 이론이었다. 심지어 오늘날에도 버핏은 그레이엄의 주요 개념인 안전 마진을 계속 받아들이고 있다. 버핏이 그레이엄의 이론을 접한 지 거의 65년의 세월이 지났다. 그럼에도 불구하고 버핏은 모든 사람에게 주저 없이 다음 한마디를 상기시키고 있다. "나는 아직도 안전 마진 이론이 올바르다고 생각한다."[24] 버핏이 그레이엄으로부터 얻은 중요한 교훈은 다음과 같다. "성공적인 투자를 하려면 주식의 시장가격이 기업의 내재 가치보다 훨씬 싼 가격에 거래될 때 그 주식을 매입해야 한다."

버핏의 판단에서 지적인 토대가 되었던 안전 마진 이외에도 그레이엄은 주식시장의 변동을 무작정 따라가는 어리석음을 간파할 수 있도록 도움을 주었다. 그레이엄은 주식에는 투자적 속성과 투기적 속성이 있다고 믿었다. 투기적 속성은 인간의 공포와 탐욕의 결과이다. 대다수 투자자들에게 존재하는 이런 감정 때문에 주가는 급등하기도 하고, 기업의 내재 가치 이하로 급락하기도 한다. 그레이엄은 주식시장의 감정적인 소용돌이에 휘말리지 않는다면 논리가 아닌 감정에 따라 주식을 매수하는 투자자들의 비이성적인 행동을 좋은 기회로 활용할 수 있다고 버핏에게 가르쳤다.

버핏은 그레이엄으로부터 독자적으로 판단하는 법을 배웠다. 그레이엄은 합리적인 판단에 근거하여 논리적인 결론을 이끌어낼 수 있다면 단지 사람들과 견해가 다르다는 이유만으로 투자를 포기하지 말아야 한다고 버핏에게 조언했다. 그레이엄은 이렇게 적었다. "사람들과 당신의 의견이 다르다는 이유로 당신이 옳거나 틀리다고 단정할 수 없다. 당신이 옳은 것은 당신의 자료와 추론이 옳기 때문이다."[25]

필립 피셔는 여러 면에서 벤저민 그레이엄과 대척점에 선 사람이었다. 피셔는 올바른 결정을 내리려면 투자자들이 해당 기업에 대한 정보를 속속들이 알아야 한다고 믿었다. 이는 기업과 관련된 모든 측면을 조사해야 함을 의미한다. 계량화된 분석을 넘어서서 기업 자체에 대해서 상세히 알아야 한다는 것이다. 기업이 어떤 유형인지 아는 것이 대단히 중요하다. 해당 기업 경영진의 태도도 연구해야 한다. 왜냐하면 경영진의 능력이 기업의 내재 가치에 영향을 미치기 때문이다. 해당 기업이 속해 있는 산업과 경쟁 기업들에 대해서도 가능한 한 많이 알아야 한다. 그리고 정보는 모두 활용할 수 있어야 한다. 피셔를 통해서 버핏은 '담배꽁초' 이론의 가치를 배웠다. 오랜 기간에 걸쳐 버핏은 서로 다른 기업들을 평가하는 데 도움이 되는 다양한 사람들과 친분을 쌓았다.

마지막으로 피셔는 버핏에게 분산투자를 지나치게 강조하지 말라는 가르침을 주었다. 분산투자가 위험을 줄여준다고 투자자들에게 가르치는 것은 잘못이라는 것이다. 그는 과도하게 많은 주식을 매수하면 모든 주식의 세부적인 관찰이 불가능하다고 생각했다. 투자자들이 친숙하지 않은 기업에 지나치게 많이 투자하는 위험을 감수하는 셈이다. 그의 견해에 따르면 충분한 시간을 들여 기업을 철저히 파악하지 못한 상태에서 주식을 매입하는 것은 분산투자를 제한하는 것보다 훨씬 더 위험하다.

그레이엄과 피셔의 차이점은 명확하다. 주로 양적인 측면을 분석하는 그레이엄은 고정자산, 현재 수익, 배당 등과 같은 측정 가능한 요소들을 중시했다. 그의 조사는 기업의 서류와 연차 보고서에 국한되었다. 반면 고객이나 경쟁 업자 또는 경영자들과의 인터뷰에는 전혀 시간을 투자하지 않았다.

피셔의 접근법은 그레이엄과 정반대였다. 주로 질적인 측면을 분석하는 피셔는 미래의 전망이나 경영 능력처럼 기업의 가치를 올려주는 요소들을 중시했다. 그레이엄이 오직 싼 가격에 거래되는 주식 매입에만 관심을 가진 반면 피셔는 장기적으로 내재 가치를 올려줄 잠재력이 있는 기업의 주식 매입에 관심을 가졌다. 그는 투자 선택 과정에서 도움이 된다면 어떤 정보든 얻어내려고 최선을 다했다. 심지어 여기저기 가리지 않고 인터뷰를 진행하기도 했다.

버핏은 필립 피셔의 『위대한 기업에 투자하라(*Common Stocks and Uncommon Profits*)』를 읽은 후 저자를 찾아 나섰다. "그를 만났을 때 나는 그의 아이디어만큼이나 그 인물에 깊은 인상을 받았다." 버핏의 말이다. 버핏은 그레이엄과 피셔의 접근법이 상이하다면서 "그들은 투자 세계에서 평행선을 긋고 있다"[26]라고 적었다. 그러나 부연해서 말하자면 버핏의 입장에서 볼 때 그들은 평행선이 아니라 잘 들어맞는 이음새였다. 버핏의 투자법이 기업 및 경영자의 질적 측면에 대한 이해(피셔의 가르침)와 가격 및 가치의 양적 측면에 대한 이해(그레이엄의 가르침)의 결합에 기초해 있기 때문이다.

예전에 워런 버핏은 "나를 만들어준 15퍼센트는 피셔이고, 나머지 85퍼센트는 그레이엄이다"라고 말했다.[27] 여기서 주목해야 할 점은 널리 회자되는 이 말이 나온 시기가 1969년이라는 사실이다. 그즈음에 버핏은 엄선된 소수의 기업 주식을 매입하여 장기간 보유하는 피셔의 투자 철학을 향해 점진적이지만 명확한 행보를 보였다. 나의 직감이긴 하지만 만약 버핏이 오늘날 유사한 발언을 한다면 두 사람이 그에게 미친 영향을 50대 50쯤으로 말하지 않을까 싶다.

사실 피셔의 질적 측면 이론을 적극 구현한 인물이 바로 찰리 멍거이다. 처음부터 찰리는 우수한 기업의 가치를 날카롭게 인식하고 있었으며, 그에 합당한 가격을 지불하는 혜안도 가지고 있었다. 그러나 또 다른 중요한 측면으로 찰리는 현대판 벤저민 그레이엄이었다. 초창기에 그레이엄은 투자에서 감정의 양면성을 버핏에게 가르쳐주었다. 즉 감정에 휩쓸려 분별없는 결정을 내리는 이들에게 감정은 실수를 야기하지만 똑같은 함정에 빠지지 않는 자들에겐 기회를 제공한다는 가르침이었다. 찰리는 심리학 관련 책들을 숙독하면서 이 주제를 계속 발전시켰다. 그는 이를 '오판의 심리(the psychology of misjudgement)'라고 불렀는데 이 개념은 제6장에서 상세히 살펴볼 것이다. 찰리는 시종일관 감정을 강조하며 버크셔의 의사 결정에서 그것을 핵심적인 부분으로 간주하고 있다. 그리고 이것이 찰리의 가장 중요한 공헌 중 하나이다.

버핏이 벤저민 그레이엄과 필립 피셔와 찰리 멍거에게 헌신적이었음은 이해할 만하다. 그레이엄은 버핏에게 투자에 대한 지적인 토대—안전 마진 이론—를 마련해주었으며, 시장 변동을 기회로 활용할 수 있도록 감정을 조절하는 법을 가르쳐주었다. 피셔는 훌륭한 장기 투자를 확인하고 선별된 포트폴리오를 관리할 수 있게 해주는 새롭고 실행 가능한 방법론을 알려주었다. 그리고 찰리는 우량 기업 주식의 매입 및 보유로부터 경제적 수익을 인식할 수 있도록 도움을 주었다. 특히 찰리는 개인들이 재정적인 결정을 내릴 때 종종 저지르는 심리학적 실수들에 대해서도 버핏에게 가르침을 주었다. 버핏의 투자 활동과 관련하여 종종 혼란을 느낄 때가 있지만 버핏이 이 세 인물의 종합판임을 감안하면 그 이유를 쉽게 납득할 수 있다.

데카르트는 이렇게 적었다. "우수한 지능만으로는 충분하지 않다. 무엇보다 중요한 것은 그 지능을 잘 응용하는 것이다." 응용이야말로 버핏과 다른 투자 경영자들을 구분짓는 잣대이다. 그의 많은 동료들이 높은 지능을 가지고 있고 자제력이 있으며 헌신적이다. 그럼에도 버핏은 그들 사이에서 단연 군계일학 같은 존재이다. 왜냐하면 이 지혜로운 세 사람의 접근법을 응집력 있는 하나의 접근법으로 통합하는 놀라운 능력을 그가 갖추고 있기 때문이다.

3

기업 인수
12가지 불변의 요소들

버핏에 따르면 전면적으로 기업을 인수하는 것과 주식 일부를 매입하는 것 사이에는 본질적인 차이가 없다. 이 두 가지 중에서 그는 항상 기업을 직접 소유하는 쪽을 선호했다. 그래야 기업과 관련하여 가장 중요한 문제인 자본 배분에 영향력을 행사할 수 있기 때문이다. 그에 비해 보통주 매입에는 한 가지 단점이 있다. 기업을 통제할 수 없다는 점이 그것이다. 그러나 두 가지 확실한 장점으로 이 단점을 상쇄할 수 있다고 버핏은 설명한다. 첫 번째 장점은 통제받지 않는 기업들을 고를 수 있는 장―주식시장―이 훨씬 더 넓다는 것이다. 두 번째는 주식시장이 싼 가격에 거래되는 주식을 발견할 수 있도록 더 많은 기회를 제공한다는 것이다. 어느 경우든 버핏은 시종일관 동일한 전략을 따른다. 그는 장기적으로 전망이 밝다고 생각될 뿐만 아니라 정직하고 유능한 경영진이 운영하며, 특히 매력적인 가격으로 투자 가능한 기업들을 찾고 있다.

버핏은 이렇게 말한다. "투자할 때 우리는 스스로를 시장 분석가나 거시경제 분석가나 증권 분석가가 아닌 기업 분석가로 간주한다."[1] 이것은 버핏이 무엇보다도 사업가의 안목으로 활동하고 있음을 의미한다. 그는 전체론적인 시각에서 기업을 바라보며 경영진의 양적인 측면과 질적인 측면, 기업의 재무 상태, 기업의 매수 가격 등을 빠짐없이 점검한다.

과거로 거슬러 올라가 버핏의 투자를 검토하면서 공통점을 찾다 보면 그의 결정을 유도한 몇 가지 기본 원칙들의 식별이 가능하다. 이 원칙들을 추려내어 좀 더 면밀히 살펴보면 자연스레 다음과 같은 네 가지 카테고리로 묶을 수 있다.

1. **기업 요소** 기업의 기본적인 세 가지 특징
2. **경영 요소** 고위 경영자들이 지녀야 할 세 가지 중요한 자질
3. **재무 요소** 기업이 유지해야 할 네 가지 중요한 재무적 의사 결정
4. **시장 요소** 비용과 관련된 두 가지 가이드라인

버핏의 기업 인수에 열두 가지 요소가 모두 적용되는 것은 아니지만 하나의 그룹으로 묶어보면 이런 요소들이 그의 투자 기법의 핵심을 이루고 있다.

이 열두 가지 요소는 버크셔해서웨이의 경영 원리로서의 역할도 하고 있다. 버핏은 자신이 주식을 매입하는 기업들에서 동일한 특성들을 찾고 있는데, 그것들을 발견하기를 고대하며 매일 사무실로 향한다.

기업 요소

버핏에게 주식은 추상적인 개념이다.[2] 그는 시장 이론이나 거시경제 개념 또는 업계 동향에 중점을 두고 생각하지 않는다. 오로지 기업의 경영 방식에 근거하여 투자 결정을 내릴 뿐이다. 만약 사람들이 비즈니스의 기본 원리 대신 피상적인 개념에 의존하여 투자를 시도한다면 자신이 투자한 기업이 곤경에 처했다는 조짐만 보여도 잔뜩 겁을 집어먹을 공산이 크며, 그 과정에서 손실을 보게 된다는 것이 그의 생각이다. 버핏은 투자를 고려하는 기업에 대해서 가능한 모든 정보를 얻는 데 집중한다. 특히 그는 다음 세 가지 영역에 초점을 맞춘다.

1. 기업은 단순하고 이해하기 쉬워야 한다.
2. 기업은 일관성 있는 경영의 역사를 가지고 있어야 한다.
3. 기업은 장기적으로 밝은 전망을 가지고 있어야 한다.

기업은 단순하고 이해하기 쉬워야 한다

버핏에 따르면 투자자들의 재무적 성공은 그들이 자신의 투자를 얼마나 잘 이해하고 있느냐와 관련이 있다. 그리고 이것이 치고 빠지는 유형의 투자자들—끊임없이 주식을 사고파는 사람들—과 기업가 성향을 가진 투자자들을 구분짓는 잣대가 된다.

버핏은 오랜 기간에 걸쳐 다양한 산업에 속한 각양각색의 기업들을 인수했다. 그중에는 그가 경영권을 행사하는 기업들도 있고, 소주주로 남

워런 버핏의 투자 요소

기업 요소

- 기업이 단순하고 이해하기 쉬운가?
- 기업이 일관성 있는 경영의 역사를 가지고 있는가?
- 기업이 장기적으로 밝은 전망을 가지고 있는가?

경영 요소

- 경영진이 합리적인가?
- 경영진이 주주들에게 정직한가?
- 경영진이 제도적 관행을 거부하는가?

재무 요소

- 주당순이익이 아닌 자기자본수익률에 초점을 맞추어야 한다.
- '주주 수익'을 계산해야 한다.
- 높은 수익 마진을 가진 기업을 찾아야 한다.
- 유보한 1달러에 대해서 최소한 그 이상의 시장 가치를 확실히 창출할 수 있어야 한다.

시장 요소

- 기업의 가치는 얼마인가?
- 내재 가치보다 크게 할인된 가격으로 기업의 주식을 매입할 수 있는가?

아 있는 기업들도 있다. 그러나 그는 이 모든 기업의 경영 방식을 훤히 꿰차고 있다. 버크셔 보유 자산에 속한 모든 기업의 수입, 비용, 현금 흐름, 노사 관계, 가격 신축성과 자본 배분을 속속들이 알고 있다.

버핏은 버크셔의 기업 활동을 이런 식으로 소상히 파악할 수 있는 능력을 가지고 있다. 왜냐하면 금전적, 지적인 측면에서 자신이 이해할 수 있는 기업들에만 투자를 국한시키기 때문이다. 그의 논리는 설득력이 있다. 만약 당신이 잘 모르는 산업에 속한 기업을 소유하고 있다면(경영자 또는 주주로서) 그 기업의 성장을 정확히 해석할 수 없거나 올바른 의사 결정을 내리지 못할 것이다.

투자의 성공은 당신이 얼마나 많이 알고 있느냐가 아니라 당신이 '모르는 것'을 현실적으로 어떻게 정의하느냐의 문제이다. "당신이 아는 범위 내에서만 투자하라. 중요한 것은 그 범위가 얼마나 넓으냐의 문제가 아니라 그 한도를 얼마나 잘 정의하고 있느냐의 문제이다."[3] 버핏의 조언이다.

일관성 있는 기업 경영의 역사

버핏은 복잡한 기업을 기피한다. 또한 곤경을 해결하는 과정에 있거나 기존 계획이 별 성과가 없어 근본적인 방향 전환을 모색하는 기업들도 기피한다. 그는 수년에 걸쳐 동일한 제품이나 서비스를 꾸준히 제공한 기업들이 최고의 수익을 거둔다는 사실을 경험으로 알고 있다. 기업이 큰 변화를 일으키면 심각한 과실을 범할 확률이 커질 뿐이다.

"대체로 극심한 변화와 뛰어난 수익은 서로 잘 어울리지 않는다."[4] 버핏의 주장이다. 유감스럽게도 대다수 사람들은 정반대 상황이 진실인 것처럼 착각하며 투자에 나선다. 투자자들은 기업의 구조조정 과정에서 급변하는 산업이나 기업에 끌리는 경향이 있다. 그 때문에 설명할 수 없는 모종의 이유로 투자자들이 장밋빛 미래에 심취한 나머지 현재의 기업 현실을 무시하게 된다는 것이 버핏의 주장이다.

버핏은 특정 시기에 선풍적인 인기를 끄는 주식에 관심을 두지 않는다. 그보다는 장기간에 걸쳐 성공적으로 수익을 거둬들인 기업들의 주식 매입에 더 많은 관심을 보인다. 미래의 성공에 대한 확실한 예측은 불가능에 가깝지만 꾸준한 실적은 어느 정도 신뢰할 수 있다. 어떤 기업이 해마다 동일한 제품을 가지고 꾸준한 실적을 보여줄 경우 향후에도 그 실적이 지속되리라고 가정하는 것이 합리적인 판단이다.

버핏은 어려운 문제의 해결에 매달려 있는 기업들도 기피하는 성향을 보인다. 경험을 통해서 그는 방향 전환이 좀처럼 쉽게 진행되지 않음을 알고 있다. 따라서 저렴한 가격으로 곤경에 처한 기업을 찾느니 합당한 가격으로 안전한 기업을 찾는 것이 더 수익성 있는 선택일 수 있다. 버핏은 이렇게 말했다. "찰리와 나는 기업이 처한 곤경을 해결하는 법을 배우지 않았다. 우리가 배운 것은 그런 기업을 피하는 것이다. 지금까지 우리가 성공할 수 있었던 것은 가볍게 뛰어넘을 수 있는 30센티미터 높이의 장애물을 찾는 데 집중한 덕분이지 2미터 높이의 장애물을 치울 수 있는 능력을 갖추었기 때문이 아니다."[5]

장기적으로 밝은 전망

버핏은 경제 세계를 서로 동등하지 않은 두 부류로 구분한다. 하나는 그가 '프랜차이즈'로 이름 붙인 소수의 우수한 기업들이고, 다른 하나는 매입할 가치가 없는 대다수 기업들이다. 그는 프랜차이즈를 높은 수요와 함께, 마땅한 대용품이 존재하지 않으며, 규제받지 않는 제품을 제공하는 기업으로 정의하고 있다. 이런 특징 덕분에 기업은 시장점유율을 떨어뜨릴 걱정 없이 가격을 유지할 수 있으며, 한 걸음 더 나아가 가격을 끌어올릴 수도 있다. 이런 가격탄력성이 우수한 기업을 정의하는 특징들 중 하나인데, 덕분에 해당 기업은 평균보다 높은 자본수익률을 유지할 수 있다.

버핏은 이렇게 말했다. "우리는 높은 투자자본수익률을 가져오는 주식을 선호한다. 그럴 경우 높은 수준의 수익률이 지속될 공산이 크기 때문이다."[6] 그는 한마디 덧붙였다. "나는 장기적으로 경쟁력의 우위가 있는지를 살핀다. 또 그것이 지속되고 있는지 여부도 살핀다."[7]

개별적으로 또는 집단적으로 이런 우수한 기업들은 버핏이 말하는 '해자(moat)'—타 기업들보다 확실한 우위를 제공하고, 경쟁으로 인한 피해로부터 보호하는 수단—를 가지고 있다. 버핏은 규모가 크고 지속성 있는 해자일수록 더 선호한다. "투자의 핵심은 특정 기업의 경쟁력 우위 그리고 무엇보다 그런 우위의 지속성을 판단하는 것이다. 둘러싼 해자가 넓고 지탱력 있는 제품이나 서비스일수록 투자자들에게 확실한 보상을 해준다. 내게 가장 중요한 것은 기업을 둘러싼 해자가 어느 정도 규모인지 확인하는 것이다. 물론 내가 선호하는 것은 피라니아와 악어들이 득실대는 거대한 해자와 거대한 성이다."[8]

마지막으로 버핏은 지혜가 번뜩이는 간결한 한마디를 전한다. "우수한 기업에 대해서 정의하자면 25~30년 동안 뛰어난 실적을 거둔 기업이다."[9]

반대로 안 좋은 기업은 경쟁 기업들의 제품과 사실상 별 차이가 없는 제품, 즉 생필품을 생산한다. 예전에는 석유, 가스, 화학제품, 밀, 구리, 목재, 밀, 오렌지 주스 등이 생필품에 포함되었다. 오늘날에는 컴퓨터, 자동차, 항공 서비스, 은행, 보험 등도 생필품화되고 있다. 이들 제품에는 막대한 광고비를 쏟아붓지만 의미 있는 제품 차별화를 얻기가 힘들다.

일반적으로 생필품 제조 기업들은 낮은 수익률을 가지고 있으며, "수익성 악화의 주요 후보군"[10]이다. 그들의 제품은 타사 제품과 기본적으로 차이가 없기 때문에 오직 가격 기준으로 경쟁할 수밖에 없다. 물론 그것은 제 살 깎아 먹기나 다름없다. 생필품 제조 기업들이 수익성 유지를 위해서 의존할 수 있는 가장 확실한 방법은 생산원가를 낮추는 것이다. 그들이 많은 수익을 올릴 수 있는 또 다른 경우는 공급이 부족한 시기이다. 그러나 이 시기를 예측하기란 여간 힘든 일이 아니다. 버핏은 생필품 제조 기업의 장기적 수익을 결정짓는 관건은 "공급이 달리는 기간과 공급이 넘치는 기간"의 비율에 있다고 주장한다. 그러나 이런 비율은 별반 차이가 없다. 그래서 그는 이렇게 속마음을 털어놓았다. "내가 선호하는 기업들은 내가 잘 아는 분야 그리고 장기간 지속될 것으로 생각되는 분야에서 경제적 강점을 지닌 기업들이다."[11]

경영 요소

새로운 투자나 기업 인수를 고려할 때 버핏은 경영진의 자질을 심도 있게 관찰한다. 그는 칭송과 신뢰를 받는 정직하고 유능한 경영자들이 운영하는 기업의 주식을 버크셔에서 매입한다고 말한다. "아무리 전망이 밝아도 칭송받을 만한 자질이 부족한 경영자들과는 연결되고 싶지 않다. 우리는 질 나쁜 사람과는 좋은 거래를 성사시키지 않는다."[12]

버핏은 자신이 칭송할 만한 경영자가 눈에 띄면 칭찬을 아끼지 않는다. 버크셔의 연차 보고서에 실린 회장의 서한을 읽는 독자들이라면 버크셔에 속한 수많은 기업들의 경영자에 대한 그의 애정 어린 글들을 쉽게 발견할 수 있다.

버핏은 주식 매입을 고려하는 기업의 경영진에 관해서는 철저한 검토에 나선다. 특히 다음 세 가지 특징을 자세히 살핀다.

1. 경영진이 합리적인가?
2. 경영진이 주주들에게 솔직한가?
3. 경영진이 제도적 관행을 거부하는가?

버핏이 최고의 찬사를 보내는 경영자는 기업 소유주처럼 확고하게 행동하고 사고하는 사람이다. 그렇게 행동하는 경영자들은 기업의 주요 목적—주주 가치 증대—을 등한시하지 않으며, 그 목적을 달성하고자 합리적 결정을 내리는 경향이 있다. 또한 자신의 책임을 진지하게 받아들여 주주에게 상세하고 정직한 보고를 하며, 제도적 관행(institutional imperative)—동종 업계의 동료들을 무작정 따라가는 것—을 거부할 용기를 지닌 경영자들에게도 찬사를 보낸다.

합리성

기업 경영에서 가장 중요한 행위는 기업의 자산 배분이다. 왜냐하면 자본 배분이 장기적으로 주주의 가치를 결정하기 때문이다. 버핏은 기업의 수익을 가지고 무엇을 해야 할지—기업에 재투자하거나 주주에게 배당하는 것—결정할 때 논리적이고 합리적이어야 한다고 생각한다. "버핏이 생각하기에 합리성이야말로 버크셔의 경영에 차별화를 가져오는 주요한 특징이다. 이것은 다른 기업들에서는 찾아보기 힘든 특징이기도 하다."[13] 캐럴 루미스가 『포천』에 쓴 글이다.

수익을 어디에 배분하느냐의 문제는 기업이 라이프사이클에서 어디에 위치해 있느냐와 관련 있다. 기업이 경제적 라이프사이클에 진입할 때는 성장률, 매출, 수익과 현금 흐름에서 극적인 변화가 발생한다. 발전 단계에서는 제품을 개발하고 시장에 진출해야 하기 때문에 기업은 적자를 본다. 그다음 단계인 성장기에는 수익을 거두지만 감당하지 못할 정도로 빠르게 성장한다. 때문에 성장을 위한 자금을 마련하고자 모든 수익을 유보할 뿐 아니라 대출을 받거나 주식을 발행한다. 세 번째 단계인 성숙기에는 성장률이 완화되고 개발과 운영비에 필요한 자금보다 더 많은 현금이 창출되기 시작한다. 마지막 단계인 쇠퇴기에는 매출과 이익이 감소하지만 잉여분 현금 창출은 계속된다. 그런데 3단계 내지 4단계, 특히 3단계에서 '이런 이익을 어떻게 배분해야 하는가?'라는 문제가 제기된다.

만약 내부적으로 재투자한 잉여 현금을 가지고 평균 이상의 자기자본수익률, 즉 자본 비용보다 더 높은 수익을 거둘 수 있다면 기업은 모든 수익을 유보하고 재투자해야 할 것이다. 이것이 가장 논리적인 과정이다. 반면 기업에 재투자하기 위해서 자본 비용보다 낮은 수익률에도 수익을 유보하는 것은 매우 비합리적이다. 그럼에도 많은 기업들이 이런 판단을 내리고 있다.

평균 이하의 투자수익률을 올리면서도 필요 이상의 현금을 창출하는 기업은 다음 세 가지 중 하나를 선택할 수 있다. (1) 문제를 무시하고 평균 이하의 수익률로 재투자를 계속한다. (2) 다른 성장 기업을 매수한다. (3) 주주에게 현금 배당으로 돌려준다. 버핏은 이 선택의 길목에서 경영진의 의사 결정을 예의 주시한다. 이때야말로 경영진이 합리적인지 비합리적인지 판단할 수 있기 때문이다.

일반적으로 수익률이 평균을 밑도는데도 재투자를 계속하는 경영자들은 이런 상황이 일시적이라고 생각한다. 그들은 자신의 뛰어난 경영 능력으로 회사의 수익성을 향상시킬 수 있다고 확신한다. 그리고 주주들은 경영진의 수익성 향상 전망에 현혹당한다. 만약 기업이 지속적으로 이런 문제를 무시할 경우 현금은 점점 유휴 자원화되고 주가는 하락할 것이다.

낮은 수익률과 초과 현금과 낮은 주가를 가진 기업은 기업 사냥꾼의 공격을 받기 쉽다. 그러면 현 경영진의 임기도 끝날 수밖에 없다. 이런 상황에서 경영진은 종종 스스로를 보호하기 위해서 두 번째 선택—또 다른 기업 인수를 통한 성장—을 하기도 한다.

기업 인수 계획을 발표하면 주주들을 흥분하게 만들고 기업 사냥꾼들의 공격을 단념시키는 효과가 있다. 그러나 버핏은 성장 기업을 인수해야 하는 기업들에 회의적이다. 왜냐하면 성장 기업을 인수하기 위해서는 과도한 매입 가격을 지불해야 하기 때문이다. 또 다른 이유는 새로운 기업을 합병하여 경영해야 하는 기업이라면 주주들에게 큰 손실을 안겨주는 실수를 범하기 쉽다는 것이다.

버핏에 따르면 현금이 쌓여감에도 불구하고 평균 이상의 수익률을 가지고 재투자하지 못하는 기업에 취할 수 있는 합리적이고 책임 있는 유일한 방안은 주주들에게 그 돈을 돌려주는 것이다. 여기에는 두 가지 방법이 있다. 하나는 배당을 시작하거나 증액시키는 것이고, 다른 하나는 자사 주식을 취득하는 것이다.

배당을 통하여 현금을 손에 쥔 주주들은 더 높은 수익을 위해서 다른 투자처를 찾는 기회를 갖게 된다. 겉보기에 이는 좋은 일처럼 보인다. 그래서 많은 사람들은 늘어난 배당을 기업 운영이 잘되고 있다는 징조로 받아들인다. 그러나 버핏은 수익을 유보하여 회사에 재투자할 경우에는 기업이 창출할 수 있는 것보다 투자자들이 더 많은 현금을 벌어들일 수 있어야 이런 상황이 호기가 될 수 있다고 생각한다.

만약 배당의 진정한 가치를 제대로 이해하지 못한다면 주주에게 수익을 되돌려주는 두 번째 선택은 더더욱 이해하기 힘들 것이다. 여러 가지 면에서 주주에게 돌아가는 혜택이 직접적이고 구체적이고 즉각적으로 와 닿지 않기 때문이다.

버핏은 경영진이 주식을 재매입하면 곱절의 보상이 따라온다고 생각한다. 주식이 내재 가치보다 낮은 가격에 거래될 경우 주식 매입은 높은 수익을 가져올 수 있다. 예컨대 어떤 회사의 주가가 50달러인데 내재 가치가 100달러라면 경영진이 그 주식을 매입할 때마다 그들은 1달러를 투자하여 2달러의 내재 가치를 획득하는 셈이 된다. 그리고 이런 거래는 주주들에게 매우 높은 수익을 안겨줄 수 있다.

또한 버핏은 경영진이 주식시장에서 자사 주식을 적극적으로 매입한다면 이것은 쓸데없이 기업을 확장하기보다 주주의 이익을 극대화하고 있음을 보여주는 증거라고 말한다. 주식시장이 이런 태도에 반응하면, 주주의 재산을 늘려줄 기업을 찾는 다른 투자자들도 관심을 보인다. 흔히 주주들은 두 차례 보상을 받는다. 하나는 공개시장 매입에서 오는 보상이고, 다른 하나는 투자자의 관심이 주가에 긍정적인 영향을 미치는 데서 오는 보상이다.

정직성

버핏은 회사의 재무 실적을 숨김없이 충실하게 보고하고 성공은 물론 실수까지 인정하며 주주들에게 모든 점에서 솔직한 경영자들을 높이 평가한다. 특히 기업회계 기준인 GAAP(generally accepted accounting principles)를 악용하여 실수를 숨기는 대신 자기 회사의 실적을 솔직하게 전달하는 경영자들을 존경한다.

버핏은 이렇게 주장한다. "GAAP의 기준에 상관없이 보고해야 할 것은 재무 전문가들이 다음 세 가지 핵심 질문에 답할 수 있도록 도움을 주는 자료여야 한다. (1) 회사의 가치는 대략 어느 정도인가? (2) 미래의 책무를 지킬 가능성은 어느 정도인가? (3) 이용 가능한 조건에서 경영자들이 얼마나 일을 잘하고 있는가?"[14]

버핏은 실패를 공개적으로 인정하는 용기를 가진 경영자들에게도 찬사를 보낸다. 어떤 기업이든 규모와 상관없이 시간이 지나면 실수를 범하기 마련이다. 그러나 버핏은 너무 많은 경영자들이 솔직하게 설명하는 대신 낙관주의로 가득한 보고를 한다고 생각한다. 이런 보고는 단기적으로 그들 자신에게는 이익이 될지 모르지만 장기적으로는 어느 누구에게도 이익이 되지 않는다.

버핏은 대부분의 연차 보고서가 엉터리라고 노골적으로 말한다. 버핏이 버크셔해서웨이 주주들에게 연차 보고서를 보내면서 좋건 나쁘건 버크셔의 경제적 실적 및 경영상의 실적을 모두 공개하는 것도 이런 이유에서이다. 그는 오랜 세월에 걸쳐 버크셔가 섬유 및 보험 사업 부문에서 겪었던 곤경 그리고 이런 사업과 관련된 자신의 경영 실패를 솔직히 시인했다. 1989년에 발표된 버크셔해서웨이 연차 보고서에서 버핏은 '처음 25년 동안의 실수들'(요약판)이라고 칭한 자신의 실수를 목록으로 싣기 시작했다. 2년 후 그 명칭은 '당일의 실수(Mistake Du Jour)'로 바뀌었다. 여기서 버핏은 자신이 적절히 행동하지 못한 탓에 실수를 저질렀으며, 기회마저 놓쳐버렸다고 솔직하게 털어놓았다.

비평가들은 버핏이 자신의 실수를 공개적으로 인정하는 것은 다소 표리부동한 측면이 있다고 지적했다. 그가 버크셔 지분을 충분히 확보하고 있으므로 해고당할 걱정이 전혀 없다는 것이 그 이유였다. 맞는 말이다. 그러나 정직성을 보여주는 본보기로서 버핏은 경영 보고에 대한 새로운 접근법을 이끌어내고 있다. 버핏은 정직성이야말로 주주들 못지않게 경영자에게도 득이 된다는 믿음을 가지고 있다. 그는 "공개적으로 타인을 잘못 이끄는 CEO는 결국 개인적으로 그 자신을 잘못 이끌게 된다"[15]라고 말했다. 버핏은 성공에만 집중하지 않고 자기 실수의 가치를 이해하게 된 것을 찰리 멍거의 공으로 돌렸다.

제도적 관행

만약 경영진이 실수를 통하여 지혜와 신뢰를 얻는다면 왜 수많은 연차 보고서에서 오직 성공만을 자랑스레 떠드는 것일까? 또 자본 배분이 매우 간단하고 논리적이라면 왜 자본은 그토록 엉망으로 배분되고 있는 것일까? 버핏은 '제도적 관행'으로 불리는 보이지 않는 힘에 그 답이 있다고 생각했다. 여기서 제도적 관행이란 아무리 어리석거나 비합리적이라 할지라도 기업 경영자들이 타인의 행동을 무작정 모방하는 군중심리 같은 성향을 일컫는다.

버핏은 실무 경력을 쌓아가는 과정에서 이 놀라운 발견을 했다. 학교에서 그는 경험이 풍부한 경영자들이 정직하고 총명하며 무의식적으로 합리적인 결정을 내린다고 배웠다. 그러나 비즈니스 세계에 발을 들여놓은 뒤에는 "제도적 관행이 작동하면 합리성이 종종 힘을 잃는다"[16]는 사실을 깨닫게 되었다.

버핏은 제도적 관행이 다음과 같은 심각하지만 흔히 발생하는 몇몇 상황들의 원인이라고 믿고 있다. "(1) 조직이 현재의 방침에서 모든 변화를 거부하는 상황. (2) 단지 시간을 채우려고 작업을 연장하는 것처럼 이용 가능한 자금을 빨아들이기 위해서 기업 프로젝트나 인수를 구체화하는 상황. (3) 리더가 아무리 어리석은 결정을 내려도 부하 직원들이 상세한 수익률이나 전략적 연구 보고서를 작성하여 리더의 결정을 지지하는 상황. (4) 동종 기업들이 사업을 확장하거나 다른 기업을 인수하거나 경영진에 대한 보상책을 만들거나, 무엇을 하건 그들의 행동을 맹목적으로 모방하는 상황."[17]

버핏은 초창기에 이미 이런 교훈을 배웠다. 버크셔가 1967년에 인수한 내셔널인뎀니티(National Indemnity)의 잭 링월트 사장은 얼핏 완강해 보이는 행보를 보여주었다. 대다수 보험회사들이 불충분한 수익률, 심지어 손실을 보더라도 계약을 보장해주는 조건으로 보험증권을 판매했으나 링월트는 보험시장에서 한발 물러나 신규 보험증권 판매를 거부했다. 버핏은 링월트의 결정이 현명하다고 판단하고 그의 선례를 따랐다. 지금도 버크셔의 자회사에 속한 보험회사는 모두 이 원칙—단지 모든 이가 행한다고 해서 그것이 옳은 것은 아니라는—에 따라 운영되고 있다.

그렇다면 수많은 기업들의 배후에서 제도적 관행이 영향을 미치는 까닭은 무엇일까? 그것은 인간의 본성 때문이다. 예컨대 동종 업계의 다른 기업들이 분기별 순이익을 내고 있다고 발표하면 대다수 경영자들은 형편없는 분기별 손실로 어리석은 모습을 보여주길 꺼린다. 심지어 레밍처럼 바다로 뛰어드는 상황이라 할지라도 그들은 그런 태도를 보인다.

논쟁의 여지가 없을 만큼 확실한 결정을 내리거나 방향 전환을 모색하는 것은 결코 쉬운 일이 아니다. 그러나 의사소통 능력이 뛰어난 경영자라면 장기적으로 더 훌륭한 성과를 낳을 수 있는 전략을 가지고 단기적인 손실 및 회사의 방향 전환을 받아들이도록 주주들을 설득할 수 있을 것이다. 버핏은 제도적 관행을 거부하지 못하는 것이 회사의 주주들보다 근본적인 변화를 받아들이려는 경영자들의 의지와 더 밀접한 관련이 있음을 깨달았다. 그러나 대다수 경영자들이 근본적인 변화의 필요성을 인정한다 하더라도 이런 계획을 실행하기란 여간 힘든 일이 아니다. 그래서 많은 이들이 현재의 재정적인 문제를 정면으로 돌파하는 대신 새로운 기업을 인수하려는 유혹에 굴복하는 것이다.

그들은 왜 그럴 수밖에 없는 걸까? 여기서 버핏은 다음 세 가지 요소가 경영진의 행동에 가장 큰 영향을 미친다고 보았다.

1. 대다수 경영자들은 활발하게 움직이려는 욕망을 제어하지 못한다. 이런 과잉 행동이 종종 기업 인수로 나타난다.
2. 대다수 경영자들은 자기 회사의 매출 및 수익과 경영자 보상을 업계 안팎의 다른 회사들과 끊임없이 비교한다. 이런 비교가 예외 없이 기업의 과잉 행동을 초래한다.
3. 대다수 경영자들은 자신의 능력을 과신한다.

흔히 발생하는 또 다른 문제는 자본 배분 기술이 부족하다는 것이다. CEO들은 종종 행정, 엔지니어링, 마케팅이나 생산 등과 같은 분야에서 두각을 나타내며 그 지위에 오른다. 그러나 자본 배분 경험이 부족한 탓에 부하 직원이나 컨설턴트 또는 투자 은행가들에게 그 업무를 맡긴다. 그 결과 의사 결정 과정에서 제도적 관행이 개입할 여지가 생길 수밖에 없다. 예컨대 CEO가 자신의 매수 행위를 정당화하기 위해서 15퍼센트의 투자수익률이 필요한 기업 인수를 갈망하고 있다면 부하 직원들이 아주 손쉽게 그 기업이 실제로 15.1퍼센트의 수익률을 달성할 수 있다는 보고서를 작성하여 전달하는 식이다.

제도적 관행에 대한 마지막 변명은 아무 생각 없는 모방이다. 예컨대 D기업의 CEO가 스스로에게 이렇게 말하는 식이다. "A기업, B기업, C기업이 모두 똑같은 행동을 한다면 우리도 그렇게 하는 것이 전적으로 옳다."

버핏은 그들이 실패를 맛보는 것은 무절제나 어리석음 때문이 아니라고 생각한다. 그보다는 제도적 관행으로 인해서 파국을 초래하는 그릇된 행동을 제어하지 못하기 때문이다. 버핏은 노트르담 대학교 학생들에게 강연하면서 37개 투자 금융회사들의 목록을 보여준 적이 있다. 그의 설명에 따르면 성공 가능성이 높았음에도 불구하고 목록에 오른 모든 회사가 실패했다. 당시 뉴욕 증권거래소의 거래량은 15배 증가했고, 총명하고 부지런한 사람들이 회사를 이끌었으며, 성공에 대한 강렬한 열망을 가지고 있었다. 그럼에도 모두 도산했다. 버핏은 한숨 돌리고 나서 실내를 휘둘러보며 단호하게 말했다. "여러분, 한번 생각해보십시오. 왜 그들이 그런 결과를 초래한 걸까요? 그것은 동종 업계의 기업들을 무작정 모방했기 때문입니다."[18]

경영자 평가

합리성과 정직성과 독립적 사고, 이 세 가지 기준으로 경영자를 평가하는 것이 재무 실적을 기준으로 평가하는 것보다 훨씬 더 어렵다는 사실을 맨 처음 시인한 사람이 아마도 버핏이 아닐까 싶다. 그 이유는 간단한

데, 인간이 숫자보다 더 복잡한 존재이기 때문이다.

실제로 많은 분석가들이 인간의 활동을 측정하는 일은 모호하고 부정확하기 때문에 자신 있게 경영자를 평가할 수 없으며, 따라서 이런 시도 자체가 소용없는 짓이라고 생각한다. 어차피 정확성이 없다면 측정할 필요조차 없다는 주장이다. 또 다른 분석가들은 경영자의 가치가 매출, 매출 이익, 자기자본수익률 등이 포함된 기업의 실적 통계에 충분히 반영되어 있으므로 다른 측정 수단이 불필요하다는 견해를 가지고 있다.

두 가지 의견 모두 타당성이 있다. 그러나 경영자를 평가할 수 없다는 최초의 전제를 무용지물로 만들 만큼은 아니다. 사실상 시간을 투자하여 경영자를 평가하는 까닭은 궁극적으로 그것이 재무적 성과에 대한 조기 경보기 역할을 하기 때문이다. 만약 당신이 경영진의 말과 행동을 면밀히 관찰한다면 기업의 재무 보고서나 일간신문의 증권면에 실리기 한참 전에 그들의 업무 성과를 평가하는 데 도움이 되는 단서를 발견할 수 있을 것이다. 그렇게 하면 뭔가를 캐낼 수 있을 것이고, 게으름이나 소극적인 태도도 미연에 방지할 수 있을 것이다. 나아가 이것이 경영진으로선 손해일지라도 당신에겐 이득이 될 것이다.

필요한 정보를 모으는 것에 대해서 버핏은 이렇게 조언한다. 과거 수년 동안의 연차 보고서를 차례차례 검토하면서 당시 경영진이 미래의 전략에 관해서 어떤 말을 했는지에 특히 주의를 기울인다. 그런 다음 오늘날의 실적과 당시의 계획을 비교한다. 그 계획이 얼마나 충실히 이행되었는가? 또 수년 전의 전략과 올해의 전략을 서로 비교한다. 어째서 생각이 바뀌었는가? 버핏은 당신이 관심을 보이는 기업들의 연차 보고서와 동종 업계의 유사한 기업들의 연차 보고서를 비교하는 것 역시 매우 가치 있다고 주장한다. 완전히 동일한 기업을 찾는 것은 결코 쉽지 않다. 그러나 상대적인 실적 비교라 할지라도 그것으로부터 통찰력을 얻을 수 있다.

경영진의 자질만으로는 버핏의 관심을 끌기에 부족하다는 점도 주목해야 한다. 경영진의 자질이 아무리 인상적이라 할지라도 버핏은 사람만 보고 투자하지 않는다. 왜냐하면 다른 누구보다 총명하고 유능한 경영진도 곤경에 처한 기업을 되살릴 수 없는 시점이 존재한다는 것을 잘 알고 있기 때문이다. 운 좋게도 버핏은 캐피털시티스와 ABC의 토머스 머피와 댄 버크, 코카콜라의 로베르토 고이주에타와 도널드 키오, 웰스파고의 칼 라이하르트 같은 미국 기업의 총명한 경영자들과 함께 일할 수 있었다. 그러나 그는 재빨리 다음과 같이 꼬집어 말했다. "만약 당신이 이 같은 사람들을 데리고 시대에 뒤떨어진 회사에서 일했다면 별다른 성과를 올리지 못할 겁니다."[19] 그리고 다시 말을 이었다. "비범함으로 명성이 자자한 경영진이라 할지라도 기본적으로 재정 건전성이 부실하다는 평판을 받는 회사와 씨름한다면 그 회사는 아무런 변화가 없다는 평판을 얻게 될 겁니다."[20]

재무 요소

버핏이 뛰어난 경영 능력과 경제적 실적을 모두 평가하는 기준인 재무 요소는 버핏 스타일의 몇 가지 원칙들을 기반으로 하고 있다. 우선 그는 해마다 나오는 연간 실적을 중시하지 않았다. 그보다는 5년 평균 실적에 더 중점을 두었다. 그는 기업의 수익이 지구가 태양을 한 바퀴 도는 데 걸리는 시간인 1년과 언제나 일치할 필요는 없다고 비꼬듯이 말했다. 그는 얼핏 대단한 연말 실적처럼 보이지만 실제 가치는 신통치 않은 회계상의 교묘한 속임수도 잘 참아내지 못한다. 그 대신 다음 네 가지 원칙을 고수했다.

1. 주당순이익이 아닌 자기자본수익률에 초점을 맞춘다.
2. 가치를 제대로 반영하기 위해서 '주주 수익'을 계산해야 한다.
3. 높은 수익 마진을 가진 기업을 찾아야 한다.
4. 사내에 유보한 1달러의 현금 가치가 최소한 그 이상의 시장 가치를 확실히 창출하고 있어야 한다.

자기자본수익률

관례적으로 기업 분석가들은 주당순이익(EPS)을 참고하여 기업의 연간 실적을 평가한다. 지난해에 EPS가 늘었는가? 그 기업이 기대에 부응하지 못했는가? 자랑할 만큼 높은 수익을 올리고 있는가?

그러나 버핏은 EPS가 연막에 불과하다고 생각한다. 대다수 기업들이 자기자본을 늘리기 위한 하나의 방편으로 전년도 이익에서 일정 부분을 유보한다. 그 때문에 EPS가 높다고 해서 흥분할 일은 아니라는 것이다. 예컨대 어떤 기업의 EPS가 10퍼센트 증가하고 동시에 자기자본도 10퍼센트 증가한다면 특별히 눈여겨볼 만한 기업은 아니다. 버핏의 설명에 따르면 그것은 돈을 은행에 넣어두고 복리로 이자를 불리는 것과 다를 바 없다. 버핏이 기업의 연간 실적을 평가하는 데 자기자본수익률—당기순이익을 자기자본으로 나눈 비율—을 더 선호하는 까닭도 그 때문이다.

그런데 이 비율을 사용하려면 몇 가지 조정이 필요하다. 첫째, 모든 유가증권은 시가가 아닌 취득 원가로 평가해야 한다. 전체적으로 시가가 특정 기업의 자기자본수익률에 큰 영향을 미칠 수 있기 때문이다. 예컨대 어느 해에 주가가 급등하여 기업의 자기자본이 증가하면 이 비율에서 분모가 커지는 것과 비례하여 실질적인 영업 실적도 줄어들 것이다. 반대로 주가가 하락하면 주주의 자기자본도 감소하는데, 이는 보통 수준의 경영 실적이 실제보다 훨씬 더 좋아 보일 수 있음을 의미한다.

둘째, 특이 항목들이 이 비율의 분자에 미칠 수 있는 영향을 통제해야 한다. 버핏은 자본 손익뿐만 아니라 영업이익을 증가시킬 수 있는 특정 항목들도 모두 제외시켰다. 그는 특정 연도의 연간 실적을 따로 분리하려고 애썼다. 그와 함께 경영진이 주어진 자본으로 영업이익을 창출하는 과업을 얼마나 잘 이행하는지 알고 싶어 했다. 버핏은 그것이야말로 경영진의 실적을 판단할 수 있는 최고의 방법이라고 말한다.

나아가 버핏은 기업이 부채가 거의 없거나 전혀 없는 상태에서 높은 자기자본수익률을 올려야 한다고 생각했다. 그는 기업들이 채무 대 자기자본 비율을 끌어올림으로써 자기자본수익률을 높일 수 있음을 알고 있었다. 그러나 그는 이런 방식에 관심이 없었다. "훌륭한 기업 또는 훌륭한 투자 결정이라면 차입금의 도움이 없어도 매우 만족스러운 결과를 얻을 수 있다."[21] 특히 경제적 침체기에는 자기자본에 비해 차입금 비율이 높은 기업들이 취약해질 수 있다. 버핏은 높은 부채 수준으로 위험을 키움으로써 버크셔 주주들을 위태롭게 하기보다 지나치다 싶을 만큼 재정 건전성에 많은 신경을 썼다.

나중에 좋은 사업 기회를 발견하리라 희망하며 당장 돈을 빌린다는 이런 생각은 가까운 장래의 수익에 오히려 악영향을 미칠 수 있다. 그래서 버핏은 미래의 사업 수익이 부채 비용을 충분히 상쇄할 수 있다는 자신감이 생길 때에만 투자에 나섰다. 게다가 또 다른 고려 사항도 있었다. 사업상 기회가 찾아와도 활용 가능성은 제한적이기 때문이다. 버핏은 버크셔가 사전에 대비하고 있기를 바라며 이렇게 조언했다. "만약 당신이 빠르게 움직이는 진귀한 코끼리를 잡고 싶다면 항상 총을 가지고 다녀야 합니다."[22]

버핏은 기업의 부채와 관련하여 어느 정도가 적절한지에 대해서는 언급하지 않았다. 그러나 이것은 충분히 납득할 만하다. 각각의 현금 흐름에 의존하는 기업들은 저마다 서로 다른 수준의 부채를 관리할 수 있기 때문이다. 버핏이 말하고자 하는 것은, 훌륭한 기업이라면 부채를 끌어다 쓰는 레버리지의 도움 없이 높은 자기자본순이익률을 올릴 수 있어야 한다는 것이다. 그러므로 높은 자기자본수익률을 올리기 위해서 부채에 의존하는 기업들은 의심의 눈초리로 바라보아야 한다.

주주 수익

"가장 먼저 이해해야 할 점은 모든 수익이 똑같이 창출되지 않는다는 것이다."[23] 버핏의 말이다. 그는 이윤과 비교해서 자산 비율이 높은 기업들이 수익을 인위적으로 가공하여 발표하는 경향이 있다고 지적한다. 인플레이션이 닥치면 자산 비율이 높은 기업들은 심한 타격을 입는데, 그럴 경우 이 기업들은 신기루처럼 한순간에 사라질 수 있다. 따라서 회계상의 수익은 기업이 예상하는 현금 흐름과 비슷한 궤도를 그릴 때에만 분석가들에게 유용할 수 있다.

그러나 버핏은 현금 흐름조차 기업의 가치 평가를 위한 완벽한 수단이 아니라고 경고한다. 실제로 현금 흐름이 투자자들을 종종 잘못된 길로 이끌기 때문이다.

부동산 개발회사, 유전회사, 케이블 회사처럼 초기에 대규모 투자를 한 다음 서서히 경비를 줄이는 기업들을 평가하는 경우라면 현금 흐름이 적절한 수단이 될 수 있다. 그러나 지속적인 자본 지출이 필요한 제조업체들의 경우에는 현금 흐름만으로 적절한 평가가 이루어질 수 없다.

일반적으로 기업의 현금 흐름은 세후 순이익에 감가상각비와 분할상환금 같은 현금이 수반되지 않는 제반 비용을 합한 것으로 정의된다. 그런데 대단히 중요한 경제적 요소인 자본 지출을 배제하고 있다는 것이 이 정의의 문제점이라고 버핏은 설명한다. 예컨대 기업이 경쟁력과 생산력을 유지하기 위해서 새로운 장비를 들여오고 공장을 개량하고 여타 개선 작업을 하려면 금년의 수익 중에서 얼마나 투자해야 할까? 버핏에 따르면 미국 기업의 절대다수가 감가상각비와 거의 비슷한 수준의 자본 지출을 필요로 하고 있다. 한두 해쯤은 자본 지출을 늦출 수도 있다. 그러나 장기간에 걸쳐 필요한 자본 지출을 하지 못하면 그 기업은 쇠퇴할 수밖에 없다. 자본 지출은 인건비나 유틸리티 비용 못지않게 중요한 비용이기 때문이다.

현금 흐름은 기업 담보 차입 매수 기간에 특히 인기를 끈다. 터무니없는 기업 인수 가격이 기업의 현금 흐름에 의해서 정당화될 수 있기 때문이다. 버핏은 이렇게 생각했다. "정당화할 수 없는 것을 정당화하고, 그럼으로써 매각할 수 없는 것을 매각하려고 시도하는 기업과 증권 마케터들이 종종 현금 흐름 수치를 악용한다. 기업의 수익이 정크본드의 부채를 상환하거나 터무니없는 주가를 정당화하기에 불충분해 보일지라도 현금 흐름에 초점을 맞추면 간단히 이런 문제를 해결할 수 있다."[24] 그러나 필요한 자본 지출을 공제할 용의가 없다면 현금 흐름에 초점을 맞추지 말아야 한다고 버핏은 경고한다.

버핏은 현금 흐름 대신 '주주 수익'을 더 선호한다. 주주 수익이란 기업의 순이익에 감가상각비와 분할상환금을 합한 다음 향후 필요한 자본 지출과 여타 추가 운전자본을 공제한 수치를 말한다. 그러나 그는 많은 분석가들이 요구하는 정확한 수치로 주주 수익을 계산할 수 없다는 점을 시인한다. 미래의 자본 지출은 보통 예상치로 계산된다. 그럼에도 버핏은 케인스의 말을 인용하여 "나는 확실히 틀리는 것보다 애매해도 옳은 것을 선택하고 싶다"라고 말한다.

수익 마진

필립 피셔와 마찬가지로 버핏 역시 경영진이 매출을 수익으로 전환시키지 못할 때 훌륭한 기업도 그릇된 투자를 할 수 있음을 잘 알고 있다. 수익성에는 무슨 대단한 비밀 같은 것이 없다. 모든 것이 비용 관리로 귀결되기 때문이다. 고비용 경영을 하는 경영자들은 지속적으로 간접비를 추가할 방안을 찾는 반면 저비용 경영을 하는 경영자들은 항상 비용을 줄일 방안을 모색한다는 것을 버핏은 경험으로 알고 있다.

버핏은 비용 증가를 방치하는 경영자들을 좀처럼 참아내지 못한다. 흔히 이런 경영자들은 비용을 매출과 연계시키는 구조조정 프로그램에 착수한다. 그러나 비용 절감 프로그램을 발표할 때마다 그 비용이 기업의 주주들에게 어떤 영향을 미치는지 경영진은 제대로 파악하지 못한다. 그래서 버핏은 이런 말을 했다. "진짜 훌륭한 경영자는 잠자리에서 일어나 숨쉬기 연습을 결심하지 않는 것처럼 아침에 일어나 '오늘부터 비용을 줄여야겠어'라고 말하지 않는다."[25]

버핏은 불필요한 비용을 가차 없이 손보았다는 이유로 자신과 함께 일했던 몇몇 경영자들을 최고로 치켜세운다. 웰스파고의 칼 라이하르트와 폴 헤이즌, 캐피털시티스/ABC의 토머스 머피와 댄 버크 등이 그들이다. "그들은 필요 이상으로 임직원 수를 늘리는 것을 극도로 싫어한다. 그리고 재정적으로 압박을 받을 때처럼 기록적으로 많은 수익을 거둘 때에도 그들은 적극적으로 비용 절감에 나선다."[26] 버핏의 말이다.

버핏 역시 경비 및 불필요한 비용과 관련하여 매우 엄격한 태도를 보인다. 그는 모든 기업 경영에서 직원들의 규모로 알맞은 적정선을 이해하고 있으며, 모든 매출에 대해서 적절한 수준의 비용이 필요하다고 생각한다. 때문에 버크셔의 수익 마진(Profit Margins)에 매우 민감하게 반응한다.

버크셔해서웨이는 독특한 기업이다. 그곳에는 법률 담당 부서나 홍보 담당 부서 또는 투자 활동 담당 부서가 없다. MBA 출신 직원들이 기업 합병과 인수를 계획하는 전략 기획 부서도 없다. 버크셔의 세후 제반 경비는 영업이익의 1퍼센트에도 미치지 않는다. 그에 반해 버크셔와 비슷한 규모의 대다수 기업들은 10배나 많은 제반 경비를 지출하고 있다.

1달러 전제(The One-Dollar Premise)

대개의 경우 주식시장은 '이 기업의 가치는 얼마인가?'라는 근본적인 질문에 대한 해답을 가지고 있다. 버핏은 유능하고 주주 지향적인 경영진이 운영하여 장기적으로 경제적 전망이 밝은 기업을 선택한다면 그 기업의 시장 가치가 틀림없이 올라간다는 믿음을 가지고 있다. 버핏은 사내 유보금의 경우도 마찬가지라고 설명한다. 만약 어떤 기업이 장기간에 걸쳐 비생산적으로 수익을 유보한다면 결국 그 회사의 주가는 하락할 것이다. 반대로 그 기업이 평균 이상의 투자수익률을 달성한다면 주가 상승으로 이어질 것이다.

그러나 주식시장이 장기간에 걸쳐 기업의 가치를 순리적으로 뒤따라 간다 할지라도 어느 특정 연도에 기업 가치가 아닌 다른 이유로 급변동할 수 있다. 그래서 버핏은 기업의 경제적 전망이 밝은지 그리고 경영진이 주주 가치의 창출 목표를 얼마나 잘 달성하는지 가늠할 수 있는 간단한 테스트를 고안했다. 바로 1달러 법칙이 그것이다. 1달러 대 1달러 기준으로 시장 가치는 최소한 사내 유보금 가치에 비슷해야 한다. 만약 시장 가치가 사내 유보금의 가치보다 더 상승한다면 그럴수록 더 좋을 것이다. 버핏은 한마디로 요약하여 이렇게 설명한다. "이런 거대한 경매시장에서 우리가 할 일은 1달러를 유보했을 때 궁극적으로 최소한 1달러 이상의 시장 가치를 창출해낼 수 있는 기업을 선별하는 것이다."[27]

시장 요소

지금까지 설명한 요소들에서 구현된 모든 원칙은 하나의 의사 결정으로 귀결된다. 기업의 주식을 매입하느냐 매입하지 않느냐의 결정이 그것이다. 이 시점에서는 누구든 다음 두 가지 요소를 따져보아야 한다. 이 회사의 가치는 우량한가? 이 회사의 주식을 매입하기에 적절한 시기인가?

주가는 주식시장에서 결정된다. 분석가들은 기업의 사업 실적, 경영진, 재무적 특성에 대해서 알려진 모든 정보를 면밀히 따져본 후에 기업 가치를 결정한다. 주가와 내재 가치가 반드시 일치하는 것은 아니다. 만약 주식시장이 항상 효율적으로 움직인다면 주가는 모든 가능한 정보에 따라 즉각 조정될 것이다. 물론 현실에서는 이런 상황이 벌어지지 않는다. 반드시 논리적이지만은 않은 숱한 이유들로 주가가 내재 가치보다 올라가거나 내려가기 때문이다.

이론적으로 보자면, 투자자들은 주가와 내재 가치 간의 차이에 따라 행동을 결정한다. 합리적인 투자자라면 기업의 주가가 주당 가치보다 낮을 경우 그 기업의 주식을 매입할 것이다. 반대로 주가가 내재 가치보다 더 높을 경우에는 주식을 매입하지 않을 것이다. 그리고 기업이 경제적 가치의 라이프사이클을 통과할 때면 분석가들은 주기적으로 주가와 비교하여 내재 가치를 재평가하고, 그런 다음 그 평가에 따라 주식을 매입하거나 매도하거나 또는 보유할 것이다.

요약하자면 합리적인 투자 행위는 다음 두 가지 요소를 고려한다.

1. 기업의 가치는 얼마인가?
2. 기업 가치보다 크게 할인된 가격으로 그 기업의 주식을 매입할 수 있는가?

기업 가치 평가

오랜 세월에 걸쳐 재무 분석가들은 기업의 내재 가치를 평가하기 위해서 많은 공식들을 활용했다. 일부 분석가들은 주가수익률(PER, price-earning ratio), 주가장부가비율(PBR, price-to-book value ration), 배당수익률(dividend yields) 같은 간단한 방식을 선호한다. 그러나 버핏은 70여 년 전에 존 버윌리엄스가 『투자 가치 이론』에서 보여준 방식을 가장 훌륭한 시스템으로 생각하고 있다. 버핏은 윌리엄스의 이론을 부연하면서 기업의 내재 가치는 미래에 예상되는 순 현금 흐름을 적절한 이자율로 할인하는 방식으로 결정된다고 설명한다. "그렇게 가치를 평가받으면 구시대적인 제조업체로부터 무선통신 사업자에 이르기까지 모든 기업이 경제적으로 동등한 입장이 된다."[28]

버핏은 수학적으로 계산하는 이런 과정이 채권의 가치를 평가하는 방식과 매우 유사하다고 말한다. 채권은 미래의 현금 흐름을 결정하는 이표(coupon, 이자지급교부표)와 만기를 모두 가지고 있다. 채권의 이표를 모두 더한 다음 그 합계를 절적한 할인율(채권의 만기 이자율)로 나누면 채권 가격을 정할 수 있다. 따라서 분석가들은 기업의 가치를 결정하기 위해서 기업이 미래에 창출하게 될 이표(주주 수익의 현금 흐름)를 추산한 다음 모든 이표를 현재로 소급하여 할인한다.

버핏의 경우 올바른 변수—현금 흐름의 연속성과 적절한 할인율—를 적용하는 한 기업의 가치를 결정하는 것은 그리 어려운 일이 아니다. 그는 기업의 미래 현금 흐름을 예측하려면 채권처럼 '이표와 유사한' 확실성을 가지고 있어야 한다고 생각한다. 만약 기업이 단순하고 이해하기 쉽다면, 또 꾸준한 수익을 올리며 운영되고 있다면 버핏은 상당한 수준의 정확성을 가지고 미래의 현금 흐름을 예상할 수 있을 것이다. 그러나 그런 예상이 불가능하다면 그는 기업의 가치 평가를 시도하지 않을 것이다. 그리고 이것이 그의 접근법의 특징이다.

버핏은 어떤 기업의 미래 현금 흐름을 결정한 다음 자신이 생각하는 적절한 할인율을 적용한다. 그가 사용하는 할인율이 미국 장기 국채 수익률뿐임을 안다면 아마 많은 사람들이 놀랄 것이다. 하지만 누구나 이런 방식으로 무위험 수익률에 접근할 수 있다.

학계에서는 무위험 수익률에 기업의 미래 현금 흐름의 불확실성을 반영한 주식 리스크 프리미엄(equity risk premium)을 더해주어야 좀 더 적절한 할인율이 될 수 있다고 주장한다. 그러나 버핏은 주식 리스크 프리미엄의 개념을 무시한다. 왜냐하면 이것이 리스크 측정을 위한 수단으로서 가격 변동성을 사용하는 자본자산 가격 결정 모델(CAPM, Capital Asset Pricing Model)의 소산이기 때문이다. 간단히 설명하자면 가격 변동성이 높아질수록 주식 리스크 프리미엄도 높아진다.

그러나 버핏은 가격 변동성이 리스크 측정을 위한 수단이라는 개념 자체가 터무니없다고 생각한다. 지속적이고 예측 가능한 수익을 가진 기업들에 초점을 맞추면 기업의 리스크가 완전히 없어지지는 않아도 감소한다는 것이 그의 생각이다. "나는 확실성에 많은 비중을 둔다. 그렇게 하면 리스크 요소라는 개념 자체가 내게는 무의미해진다."[29] 물론 기업의 미래 현금 흐름은 채권의 계약에 따른 이표 보증 결제처럼 확실하게 예측할 수 없다. 그럼에도 불구하고 버핏은 기업의 주가가 주식시장의 변동폭 이상으로 오르내린다는 단순한 이유 때문에 리스크 프리미엄으로 약간의 이자율을 더해주기보다 무위험 수익률만의 사용을 더 선호한다. 여기서 만약 주식 리스크를 무시하는 것이 불안하게 느껴진다면 매입 가격에서 안전 마진을 더 많이 요구함으로써 이를 상쇄할 수 있다.

마지막으로 장기금리가 비정상적으로 낮게 형성되는 시기가 있다. 이런 시기에 버핏은 더욱 신중해져서, 좀 더 정상화된 금리 환경을 반영하여 무위험 수익률에 약간의 이율을 더해준다.

버핏의 이런 주장에도 불구하고 비평가들은 미래의 현금 흐름 추산이 까다로우며 적절한 할인율 선택도 가치 평가에 상당한 오류를 가져올 여지가 있다고 반박한다. 그들은 가치 평가를 위해서 여러 가지 간단한 방식들을 사용하고 있다. 이른바 '가치 투자자들(value investors)'은 낮은 주가수익률과 낮은 주가장부가비율과 높은 배당수익률을 활용한다. 그들은 이 비율들을 테스트한 다음 정확히 이런 회계 비율을 가진 기업들의 주식을 매입함으로써 성공할 수 있다고 결론 내린다. 한편 또 다른 사람들은 평균 이상의 수익률을 올리는 기업들을 선택하는 방식으로 가치를 확인할 수 있다고 주장한다. 흔히 '성장 투자자들(growth investors)'로 불리는 이들이 그들이다. 일반적으로 성장 기업들은 높은 주가수익률과 낮은 배당수익률을 가지고 있는데, 이것은 가치 투자자들이 찾는 기업과 정반대의 기업이다.

가치 매수를 모색하는 투자자들은 종종 '가치' 접근법과 '성장' 접근법 사이에서 하나를 선택해야 하는 상황에 맞닥뜨린다. 버핏은 수년 전에 이런 지적인 주도권 다툼에 개입한 적이 있다고 고백했다. 그러나 오늘날 그는 이 두 학파 간의 논쟁이 무의미하다고 생각한다. 그는 성장 투자와 가치 투자가 서로 분리할 수 있는 것이 아니라고 말한다. 가치는 투자한 미래 현금 흐름을 현재 가치로 할인한 것이지만 성장은 가치를 결정하기 위해서 단순히 계산한 것이다.

매출과 수익과 자산의 성장은 투자 가치에서 더할 수도 있고 뺄 수도 있다. 성장은 투자한 자본수익률이 평균 이상일 때 가치를 증가시킬 수 있다. 회사에 1달러를 투자하면 최소한 1달러 이상의 시장 가치가 창출된다고 가정하기 때문이다. 그러나 낮은 자본수익률을 통한 성장은 주주들에게 피해를 입힐 수 있다. 예를 들면 항공업계는 놀라운 성장 스토리를 가지고 있지만 높은 자본수익률을 거둘 수 없기 때문에 이들 기업의 주주들은 어려운 처지에 놓여 있다.

높거나 낮은 주가수익률, 주가장부가비율과 배당수익률 같은 간단한 방식들은 어떻게 결합하든 모두 부족한 면이 있다. 버핏은 이를 다음과 같이 간단히 요약했다. "투자자는 가치 있는 것을 위해서 무언가를 매입하고, 그 결과 자신의 투자에 대해서 가치를 획득하는 원칙에 의거하여 거래한다. (……) 기업이 성장하는지 그렇지 않은지, 수익에서 변동성을 보여주는지 그렇지 않은지 또는 현재의 수익 및 장부 가치와 비교하여 가격이 높게 책정되어 있는지 그렇지 않은지에 상관없이 할인된 현금흐름 계산으로 가장 돈이 적게 드는 투자라면 그것이야말로 투자자가 매수에 나서야 할 투자이다."[30]

매력적인 가격에 매입하라

버핏은 이해하기 쉽고 재정적으로 견실하며 주주 지향적인 경영자들이 운영하는 우수한 기업들에 초점을 맞춘다고 해서 무조건 성공이 보장되는 것은 아니라고 말한다. 우선 적절한 가격에 매입하고, 그런 다음 그 기업이 예상한 만큼의 실적을 올려야 한다. 그의 주장에 따르면 사람들이 실수를 범하는 것은 그들이 지불한 가격, 그들이 함께한 경영진, 기업의 미래 자본 환경 때문이다. 그는 세 번째 경우의 오판이 가장 흔히 발생한다고 말한다.

버핏의 의도는 평균 이상의 수익을 올리는 기업들을 찾아내는 동시에 내재 가치보다 훨씬 싼 가격에 거래되는 주식을 매입하는 것이다. 그레이엄은 주식의 가격과 내재 가치 간의 차이가 안전 마진을 보장해줄 때에만 주식 매입에 나서야 한다는 교훈을 가르쳐주었다.

안전 마진 원칙은 두 가지 면에서 버핏에게 도움을 주었다. 첫째, 안전 마진은 매입한 주식의 주가가 하락하는 위험으로부터 그를 보호해주었다. 만약 기업의 내재 가치가 주당 가격보다 조금 상회하는 수준으로 계산된다면 그는 그 주식을 매입하지 않을 것이다. 왜냐하면 미래의 현금흐름을 잘못 계산하여 내재 가치가 조금이라도 하락할 경우 주가도 하락할 것이기 때문이다. 심지어 자신이 지불한 가격 아래로 내려갈 수도 있다. 그러나 주식 매입 가격과 내재 가치 간의 마진이 충분하면 내재 가치 하락의 위험은 크게 줄어들 것이다. 예를 들어 버핏이 내재 가치보다 25퍼센트 싼 가격으로 어떤 기업의 주식을 매입했다면, 나중에 그 가치가 10퍼센트 하락한다 해도 최초 매입 가격과 비교하여 여전히 적절한 수익을 올리게 될 것이다.

둘째, 안전 마진은 막대한 수익을 올릴 수 있는 기회도 제공한다. 평균 이상의 경제적 수익률을 가진 회사를 제대로 찾아낼 경우 주가가 기업의 수익률과 비슷하게 따라가면서 장기적으로 주가도 꾸준히 상승한다. 예를 들어 어떤 기업이 지속적으로 15퍼센트의 자기자본수익률을 올린다면 그 기업의 주가는 10퍼센트의 자기자본수익률을 가진 기업보다 매년 더 많이 상승할 것이다. 그뿐만 아니라 안전 마진을 활용하여 이런 우수한 기업의 주식을 내재 가치보다 훨씬 낮은 가격으로 매입할 경우 주식시장에서 해당 기업의 주가가 올바르게 반영될 때 추가 수익을 올릴 수 있다. "주식시장은 신처럼 스스로 돕는 자를 돕는다. 그러나 자신이 무엇을 해야 할지 모르는 자들은 용서하지 않는다."[31]

장기 주가수익률 해부

정보를 시각적으로 더 쉽게 받아들이는 독자들을 위해서 그래픽으로 만든 것이 표 3-1이다. 이 표에는 버핏의 접근법 중 가장 중요한 구성 요소들이 압축된 형태로 그려져 있다.

만약 위대한 기업(중앙 칸)을 좋은 가격(왼쪽 칸)에 매입한다면 시간이 지날수록(x축) 그 기업은 주주 가치(y축)의 상승을 낳을 것이다. 또한 경영진의 올바른 결정이 시장에서의 소멸을 방지할 뿐 아니라 시장보다 더 높은 수익률을 올림으로써 결과적으로 기업의 내재가치 상승을 이끌 것이다.

이런 요소들이 실행되는 것을 관찰하고 싶다면 제4장의 사례 연구를 참조하라.

현명한 투자자

버핏의 투자 철학 중에서 가장 돋보이는 특징은 주식을 소유함으로써 종잇조각이 아닌 기업을 소유한다는 사실을 명확히 이해하고 있다는 점이다. 기업 운영 방식—제품과 서비스, 재고, 운전자본 필요성, 자본 재투자 필요성(공장과 시설), 원료비, 노사 관계 등—에 대한 이해 없이 주식을 소유한다는 것은 터무니없는 생각이라고 버핏은 말한다. 벤저민 그레이엄은 『현명한 투자자』 요약판에서 이렇게 적었다. "기업을 직접 운영하는 것처럼 투자하는 것이 가장 현명한 투자이다." 버핏은 이 글을 두고 "투자에 관해서 지금껏 기록된 것들 중에서 가장 중요한 한마디이다"라고

표 3-1 장기 주가수익률 해부

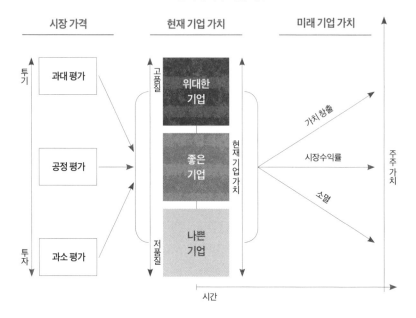

칭송했다.

투자자들은 선택권을 가지고 있다. 그들은 기업 소유주처럼 행동하기로 결정하거나 또는 단지 게임—사실상 기본적으로 비즈니스가 아닌 다른 이유로—하듯이 증권 거래에 시간을 투자하기로 결정할 수도 있다.

자신이 단지 종잇조각을 가지고 있다고 생각하는 주식 소유자들은 기업의 재무 상태에 별 관심이 없다. 그들은 마치 끊임없이 변하는 시장가격이 기업의 대차대조표나 손익계산서보다 그들의 주식 가치를 좀 더 정확히 반영하고 있는 것처럼 행동한다. 그들은 카드놀이를 하듯이 주식을 끌어당기거나 내버린다. 버핏은 이런 행위가 터무니없이 어리석은 짓이라고 생각한다. 그의 관점에서 보면 기업을 소유하는 것이나 주식을 소유하는 것이나 아무런 차이가 없다. 왜냐하면 두 가지 모두에 동일한 심리 상태가 적용되기 때문이다. "나는 사업가이기 때문에 더 나은 투자자이고, 또 투자자이기 때문에 더 나은 사업가이다."[32] 버핏의 고백이다.

사람들은 종종 버핏에게 미래에 어떤 유형의 기업 주식을 매입할지 질문하곤 한다. 그는 우선적으로 생필품 제조 기업과 자신감이 부족한 경영자들을 기피한다고 말한다. 그가 주식 매입에 나서는 기업 유형은 자신이 이해하는 기업, 즉 재정적 여건이 튼튼하고 신뢰할 만한 경영자들이 운영하는 기업이다. "훌륭한 기업은 찾아내기에 좋을 수 있지만 언제든 매입하기에 좋은 것은 아니다."[33]

4

보통주 매입
9가지 사례 연구

오랜 세월에 걸친 버핏의 보통주 매입은 버크셔 신화의 일부가 되었다. 버핏의 투자에는 저마다 그 배경에 독특한 스토리가 담겨 있다. 1973년 워싱턴포스트 주식 매입은 1980년의 GEICO 주식 매입과 큰 차이가 있었다. 버핏이 5억 달러를 투자하여 나중에 토머스 머피의 아메리칸브로드캐스팅컴퍼니 주식 매입에 도움을 준 캐피털시티스 투자도 코카콜라의 10억 달러 투자와 차이가 있었다. 이러한 주식 매입은 훗날 웰스파고, 제너럴다이내믹스, 아메리칸익스프레스, IBM, 하인즈에 투자할 때에도 저마다 조금씩 차이를 보였다. 그러나 버핏의 생각을 알고 싶어 하는 우리 같은 이들에게는 다행스럽게도 이런 주식 매입은 매우 중요한 특징을 공통분모로 가지고 있다. 덕분에 우리는 버핏의 회사, 경영진, 재무 및 시장 요소들이 어떻게 작동하는지 그 과정을 관찰할 수 있다.

캐피털시티스를 제외하고 이 회사들은 모두 버크셔에 남아 계속 번창하고 있다. 버크셔에서 최고 보유 주식 목록에 오르지 못한 회사는 워싱턴포스트와 제너럴다이내믹스 정도이다.

이 장에서는 역사적 배경과 함께 각 기업의 주식 매입 과정을 살펴볼 것이다. 그럼으로써 투자 당시의 버핏의 생각을 더 잘 분석할 수 있을 것이다. 그것이 기업과 산업 그리고 주식시장과 관련이 있기 때문이다.

워싱턴포스트

1931년에 워싱턴포스트는 미국 수도에서 경쟁하는 5대 일간지 중 하나였다. 그러나 2년 후 워싱턴포스트는 신문 인쇄용지 대금조차 지불할 수 없었고, 그 바람에 법정 관리를 받는 처지가 되었다. 그해 여름에 그 신문사는 경매를 통해서 매각되어 채권자들을 만족시켰다. 백만장자 금융업자인 유진 메이어가 82만5,000달러에 신문사를 인수했다. 이후 20년 동안 메이어는 신문사가 흑자로 돌아설 때까지 지원을 아끼지 않았다. 신문사 경영을 떠맡은 이는 하버드 출신의 뛰어난 변호사이자 메이어의 딸 캐서린과 결혼한 필립 그레이엄이었다. 1954년에 필립 그레이엄은 유진 메이어를 설득하여 경쟁 신문사인 타임스헤럴드를 인수했다. 그 후 그레이엄은 1963년에 비극적인 자살로 생을 마감하기 전까지 주간지 『뉴스위크』와 두 개의 텔레비전 방송사를 인수했다. 워싱턴포스트를 일개 신문사에서 미디어 커뮤니케이션 회사로 탈바꿈시킨 주인공이 바로 필립 그레이엄이었다.

그레이엄의 죽음 이후 워싱턴포스트 경영권은 캐서린 그레이엄에게 넘어갔다. 그녀는 대기업을 경영한 경험이 전무했지만 회사의 난관에 정면으로 대응하면서 금세 두각을 나타냈다. 아마도 캐서린 그레이엄이 성공을 거둘 수 있었던 것은 워싱턴포스트에 대한 그녀의 애정 때문이었을 것이다. 그녀는 아버지와 남편이 회사의 생존을 위해서 어떻게 노력했는지 지켜보며 회사가 성공하려면 관리자가 아닌 의사 결정자가 필요하다는 사실을 깨닫게 되었다. "나는 상황이 계속 변하기 때문에 의사 결정이 절실하다는 것을 이내 깨달았다."[1] 그녀는 벤 브래들리를 신문사 편집장으로 영입하고 워런 버핏도 이사회 일원으로 끌어들였다. 브래들리는 「펜타곤 페이퍼스」를 발행했는데, 워터게이트 사건을 계속 파헤쳐야한다고 캐서린 그레이엄을 설득했다. 워터게이트 사건 보도로 워싱턴포스트는 퓰리처상을 받는 영광을 얻었다. 버핏은 캐서린 그레이엄에게 기업을 성공적으로 운영하는 방법을 가르쳤다.

버핏은 1971년에 캐서린 그레이엄을 처음 만났다. 당시에 버핏은 『뉴요커』의 지분을 가지고 있었다. 그 잡지가 매각될 수 있다는 소식을 접한 버핏은 워싱턴포스트가 『뉴요커』 인수에 관심이 있는지 캐서린 그레이엄에게 의향을 물었다. 결론적으로 매각은 실현되지 않았다. 그러나 버핏은 이 일을 계기로 워싱턴포스트 발행자에게 깊은 인상을 받게 되었다.

그즈음 워싱턴포스트는 대대적으로 재무 구조의 변화를 모색하기 시작했다. 유진과 아그네스 메이어 부부가 세운 규약에 따라 캐서린과 필립 그레이엄 부부가 워싱턴포스트의 의결권 주식을 모두 소유하고 있었다. 필립 그레이엄의 죽음 이후 캐서린 그레이엄이 회사의 경영권을 물려받았다. 필립 그레이엄은 수천 주의 워싱턴포스트 비공개 주식을 수백 명의 직원들에게 나누어주었다. 그들의 충성심과 공헌에 대한 감사의 선물이었다. 그는 비공개 주식을 가지고 회사의 이익을 공유하는 계획에도 재정적으로 지원했다. 회사가 번창하자 1950년대에 주당 50달러에 맴돌던 주가는 1971년에 1,154달러로 수직 상승했다. 그러나 이익 공유 계획과 직원들의 개인 보유 주식으로 인해서 회사의 현금 흐름을 더 이상 효율적으로 사용할 수 없는 상황이 되었다. 설상가상으로 그레이엄과 메이어 가족은 상속세에 거세게 저항하고 있었다.

1971년에 캐서린 그레이엄은 워싱턴포스트의 기업공개를 결정했다. 덕분에 자사 주식으로 주식시장을 유지해야 하는 부담에서 벗어날 수 있었을 뿐 아니라 가족 후계자들이 재산을 위해서 좀 더 수익성 있는 계획을 세울 수 있게 되었다. 워싱턴포스트의 주식은 두 등급으로 나뉘었다. 이사회 다수가 선택한 A등급 주식과 소수가 선택한 B등급 주식이 그것이었다. 캐서린 그레이엄은 A등급 주식의 50퍼센트를 보유했는데, 결과적으로 효과적인 회사 통제가 가능했다. 1971년 6월, 워싱턴포스트는 135만4,000주의 B등급 주식을 발행했다. 놀랍게도 이틀 후 캐서린 그레이엄은 정부의 위협에도 불구하고 벤 브래들리에게 「펜타곤 페이퍼스」의 발간을 승인했다. 1972년에 A등급과 B등급 주식의 주가는 1월에 24.75달러에서 12월에 38달러로 꾸준한 상승세를 보였다.

그러나 월스트리트에 암울한 분위기가 감돌기 시작했다. 1973년 초에 다우존스 산업평균지수가 하락세로 돌아서더니 921포인트에서 100포인트 이상 하락했다. 워싱턴포스트의 주가도 하락하여 5월경에는 주가가 23달러까지 떨어졌다. 월스트리트 중개인들은 IBM 주식에 비명을 질렀다. 주가가 200일 이동평균선을 깨뜨리며 69포인트 이상 폭락했기 때문이다. 그들은 저항선 밑으로 내려온 IBM 주가가 주식시장의 나머지 주식들에도 불길한 징조라고 경고했다. 같은 달에 금은 온스당 100달러를 돌파했고, 연방준비은행은 금리를 6퍼센트 인상했으며, 다우존스 산업평균지수는 과거 3년 이래 최대 폭인 18포인트나 하락했다. 6월에 금리를 다시 올리자 다우존스 산업평균지수는 900선 아래로 더 하락했다.

그동안 버핏은 소리 소문 없이 워싱턴포스트 주식을 사들였다. 6월경에 그는 평균 단가 22.75달러로 46만7,150주를 매입했는데, 총투자 금액은 1,062만8,000달러에 달했다.

캐서린 그레이엄은 동요하기 시작했다. 경영권을 위협하진 않았지만 가족이 아닌 사람이 워싱턴포스트 주식을 그토록 많이 소유하고 있다는 것은 생각만으로도 불안감을 주기에 충분했다. 버핏은 버크셔의 주식 매입이 오직 투자 목적뿐이라며 캐서린을 안심시켰다. 그는 버크셔의 주식 의결권을 캐서린의 아들인 도널드 그레이엄에게 위임하겠다고 제안하여 다시 한 번 그녀를 안심시켰다. 그 제안은 효력이 있었다. 이에 반응하여 캐서린 그레이엄은 1974년에 버핏을 이사회 일원으로 영입했으며, 얼마 후 그를 재무위원회 의장으로 선임했다.

워싱턴포스트에서 버핏의 역할은 널리 잘 알려져 있다. 1970년대의 기자 파업 당시에 위기를 이겨내도록 캐서린 그레이엄에게 도움을 주었으며, 도널드 그레이엄에게는 경영자의 역할과 주주에 대한 책임감을 이해할 수 있도록 비즈니스에 관한 가르침을 주었다. 도널드 그레이엄은 버핏의 말이라면 무엇이든 경청하는 적극적인 학생이었다. 수년 후에 쓴 글에서 도널드 그레이엄은 다음과 같이 약속했다. "우리는 주주들, 특히 분기별 실적이나 연간 실적에 연연하지 않고 더 멀리 내다보는 장기적 안목을 가진 주주들의 이익을 위해서 회사 경영을 계속할 겁니다. 우리는 우리의 수익 규모나 우리가 경영권을 가진 기업들의 수를 우리의 성공의 잣대로 삼지 않을 겁니다." 또 항상 "엄격하게 비용을 관리하고 현금 사용에 엄정할 것"이라고 맹세했다.[2]

원칙_단순하고 이해하기 쉬운 기업에 투자하라

버핏의 할아버지는 한때 네브래스카 주 웨스트포인트에 위치한 주간지 『커밍 카운티 데모크라트』의 소유주이자 편집자였다. 할머니가 신문사에서 일을 거들었는데, 가족이 운영하는 인쇄소에서 조판 작업을 하기도 했다. 버핏의 아버지는 네브래스카 대학에 다니면서 「데일리 네브래스카」의 편집을 맡은 적이 있다. 버핏 역시 한때 「링컨 저널」의 판매 담당 매니저로 일한 적이 있다. 그래서 사람들은 종종 버핏이 천직으로 기업 투자를 시작하지 않았다면 십중팔구 저널리즘을 추구했을 것이라고 말한다.

1969년에 버핏은 처음으로 메이저 신문사인 「오마하 선」을 비롯하여 일련의 주간지들을 인수했다. 그는 질 높은 저널리즘을 존중하면서도 시종일관 신문사를 기업체로 생각했다. 그는 신문사의 주주들을 위한 보상으로 영향력이 아닌 수익을 기대했다. 그는 「오마하 선」을 소유하면서 신문사의 사업적인 측면을 배웠다. 그리고 신문사를 소유했던 4년 동안의 직접적인 경험을 바탕으로 워싱턴포스트 주식을 매입하기 시작했다.

원칙_일관성 있고 오랜 경영의 역사를 가진 기업에 투자하라

버핏은 자신이 워싱턴포스트와 금전적으로 인연을 맺기 시작한 것이 열세 살 무렵부터였다고 버크셔 주주들에게 말했다. 그의 아버지가 국회의원으로 일하고 있을 때 버핏은 「워싱턴포스트」와 「타임스헤럴드」를 배달했다. 버핏은 필립 그레이엄이 「타임스헤럴드」를 인수하기 훨씬 전에 자신이 신문을 배달하면서 두 신문사를 이미 합병했다고 농담 삼아 말하길 좋아한다.

물론 버핏은 신문사의 오랜 역사를 잘 알고 있었다. 그는 『뉴스위크』 운영이 유망한 사업이라고 생각했다. 워싱턴포스트는 수년 동안 방송 부문에서 뛰어난 실적을 발표했다. 버핏은 그 회사의 텔레비전 방송국의 가치를 즉시 알아차렸다. 그는 워싱턴포스트에 대한 개인적인 경험과 그 회사의 성공적인 역사를 통해서 지속적으로 견실한 실적을 올릴 것이라는 믿음을 가지고 있었다.

원칙_장기적 전망이 밝은 기업에 투자하라

1984년에 버핏은 이런 글을 남겼다. "시장 지배력을 가진 신문사의 재무 건전성은 아주 훌륭하다. 어쩌면 세계 최고 수준일지도 모른다."[3] 인터넷의 잠재력이 처음으로 실현된 시기보다 10년 전인, 지금부터 거의 30년 전에 버핏이 이런 주장을 했다는 사실에 주목해야 한다.

1980년대 초반에 미국에는 1,700개의 신문사들이 있었는데, 그중 약 1,600개는 직접적인 경쟁 없이 운영되고 있었다. 버핏은 신문사 소유주들이 해마다 엄청난 수익을 거두면서 그것을 신문사의 훌륭한 저널리즘 덕분으로 여긴다고 말한다. 그러나 실상은 아무리 삼류 신문사라 할지라도 그것이 마을의 유일한 신문사라면 적절한 수익을 올릴 수 있었다. 고급 신문이 높은 구독률을 가지고 있지만 평범한 신문도 마을 게시판 역할을 하기 때문에 지역사회에서 매우 중요한 존재라고 그는 설명한다. 마을에서는 사업을 하는 사람이건, 집을 팔려는 사람이건, 지역사회에 메시지를 전하고 싶은 사람이건, 어느 누구든 신문 판매를 필요로 하기 때문이다. 캐나다의 미디어 사업가인 톰슨 경처럼 버핏 역시 신문사를 소유하는 것은 지역사회에서 광고를 원하는 모든 사업체들로부터 로열티를 받는 것이나 마찬가지라고 생각한다.

신문사들은 이런 독점적인 특성에 더하여 경제적으로 가치 있는 영업권도 소유하고 있었다. 버핏이 지적한 것처럼 신문사들은 많은 자본을 필요로 하지 않는다. 덕분에 그들은 손쉽게 매출을 수익으로 전환시킬 수 있다. 신문사에서 컴퓨터로 지원받는 고가의 인쇄기와 전자 신문 편집실 시스템을 갖춘다 할지라도 낮은 고정 임금비로 그 비용을 충당할 수 있다. 게다가 1970년대와 1980년대에는 신문사들이 손쉽게 가격을 인상할 수 있었다. 그 결과 그들은 평균 이상의 투자자본수익률을 얻을 수 있었을 뿐 아니라 인플레이션의 악영향도 줄일 수 있었다.

원칙_기업의 내재 가치를 평가하라

1973년에 워싱턴포스트 주식의 시가 총액은 8,000만 달러였다. 그러나 버핏은 "대다수 증권 분석가와 미디어 중개인과 미디어 경영자들은 워싱턴포스트의 내재 가치를 4억 달러에서 5억 달러로 추산했어야 한다"[4]고 주장했다. 그렇다면 버핏은 어떻게 이런 추산을 이끌어낸 것일까? 버핏의 추론을 이용하여 그 계산법을 따라가보자.

먼저 1973년의 주주 수익부터 계산해보자. 순이익(1,330만 달러)에 감가상각비 및 분할상환금(370만 달러)을 더하고, 여기에 다음 자본 지출(660만 달러)을 제하면 1,040만 달러의 주주 수익이 산출된다. 이 수익을 다시 미국 장기 국채 수익률(6.81퍼센트)로 나누면 워싱턴포스트의 내재 가치는 시가 총액의 거의 2배인 1억5,000만 달러에 달한다. 그러나 이 금액도 버핏의 추산에 턱없이 못 미친다.

버핏은 신문사의 자본 지출이 감가상각비 및 분할상환금과 같아질 것이고, 그러면 순이익은 주주 수익에 근접하게 된다고 주장한다. 이를 감안하여 순이익을 무위험 수익률로 나누면 가치 평가 금액은 1억9,600만 달러에 이른다.

만약 여기서 계산을 멈추면 주주 수익 증가는 인플레이션 증가와 동등해진다는 가정이 성립된다. 그러나 알다시피 신문사는 독특한 가격 결정력을 가지고 있다. 대다수 신문사들이 지역사회에서 독점권을 가지고 있기 때문에 인플레이션보다 더 높은 비율로 가격을 책정할 수 있다. 워싱턴포스트가 3퍼센트만큼 실질 가격을 올릴 수 있다고 마지막으로 가정하면 그 기업의 내재 가치는 3억5,000만 달러에 육박할 것이다. 버핏은 그 기업의 10퍼센트 세전 마진이 과거 평균치인 15퍼센트보다 적다는 사실도 알고 있었다. 아울러 캐서린 그레이엄이 워싱턴포스트의 세전 마진을 과거와 같은 15퍼센트 수준까지 회복시키기로 결심했다는 사실도 알고 있었다. 만약 세전 마진이 15퍼센트까지 상승한다면 기업의 현재 가치는 1억3,500만 달러로 증가할 것이고, 총 내재 가치는 4억8,500만 달러에 달할 것이다.

원칙_내재 가치보다 주가가 충분히 낮을 경우에만 매입하라

가장 보수적으로 계산해도 버핏이 내재 가치보다 최소한 절반 가격으로 워싱턴포스트의 주식을 매입했음을 알 수 있다. 그는 자신이 내재 가치보다 4분의 1 이하의 가격으로 그 회사의 주식을 매입했다고 주장한다. 어느 경우든 그가 현재 가치보다 상당히 낮은 가격으로 그 주식을 매입했음은 분명해 보인다. 결국 버핏은 낮은 가격의 주식 매입이 안전 마진을 창출한다는 벤저민 그레이엄의 전제를 충실히 따른 셈이다.

원칙_자기자본수익률이 높은 기업에 투자하라

버핏이 워싱턴포스트 주식을 매입할 당시에 그 회사의 자기자본수익률은 15.7퍼센트였다. 그것은 대다수 다른 신문사들과 비슷한 수익률이었으며, S&P500 산업평균지수를 조금 웃도는 수준이었다. 그러나 그 후 5년 동안 워싱턴포스트의 자기자본수익률은 2배로 증가했다. 당시 기준으로는 S&P 산업평균지수의 2배에 해당하고, 신문사 평균보다 50퍼센트 더 높은 수익률이었다. 그 후 10년 동안 워싱턴포스트는 계속 우위를 유지했으며, 1988년에는 36퍼센트의 자기자본수익률을 기록했다.

워싱턴포스트가 장기간에 걸쳐 의도적으로 부채를 줄여왔다는 점을 감안하면 이 같은 평균 이상의 수익률은 더욱 이상적이다. 1973년 당시에 주주들의 자기자본에 대한 장기 부채 비율은 37퍼센트로, 신문사 전체에서 두 번째로 높은 비율이었다. 그러나 놀랍게도 캐서린 그레이엄은 1978년까지 그 부채를 70퍼센트나 줄였다. 1983년에 워싱턴포스트의 자기자본에 대한 장기 부채 비율은 신문사 전체 평균의 10분의 1인 2.7퍼센트에 불과했지만 다른 신문사들보다 10퍼센트 더 높은 자기자본수익률을 기록했다. 1986년에 휴대전화 시스템에 투자하고 캐피털시티스의 53개 케이블 시스템을 인수하면서 워싱턴포스트의 부채는 3억 3,600만 달러로 치솟았으나 한 해도 채 지나지 않아 1억5,500만 달러로 줄어들었다. 1992년에는 장기 부채가 5,100만 달러로 줄어들었는데, 그 회사의 자기자본에 대한 장기 부채 비율은 산업 평균인 42.7퍼센트와 비교하면 5.5퍼센트에 불과한 수치였다.

원칙_수익 마진이 높은 기업에 투자하라

워싱턴포스트가 기업공개를 하고 6개월 후 캐서린 그레이엄은 월스트리트의 증권 분석가들을 만났다. 그 자리에서 그녀는 가장 먼저 해야 할 일이 회사의 기존 영업 부문에서 수익을 극대화하는 것이라고 말했다. 텔레비전 방송국과 『뉴스위크』에서는 수익이 꾸준한 증가세를 보였지만 신문사의 수익은 정체 상태였다. 캐서린은 주된 이유가 높은 생산 비용, 즉 임금 때문이라고 말했다. 워싱턴포스트가 「타임스헤럴드」를 인수한 후 수익이 급증했다. 그동안 신문사에는 다섯 차례(1949년, 1958년, 1966년, 1968년, 1968년)에 걸쳐 노조 파업이 있었다. 그때마다 경영진은 신문사 폐쇄의 위험을 감수하기보다 노조의 요구를 들어주는 선택을 했다. 이 시기에 워싱턴 D.C.에는 여전히 세 개의 일간지가 남아 있었다. 1950년대와 1960년대에는 임금 상승이 수익에 악영향을 미쳤다. 캐서린은 이 문제부터 해결할 것이라고 분석가들에게 말했다.

1970년대에 노조와의 계약이 완료되자 캐서린은 노조와 강경한 태도를 보이는 사람들을 노조 협상가로 영입했다. 1974년에 워싱턴포스트는 신문기자조합이 벌인 파업에서 승리했다. 그리고 오랜 협상 끝에 새로운 노사 협약을 맺었다.

1975년의 신문기자 파업 당시 캐서린의 강경한 태도는 절정에 달했다. 격렬하고 치열한 파업이었다. 신문기자들은 파업 이전에 기자실을 파손하면서 이성을 잃었다. 경영진은 인쇄기를 가동했다. 그러자 신문기자조합과 인쇄기 노동조합이 피켓 라인을 넘었다. 4개월 후 캐서린은 신문사에서 비조합원 신문기자를 채용할 것이라고 발표했다. 결국 회사가 파업에서 승리했다.

1970년대 초에 한 경제지는 "워싱턴포스트의 실적에 대해서 말할 수 있는 최고의 찬사는 수익성에서 C등급을 얻었다는 것이다"[5]라고 빈정거렸다. 1973년에 세전 마진은 10.8퍼센트였는데, 1960년대의 15퍼센트 평균 마진에 비하면 한참 모자란 수치였다. 그러나 노조와의 재협상을 성공적으로 마치자 워싱턴포스트의 수익성도 향상되었다. 1988년에는 세전 마진이 31.8퍼센트에 달했다. 신문업계 평균인 16.9퍼센트와 S&P

산업평균지수인 8.6퍼센트에 비하면 엄청난 수익률이었다.

원칙_합리적인 기업에 투자하라

워싱턴포스트는 주주들을 위해서 많은 현금 흐름을 창출하고 있다. 그들은 주요 사업에 재투자할 수 있는 것보다 더 많은 현금을 만들어냈으며, 그로 인해서 경영진은 두 가지 선택에 직면했다. 주주들에게 돈을 돌려주느냐 아니면 새로운 기회를 찾아 재투자하느냐의 선택이 그것이었다. 여기서 버핏은 잉여 수익을 주주들에게 돌려주는 선택을 선호한다. 캐서린 그레이엄이 사장으로 재직하는 동안 워싱턴포스트는 신문업계에서 자사주를 대량으로 매입한 최초의 신문사였다. 1975년부터 1991년 사이에 이 회사는 놀랍게도 평균 단가 60달러로 총 발행주식의 43퍼센트를 매입했다.

배당금을 늘리는 방식으로 주주들에게 돈을 돌려주는 선택도 가능할 수 있다. 1990년에 막대한 현금을 쌓아둔 워싱턴포스트는 주주들에게 연간 배당금을 1.84달러에서 4달러로 늘려 지급하기로 결정했다. 무려 117퍼센트나 증가한 금액이었다.

1990년대 초에 버핏은 미국 산업 전체와 비교하여 신문업계가 평균 이상의 수익률을 거둘 것이라고 결론 내렸다. 그러나 그보다 수년 전에 버핏을 비롯한 다른 미디어 분석가들이 예상한 것보다는 낮은 수익률이었다. 왜냐하면 기본적으로 신문사들이 가격 결정력을 잃어버렸기 때문이다. 과거에는 경제가 침체되어 광고비를 줄여도 신문사들은 광고 단가를 인상하여 수익성을 유지할 수 있었다. 그러나 오늘날에는 신문사들이 더 이상 독점권을 행사할 수 없다. 광고업자들이 더 저렴하게 소비자들에게 접근하는 방법을 찾아냈기 때문이다. 즉 케이블 텔레비전, 다이렉트메일(상품 등의 광고나 선전을 위해서 특정 고객층에게 직접 우송하는 서신, 카탈로그 등의 인쇄물_옮긴이), 신문 전단 광고, 특히 광범위하게 사용되는 인터넷이 신문사들로부터 광고비를 앗아가고 있다.

1991년에 버핏은 수익성 변화에 단기간 주기적으로 변하는 흐름뿐만 아니라 장기적으로 서서히 변하는 흐름도 반영되어 있다고 믿는다. "신문과 텔레비전과 잡지의 속성이 경제적 행태에서 독점 업체가 아닌 일반 기업을 점점 닮아가고 있다."[6] 버핏의 고백이다. 주기적으로 변하는 단기적 변화는 단기간 수익에 악영향을 끼치지만 기업의 내재 가치를 감소시키지는 않는다. 반면 서서히 변하는 장기적 변화는 수익을 감소시키는 동시에 내재 가치도 줄어들게 만든다. 그러나 워싱턴포스트의 내재 가치 변화는 다른 미디어 기업들과 비교할 때 양호한 수준이었다고 버핏은 말했다. 그 이유는 다음과 같다. 먼저 워싱턴포스트는 5,000만 달러의 장기 부채가 있었지만 4억 달러에 달하는 현금을 보유하고 있어 이런 부채를 충분히 상쇄할 수 있었다. 워싱턴포스트는 본질적으로 부채가 없는 미국 내의 유일한 신문사이다. "그 결과 워싱턴포스트의 경우 레버리지 효과로 인한 자산 가치 감소가 두드러지게 나타나지 않았다."[7] 버핏의 말이다.

원칙_사내 유보금 이상으로 시장 가치를 창출하는 기업에 투자하라
버핏의 목표는 1달러의 유보 수익으로 최소한 1달러 이상의 시장 가치를 창출해내는 기업들을 선별하는 것이다. 이런 테스트를 통해서 경영자들이 회사의 자본을 최적으로 투자할 수 있는 기업들을 빠른 시간에 확인할 수 있다. 만약 유보 수익을 기업에 투자하여 평균 이상의 수익률을 거둔다면 이에 비례하여 그 기업의 시장 가치는 점점 상승할 것이 분명하다.

1973년부터 1992년까지 워싱턴포스트는 17억5,500만 달러의 수익을 거둬들였다. 이 수익에서 회사는 주주들에게 2억9,900만 달러를 지불했고, 1억4,560만 달러는 재투자를 위해서 유보했다. 1973년에 워싱턴포스트컴퍼니의 총 시장 가치는 8,000만 달러였는데 1992년에는 26억3,000만 달러로 증가했다. 그리고 20년에 걸쳐 그 기업은 1달러씩 유보할 때마다 주주들을 위해서 1.81달러의 시장 가치를 창출했다.

그런데 캐서린 그레이엄이 리더십을 발휘하던 시기에 워싱턴포스트컴퍼니의 성공을 평가할 수 있는 또 다른 잣대가 있다. 윌리엄 손다이크는 통찰력 넘치는 자신의 저서 『아웃사이더(*Outsider: Eight Unconventional CEOs and Their Radically Rational Blueprint for Success*)』에서 워싱턴포스트와 CEO가 얼마나 훌륭하게 자기 역할을 해냈는지 조목조목 설명하고 있다. "1971년에 워싱턴포스트의 신규 상장 시절부터 캐서린 그레이엄이 1993년에 회장 직에서 물러날 때까지 주주들을 위한 연간 수익률은 놀랍게도 22.3퍼센트에 달했다. 이것은 S&P의 7.4퍼센트와 동종 업계의 12.4퍼센트의 수익률을 훨씬 능가하는 수치였다. 캐서린이 신규 상장 시절에 투자했던 1달러의 가치는 그녀가 은퇴할 즈음 89달러의 가치로 급등했다. 반면 S&P는 5달러, 동종 업계는 14달러로 그 가치가 증가했다.

캐서린 그레이엄이 S&P에 비해서는 '18배', 동종 업계에 비해서는 '6배'
나 더 뛰어난 실적을 올린 셈이다. 간단히 말하자면, 그녀는 22년의 재직
기간 동안 막대한 마진을 거둬들임으로써 미국 최고의 신문사 경영자로
자리매김했다."[8]

GEICO

GEICO(The Government Employees Insurance Company)는 1936년에 보험 회
계사였던 리오 굿윈이 설립했다.[9] 그는 리스크 인자 위험도가 낮은 운전
자들만 보험에 가입시키고 우편을 통해서 보험 상품을 직접 판매하는
기업을 구상했다. 그는 하나의 집단으로서 공무원들이 일반 대중에 비
해 사고가 적다는 사실을 알게 되었다. 또한 운전자들에게 직접 판매하
면 보험 중개인과 관련된 간접비를 없앰으로써 보험료를 10퍼센트에서
25퍼센트까지 줄일 수 있었다. 굿윈은 신중하게 운전자들을 선별하고 보
험증서를 직접 발부하여 비용을 줄이면 성공할 수 있는지 따져보았다.

굿윈은 텍사스 주 포트워스 출신의 금융업자 클리브스 리아를 동업
자로 영입했다. 굿윈은 2만5,000달러를 투자하여 총 주식의 25퍼센트
를, 리아는 7만5,000달러를 투자하여 총 주식의 75퍼센트를 보유했다.
1948년에 그 회사는 텍사스에서 워싱턴 D.C.로 이주했다. 그해에 리아
가족은 회사에 자기 지분을 매각하기로 결정했다. 리아는 매출에 도움
을 얻고자 볼티모어 출신의 채권 판매원인 로리머 데이비슨을 영입했다.

데이비슨은 워싱턴 D.C. 출신의 변호사인 데이비드 크리거에게 바이어를 찾아달라고 부탁했다. 크리거는 그레이엄뉴먼코퍼레이션에 접근했다. 벤저민 그레이엄은 리아의 주식 중 절반을 72만 달러에 매입하기로 결정했다. 크리거와 볼티모어 동업자들이 나머지 절반을 매입했다. 그러자 증권거래위원회가 그레이엄뉴먼을 강제하기 시작했다. GEICO가 투자회사의 지분 보유를 10퍼센트 이하로 제한받는 투자 펀드였기 때문이다. 그레이엄은 어쩔 수 없이 GEICO의 주식을 펀드 파트너들에게 나누어 주었다. 수년 후 GEICO가 수십억 달러 가치의 기업이 되었을 때 그레이엄의 개인 주식 가치도 수백만 달러에 이르렀다.

굿윈이 영입한 로리머 데이비슨도 GEICO 경영진에 합류했다. 1958년에 로리머는 회장 직에 올라 1970년까지 회사를 이끌었다. 이 기간에 이사회는 GEICO의 자동차보험 가입 자격을 전문직, 관리직, 기술직과 행정직 종사자들로 확대시켰다. 현재 GEICO의 보험시장은 전체 자동차 소유자의 50퍼센트를 차지하고 있다. 이 비율은 15퍼센트에서 증가한 것이다. 새로운 전략은 성공적이어서 피보험 이익이 급등했다. 새로운 운전자 집단이 공무원들만큼 조심스럽게 운전했기 때문이다.

그 당시가 GEICO의 황금기였다. 1960년대와 1970년대에 보험 감독자들은 GEICO의 성공에 매료되었으며, 주주들은 치솟는 주가를 흐뭇하게 지켜보았다. GEICO의 잉여금 대비 보험료 비율은 5대 1 수준으로 높아졌다. 이 비율을 통해서 보험 계약자의 잉여금(청구액 지불에 사용되는 자본)과 비교하여 회사가 감수하는 원수보험료(premiums written)의 리스크를 측정할 수 있다. 보험 감독자들이 GEICO에 깊은 인상을 받았기 때문에 그 회사는 업계 평균 비율을 능가할 수 있었다.

그러나 1960년대 후반에 접어들면서 GEICO에도 그림자가 드리워지기 시작했다. 1969년에 GEICO는 그해의 누적 수익금을 1,000만 달러쯤 적게 잘못 계산했다고 발표했다. 결국 250만 달러 흑자 대신 사실상의 적자를 고시했다. 이듬해에 이익에 대한 조정이 이루어졌는데 GEICO는 또다시 누적 수익금을 적게 잘못 계산했다. 이번에는 그 금액이 2,500만 달러였다. 그 결과 1970년대의 피보험 이익은 막대한 적자를 기록했다.

보험회사가 보험 계약자들로부터 얻은 재원은 경과보험료(earned premium)로 불린다. 이 보험료를 가지고 당해 연도에 자동차 운전자들에 대한 보상 범위를 약속한다. 보험회사의 비용에는 운전자가 청구하는 보험 손실, 손실 비용, 청구액을 정하는 행정 비용 등이 포함된다. 이런 총비용에는 당해 연도에 생성되는 지불액뿐만 아니라 아직 지불되지 않은 추정 청구액도 반드시 포함되어야 한다. 추정액은 다시 두 가지 범주로 나뉜다. 회사가 당해 연도에 지불을 예상하는 청구 비용 및 경비 그리고 이전 연도에서 적게 추산된 예비비를 충당하기 위하여 따로 확보한 정산 예비비가 그것이다. 몇몇 보험 청구들은 소송에 걸려 수년 동안 해결되지 않고, 가끔은 법률 및 의료 비용으로 상당한 지불액이 발생하기도 한다. GEICO가 직면한 문제는 증권 인수 손실의 가능성이 있는 보험증서에 서명한 것뿐만이 아니었다. 그 이전의 예비비에 대한 추산액 역시 정확하지 않았다.

1970년에 데이비슨이 은퇴하자 워싱턴 변호사인 데이비드 크리거가 그 자리를 대신했다. 그리고 회사 운영은 사장과 CEO를 역임했던 노먼 기든이 책임졌다. 이후 GEICO는 1969년과 1970년에 벌어진 예비비의 혼란에서 벗어나기 위한 방도를 모색하기 시작했다. 1970년부터 1974년 사이에 새로운 자동차보험 가입자 수는 1965년부터 1970년 사이의 평균 7퍼센트의 연간 가입률보다 높은 11퍼센트를 기록했다. 그뿐만 아니라 1972년에는 부동산 및 컴퓨터 시설과 전 직원들에게 많은 투자를 요구하는 야심적인 분산 프로그램에 착수했다.

1973년에 치열한 경쟁에 부닥친 GEICO는 시장점유율을 끌어올리기 위해서 보험 가입 자격 기준을 낮추었다. 이제는 사회적으로 불안정한 두 집단인 육체노동자들과 21세 이하의 운전자들도 GEICO 보험에 가입할 수 있게 되었다. 이런 전략적 변화—기업을 확장하려는 계획과 더 많은 운전자들을 보험에 가입시키려는 계획—는 1973년에 미국에서 가격 통제를 풀어준 상황과 동시에 발생했다. 얼마 지나지 않아 자동차 수리 및 의료 비용이 폭발적으로 증가했다.

1974년 4/4분기에 접어들자 GEICO의 보험 영업손실이 나타나기 시작했다. 그해에 GEICO는 600만 달러의 보험 영업손실을 기록했는데, 28년 만에 처음으로 발생한 손실이었다. 놀랍게도 그해에 잉여금 대비 보험료 비율은 5대 1이었다. 그럼에도 불구하고 회사는 계속 성장을 추구했다. 1975년 2/4분기에 더 많은 손실을 기록하자 GEICO는 회사의 0.80달러 배당을 없앨 것이라고 발표했다.

기든은 GEICO의 하락세를 반전시킬 방법에 관한 조언을 얻기 위해서 밀리먼앤드로버트슨 컨설팅 회사를 고용했다. 조사 결과는 그리 낙관적이지 않았다. 컨설턴트들은 GEICO가 3,500만 달러에서 7,000만 달러까지 준비금이 부족하며 회사가 살아남으려면 자본 투입이 필요하다고 주장했다. 이사회는 컨설턴트들의 주장을 받아들이고 주주들에게 그것을 발표했다. 아울러 이사회는 1975년도의 보험 영업손실이 무려 1억 4,000만 달러에 달할 것으로 예상했다(실제 결과는 1억2,600만 달러였다). 주주들과 보험 감독자들은 아연실색했다.

1972년에 61달러로 고점을 찍은 GEICO의 주가는 1973년에는 반토막이 났으며 1974년에는 또다시 하락하여 10달러로 내려앉았다. 1975년에는 이사회에서 예상 손실을 발표하자 주가는 7달러까지 떨어졌다. 그러자 몇몇 주주들은 이 같은 상황이 사기라고 주장하면서 회사에 집단소송을 걸었다. GEICO 경영진은 회사의 재앙이 인플레이션과 지나친 법률 및 의료 비용 때문이라고 주장했다. 그러나 이는 다른 모든 보험회사들도 똑같이 직면한 문제였다. 정작 GEICO의 문제점은 오직 조심성 있는 운전자들만 보험에 가입시켰던 성공적인 전통에서 멀어졌다는 것이다. 설상가상으로 더 이상 기업의 비용도 억제할 수 없는 지경이 되었다. 회사가 보험 가입 운전자들의 대상을 확대하면서 그 이전의 손실 추정만으로는 더 빈번하게 발생하는 새로운 보험 청구를 감당하기에 역부족이었다. 공교롭게도 GEICO에서 보험 손실을 과소평가하던 그 시점에 고정비도 함께 증가했다.

1976년 3월에 열린 GEICO 연례 주주총회에서 기든은 또 다른 사장이 회사의 문제점을 더 잘 해결할 것이라고 자인했다. 그는 회사 이사회에서 새로운 경영진을 찾아내기 위한 위원회를 설립했다는 사실을 발표

했다. GEICO의 주가는 여전히 약세를 보이며 5달러에서 더 아래로 하락하고 있었다.[10]

1976년에 열린 연례 회의 이후 GEICO는 트래블러스코퍼레이션 출신의 마흔세 살 먹은 마케팅 경영가인 존 번이 신임 사장이 될 것이라고 발표했다. 번의 사장 임명 이후에 회사는 자금 지원을 위한 7,600만 주의 우선주 매각을 공표했다. 그러나 주주들은 희망의 끈을 놓아버렸고, 주가는 주당 2달러로 추락했다.

이 시기에 버핏은 남몰래 GEICO 주식을 꾸준히 사들였다. GEICO는 당장이라도 파산으로 내몰릴 상황이었지만 버핏은 410만 달러를 투자하여 평균 단가 3.18달러에 129만4,308주의 주식을 그러모았다.

원칙_단순하고 이해하기 쉬운 기업에 투자하라

버핏이 1950년 컬럼비아 대학에 다닐 때 그의 스승인 벤저민 그레이엄은 GEICO의 이사였다. 호기심이 발동한 버핏은 어느 주말에 워싱턴 D.C.에 위치한 그 회사를 방문했다. 토요일에 그는 회사의 문을 두드렸다. 그러자 수위가 문을 열어주고는 그날 회사에 남아 있던 유일한 경영자인 로리머 데이비슨에게 그를 안내했다. 버핏은 쉴 없이 질문 세례를 퍼부었다. 그 후 다섯 시간 동안 데이비슨은 GEICO를 찾아온 젊은 방문객에게 가르침을 베풀었다. 아마도 이런 상황이라면 필립 피셔라 할지라도 감명을 받았을 것이다.

나중에 오마하의 아버지 증권회사로 돌아온 버핏은 아버지 회사의 고객들에게 GEICO 주식 매입을 권유했다. 버핏 역시 자신이 소유한 주식

총액의 3분의 2에 해당하는 1만 달러를 선뜻 투자했다. 그러나 대다수 투자자들은 그의 권유를 받아들이지 않았다. 심지어 오마하의 보험 중개인들은 하워드 버핏에게 그의 아들이 '보험 중개인' 없는 보험회사를 선전하고 있다며 불평하기도 했다. 크게 낙심한 버핏은 1년 후 50퍼센트의 수익만 챙기고 GEICO 주식을 팔아치웠다. 1976년까지 그는 그 회사의 주식을 매입하지 않았다.

그러나 버핏은 주눅 들지 않고 자신의 고객들에게 보험회사 주식을 계속 권유했다. 그는 캔자스시티 생명보험 주식을 매입하여 3배의 수익을 얻었다. 또한 매사추세츠 손해생명보험사를 버크셔의 증권 포트폴리오에 포함시켰으며, 1967년에는 내셔널인뎀니티의 경영권을 인수했다. 그 후 10년 동안 내셔널인뎀니티의 CEO인 잭 링월트가 보험회사 운영의 메커니즘에 대해서 버핏에게 가르침을 주었다. 버핏은 이런 경험 덕분에 보험회사가 수익을 만드는 과정을 이해할 수 있었다. 그뿐만 아니라 GEICO의 불안정한 재정 여건에도 불구하고 그 회사를 인수할 자신감도 생겼다.

GEICO 보통주에 대한 버크셔의 410만 달러 투자에 더하여 버핏은 전환우선주 발행에도 1,940만 달러를 투자했다. 2년 후 버크셔는 전환우선주를 보통주로 전환했다. 1980년에 버핏은 버크셔의 자금으로 GEICO에 또다시 1,900만 달러를 투자했다. 1976년부터 1980년 사이에 버크셔는 총 4,700만 달러를 투자하여 주당 평균 단가 6.67달러로 GEICO의 주식 720만 주를 매입했다. 1980년에 그 투자는 123퍼센트나 가치가 상승했다. 현재 그 가치는 1억500만 달러로 버핏의 최대 보유

주식이 되었다.

원칙_일관성 있고 오랜 경영의 역사를 가진 기업에 투자하라

언뜻 보기에는 버핏이 자신의 일관성 원칙을 어겼다고 생각하기 쉽다. 1975년과 1976년의 GEICO 경영에서 일관성을 찾아보기가 힘들기 때문이다. 존 번이 GEICO의 사장이 되었을 때 그의 역할은 회사를 호전시키는 것이었다. 그러나 버핏이 종종 말한 것처럼 기업 회생은 좀처럼 성공하기 힘들다. 그렇다면 버핏의 GEICO 주식 매입을 어떻게 설명할 수 있을까?

한 가지 가능한 설명은 이것이 기업 회생에서 하나의 예외처럼 보인다는 점이다. 번은 기업 회생에 성공하여 GEICO를 보험업계에서 경쟁력 있는 위치에 올려놓았다. 그러나 더 중요한 것은 GEICO가 더 이상 손쓸 수 없는 불치병에 걸린 것이 아니라 단순히 부상을 입은 데 지나지 않는다는 것이었다. 중개인이 불필요한 저비용 보험을 제공하는 가맹점 영업권은 온전히 남아 있었다. 또 시장에는 회사에 수익을 가져다주는 비율로 보험 가입이 가능한 안전한 운전자들이 존재했다. 가격 기준으로 볼 때 GEICO는 여전히 경쟁사들보다 우위에 있었다. 수십 년 동안 GEICO는 경쟁력 있는 강점을 잘 활용하여 주주들을 위해서 상당한 수익을 창출했다. 버핏은 이런 강점이 여전히 효과가 있다고 말했다. 1970년대에 GEICO가 처한 곤경은 가맹점 영업권 축소와 아무 관련이 없었다. 그보다는 운영 및 재정의 어려움 때문에 정상 궤도에서 벗어난 것이 그 이유였다. 그러나 순자산이 없었음에도 불구하고 GEICO는 여전히 많은 현금 가치를 가지고 있었다. 그들의 가맹점 영업권이 제구실을 하고 있었기 때문이다.

원칙_장기적 전망이 밝은 기업에 투자하라

비록 자동차보험이 생필품에 속한다 할지라도 지속 가능하고 광범위한 비용상의 이점이 있다면 생필품 사업도 돈을 벌어들일 수 있다. GEICO 의 경우 이 설명이 꼭 들어맞는다. 우리는 생필품 제조 기업에서 경영진 이 중요한 변수라는 사실을 알고 있다. 이런 측면에서 버크셔가 인수한 이후에도 GEICO는 경쟁력을 갖추고 있음을 입증해 보였다.

원칙_정직한 기업에 투자하라

1976년에 존 번이 GEICO의 경영권을 인수받았을 때 그는 GEICO가 파산하면 보험 산업 전체에 악영향을 미칠 것이라고 보험 감독자와 경쟁 자들을 설득했다. 회사를 회생시키려는 그의 계획에는 자본을 조달하고, GEICO의 사업 지분을 재확보하기 위하여 다른 기업들과 재보험 계약 을 맺고, 공격적으로 비용을 절감하는 내용이 포함되어 있었다. 번이 '부 트스트랩 작전(Operation Bootstrap)'으로 부른 이 전투적인 계획은 회사의 수익성 회생을 목표로 했다.

번은 취임 첫해에 100개의 사무실을 폐쇄하고 직원들을 7,000명에서 4,000명으로 감축했으며, 뉴저지와 매사추세츠에서는 보험업 매각을 위 해서 GEICO의 허가증을 반납했다. 그리고 매년 3,000만 달러의 비용 을 발생시키는 25만 개의 보험증권들을 갱신하지 않을 것이라고 뉴저지의 보험 감독자들에게 말했다. 그다음에는 업데이트된 정보 제공 없이 보험 계약자들로 하여금 자신의 보험을 갱신할 수 있게 해주는 컴퓨터 처리 시스템을 없앴다. 새로운 정보를 요구한 번은 갱신 보험 계약 중 9퍼센트가 적정가격 이하임을 알게 되었다. GEICO가 가격 책정을 다시 하자 40만 명의 보험 계약자들이 해지(解止)를 결정했다. 번의 이런 조치로 보험 계약자 수는 270만 명에서 150만 명으로 감소했으며, 1975년 당시 미국 보험사 전체에서 18위였던 순위가 그해에는 31위로 추락했다. 그러나 이런 순위 하락에도 불구하고 GEICO는 1976년에 1억2,600만 달러의 손실을 기록한 뒤 번이 책임을 총괄한 첫해인 1977년에 총매출 4억6,300만 달러와 함께 5,860만 달러의 흑자를 기록했다.

물론 GEICO의 극적인 회생은 번의 노력 덕분이었다. 기업 비용에 대한 그의 확고부동한 원칙이 여러 해에 걸쳐 GEICO의 회생을 가능케 했다. 번은 저가로 보험을 제공하는 회사의 제1원칙으로 반드시 되돌아가야 한다고 주주들에게 역설했다. 그는 지속적으로 비용을 줄여나가는 과정을 상세히 설명했다. 심지어 1981년에 GEICO가 미국 7위 규모의 보험사가 되었을 때에도 번은 비용 절감을 위해서 두 명의 다른 경영자와 자신의 비서를 공유했다. 번은 GEICO 직원 1인당 378건의 보험 계약을 서비스하고 있다는 사실을 자랑스러워했다. 기업 회생 기간 동안 그는 언제나 훌륭한 동기부여자였다. 버핏은 이렇게 말했다. "번은 닭장에 타조 알을 굴려 넣으면서 '닭들아, 이것이 바로 경쟁이야'라고 말하는 양계장 주인과 비슷한 인물이다."[11]

오랜 노력 끝에 번은 GEICO의 성공적인 발전을 발표했다. 그는 나쁜 소식을 전할 때에도 주주들에게 솔직했다. 1985년에 보험 영업손실이 발생했을 때 GEICO는 일시적으로 휘청거렸다. 번은 주주들에게 보내는 1/4분기 보고서에서 이렇게 적었다. "회사가 처한 곤경을 비유하자면, '나쁜 소식은 우리가 길을 잃었다는 것이고, 좋은 소식은 우리가 멋진 시간을 보내고 있다는 것입니다'라고 승객들에게 말했던 항공기 조종사가 처한 상황과 비슷합니다."[12] GEICO는 곧바로 재기하여 이듬해에 보험 영업 흑자를 발표했다. 무엇보다 중요한 점은 GEICO가 주주들에게 정직하다는 명성을 얻었다는 것이다.

원칙_합리적인 기업에 투자하라

존 번은 오랫동안 GEICO의 자산을 관리하는 데 합리적인 태도를 보여주었다. 기업 경영을 책임진 이후로 번은 GEICO를 제어된 성장 (controlled growth)의 개념으로 회사를 운영했다. 번은 2배로 빨리 성장하여 재무 통제가 부실해지느니, 회사의 손실 및 비용을 신중하게 관찰할 수 있을 만큼 느린 속도로 성장하는 것이 더 낫다고 생각했다. 그는 이런 식으로 성장을 통제했지만, 그럼에도 불구하고 GEICO는 초과 수익률을 달성했으며 합리성이 이 같은 성과의 원동력임을 보여주었다.

1983년부터 GEICO는 현금을 수익성 있게 투자할 만한 여건이 되지 않았다. 그래서 주주들에게 그 돈을 돌려주기로 결정했다. 1983년부터 1992년 사이에 GEICO는 3,000만 주의 자사주를 매입했다. 그 결과 회사의 총 발행주식 수는 30퍼센트 줄어들었다. GEICO는 자사주 매입과 함께 주주들에게 나누어주는 배당금을 늘리기 시작했다. 1980년에 GEICO의 분할 조정된 주당 배당금은 0.09달러였는데, 1992년에는 0.6달러가 되었다. 해마다 21퍼센트씩 상승한 결과였다.

원칙_자기자본수익률이 높은 기업에 투자하라

1980년에 GEICO의 자기자본수익률은 30.8퍼센트로 동종 기업 평균보다 거의 2배 높은 수준이었다. 그러나 1980년대 후반에 접어들면서 GEICO의 자기자본수익률은 하향세를 보이기 시작했다. 사업이 지지부진해서가 아니라 GEICO의 자기자본이 수익보다 더 빨리 증가한 탓이었다. 따라서 배당을 늘리고 자사주를 매입한 논리는 부분적으로 자본을 줄이는 동시에 적절한 자기자본수익률을 유지하고자 하는 것이었다.

원칙_수익 마진이 높은 기업에 투자하라

투자자들은 다양한 방식으로 보험회사들의 수익성을 비교할 수 있다. 세전 마진도 매우 좋은 수단 중 하나다. 1983년부터 1992년까지 10년 동안 GEICO의 평균 세전 마진은 동종 기업 중에서 최저 표준편차로 가장 일관성 있는 것으로 나타났다.

 GEICO는 모든 비용에 세심하게 신경을 썼으며, 보험 청구 조정과 관련된 비용도 면밀히 추적했다. 이 기간에 보험료에서 기업 비용이 차지하는 비율은 평균 15퍼센트였는데, 이는 업계 평균의 절반 수준이었다. 부분적으로 이런 낮은 비율은 GEICO에서 임금을 지불할 필요가 없는 보험 중개인 비용이 반영되었기 때문이다.

 GEICO의 기업 비용과 보험 영업손실의 합산 비율은 업계 평균보다

양호한 것으로 나타났다. 1977년부터 1992년까지 업계 평균이 GEICO의 이 비율을 넘어선 시기는 1977년 딱 한 차례뿐이었다. 그 이후로 GEICO의 복합 비율은 업계 평균보다 10퍼센트 이상 높은 평균 97.1퍼센트를 기록했다. GEICO에서 보험 영업손실을 발표한 것은 1985년과 1992년의 단 두 차례뿐이었다. 특히 1992년의 보험 영업손실은 그해에 유독 많이 발생한 자연재해 때문이었다. 만약 허리케인 앤드루를 비롯한 다른 대형 폭풍이 발생하지 않았다면 GEICO의 합산 비율은 93.8퍼센트로 낮아졌을 것이다.

원칙_기업의 내재 가치를 평가하라

버핏이 버크셔해서웨이를 위해서 처음으로 GEICO 주식을 매입하기 시작했을 때 그 회사는 파산 직전이었다. 그러나 버핏은 부(負)의 순자산(negative net worth, 부채의 규모가 자산을 초과하는 경우 자산이 공정하게 가치 평가되고 있을 때, 기업이 그 자산을 모두 처분해도 부채를 변제할 수 없는 상태를 말한다_옮긴이)이라 할지라도 GEICO의 보험 가맹점들 때문에 그 회사의 가치가 상당하다고 말했다. 그러나 1976년에 GEICO는 수익을 얻지 못한 탓에 존 버 윌리엄스가 제기했던 가치에 대한 수학적 평가는 아예 불가능했다. 윌리엄스의 경우 적절한 비율로 할인된 미래의 현금 흐름으로 현재의 가치를 정의했기 때문이다. 그러나 버핏은 GEICO의 미래 현금 흐름이 불확실함에도 불구하고 그 회사가 살아남아 미래에 수익을 거둘 것으로 확신했다. 논란의 여지가 있다면 언제 수익이 발생하고, 또 얼마나 많은 수익이 발생하느냐뿐이었다.

1980년에 버크셔는 4,700만 달러를 투자해 GEICO 주식의 3분의 1를 소유했다. 그해에 GEICO의 시가 총액은 2억9,600만 달러였다. 그 당시에도 버핏은 GEICO가 충분한 안전 마진을 확보하고 있다고 추산했다. 1980년에 GEICO는 총매출 7억500만 달러로 6,000만 달러의 수익을 올렸다. GEICO의 수익에 대한 버크셔의 지분은 2,000만 달러였다. 버핏에 따르면 "재정적으로 탄탄하고 전망이 밝은 기업에서 2,000만 달러의 수익을 얻으려면 그 기업 인수에 최소한 2억 달러는 투자해야 할 것이다."[13] 만약 그 회사의 경영권 확보를 위한 인수라면 훨씬 더 많은 금액을 투자해야 할 터였다.

윌리엄스의 가치 평가 이론을 감안하면 버핏의 2억 달러 추산은 현실성이 있는 것이었다. GEICO가 추가 자금 지원 없이 6,000만 달러 수익을 지속할 수 있다고 가정하면, 당시 30년 만기 미국 국채의 12퍼센트 할인율을 적용한 GEICO의 현재 가치는 5억 달러에 달할 것이다. 이는 1980년도 GEICO의 시가 총액의 2배에 달하는 금액이다. 그런데 만약 GEICO가 수익 능력을 실질적으로 2퍼센트 또는 현재 인플레이션을 감안하여 15퍼센트 성장시킬 수 있다면 현재 가치는 6억 달러로 증가할 것이고, 버크셔의 지분도 똑같이 2억 달러로 증가할 것이다. 다시 말해 1980년에 GEICO의 주가는 할인된 현재 가치의 절반 이하 가격이었다.

원칙_사내 유보금 이상으로 시장 가치를 창출하는 기업에 투자하라

1980년부터 1992년 사이에 GEICO의 시가는 2억9,600만 달러에서 46억 달러로 증가했다. 43억 달러가 늘어난 것이다. 13년 동안 GEICO

는 17억 달러의 수익을 올렸다. 그중 2억8,000만 달러는 주식 배당으로 주주들에게 지불했고, 14억 달러는 재투자를 위해서 유보했다. 즉 GEICO는 유보한 1달러를 가지고 주주들을 위해서 3.12달러의 시장 가치를 창출했다. 이러한 재무적 성과는 GEICO의 우수한 경영진과 틈새 시장 마케팅뿐만 아니라 최적의 비율로 주주들의 돈을 재투자하는 그들의 능력까지 입증하고 있다.

GEICO의 뛰어난 능력을 보여주는 또 다른 증거는 1980년에 배당을 제외한 1달러 투자가 1992년경에는 27.89달러로 증가했다는 것이다. 연간 복리 수익률로 따지면 29.2퍼센트에 달하는데, 같은 기간에 각각 8.9퍼센트의 수익률을 거둔 업계 평균 및 S&P500지수와 비교하면 그야말로 놀라운 수익률이었다.

캐피털시티스/ABC

캐피털시티스는 뉴스 사업으로 기업을 출범시켰다. 1954년에 유명한 저널리스트였던 로웰 토머스와 비즈니스 경영자였던 프랭크 스미스 그리고 일단의 동업자들이 허드슨밸리 방송사를 인수했다. 여기에는 뉴욕 주에 위치한 올버니 텔레비전 및 AM 방송사도 포함되어 있었다. 그 당시 토머스 머피는 레버브러더스에서 근무하는 프로덕트 매니저였다. 머피 아버지의 골프 파트너였던 프랭크 스미스는 회사의 텔레비전 방송국 운영을 위해서 더 젊은 머피를 고용했다. 1957년에 허드슨밸리는 롤리더럼

(Raleigh-Durham) 텔레비전 방송국을 매입했다. 그리고 올버니와 롤리가 주도(州都)임을 반영하여 회사 명칭을 캐피털시티스 방송사(Capital Cities Broadcasting)로 변경했다.

1960년에 머피는 올버니 방송국 경영을 위해서 댄 버크를 고용했다. 버크는 머피의 하버드 대학 급우였으며, 훗날 존슨앤드존슨의 회장 자리에 오른 짐 버크의 동생이었다. 올버니 토박이인 댄 버크에게 텔레비전 방송국 경영을 맡기고 뉴욕으로 돌아온 머피는 1964년에 캐피털시티스 사장으로 임명되었다. 이것이 바로 미국에서 가장 성공적인 기업 파트너십의 시발점이었다. 그 후 30년 동안 머피와 버크는 캐피털시티스를 운영하면서 30개가 넘는 방송국과 출판사를 인수했다. 그중 가장 유명한 것이 바로 1985년의 ABC 인수였다.

버핏은 1960년대 후반에 머피의 급우 중 한 명이 뉴욕에서 주선한 오찬 때 토머스 머피를 처음 만났다. 그 자리에서 깊은 인상을 받은 머피는 버핏에게 캐피털시티스 이사회에 동참해줄 것을 요청했다.[14] 버핏은 그의 요청을 거절했지만 두 사람은 절친한 친구가 되어 오랫동안 연락을 주고받았다. 버핏은 1977년에 처음으로 캐피털시티스에 투자했다. 그러나 모종의 이유로 이듬해에 자신의 지분을 팔아치웠다.

1984년 12월에 머피는 ABC(American Broadcasting Companies)의 회장인 레너드 골든슨에게 접근했다. 두 회사의 합병을 염두에 둔 접근이었다. 처음에는 거절당했지만 머피는 1985년 1월에 다시 골든슨과 접촉했다. 그해 4월에 연방통신위원회(FCC)에서는 단일 기업이 소유할 수 있는 텔레비전 및 라디오 방송국의 수를 일곱 개에서 열두 개로 늘리는 것을 허용하는 규약을 시행했다. 이번에는 골든슨이 머피의 제안을 받아들였다. 당시 일흔아홉이었던 골든슨은 자신의 후계자를 걱정하고 있었다. ABC에도 몇몇 가능성 있는 후보자들이 있었지만 그가 보기에는 모두 리더십이 부족했다. 그러나 머피와 버크는 미디어 및 커뮤니케이션 업계에서 최고의 경영자로 인정받고 있던 터였다. 골든슨은 캐피털시티스와의 합병에 동의하면서 ABC에 강력한 경영진을 남겨두어야 한다는 점을 확실히 했다. ABC는 고액을 지불한 투자 은행가들을 협상실에 대동했다. 언제나 본인이 직접 거래에 나섰던 머피는 신뢰할 만한 친구인 버핏을 데려갔다. 그리고 마침내 두 사람은 사상 최초의 텔레비전 네트워크 판매이자 당시까지 역사상 최대 규모였던 미디어 기업 합병을 성사시켰다.

캐피털시티스는 ABC 주식을 주당 121달러에 일괄 매입하겠다고 ABC에 제안했다(주당 118달러는 현금으로, 주당 3달러는 캐피털시티스에서 지급을 보증하는 조건이었다). 그 금액은 계약 발표 바로 전날에 거래되던 ABC 주가보다 2배나 높은 가격이었다. 캐피털시티스에서는 31억 달러의 거래 대금을 마련하기 위해서 은행 차관단으로부터 21억 달러를 차입했으며, 약 9억 달러 가치의 중첩되는 텔레비전과 라디오 방송국들은 매각했다. 그뿐만이 아니었다. 나중에 워싱턴포스트에 팔린 케이블 자산을 포함하여 네트워크에서 소유가 허용되지 않아 제약받던 자산들도 매각했다. 나머지 5억 달러는 버핏의 주머니에서 나왔다. 버핏은 새로 발행된 캐피털시티스 주식을 주당 172.50달러로 300만 주 매입하는 데 동의했다. 머피는 또다시 버핏에게 이사회에 동참해달라고 부탁했다. 이번에는 버핏이 그의 제안을 받아들였다.

원칙_단순하고 이해하기 쉬운 기업에 투자하라

10년 이상 워싱턴포스트의 이사를 역임하면서 버핏은 텔레비전 방송, 신문과 잡지 발행 사업을 이해할 수 있었다. 그리고 1978년에 한 차례, 1984년에 또 한 차례 버크셔가 ABC의 주식을 매입하면서 텔레비전 네트워크에 대한 버핏의 이해는 한층 더 깊어졌다.

원칙_일관성 있고 오랜 경영의 역사를 가진 기업에 투자하라

캐피털시티스와 ABC는 둘 다 30년 이상 수익성 있게 회사를 운영한 역사를 가지고 있다. ABC는 1975년부터 1984년까지 평균 17퍼센트의 자기자본수익률과 평균 21퍼센트의 부채 비율을 기록했다. 한편 캐피털시티스는 ABC 인수를 제안하기 이전 10년 동안 평균 19퍼센트의 자기자본수익률과 평균 20퍼센트의 부채 비율을 기록했다.

원칙_장기적 전망이 밝은 기업에 투자하라

방송사들과 방송망은 평균 이상의 수익을 거두는 축복받은 사업이다. 신문과 마찬가지로, 또 동일한 이유로 방송사들은 상당한 경제적 영업권 (economic goodwill)을 창출할 수 있다.

일단 송신탑이 건설되면 자본 재투자 및 활동 자금의 수요는 미미해질 뿐 아니라 재고 투자는 아예 존재하지 않는다. 영화와 프로그램은 외상으로 판매할 수 있으며 광고가 들어오면 차후에 금액을 정산할 수 있다. 그 결과 대개의 방송사들이 평균 이상의 자본수익률을 올리고 있으며, 영업 비용을 초과하여 많은 현금을 창출하고 있다.

방송망과 방송 사업자들에게 리스크가 있다면, 정부의 규제와 변화하는 기술 그리고 변동성이 심한 광고비이다. 정부는 방송사의 방송 허가 갱신을 거부할 수 있다. 그러나 이는 아주 드문 경우이다. 1985년경에는 케이블 프로그램이 방송망에 큰 위협이 되지 않았다. 일부 텔레비전 시청자들이 케이블 쇼에 눈길을 돌렸지만 압도적인 다수는 여전히 네트워크 프로그램을 선호했기 때문이다. 1980년대는 아낌없이 돈을 쓰는 소비자들을 위한 광고비가 미국의 국내총생산보다 훨씬 더 빠른 속도로 증가하던 시기였다. 광고업자들은 여전히 네트워크 방송에 의존하여 일반 대중에 접근했다. 버핏이 보기에 네트워크와 방송사와 출판사들의 기본적인 재정 건정성은 평균 이상이었다. 1985년에는 이런 사업들의 장기적 전망도 매우 밝았다.

원칙_기업의 내재 가치를 평가하라

그 당시 버크셔가 캐피털시티스에 투자한 5억1,700만 달러는 단일 규모로 버핏이 지금껏 투자한 것 중에서 최대 금액이었다. 그러나 버핏이 어떤 방식으로 캐피털시티스와 ABC의 합산 가치를 평가했는지에 대해서는 논란의 여지가 있다. 머피는 캐피털시티스/ABC 주식을 버핏에게 주당 172.50달러에 300만 주 매각하는 데 합의했다. 그런데 이 가격과 가치는 종종 상충된다. 버핏의 투자 관행은 기업의 내재 가치와 주식 매입 가격 간에 상당한 폭의 안전 마진이 존재할 경우에만 그 기업을 인수하는 것이다. 그러나 캐피털시티스/ABC의 경우 이 원칙이 들어맞지 않았다.

만약 주당 172.50달러라는 버핏의 제안을 10퍼센트 할인(1985년의 30년

184

만기 미국 국채 이자율)한 다음 여기에 1,600만 주(캐피털시티스의 발행주식 수 1,300만 주에 버핏에게 발행한 300만 주의 주식)를 곱하면 이 회사의 현재 가치는 2억7,600만 달러의 수익 능력을 가지고 있어야 한다. 1984년에 감가상각비와 자본 지출을 뺀 캐피털시티스의 순이익은 1억2,200만 달러, ABC의 순이익은 3억2,000만 달러였다. 이 수익 능력을 모두 합치면 총 4억4,200만 달러였다. 그러나 두 회사는 상당한 부채도 가지고 있었다. 머피가 차입한 21억 달러에 대해서 회사에서 연간 지불해야 하는 이자가 2억2,000만 달러였다. 따라서 두 회사의 순수익을 합산하면 대략 2억 달러였다.

또 다른 고려 사항도 있었다. 단순히 비용 절감으로 인수 기업의 현금 흐름을 향상시킨 머피의 명성이 가히 전설적이었던 것이다. 캐피털시티스의 영업 마진은 28퍼센트인 데 비해 ABC의 영업 마진은 11퍼센트 수준이었다. 만약 머피가 ABC 자산의 영업 마진을 3분의 1쯤 향상시켜 15퍼센트 수준으로 유지하게 할 수 있다면 ABC는 매년 1억2,500만 달러의 수익을 추가로 올릴 수 있을 것이다. 그러면 두 회사의 연간 수익 능력은 똑같이 2억2,500만 달러에 달할 것이다. 발행주식 수 1,600만 주를 보유한 회사의 수익 3억2,500만 달러를 10퍼센트 할인하면 현재 가치는 주당 203달러가 된다. 즉 버핏의 172.50달러의 인수 가격보다 높은 15퍼센트의 안전 마진이 생기는 것이다. 버핏은 벤저민 그레이엄을 언급하면서 "그레이엄이 이번 일에도 내게 갈채를 보낼지 의문이군"[15]이라며 비꼬듯이 말했다.

만약 우리가 다음과 같이 가정한다면 버핏이 용인한 안전 마진은 좀 더 확대될 수도 있다. 버핏은 신문이나 잡지 또는 텔레비전 방송국의 경우 추가 자본 유입 없이도 해마다 6퍼센트씩 영구적으로 수익을 증대할 수 있다는 것이 당시의 일반적인 통념이었다고 주장한다.[16] 그 이유는 자본 지출이 감가상각 비율과 일치할 뿐 아니라 활동 자금에 대한 수요가 미미했기 때문이다. 따라서 수입은 자유롭게 나누어주는 수익처럼 생각할 수 있었다. 그리고 이것은 미디어 기업들이 추가 자본의 필요성 없이 가까운 미래에 6퍼센트씩 성장하는 일종의 종신연금을 받고 있는 것이나 마찬가지임을 의미한다. 버핏은 오직 자본을 재투자해야만 성장할 수 있는 기업과 이들 기업을 비교해볼 것을 제안한다. 만약 당신이 100만 달러의 수익을 올리고 있으며 6퍼센트의 성장률이 예상되는 미디어 기업을 소유하고 있다면 이 기업의 인수 가격은 2,500만 달러가 적절하다고 버핏은 말한다(2,500만 달러를 6퍼센트 성장률을 제한 10퍼센트의 무위험 수익률로 나누면 100만 달러가 된다). 그러나 100만 달러의 수익을 올리고 있지만 자본 재투자 없이는 성장할 수 없는 기업이라면 인수 가격은 1,000만 달러가 적절할 것이다(1,000만 달러를 10퍼센트로 나누면 100만 달러가 된다).

만약 이 방식을 캐피털시티스에 적용한다면 그 기업의 가치는 주당 203달러에서 507달러로 증가해, 버핏이 지불에 합의한 주당 172.50달러보다 66퍼센트 높은 안전 마진이 생길 것이다. 그러나 이런 가정에는 '만약'이라는 많은 변수들이 존재한다. 머피는 캐피털시티스와 ABC를 합친 자산에서 자신의 몫을 9억 달러에 팔 수 있을까? (실제로 그는 12억 달러를 얻었다.) ABC의 안전 마진을 향상시킬 수 있을까? 그가 광고비 성장에 지속적으로 의존할 수 있을까?

캐피털시티스에서 상당한 안전 마진을 확보할 수 있었던 버핏의 능력은 여러 가지 요소들이 개입한 탓에 제대로 파악하기가 힘들다. 먼저 캐피털시티스의 주가는 장기간에 걸쳐 상승세를 타고 있었다. 머피와 버크는 회사 경영에 발군의 능력을 발휘했고, 이것이 주가에 그대로 반영된 덕분이었다. 따라서 GEICO의 경우와 달리 버핏은 일시적인 경영 침체를 이유로 캐피털시티스의 주식을 싼값에 매입할 수 없었다. 꾸준한 상승세를 타고 있던 주식시장도 도움이 되지 않았다. 게다가 2차적인 주식 매물이었기 때문에 버핏은 당시 거래되던 주가에 근접한 수준으로 캐피털시티스의 주식가격을 받아들일 수밖에 없었다.

가격 문제와 관련하여 다소 실망감을 느꼈지만 버핏은 동일한 주식의 빠른 주가 상승으로 위안을 받았다. 1985년 3월 15일 금요일의 캐피털시티스 주가는 176달러였다. 3월 18일 월요일 오후에 캐피털시티스는 ABC 인수를 발표했다. 이튿날 증시 종료 무렵 캐피털시티스의 주가는 202.75달러를 기록했다. 나흘 동안 주가는 26포인트 상승하여 15퍼센트의 가치 상승이 발생했다. 버핏이 거둬들인 수익은 9,000만 달러였지만 1986년 1월까지 거래는 완료되지 않았다.

버핏이 캐피털시티스를 매입하면서 확보한 안전 마진은 다른 기업들을 인수할 때와 비교하면 상당히 적었다. 그렇다면 그는 왜 이런 거래를 진행했던 걸까? 그 답은 토머스 머피에게 있었다. 버핏은 머피가 없었다면 그 회사에 투자하지 않았을 것이라고 고백했다. 머피가 곧 버핏의 안전 마진이었다. 캐피털시티스/ABC는 버핏의 관심을 끌 정도로 뛰어난 기업이었다. 그러나 거기에는 머피의 특별한 면모도 존재했다. 존 번은 이렇게 말했다. "워런은 머피를 무척 좋아했다. 단순히 그와 동업자가 되는 것, 그 자체가 버핏에겐 매력적인 일이었다."[17]

캐피털시티스의 경영 철학은 분산(decentralization)이다. 머피와 버크는 최고의 인재들을 고용한 다음 그들에게 전적으로 업무를 위임했다. 모든 결정이 지역 차원에서 이루어졌다. 버크는 머피와 관계를 맺던 초창기부터 이 사실을 알고 있었다. 올버니 TV 방송국을 경영하는 동안 버크는 매주 최근 정보가 담긴 보고서를 우편으로 보냈다. 그러나 머피는 단 한 번도 답신을 보내지 않았다. 그러다가 마침내 버크가 메시지를 받았다. 머피는 버크에게 다음과 같이 약속했다. "나는 자네가 나를 초대하지 않는 한, 아니면 내가 자네를 해고하지 않는 한 올버니는 방문하지 않을 걸세."[18] 머피와 버크는 회사의 연간 예산을 짜고 분기별 영업 실적을 검토하는 데 서로 도움을 주었다. 이 두 가지 예외를 제외하고 머피는 경영자들이 마치 자기가 회사의 소유자인 것처럼 회사를 운영하길 기대했다. "우리는 경영자들에게 너무 많은 것들을 기대한다."[19] 머피가 쓴 글이다.

머피가 캐피털시티스 경영자들에게 기대한 또 다른 것은 비용 관리였다. 그들이 비용 관리에 실패하면 머피는 과감하게 개입했다. 캐피털시티스가 ABC를 인수했을 때 절실한 것이 바로 비용을 절감하는 머피의 능력이었다. 네트워크 방송은 수익이 아니라 시청률을 우선시하는 경향이 있다. 시청률을 끌어올리는 것이라면 무엇이든 비용 평가를 대체할 수 있다는 것이 네트워크 방송의 사고방식이었다. 그러나 머피가 ABC를 인수하면서 이러한 사고방식은 먹혀들지 않았다. 머피는 ABC에서 특별히 엄선한 위원회의 도움을 받아 인건비와 비금전적 혜택과 경비에서 불필요한 부분을 잘라냈다. 두둑하게 퇴직 수당을 받던 약 1,500명의 직원들이 회사를 떠났다. 그리고 간부 전용 식당과 개인 엘리베이터가 폐쇄되었다. 머피가 회사를 처음으로 순방하는 동안 그가 운전했던 로스앤젤레스 ABC 엔터테인먼트 소유의 리무진도 폐기처분되었다. 그다음 순방에서 그는 택시를 이용했다.

이처럼 비용을 의식하는 것이 캐피털시티스에서는 하나의 생활 방식이었다. 필라델피아에서 으뜸가는 방송국인 ABC의 필라델피아 텔레비전 방송국(WPVI)에서 뉴스를 담당하는 직원 수는 100명이다. 비교하자면 필라델피아에서 CBS 계열사의 경우 뉴스를 담당하는 직원 수는 150명이다. 머피가 ABC에 도착하기 전에 그 회사에서는 ABC의 5개 방송국을 관리하기 위해서 60명의 직원들을 고용했다. 그러나 캐피털시티스에서 ABC를 인수한 이후에는 단 여섯 명의 직원들이 8개 방송국을 관리했다. 뉴욕의 WABC-TV는 예전에 600명을 고용하여 30퍼센트의 세전 마진을 올렸다. 그런데 머피는 그 방송국을 구조조정하면서 400명을 고용하여 50퍼센트의 세전 수익을 올렸다. 일단 비용으로 인한 위기를 해결한 머피는 운영상의 결정을 버크에게 맡겼다. 그리고 자신은 기업 인수와 주주 자산 문제에 집중했다.

원칙_제도적 관행에 도전하는 기업에 투자하라

캐피털시티스는 방송 및 네트워크 사업의 기본적인 재정 건전성으로도 풍부한 현금 흐름을 창출할 수 있었다. 그런데 비용 통제를 선호하는 머피의 성향과 결합함으로써 캐피털시티스는 막대한 현금 흐름을 창출할 수 있게 되었다. 1988년부터 1992년 사이에 캐피털시티스는 23억 달러의 부채 없는 현금을 창출했다. 이런 재원을 감안하면 어떤 경영자들은 기업을 인수하거나 기업 영토를 확장하는 데 투자하고 싶은 유혹을 참기 힘들 수 있다. 머피 또한 몇몇 기업을 인수했다. 1990년에 그는 6,100억 달러를 투자하여 소규모 자산을 매입했다. 그러나 그는 당시에 대다수 미디어 자산의 일반적인 시장가격이 지나치게 높다고 말했다.

기업 인수는 항상 캐피털시티스의 성장에서 매우 중요한 역할을 했다. 머피는 늘 미디어 자산을 예의 주시했다. 그러나 기업 인수에 지나치게 비싼 가격을 지불하지 않는다는 원칙을 확고히 지켰다. 막대한 현금을 보유한 캐피털시티스는 다른 미디어 자산을 손쉽게 집어삼킬 수 있었으나 머피는 그렇게 하지 않았다. 다음은 『비즈니스위크』에 실린 기사이다. "머피는 종종 적당한 자산을 찾을 때까지 몇 년이든 기다렸다. 그는 쓸 수 있는 재원이 충분하다는 이유만으로 거래를 성사시키지 않았다."[20] 머피와 버크는 미디어 사업의 흐름이 주기적이라는 사실도 깨달았다. 따라서 지나치게 많은 차입 자본에 의존하여 기업 인수에 나설 경우 주주들이 감당하기 힘들 정도의 리스크가 발생할 여지가 있었다. "우리 두 사람의 생각에 어떤 거래가 우리에게 치명적인 상처를 입힐 수 있다고 판단될 경우 머피는 결코 거래에 나서지 않았다."[21] 버크의 말이다.

수익성 있게 자기 사업에 재투자할 수 있는 것보다 더 많은 현금을 창출하는 기업은 성장 기업을 인수하거나 차입 자본을 줄이거나 주주들에게 돈을 돌려줄 수 있다. 머피는 미디어 기업 인수에 높은 가격을 지불할 의향이 없었다. 그래서 그는 차입금을 줄이고 자사 주식을 매입하는 방법을 선택했다. 1986년에 ABC 인수 이후 캐피털시티스의 총 장기 부채는 18억 달러였고, 부채 비율은 48.7퍼센트였다. 1986년 말에 현금 및 현금등가물은 1,600만 달러였다. 그러다가 1992년경에는 캐피털시티스의 장기 부채가 9억6,400만 달러, 부채 비율은 20퍼센트로 줄어들었다. 그리고 현금 및 현금등가물은 12억 달러로 증가하여 사실상 부채가 전혀 없는 상태가 되었다.

머피는 대차대조표를 강화했는데, 이것이 회사의 리스크를 크게 줄여주었다. 그다음으로 그는 회사의 가치를 크게 올렸다.

원칙_사내 유보금 이상으로 시장 가치를 창출하는 기업에 투자하라

1985년부터 1992년까지 캐피털시티스/ABC의 시장 가치는 29억 달러에서 83억 달러로 늘어났다. 같은 기간에 이 회사는 27억 달러의 수익을 유보했고, 그 결과 재투자한 1달러마다 2.01달러의 시장 가치를 창출했다. 특히 캐피털시티스가 1990년과 1991년에 주기적으로 찾아온 수익성 하락과 네트워크 방송 사업의 장기적인 변화로 인한 내재 가치 하락을 감안할 때 이런 변화는 주목할 만한 것이었다. 이런 상황임에도 캐피털시티스/ABC에 대한 버크셔의 투자는 5억1,700만 달러에서 15억 달러로 늘어 14.5퍼센트의 연간 수익률을 거두었다. 이것은 CBS와 S&P500지수를 모두 능가하는 수익률이었다.

원칙_합리적인 기업에 투자하라

1988년에 캐피털시티스는 발행주식 수의 11퍼센트에 해당하는 200만 주의 자사주 매입을 승인한다고 발표했다. 1989년에는 2억3,300만 달러를 투자하여 평균 단가 445달러로 자사주 52만3,000주를 매입했다. 이것은 회사의 영업 활동 현금 흐름의 7.3배에 해당하는 금액이었다. 매각 중인 다른 미디어 기업들의 호가와 비교하면 현금 흐름의 10~12배 수준이었다. 이듬해 캐피털시티스는 평균 단가 4,777달러, 즉 영업 활동 현금 흐름의 7.6배로 자사주 92만6,000주를 매입했다. 1992년에도 캐피털시티스는 자사주 매입을 계속했다. 그해에는 평균 단가 434달러, 즉 현금 흐름의 8.2배로 27만 주의 자사주를 매입했다. 머피는 자사주 매입에 지불한 가격이 자신과 버크가 인수를 고려했던 다른 미디어 기업들에 비해 여전히 낮은 가격이라는 점을 강조했다. 1988년부터 1992년까지 캐피털시티스는 총 8억6,600만 달러를 투자하여 195만3,000주의 자사주를 매입했다.

1993년에 캐피털시티스는 더치 경매(값을 차차 내려 부르는 경매_옮긴이)를 통하여 주당 590~630달러에 200만 주의 자사주 매입을 발표했다. 버크셔도 경매에 참여하여 300만 주의 보유분 중에서 100만 주를 기탁했다. 그런데 이런 조치를 취했다는 사실 하나만으로 이런저런 추측이 널리 퍼졌다. 스스로 팔려고 내놓다니, 적당한 인수처를 찾을 수 없는 건가? 버핏이 자기 지분의 3분의 1을 팔아치움으로써 그 회사를 포기한 걸까? 캐피털시티스는 이런 소문들을 부정했다. 그러다가 만약 그 회사가 실제로 팔려고 내놓았다면 버핏은 분명 더 높은 가격에 팔릴 수 있는 주식을 제공하지 않았을 거라는 의견이 표출되었다. 결국 캐피털시티스/ABC는 평균 단가 630달러로 110만 주—그중 버크셔에서 나온 주식이 100만 주—를 매입했다. 버핏은 캐피털시티스 주식에 대해서 시장의 혼란 없이 6억3,000만 달러를 이동시킬 수 있었다. 그리고 총 발행주식의 13퍼센트를 보유함으로써 여전히 캐피털시티스의 최대 주주로 남아 있었다.

버핏은 장기간에 걸쳐 수많은 회사들의 영업 및 경영 상태를 관찰했다. 그러나 버핏에 따르면 캐피털시티스는 미국에서 경영 여건이 가장 좋은 공기업이었다. 그는 자신의 주장을 입증하기 위해서 캐피털시티스에 투자할 때 향후 11년 동안 모든 의결권을 머피와 버크에게 위임했다. 다만 그들 중 한 명이라도 회사를 계속 경영해야 한다는 조건이 붙어 있었다. 이것만으로 버핏이 두 사람을 얼마나 높이 평가하는지 확신이 서지 않는다면 버핏의 다음 한마디가 이런 의구심을 말끔히 없애줄 것이다. "토머스 머피와 댄 버크는 훌륭한 경영자들일 뿐 아니라 딸이 있다면 꼭 사위로 삼고 싶은 인물들이다."[22]

코카콜라

1988년 가을에 코카콜라 사장인 도널드 키오는 누군가 코카콜라 주식을 대량으로 매입하고 있다는 사실을 알아챘다. 1987년 증시 붕괴로부터 채 1년도 지나지 않은 터라 코카콜라 주식은 여전히 증시 붕괴 이전의 고점보다 25퍼센트 낮은 가격에 거래되고 있었다. 그러나 "누군가 알

수 없는 투자자가 주식을 대규모로 집어삼키고 있기"때문에 코카콜라 주식은 마침내 바닥을 쳤다. 키오는 매입에 나선 중개인이 중서부 출신임을 알았을 때 곧바로 자신의 친구인 워런 버핏을 떠올렸다. 그는 버핏에게 전화를 걸었다.

"워런, 어떻게 지내고 있나요?" 키오가 먼저 말을 꺼냈다. "혹시 당신이 코카콜라 주식을 매입하지 않았나요?" 버핏은 잠시 뜸을 들인 후 대답했다. "사실 주식을 매입했습니다. 그러나 내가 주식 소유를 밝힐 때까지 모른 척해주시면 고맙겠습니다."**23** 만약 버핏이 코카콜라 주식 매입에 나섰다는 소문이 나돌면 사람들이 너도나도 주식 매입에 나설 것이고, 그러면 주가가 치솟아 버핏이 코카콜라에 대한 버크셔 지분을 더 이상 늘리지 못할 터였다.

1989년 봄에 버크셔해서웨이 주주들은 버핏이 10억2,000만 달러를 투자하여 코카콜라 주식을 매입했다는 사실을 알았다. 그는 버크셔의 포트폴리오에서 3분의 1을 투자하여 코카콜라의 전체 지분 중 7퍼센트를 소유하게 되었다. 당시까지 일회성으로 버크셔가 투자한 것 중에서 최대 규모였다. 월스트리트 투자자들은 곤혹감을 감추지 못했다. 버핏은 100년 역사를 가진 소다수 판매 회사에 주식시장 대비 장부 가격의 5배, 수익의 15배 그리고 프리미엄까지 지불했다. 오마하의 마법사가 다른 사람들이 놓치고 있는 무언가를 발견한 것일까?

코카콜라는 세계 최대 음료회사이다. 그들은 전 세계적으로 200여 개국에서 500종류 이상의 청량음료를 판매하고 있다. 그중에는 코카콜라, 다이어트코크, 환타, 스프라이트, 비타민워터, 파워레이드, 미닛메이드, 심플리, 조지아 등 10억 달러 이상의 매출을 올리는 제품이 15개나 된다.

버핏과 코카콜라의 인연은 그의 어린 시절까지 거슬러 올라간다. 그는 다섯 살 때 처음으로 코카콜라를 마셨다. 그리고 얼마 후에는 제1장에서 살펴보았듯이 여섯 병짜리 코카콜라 한 세트를 25센트에 구입하여 한 병당 5센트를 받고 되파는 식으로 자기 사업을 시작했다. 그 후 50년 동안 버핏은 코카콜라의 눈부신 성장을 주시했지만 코카콜라 주식 대신 방직회사와 백화점과 농기계 제조사의 주식을 매입했다. 심지어 1986년에 버크셔해서웨이 연례 주주총회의 공식 음료가 체리코크라고 발표했을 때에도 버핏은 코카콜라 주식을 단 한 주도 매입하지 않았다. 그러다가 2년 후인 1988년 여름에 마침내 버핏은 코카콜라 주식을 매입하기 시작했다.

원칙_단순하고 이해하기 쉬운 기업에 투자하라

코카콜라의 영업 활동은 비교적 단순하다. 그들은 원재료들을 구입하여 그것을 혼합한 다음 농축액을 만들어 탄산음료 제조업체들에 판매한다. 제조업체들은 다시 농축액을 다른 성분들과 혼합한다. 그런 다음 완제품을 편의점이나 슈퍼마켓, 자동판매기 같은 소매점에 판매한다. 식당이나 패스트푸드 업체에 청량음료 시럽을 제공하기도 한다. 이 경우에는 컵이나 잔에 담아 음료를 판매한다.

원칙_일관성 있고 오랜 경영의 역사를 가진 기업에 투자하라

코카콜라만큼 일관성 있는 경영의 역사를 가진 기업도 없을 것이다. 코카콜라는 한 가지 음료 제품을 판매하면서 1886년에 사업을 시작했다. 거의 130년이 지난 지금도 코카콜라는 똑같은 음료—몇몇 다른 음료 포함—를 판매하고 있다. 눈에 띄는 차이가 있다면, 회사의 규모와 지리적 사업 범위뿐이다.

19세기에 접어들 무렵 코카콜라는 열 명의 이동 판매원을 고용하여 미국 전역에서 영업 활동을 했다. 당시에는 한 해에 11만6,492갤런의 시럽을 팔아 14만8,000달러의 매출을 올렸다. 그로부터 50년 후에는 연간 2억700만 상자의 음료수를 판매했다(매출 단위가 갤런에서 상자로 바뀌었다). "코카콜라와 견줄 만한 기업, 즉 변하지 않은 한 가지 제품으로 10년 동안 매출 기록을 세운 코카콜라 같은 제품을 판매하는 기업을 열거하기란 결코 쉽지 않을 것이다."[24] 버핏의 말이다. 오늘날 매일 17억 명분의 제품을 판매하는 코카콜라는 음료, 즉석커피, 주스와 과즙 음료를 제공하는 세계 최대 공급업체이다.

원칙_장기적 전망이 밝은 기업에 투자하라

1989년에 버크셔가 코카콜라의 지분 6.3퍼센트를 보유했다고 공개적으로 발표한 직후에 버핏은 「애틀랜타 콘스티튜션」의 경제 담당 기자인 멜리사 터너와 인터뷰를 했다. 그는 다른 사람들도 버핏에게 자주 하던 질문을 했다. "왜 좀 더 일찍 코카콜라 주식을 매입하지 않은 거죠?" 버핏은 답변을 하면서 자신이 최종 결정을 내리던 시점에 어떤 생각을 품고 있었는지 설명했다.

"당신이 10년간 어디론가 떠나간다고 가정해봅시다. 그리고 당신은 투자를 한 건 하고 싶어 합니다. 현재 당신은 모든 상황을 잘 알고 있지만 당신이 떠나 있는 동안에는 처음 결정한 바를 바꿀 수 없습니다. 그렇다면 당신은 어떻게 해야 할까요?" 당연히 그 기업은 단순하고 이해하기 쉬워야 한다. 또한 오랜 기간 일관성 있는 경영의 역사를 가지고 있어야 하고, 장기적인 전망도 밝아야 한다. "나는 제품의 시장이 계속 커지고, 업계에서 선두 주자 자리를 계속 유지하고, 높은 성장을 이룰 것이 확실시되는 회사로서 코카콜라만 한 기업이 없다고 생각합니다. 장담하건대 내가 다시 돌아왔을 때 이 회사는 지금보다 훨씬 더 많은 사업을 하고 있을 겁니다."[25] 버핏의 설명이다.

그렇다면 왜 특정한 그 시기에 매입에 나섰던 걸까? 버핏의 설명에 따르면 코카콜라의 기업적인 특성은 수십 년간 변함이 없었다. 그의 시선을 끈 것은 회장 겸 CEO인 로베르토 고이주에타와 사장인 도널드 키오가 리더십을 발휘하던 1980년대에 코카콜라에 불기 시작한 변화의 바람이었다.

그것은 오랫동안 기다려온 매우 중요한 변화였다. 1970년대는 코카콜라의 입장에서 참담한 시기였다. 그 시기에 코카콜라는 탄산음료 제조업체들과 분쟁을 겪었고, 미닛메이드 농장의 이민 노동자들을 부당하게 대우했다는 이유로 고발당했으며, 코카콜라의 일회용 용기가 환경 문제를 악화시키고 있다는 환경운동가들의 비난에 직면했다. 또한 연방거래위원회는 코카콜라의 독점적인 프랜차이즈 계약을 셔먼 독점금지법

(Sherman Anti-Trust Act) 위반으로 고발했다.

코카콜라의 해외 사업 부문도 흔들리고 있었다. 코카콜라에서 이스라엘 프랜차이즈를 발표했을 때 아랍 세계에서 코카콜라를 보이콧하는 바람에 오랜 기간의 투자가 무용지물이 되었다. 기업 이익이 가장 빠른 속도로 증가하던 일본에서도 연이어 실수가 터져나왔다. 26온스짜리 코카콜라 병이 매장 선반에서 문자 그대로 폭발했다. 그런가 하면 일본 소비자들은 환타그레이프에 함유된 콜타르 인공색소 사용을 극렬하게 반대했다. 진짜 포도 껍질을 사용하는 새로운 음료를 개발했을 때에는 내용물이 발효하는 사건이 벌어졌다. 결국 포도 소다수는 도쿄베이(Tokyo Bay)에 넘어갔다.

1970년대에 코카콜라는 음료 산업에서 앞서가는 혁신 기업이라기보다 분산되어 시장에 반응하는 기업이었다. 이러한 문제점에도 불구하고 코카콜라는 꾸준히 수백만 달러의 이익을 창출하고 있었다. 그러나 1962년 사장을 역임한 이후 1971년에 회장으로 임명된 폴 오스틴은 코카콜라의 음료 시장에 재투자하는 대신 사업을 다각화하기로 결정했다. 그는 낮은 수익 마진에도 불구하고 수자원 사업과 새우 양식업에 투자했다. 그뿐만 아니라 포도주 양조장도 매입했다. 주주들은 코카콜라는 절대 알코올음료와 관계를 맺지 말아야 한다고 주장하면서 이런 움직임에 극렬히 반대했다. 그러나 오스틴은 이런 비판을 무시하고 광고에 전례 없이 많은 비용을 지출했다.

코카콜라는 20퍼센트의 자기자본수익을 얻었지만 세전 마진은 줄어들고 있었다. 1974년의 상승장 말미에 코카콜라의 시장 가치는 31억 달러였다. 6년 후 그 가치는 41억 달러로 증가했다. 다시 말해 1974년부터 1980년까지 코카콜라의 시장 가치는 S&P지수에 훨씬 못 미치는 연간 5.6퍼센트의 성장률을 기록했다. 그 6년 동안 회사의 유보 현금 1달러에 대해서 고작 1.02달러의 시장 가치를 창출했을 뿐이다.

오스틴의 위협적이고 다가서기 힘든 태도로 코카콜라의 문제는 더 심화되었다.[26] 설상가상으로 그의 아내 진 역시 회사 내에서 악영향을 미쳤다. 그녀는 회사에서 기존에 사용하던 노먼 록웰의 고전적인 그림들을 멀리하면서 본사 건물을 모던아트로 실내장식을 새로 꾸몄다. 심지어 예술품 구매 여행에 회사 전용 제트기를 이용하기도 했다. 그러나 그것은 남편의 몰락에 기여한 그녀의 마지막 주문이었다.

1980년 5월에 오스틴 부인은 직원들이 오찬을 즐기지 못하도록 회사 공원 폐쇄를 지시했다. 직원들이 음식을 흘리는 바람에 잘 정돈된 잔디밭에 비둘기들이 몰려든다고 그녀는 불평했다. 직원들의 사기가 크게 저하되었다. 그러자 1923년부터 1955년까지 코카콜라를 이끌었고, 여전히 이사진의 재무위원회 회장 직을 맡고 있던 아흔한 살의 회사 원로인 로버트 우드러프도 더 이상 참지 못했다. 그는 오스틴의 사임을 요구하면서 로베르토 고이주에타를 CEO로 내세웠다.

쿠바에서 성장한 고이주에타는 최초의 외국인 CEO였다. 그는 오스틴이 말을 잘 안 하는 것과 정반대로 사교적이었다. 그가 맨 처음 행동으로 옮긴 것 중 하나는 캘리포니아 주 팜스프링스에서 코카콜라의 최고 관리자 50명과 자리를 함께한 것이었다. 그는 이렇게 말했다. "우리가 무엇을 잘못하고 있는지 솔직하게 말해주세요. 나는 모든 것을 속속들이 알고 싶습니다. 일단 문제가 해결되면 나는 100퍼센트 충성심을 원합니다. 만약 어느 분이든 만족하지 못한다면 작별을 고하게 될 겁니다."[27]이 모임이 발전하여 코카콜라의 기업 목표가 담긴 900단어 분량의 팸플릿 '1980년대를 위한 전략(Strategy for the 1980s)'이 만들어졌다.

　고이주에타는 관리자들이 기꺼이 위험을 감수할 수 있도록 격려했다. 그는 코카콜라가 시장에 수동적으로 반응하기보다 시장을 선도하길 원했다. 그는 비용 절감을 시작했으며 코카콜라가 소유한 어떤 기업체이건 총자산 수익률을 최적화할 것을 요구했다. 그리고 이런 조치들은 곧바로 수익 마진의 증대로 연결되었다.

원칙_수익 마진이 높은 기업에 투자하라

1980년에 코카콜라의 세전 수익 마진은 12.9퍼센트로 낮은 수준이었다. 5년 연속 수익 마진이 하락하는 바람에 1973년도 수익 마진인 18퍼센트에 비해 현저히 낮은 수준으로 떨어진 것이다. 그러나 고이주에타의 임기 첫해에 세전 수익 마진은 13.7퍼센트로 향상되었으며, 버핏이 코카콜라 주식을 매입하던 1988년에는 무려 19퍼센트까지 호전되었다.

원칙_자기자본수익률이 높은 기업에 투자하라

'1980년대를 위한 전략'에서 고이주에타는 만족스러운 자기자본수익률을 올리지 못하는 사업은 무엇이든 처분할 것이라고 주장했다. 그리고 모든 신규 사업은 실질적인 성장 가능성이 충분해야 한다는 점도 지적했다. 코카콜라는 정체된 시장에서 점유율을 늘리는 경쟁에 더 이상 관심을 보이지 않았다. 고이주에타는 이렇게 말했다. "주당수익률을 높이고, 증가한 자기자본수익률에 영향을 미치는 것이 가장 중요하다."[28] 그의 말은 즉시 행동으로 옮겨져, 1983년에 코카콜라는 포도주 사업 부문을 시그램에 매각했다.

코카콜라는 1970년대에 20퍼센트의 높은 자기자본수익률을 기록했지만 고이주에타는 만족하지 않았다. 그는 더 높은 수익률을 요구했고 회사는 그의 요구를 따랐다. 1988년에 이르자 코카콜라의 자기자본수익률은 31.8퍼센트로 증가했다.

어떤 기준으로 보든 고이주에타는 오스틴의 코카콜라에 비해 2~3배의 실적을 달성했다. 그 결과는 주식시장에 고스란히 반영되었다. 1980년에 코카콜라의 시장 가치는 41억 달러였다. 1987년 말에는 10월의 주식시장 붕괴를 겪은 직후임에도 불구하고 시장 가치가 141억 달러로 증가했다. 이 기간에 코카콜라가 유보한 현금 1달러는 4.66달러의 시장 가치를 창출했다.

원칙_정직한 기업에 투자하라

1980년대를 위한 고이주에타의 전략에는 주주들을 위한 전략도 포함되어 있었다. 그는 이렇게 적었다. "우리는 향후 10년 동안 주주들에게 헌신하며 그들의 투자를 보호하고 늘리기 위해서 최선을 다할 것이다. 또한 주주들에게 평균 이상의 총투자수익률을 제공하기 위해서 인플레이션보다 높은 수익률을 올리는 사업만을 선택할 것이다"[29]

고이주에타는 자본 투자를 필요로 하는 사업을 성장시켜야 했을 뿐 아니라 주주의 가치도 증대시켜야 했다. 코카콜라는 수익 마진과 자기 자본수익률을 끌어올림으로써 배당금이 전체 수익에서 차지하는 비중인 배당 성향(dividend payout ratio)을 줄이는 동시에 배당금의 절대 금액을 늘릴 수 있었다. 즉 1980년대에 코카콜라 배당금은 매년 10퍼센트씩 증가했지만 배당 성향은 65퍼센트에서 40퍼센트로 감소했다. 덕분에 코카콜라는 주주들에게 많은 배당금을 나누어주면서도 수익의 많은 부분을 재투자하여 높은 성장률을 지속할 수 있었다.

고이주에타가 리더십을 발휘하면서 코카콜라의 기업 강령은 명확해졌다. 즉 경영진의 주요 목표는 장기간에 걸쳐 주주의 가치를 극대화하는 것이었다. 그러기 위해서 코카콜라는 수익률이 높은 청량음료 사업에 집중했다. 만약 이 사업이 성공한다면 현금 흐름과 자기자본수익률이 증가할 것이고, 궁극적으로 주주가 얻는 총투자수익률도 늘어날 것이다.

원칙_합리적인 기업에 투자하라

순 현금 흐름 증가로 코카콜라는 주주들에게 배당금을 늘려 지급할 수 있었을 뿐 아니라 처음으로 자사주 매입 프로그램을 실시할 수 있었다. 1984년에 고이주에타는 코카콜라가 주식시장에서 자사주를 600만 주 재매입할 것이라고 발표했다. 자사주를 재매입하는 것은 기업의 내재 가치가 시장 가치보다 높은 경우에만 타당성이 있다. 고이주에타는 주주들을 위한 자기자본수익률 증가를 강조하면서 전략적 변화를 주도했다. 그는 이런 변화로 코카콜라가 티핑 포인트(tipping point, 어떤 상황이 처음에는 미미하게 진행되다가 어느 순간 균형을 깨고 모든 것이 한순간에 변화되는 극적인 순간_ 옮긴이)에 도달했다고 생각했다.

원칙_주주 수익이 높은 기업에 투자하라

1973년 코카콜라의 주주 수익(owner earnings, 순이익과 감가상각을 더한 다음 자본 지출을 차감한 것)은 1억5,200만 달러였다. 1980년에는 2억6,200만 달러로 연평균 증가율은 8퍼센트였다. 1981년부터 1988년까지는 연평균 17.8퍼센트의 증가율을 기록하며 2억6,200만 달러에서 8억2,800만 달러로 주주 수익이 늘어났다.

주주 수익의 급성장은 코카콜라의 주가에 그대로 반영되었다. 그러나 눈여겨보면 주가 급등이 특히 두드러졌던 10년의 시기가 있음을 알 수 있다. 1973년부터 1982년까지 코카콜라의 수익률은 연평균 6.3퍼센트 증가했다. 그러나 고이주에타의 경영 방식이 구체화된 1983년부터 1992년까지 10년 동안에는 코카콜라의 수익률이 연평균 31.1퍼센트나 증가했다.

원칙_제도적 관행에 도전하는 기업에 투자하라

고이주에타가 코카콜라의 사장으로 취임한 후 가장 먼저 취한 조치 중 하나는 폴 오스틴이 벌여놓은 본업과 무관한 사업들을 포기하고, 시럽을 판매하는 핵심 사업으로 다시 돌아가는 것이었다. 이것은 코카콜라가 제도적 관행에 도전하는 능력이 있음을 보여준 조치였다.

코카콜라를 단 하나의 제품만 취급하는 기업으로 축소한다는 것은 그야말로 대담한 조치였다. 고이주에타의 전략에서 더욱 놀라운 점은 동종 업계에 있는 타 기업들은 정반대 행위를 하던 시기에 이러한 조치를 취하려 했다는 것이다. 선도적인 몇몇 음료회사들은 벌어들인 수익을 자신의 본업과 관련 없는 사업에 투자하고 있었다. 앤호이저부시는 맥주 사업으로 벌어들인 수익을 테마파크에 투자했다. 포도주와 증류주 제조 및 유통 기업인 브라운포먼은 중국에서 벌어들인 수익을 크리스털과 은과 여행 가방 사업에 투자했는데, 모두 매우 저조한 수익률을 보여주었다. 증류주와 포도주를 제조하는 글로벌 기업 시그램은 유니버셜 스튜디오를 매입했다. 코카콜라의 주요 경쟁사인 펩시는 타코벨, 켄터키프라이드치킨, 피자헛 등과 같은 스낵 사업과 레스토랑을 매입했다.

　고이주에타의 조치는 코카콜라의 관심을 매출 규모가 가장 크면서도 가장 중요한 제품에 집중하게 했을 뿐 아니라 회사의 자원을 가장 수익성 높은 사업에 재분배하게 했다는 데 주목해야 한다. 시럽 판매에서 얻은 경제적 수익률은 다른 사업으로부터 얻은 수익률보다 월등히 높았다. 코카콜라가 수익률이 가장 높은 사업에 그 수익을 재투자한 것도 그 때문이었다.

원칙_기업의 내재 가치를 평가하라

버핏이 1988년에 처음으로 코카콜라 주식을 매입했을 때 사람들은 의아해했다. "코카콜라의 가치가 어디에 있다는 거지?" 당시 코카콜라의 주가는 주가수익률의 15배, 현금 흐름의 12배였는데, 시장 평균에 각각 30퍼센트와 50퍼센트의 프리미엄을 더한 수치였다. 버핏은 장기 채권의 수익률이 9퍼센트이던 시절에 6.6퍼센트의 수익률을 가진 회사에 장부가의 5배를 지불했다. 그 이유는 코카콜라의 경제적 영업권 수준이 매우 양호했기 때문이다. 코카콜라는 비교적 적은 자본 투자로 31퍼센트의 자기자본수익률을 올리고 있었다. 버핏의 설명에 따르면 주가는 기업 가치에 대해서 아무것도 말해주지 않는다. 다른 기업들의 경우처럼 코카콜라의 가치는 적절한 이자율로 할인된 미래의 주주 수익 총액으로 결정된다.

1988년 코카콜라의 주주 수익은 8억2,800만 달러였다. 그 당시 30년 만기 미국 국채(무위험 비율)는 9퍼센트 대의 이자율로 거래되고 있었다. 따라서 1988년의 주주 수익을 9퍼센트로 할인하면 코카콜라의 내재 가치는 92억 달러가 된다. 버핏이 코카콜라 주식을 매입했을 당시 코카콜라의 시장 가치는 148억 달러였다. 언뜻 보기에는 버핏이 지나치게 높은 가격에 코카콜라 주식을 매입한 것처럼 보일 수 있었다. 그러나 내재 가치 92억 달러라는 것이 그 당시 주주 수익을 할인한 코카콜라의 기업 가치임을 명심해야 한다. 만약 구매자들이 92억 달러보다 60퍼센트 더 높은 가격에 코카콜라 주식을 매입할 용의가 있다는 것은 그들이 코카콜라의 미래 성장 가능성의 가치를 인식하고 있음에 틀림없었다.

1981년부터 1988년 사이에 코카콜라의 주주 수익은 연평균 17.8퍼센트 늘어났는데, 무위험 수익률을 훨씬 넘어서는 증가세였다. 이럴 경우 분석가는 2단계 할인 모델을 사용한다. 수익의 증가세가 두드러지는 기간의 미래 수익과 그 후 성장세가 둔화되는 기간의 미래 수익을 산출하는 두 단계를 밟는 것이다.

우리는 이 2단계 과정을 활용하여 코카콜라의 미래 현금 흐름에 대한 1988년 당시의 기업 내재 가치를 계산할 수 있다. 1988년에 코카콜라의 주주 수익은 8억2,800만 달러였다. 여기서 향후 10년 동안 연평균 15퍼센트로 주주 수익을 성장시킬 수 있다고 가정하면(과거 7년 평균보다 낮은 수익률이므로 적절한 가정이다) 10년 후의 주주 수익은 33억4,900만 달러에 달할 것이다. 여기서 11년째 되는 해부터는 연평균 성장률이 5퍼센트로 둔화된다고 한 번 더 가정해보자. 9퍼센트 할인율(당시의 장기 국채 수익률)을 적용하여 역으로 계산하면 1988년의 코카콜라의 내재 가치는 483억 7,700만 달러가 된다.

우리는 다양한 성장률을 가정하여 이런 실험을 되풀이할 수 있다.

만약 코카콜라가 10년 동안 주주 수익을 연평균 12퍼센트씩 늘리고 그 후에는 5퍼센트씩 증가시킬 수 있다고 가정하면 9퍼센트로 할인한 코카콜라의 현재 가치는 381억6,300만 달러가 될 것이다. 다시 처음 10년 동안은 10퍼센트, 그 이후에는 5퍼센트씩 주주 수익이 증가한다고 가정하면 내재 가치는 324억9,700만 달러가 될 것이다. 심지어 전 기간에 걸쳐 코카콜라가 꾸준히 5퍼센트의 성장률을 보인다고 가정해도 코카콜라의 내재 가치는 최소한 207억 달러가 될 것이다.

원칙_내재 가치보다 주가가 훨씬 낮은 경우에만 매입하라

1988년 6월에 코카콜라의 주가는 10달러 수준이었다. 그 후 10개월 동안 버핏은 총 10억2,300만 달러를 투자하여 코카콜라 주식을 9,340만 주 매입했다. 매입 평균 단가는 10.96달러였다. 1989년 말에 버크셔 보통주 포트폴리오에서 코카콜라가 차지하는 비중은 35퍼센트였다.

고이주에타가 1980년에 경영을 맡은 이후 코카콜라의 주가는 매년 상승했다. 버핏이 처음으로 코카콜라 주식을 매입하기 이전의 5년 동안 연평균 주가 수익률은 18퍼센트였다. 코카콜라의 전망이 무척 양호했기 때문에 버핏은 싼 가격에 코카콜라 주식을 매입할 수 없었다. 그럼에도 그는 코카콜라 주식 매입에 나섰다. 가격은 가치와 아무 관련이 없다는 자신의 소신을 밀고 나간 것이다.

버핏이 코카콜라 주식을 매입하던 1988년과 1989년에 코카콜라의 주식시장 가치는 평균 151억 달러였다. 그러나 버핏의 평가에 따르면 코카콜라의 내재 가치는 200억 달러(5퍼센트 성장률 기준), 380억 달러(12퍼센트 성장률 기준), 심지어 480억 달러(15퍼센트 성장률 기준)에 달했다. 그 결과 버핏이 산정한 안전 마진—내재 가치로 할인—이 낮게는 27퍼센트, 높게는 70퍼센트에 이르렀다.

버핏은 주식을 소유하기에 최고의 기업은 장기간에 걸쳐 꾸준히 높은 수익률을 기록하면서 갈수록 증가하는 자본을 잘 활용하는 기업이라고 말한다. 버핏이 보기에는 코카콜라가 이 경우에 완벽하게 들어맞는 기업이었다. 버크셔가 코카콜라에 투자한 10년 동안 그 회사의 시장 가치는 258억 달러에서 1,430억 달러로 증가했다. 같은 기간에 코카콜라는 269억 달러의 수익을 올려 주주들에게 164억 달러를 배당금으로 지급하고 투자를 위해서 164억 달러를 유보했다. 코카콜라의 유보 현금 1달러는 7.20달러의 시장 가치를 창출했다. 1999년 말에 버크셔가 코카콜라에 투자한 원금 10억2,300만 달러는 116억 달러의 가치를 갖게 되었다. 그 금액을 S&P500지수에 투자했다면 30억 달러 가치에 머물렀을 것이다.

제너럴다이내믹스

1990년에 제너럴다이내믹스는 맥도널더글러스에 속해 있는 미국 2위 규모의 방위 산업 청부업체였다. 제너럴다이내믹스에서는 미군을 위한 미사일 시스템(토마호크, 스패로, 스팅거와 첨단 크루즈 미사일)과 함께 항공 방위 시스템, 우주 발사 차량, 전투기(F-16) 등을 제공했다. 1990년에 제너럴다이내믹스의 총매출은 100억 달러를 상회했다. 그러나 1993년경에는 매출이 35억 달러로 뚝 떨어졌다. 그럼에도 불구하고 이 기간에 주주 가치는 7배나 증가했다.

1990년에 길고 긴 냉전의 종막을 알리는 베를린 장벽이 무너졌다. 이 듬해에는 소비에트연합에서 공산주의가 붕괴했다. 제1차 세계대전부터 베트남전에 이르기까지 힘겹게 얻은 승리와 함께 미국은 광대한 방위 자원 집중 구조를 개조해야 했다. 냉전이 막을 내리면서 미국의 군산복합체가 또 다른 구조조정 상황에 놓이게 된 것이다.

1991년 1월에 제너럴다이내믹스는 윌리엄 앤더스를 최고경영자로 임명했다. 당시의 주가는 10년 이래 최저 수준인 19달러였다. 처음에 앤더스는 국방 예산이 감소했음에도 불구하고 제너럴다이내믹스가 더 높은 가치 평가를 얻을 수 있다고 월스트리트를 설득하려 했다. 그는 분석가들로 하여금 편견을 갖게 하는 모든 재무적 불확실성을 제거하길 바라며 회사의 구조조정을 시작했다. 그는 자본 지출과 연구 개발비를 10억 달러 절감하고 수천 명의 직원들을 감축했으며, 제너럴다이내믹스 주가 실적에 기반한 경영자 보상 프로그램을 만들었다.

얼마 지나지 않아 앤더스는 방위 산업이 근본적으로 변했으며, 이에 발맞춰 성공하려면 제너럴다이내믹스에서 지출을 줄이는 방법 대신 좀 더 과감한 조치를 취해야 한다는 사실을 깨달았다. 단순히 방위 산업을 찾아다니는 것만으로는 충분치 않았다. 국방 예산이 줄어듦에 따라 사업을 축소하거나, 방위 목적 이외로 사업을 다각화하거나 소규모 방위 산업에서 이용 가능한 부문을 지배해야 했다.

원칙_제도적 관행에 도전하는 기업에 투자하라

1991년 10월에 앤더스는 방위 산업에 대한 조사를 컨설턴트에 위임했다. 조사 결과는 정신이 번쩍 들게 했다. 왜냐하면 당시에 방위업체들이 비방위 기업들을 인수할 경우 실패 확률이 80퍼센트로 나왔기 때문이다. 방위 산업이 과잉생산에서 벗어나지 못하는 한 그 어떤 기업도 효율성을 달성할 수 없는 구조였다. 앤더스는 제너럴다이내믹스가 성공하려면 경영을 합리화해야 한다는 결론을 내렸다. 그는 제너럴다이내믹스에서 독점 판매 형식의 제품으로 시장에서 받아들여지는 기업과, 연구 개발 그리고 규모의 경제와 재무 안전성을 낳은 생산력 간의 균형으로 임계량(효과적으로 바람직한 결과를 얻기 위한 충분한 양_옮긴이)에 도달할 수 있는 사업들만 유지하기로 결정했다. 앤더스는 임계량에 도달하지 못한 사업은 매각될 것이라고 말했다.

처음에 앤더스는 네 가지 핵심 사업—잠수함, 탱크, 전투기, 항공 시스템—에 집중해야 한다는 믿음을 가지고 있었다. 제너럴다이내믹스는 이들 사업 부문에서 시장의 선두 주자였기 때문에 방위 시장의 규모가 줄어들어도 생존할 수 있을 것이라고 그는 생각했다. 나머지 사업 부문은 매각할 예정이었다. 1991년 11월에 제너럴다이내믹스는 데이터시스템스를 2억 달러에 컴퓨터사이언스에 매각했다. 이듬해에는 세스나에어크래프트를 6억 달러에 텍스트론에 매각했고, 미사일 사업은 4억5,000만 달러에 휴스에어크래프트에 매각했다. 채 6개월도 지나지 않아 제너럴다이내믹스는 비핵심 사업 부문 매각으로 12억5,000만 달러의 수익을 올렸다. 앤더스의 조치는 월스트리트의 주의를 환기시켰다. 1991년에 제너럴다이내믹스의 주가는 112퍼센트 상승했다. 그다음으로 앤더스가 얻은 것은 버핏의 관심이었다.

앤더스는 현금 유보금과 함께 제너럴다이내믹스가 처음으로 유동성 수요를 충족시키면서 재정 건전성이 탄탄해질 만큼 부채를 줄일 것이라고 주장했다. 실제로 제너럴다이내믹스는 부채 감축 이후에도 수요를 초과할 정도로 많은 현금을 창출하고 있었다. 앤더스는 줄어드는 국방 예산에 생산력을 더하는 것은 이치에 맞지 않으며, 비방위 부문으로 사업을 다각화하는 것은 실패할 확률이 높다는 것을 잘 알고 있었다. 그래서 그는 초과 현금을 가지고 주주들에게 혜택을 돌려주기로 결정했다. 1992년 7월에 더치 경매를 조건으로 제너럴다이내믹스는 65.37달러에서 72.25달러 사이의 가격으로 132만 주의 자사주를 매입했다. 그 결과 총 발행주식은 30퍼센트쯤 줄어들었다.

1992년 7월 22일 아침에 버핏은 앤더스에게 전화를 걸어 버크셔에서 제너럴다이내믹스 주식을 430만 주 매입했다고 알렸다. 버핏은 제너럴다이내믹스에 깊은 인상을 받았으며 투자 목적으로 매입했다고 앤더스에게 설명했다. 9월에 버핏은 앤더스가 최고경영자로 남아 있는 조건으로 버크셔의 의결권을 제너럴다이내믹스 이사회에 위임했다.

원칙_합리적인 기업에 투자하라

버크셔가 매입한 주식 중에서 제너럴다이내믹스 주식 매입만큼 혼란을 불러일으킨 경우도 없을 것이다. 이전까지 버핏은 이런 식으로 주식 매입에 나선 적이 한 번도 없었다. 제너럴다이내믹스는 단순하고 이해하기 쉬운 회사가 아니었고, 일관성 있게 실적을 올리는 회사도 아니었으며, 장기적으로 전망이 밝은 회사도 아니었다. 제너럴다이내믹스는 정부의 통제를 받는 산업에 속해 있었을 뿐 아니라(매출의 90퍼센트가 정부와의 계약이었다) 그 산업의 규모도 감소하는 추세였다. 수익 마진은 보잘것없었고, 자기자본투자수익률도 평균 이하였다. 게다가 미래의 현금 흐름도 불확실했다. 그렇다면 버핏은 어떻게 그 회사의 가치를 평가할 수 있었을까? 애초에 버핏은 장기 보유 주식 개념으로 제너럴다이내믹스 주식을 매입하지 않았다. 차익 거래의 기회로 그 회사 주식 매입에 나섰던 것이다. 그래서 평소 그가 지키던 재무 및 기업 활동에 대한 원칙이 이 경우에는 적용되지 않았다.

"우리가 제너럴다이내믹스 주식을 매입한 것은 행운이 따라준 덕분이다. 나는 지난해 여름, 제너럴다이내믹스에서 더치 경매 방식으로 자사주의 30퍼센트를 매입한다고 발표할 때까지 그 회사에 거의 관심을 갖지 않았다. 차익 거래의 기회로 판단하고 버크셔를 위해서 그 회사 주식 매입에 나섰던 것이다. 우리는 보유 주식에 약간의 수익이 발생하리라 예상하고 있었다."[30]

그러나 버핏은 심경의 변화를 일으켰다. 원래 계획은 더치 경매에 버크셔의 주식을 내놓는 것이었다. "하지만 당시에 나는 윌리엄 앤더스가 CEO를 역임한 짧은 기간 동안 그가 거둔 성과와 그 회사에 대해서 조사하기 시작했다. 그리고 조사를 하면서 놀라움을 금치 못했다. 앤더스는 명확하고 합리적인 전략을 가지고 있었다. 또한 절박감으로 전략 실행에 집중했다. 결과는 놀라웠다."[31] 버핏은 제너럴다이내믹스를 차익 거래의 기회로 삼고자 했던 생각을 버리고, 장기 주주가 되기로 결심했다.

물론 제너럴다이내믹스에 대한 버핏의 투자는 제도적 관행을 거부하는 윌리엄 앤더스의 능력을 보여준 증거나 다름없었다. 비록 비판자들은 앤더스가 우수한 기업의 부채를 갚으려고 사업체들을 청산했다고 주장했지만 앤더스는 단지 회사의 미실현 가치를 현금화했을 뿐이라고 항변했다. 그가 1991년 CEO 직에 올랐을 때 제너럴다이내믹스 주식은 장부 가치보다 60퍼센트 할인된 가격에 거래되고 있었다. 이보다 앞선 10년 동안 제너럴다이내믹스는 연간 9퍼센트의 수익률을 주주들에게 돌려주었다. 비교하자면 열 개의 다른 방위 산업체들은 17퍼센트, S&P500지수는 17.6퍼센트의 수익률을 올리고 있었다. 버핏은 제너럴다이내믹스가 장부 가치 이하로 거래되고 있지만 현금 흐름을 창출하고 있으며 기업 분할 프로그램에 착수하고 있음을 알게 되었다. 특히 경영진이 주주 지향적이라는 사실이 무엇보다 중요했다.

예전에는 우주 항공 시스템 부문이 제너럴다이내믹스의 핵심 사업으로 남아 있을 것이라고 여겼다. 그러나 앤더스는 이런 사업 부문들을 매각하기로 결정했다. 항공기 사업은 록히드에 매각되었다. 당시 제너럴다이내믹스는 록히드, 보잉과 함께 차세대 전술 전투기 F-22를 개발하던 3대 협력 업체 중 하나였다. 록히드는 제너럴다이내믹스의 항공기 사업 부문을 인수함으로써 F-16 사업 부문을 획득했으며, F-22 프로젝트와 관련하여 3분의 2의 지분을 가지고 보잉과 협력할 수 있게 되었다. 항공 시스템 사업은 우주 발사체인 타이탄로켓 제조업체인 마틴마리에타에 매각되었다. 두 사업체를 매각한 결과 제너럴다이내믹스가 얻은 수익은 총 17억2,000만 달러였다.

현금이 넘치자 제너럴다이내믹스는 또다시 주주들에게 돈을 돌려주었다. 1993년 4월에 이 회사는 주주들에게 주당 20달러씩 특별 배당을 했다. 7월에도 18달러의 특별 배당을 했고, 10월에는 주당 12달러를 주주들에게 나누어주었다. 1993년에는 50달러의 특별 배당금을 돌려주었으며, 분기별 배당을 주당 0.40달러에서 0.60달러로 늘렸다. 1992년 7월부터 1993년 말까지 버크셔는 주당 72달러를 투자하여 2.6달러의 일반 배당과 50달러의 특별 배당을 받았으며, 주가도 103달러까지 상승했다. 그러면서 18개월 동안 116퍼센트의 수익률을 기록했다. 이 기간에 제너럴다이내믹스가 동종 집단의 실적은 물론 S&P500지수의 수익률도 훨씬 능가했다는 사실은 그리 놀라운 일이 아니다.

웰스파고

만약 버핏이 지금껏 행한 투자 중에서 제너럴다이내믹스가 가장 당혹스러운 투자였다면 웰스파고 투자는 가장 논란이 많은 투자였을 것이다. 1990년 10월, 버크셔해서웨이는 평균 단가 57.88달러에 총 2억8,900만 달러를 투자하여 웰스파고 주식 500만 주를 매입했다고 발표했다. 이로써 버크셔해서웨이는 웰스파고 은행의 최대 주주로서 총 발행주식의 10퍼센트를 소유하게 되었다.

그해 초에 웰스파고의 주가는 최고 86달러에 거래되었지만 그 후 투자자들은 캘리포니아 지역의 은행들과 저축 금융 기관들에 대한 투자를 포기하기 시작했다. 그들은 미국 서부 해안 지역에 닥친 불황으로 머지않아 상업 및 주거 부동산 시장에서 광범위한 대출 손실이 발생하리라 판단했다. 특히 웰스파고가 캘리포니아 은행들 중에서 상업 부동산에 가장 많은 대출을 해주었기 때문에 투자자들은 앞다투어 주식을 팔아치웠으며 공매자들(short sellers)도 하락세를 더욱 부추겼다. 웰스파고 주식의 대주잔고는 10월에 77퍼센트나 껑충 뛰어올랐다. 그즈음 버핏은 웰스파고 주식을 매입하기 시작했다.

버크셔해서웨이가 웰스파고의 주요 주주가 되었음을 발표한 이후 몇 달 동안 웰스파고의 주가를 둘러싼 싸움은 흡사 헤비급 권투 시합을 방불케 했다. 홍코너에서는 웰스파고의 주가 상승에 도박을 건 버핏이 2억 8,900만 달러를 투자하고 있고, 청코너에는 이미 49퍼센트나 하락한 웰스파고의 주가가 더 하락할 거라는 데 도박을 건 투자자들이 대주잔고를 늘리고 있었다. 미국 최대의 단기 공매 전문가인 페시바흐 브러더스가 버핏의 반대편에서 도박을 걸었다. 페시바흐를 지지하던 댈러스 출신의 펀드매니저 토머스 바턴은 이렇게 말했다. "웰스파고는 이미 가망 없는 기업이다. 웰스파고를 파산 후보자로 부르는 것이 옳다고 생각하진 않지만 주가 상승을 기대하는 것은 10대의 철없는 생각이나 마찬가지이다."[32] 프루덴셜 증권 분석가인 조지 세일럼도 이런 말을 했다. "버핏은 유명한 바겐 헌터(bargain hunter, 싸고 질 좋은 물건을 찾아다니는 사람_옮긴이)이자 장기 투자자이다. 그러나 캘리포니아는 또 다른 텍사스가 될 수 있다."[33] 세일럼은 에너지 가격 하락 당시 텍사스에서 발생했던 은행의 실패 사례를 언급하며 이런 말을 했다. 그리고 존 리스치오는 금융 주간지 『배런스』에서 이렇게 말했다. "버핏은 누가 자신의 재산을 더 오래 사용할지 걱정할 필요가 없을 것이다. 그러나 은행주에서 주가가 바닥인 주식만 계속 주워 담으려 한다면 사정은 달라질 것이다."[34]

버핏은 은행 영업에 매우 친숙했다. 1969년에 버크셔해서웨이는 일리노이내셔널뱅크앤드트러스트컴퍼니(Illinois National Bank and Trust Company)의 보유 주식 중 98퍼센트를 매입했다. 1979년에 은행지주회사법(Bank Holding Act)이 버크셔에 은행 지분을 처분하라고 요구하기 전에 버핏은 버크셔의 연차 보고서를 통하여 해마다 은행의 매출과 수익을 발표했다. 이렇듯 은행은 버크셔가 관리하는 주식들 중에서 중요한 한 자리를 차지하고 있었다.

잭 링월트가 보험 영업의 복잡한 내용들을 이해할 수 있도록 버핏에게 도움을 준 것처럼 일리노이내셔널뱅크 회장이었던 진 어벡도 은행 영업에 관해서 버핏에게 가르침을 주었다. 버핏이 배운 교훈은, 은행이 책임감 있게 대출을 해주고 비용을 절감하면 수익성 있는 회사가 될 수 있다는 것이었다. "우리는 경험을 통해서 예전에 고비용 영업을 했던 경영자가 비용을 추가하는 새로운 방법들을 찾아내는 데 특히 능숙하다는 사실을 알고 있다. 반면 엄격하게 비용을 통제하며 회사를 운영했던 경영자들은 비용을 절감하는 추가 방안들을 계속 모색한다. 이미 경쟁사들보다 훨씬 적은 비용을 사용하고 있을지라도 그들은 이런 시도를 멈추지 않는다. 후자의 이런 능력을 보여준 최고의 인물이 바로 진 어벡이다."[35]

원칙_장기적으로 전망이 밝은 기업에 투자하라

버핏은 웰스파고가 코카콜라는 아니라고 말한다. 대개의 경우 코카콜라가 사업체로서 실패할 수 있다는 것은 상상하기 힘들다. 그러나 은행의 경우는 다르다. 은행은 실패할 수 있고 또 자주 실패하곤 한다. 버핏은 대부분의 은행 폐쇄는 그 원인을 경영진의 실수로 거슬러 올라갈 수 있다고 주장한다. 합리적인 은행가라면 결코 고려하지 않을 대출을 어리석게도 그들이 시도하기 때문이라는 것이다. 은행업계에서는 보통 자산이 자기자본의 20배 수준이다. 따라서 소규모 자산이 포함되어 있을지라도 경영진이 어리석은 선택을 하면 은행의 자기자본에 심각한 손실을 불러올 수 있다.

　그러나 버핏은 이런 사정에도 불구하고 은행이 얼마든지 훌륭한 투자처가 될 수 있다고 말한다. 만약 경영진이 자기 역할을 잘해낸다면 은행은 20퍼센트의 자기자본수익률을 올릴 수 있다. 그 정도면 코카콜라의 수익률에는 미치지 못하지만 대다수 기업체의 평균 수익률보다는 높은 수준이었다. 당신이 은행 소유주라면 업계에서 굳이 일등 주자가 될 필요가 없다고 버핏은 설명한다. 중요한 것은 자산과 부채와 비용을 어떻게 관리하느냐이다. 보험과 마찬가지로 은행도 생필품 제조 회사와 매우 흡사하다. 알다시피 생필품 유형 기업들은 경영진의 활동이 종종 가장 중요한 특징으로 부각된다. 이런 측면에서 버핏은 은행업계에서 최고의 경영진을 갖춘 은행을 선택했다. "웰스파고와 함께하면서 우리는 은행업계에서 가장 탁월한 경영자인 칼 라이하르트와 폴 헤이즌을 얻었다고 생각한다. 여러모로 칼과 폴의 조합은 캐피털시티스/ABC의 토머스 머피와 댄 버크를 떠올리게 한다. 이들 두 사람의 짝은 나머지 사람들을 다 합친 것보다 더 강한 영향력을 가지고 있다."[36] 버핏의 주장이다.

원칙_합리적인 기업에 투자하라

칼 라이하르트는 1983년에 웰스파고의 회장에 취임하자마자 침체된 은행을 수익성 있는 회사로 바꾸기 시작했다. 1983년부터 1990년까지 웰스파고는 평균 1.3퍼센트의 자산수익률과 15.2퍼센트의 자기자본수익률을 기록했다. 1990년경에는 560억 달러의 자산을 가진 미국 10위 은행이 되었다. 버핏이 찬사를 보낸 다른 경영자들처럼 라이하르트 역시 합리적이었다. 그는 주주에게 보상하는 주식 환매 프로그램을 시도하지 않았고, 특별 배당을 나누어주지도 않았지만 주주들에게 혜택을 주는 방향으로 웰스파고를 운영했다. 게다가 캐피털시티스/ABC의 토머스 머피처럼 비용 관리에 관한 한 그 역시 전설적인 인물이었다. 일단 비용이 통제되면 그는 결코 고삐를 늦추지 않았다. 그는 끊임없이 수익성 향상을 위한 방안들을 모색했다.

은행의 운영 효율성을 측정하는 하나의 수단으로 순이자 수익 대비 운영비 비율이라는 것이 있다.[37] 웰스파고의 운영 효율성은 퍼스트인터스테이트 은행에 비해 20~30퍼센트 더 높은 것으로 나타났다. 라이하르트는 마치 기업가처럼 웰스파고를 경영했다. "우리는 일반 기업체처럼 이 은행을 운영하려고 애쓰고 있습니다. 2 더하기 2는 4입니다. 7이나 8이 될 수 없습니다."[38]

버핏이 1990년에 웰스파고 주식을 매입했을 때 그 은행은 미국 주요 은행들 중에서 가장 높은 비율의 상업 부동산 대출을 가지고 있었다. 145억 달러에 달하는 웰스파고의 부동산 대출은 자기자본의 5배 수준이었다. 그런데 캘리포니아의 경기 침체가 악화되고 있었기 때문에 분석가들은 웰스파고의 상업적 대출 중 상당 부분이 악성 대출이 될 것으로 예상했다. 그 결과 1990년과 1991년에 웰스파고의 주가는 하락세를 면치 못했다.

연방저축대부보험공사(FSLIC)의 대실패를 경험한 은행 감독관들은 웰스파고의 대출 포트폴리오를 엄격하게 검토했다. 그들은 1991년에 악성 대출에 대해서 13억 달러를 대손충당금으로 확보해야 하며, 이듬해에도 또 다른 12억 달러를 대손충당금으로 확보해야 한다고 웰스파고에 압력을 가했다. 대손충당금은 분기별로 확보해야 하기 때문에 투자자들은 후속 발표가 나올 때마다 지나치게 예민한 반응을 보였다. 웰스파고는 대손충당금에 대해서 한꺼번에 부담을 떠안는 대신 2년에 걸쳐 그 부담을 질질 끌었다. 투자자들은 웰스파고가 문제 있는 대출을 제대로 해결할 수 있을지 의구심을 갖기 시작했다.

1990년에 버크셔에서 웰스파고 인수를 발표한 이후 잠시 주가가 상승하더니 1991년 초에는 98달러에 도달하여 버크셔에 2억 달러의 수익을 안겨주었다. 그러나 1991년에 웰스파고에서 또 다른 대손충당금 부담을 발표하자 주가는 이틀 만에 13포인트 하락하여 74달러가 되었다. 비록 주가는 1991년 4/4분기에 서서히 회복세를 보였지만 대손충당금으로 웰스파고가 또 다른 부담을 떠안아야 하는 상황이 명확해졌다. 그해 말에 주가는 주당 58달러로 마감되었다. 버크셔의 투자는 롤러코스터처럼 등락을 거듭한 끝에 이익도 손해도 없는 본전치기를 했다. "나는 캘리포니아의 경기 침체와 웰스파고의 부동산 문제 모두의 심각성을 과소평가했다."[39] 버핏의 고백이다.

원칙_기업의 내재 가치를 평가하라

1990년에 웰스파고는 전년도에 비해 18퍼센트 증가한 7억1,100만 달러의 수익을 기록했다. 이듬해에는 대손충당금으로 인해서 2,100만 달러의 수익을 올렸다. 1년 후 수익은 조금 증가하여 2억8,300만 달러에 이르렀지만 2년 전에 비하면 절반에도 미치지 못하는 수준이었다. 은행의 수익과 대손충당금이 서로 반비례한다는 사실은 그리 놀라운 일이 아니다. 그러나 웰스파고의 손익계산서에서 대손충당금을 제외하고 보면 그 회사의 수익 능력이 상당하다는 것을 알게 될 것이다. 1983년 이래로 웰스파고의 순이자 수익은 11.3퍼센트 증가했으며, 비이자 수익(deposit charge, 투자 수수료, 신탁 수익)은 15.3퍼센트 증가했다. 만약 1991년과 1992년의 비정상적인 대손충당금을 배제한다면 웰스파고의 수익 능력은 대략 10억 달러에 이를 것이다.

은행의 가치는 계속기업(going concern, 기업은 계속 존재한다는 가정 아래 사업을 영위하는 기업_옮긴이)으로서 순자산에다 향후 예상되는 순이익을 더한 것으로 계산된다. 1990년에 버크셔해서웨이가 웰스파고 매입을 시작했을 때 웰스파고의 전년도 수익은 6억 달러였다. 그리고 30년 만기 미국 국채의 평균 이율은 약 8.5퍼센트였다. 보수적으로 계산하여 웰스파고의 1989년 수익 6억 달러를 9퍼센트 할인하면 은행의 가치는 66억 달러가 된다. 설사 향후 30년 동안 이 은행의 연간 수익이 6억 달러에서 한 푼도 더 늘어나지 않는다 하더라도 그 가치가 최소한 66억 달러는 되는 셈이다. 버핏은 1990년에 웰스파고를 인수하며 매입 주식에 대해서 주당 58달러를 지불했다. 총 발행주식 5,200만 주로 계산하면 30억 달러로 은행을 인수하는 셈인데, 이는 은행의 내재 가치보다 55퍼센트 할인된 금액이다.

물론 웰스파고에 대한 논쟁은 대출 문제를 모두 고려한 이후에도 그 은행이 수익 능력을 가지고 있느냐에 집중되었다. 단기 공매 전문가들은 수익 능력이 없다고 보았지만, 버핏은 수익 능력이 있다고 보았다. 버핏은 웰스파고 소유에 어느 정도 리스크가 있다는 사실을 알았다. 그는 다음과 같이 자신의 웰스파고 인수를 합리적으로 설명했다. "캘리포니아 은행들은 대형 지진이라는 특별한 리스크에 직면해 있다. 이런 재난은 대출자들에게 막대한 피해를 입힐 수 있고, 차례로 그들에게 대출해준

은행들도 파멸에 이르게 할 수 있다. 또 다른 리스크는 시스템에서 비롯한 것이다. 사업 축소 및 금융 공황의 가능성이 심화되면 그것이 차입금 비율이 높은 거의 모든 기관들을 위태롭게 할 수 있기 때문이다. 아무리 영리하게 경영을 잘해도 이런 리스크는 피하기 힘들다."[40] 버핏은 이런 두 사태가 발생할 가능성이 낮다고 판단했다. 그러나 여전히 한 가지 리스크는 남아 있었다. "그 당시 시장이 느끼던 공포는 서부 해안 지역 부동산 가치가 과잉 건축으로 폭락하여, 사업 확장을 재정적으로 지원하던 은행들에 막대한 손실을 안겨줄 수 있다는 것이었다."[41]

버핏은 웰스파고가 대출 손실로 평균 3억 달러를 비용 계정에 올리고 나서도 매년 10억 달러의 세전 수익을 올린다는 사실을 알고 있었다. 그는 1991년에 웰스파고의 대출금 480억 달러(비단 상업적 대출만이 아닌 은행의 총대출) 중에서 10퍼센트가 부실 대출이고, 이자를 포함하여 평균적으로 원금의 30퍼센트가 손실을 낳는 수준이라면 웰스파고가 손익분기점을 맞출 수 있을 것이라고 계산했다. 이것은 예상 밖이었다. 심지어 웰스파고에서 1년 동안 전혀 수익이 발생하지 않아도 실망스러운 결과는 아니었기 때문이다. "버크셔에서 우리는 1년 동안 수익이 전혀 없어도 그런 기업을 인수하거나 자본 프로젝트에 투자하는 것을 망설이지 않았다. 그런데 웰스파고의 경우에는 당시에 20퍼센트의 자기자본수익률을 기대할 수 있었다."[42] 버핏의 말이다. 버핏이 내재 가치보다 50퍼센트 할인된 가격으로 주식을 매입할 수 있게 되자 웰스파고에 대한 관심도 더욱 커졌다.

"은행이 꼭 나쁜 회사는 아니다. 그러나 종종 그런 회사가 된다. 은행가들이 꼭 어리석은 짓을 하는 것은 아니다. 그러나 그들은 종종 그런 짓을 한다."[43] 버핏의 말이다. 그는 리스크가 높은 대출을 어리석은 은행가가 집행한 대출로 설명한다. 버핏은 웰스파고를 인수할 때 라이하르트가 어리석은 은행가는 아니라고 확신했다. "경영진에 대한 확신이 있다. 우리는 그들이 다른 사람들보다 더 빨리, 더 쉽게 문제를 해결할 것이라고 생각한다."[44] 찰리 멍거의 말이다. 그리고 버크셔의 도박은 보상을 받았다. 1993년 말에 웰스파고의 주가는 137달러에 달했다.

아메리칸익스프레스

"오랫동안 어떤 회사와 그 제품에 익숙한 것이 종종 그 회사의 평가에 도움이 된다는 것을 나는 알고 있다."[45] 버핏의 말이다. 5센트짜리 코카콜라를 팔고, 「워싱턴포스트」를 배달하고, 아버지의 고객들에게 GEICO 주식 매입을 권했던 사례를 제외하고 버핏은 버크셔 소유의 어느 다른 기업들보다 아메리칸익스프레스(American Express)와 더 오랜 역사를 가지고 있었다. 1960년대 중반에 버핏합자회사는 샐러드유 스캔들로 손실을 입은 직후 자기 자산의 40퍼센트를 아메리칸익스프레스에 투자했다. 30년 후 버크셔는 아메리칸익스프레스 총 발행주식의 10퍼센트를 보유하게 되었는데, 14억 달러에 달하는 금액이었다.

원칙_ 일관되고 오랜 경영의 역사를 가진 기업에 투자하라

아메리칸익스프레스는 굴곡 많은 변화를 거쳤지만 버핏이 자신의 합자 회사에서 처음으로 이 회사의 주식을 매입했을 당시와 기본적으로 동일한 회사이다. 아메리칸익스프레스는 세 개의 사업 부문으로 나뉘어 있다. 첫 번째는 아메리칸익스프레스 신용카드와 아메리칸익스프레스 여행자수표를 발행하는 TRS(Travel Related Services)로 아메리칸익스프레스 총매출의 약 72퍼센트를 차지하고 있다. 두 번째는 재무 계획과 보험 및 투자 제품을 관할하는 AEFA(American Express Financial Advisors)로 아메리칸익스프레스 총매출의 22퍼센트를 차지하고 있다. 세 번째는 아메리칸익스프레스 총매출의 5퍼센트를 차지하는 아메리칸익스프레스뱅크(American Express Bank)이다. 이 은행은 전 세계 37개국에 87개의 사무실을 운영하면서 오랫동안 아메리칸익스프레스 카드의 지역 대리점 역할을 했다.

아메리칸익스프레스의 TRS는 꾸준히 예측 가능한 수익을 올리고 있다. 이 사업 부문은 언제나 상당한 수익을 올리면서 손쉽게 기업 성장을 위한 자금줄이 되었다. 그러나 아메리칸익스프레스에서 회사 운영에 필요한 자금보다 더 많은 현금을 창출하게 되자 그 돈을 책임감 있게 배분하는 것이 경영진의 능력을 가늠하는 시험대가 되었다. 몇몇 경영자들은 오직 필요한 자금만 투자하고, 배당을 늘리거나 자사주를 매입하는 방식으로 주주들에게 잔액을 돌려주면서 이 시험을 통과했다. 다른 한편 제도적 관행에서 벗어나지 못한 다른 경영자들은 현금을 소모하면서 기업 영토를 확장할 방법을 끊임없이 모색했다. 불운하게도 제임스 로빈슨이 리더십을 발휘하던 수년 동안 아메리칸익스프레스가 이 같은 운명에 처해 있었다.

로빈슨의 계획은 TRS의 잉여 자금을 활용하여 유관 기업체들을 인수하고, 그럼으로써 아메리칸익스프레스를 금융 서비스의 강자로 만드는 것이었다. IDS 인수는 수익성 있는 것으로 판명되었다. 그러나 시어슨리먼(Shearson-Lehman) 인수는 기대에 못 미쳤다. 시어슨은 자체적으로 자금을 충당하기는커녕 영업 활동을 위해서 TRS의 잉여 자금을 점점 더 많이 요구했다. 장기간에 걸쳐 로빈슨은 시어슨에 40억 달러를 투자했다. 이렇듯 자금을 고갈시키는 문제가 생기자 로빈슨은 버핏과 접촉했다. 버크셔는 3억 달러에 달하는 전환우선주를 매입했다. 당시에 버핏은 전환우선주를 통해서 아메리칸익스프레스에 투자하려 했다. 그러나 그 회사에 대한 합리적 판단이 가능해지자 보통주 주주가 되어도 좋다는 자신감을 가졌다.

원칙_합리적인 기업에 투자하라

아메리칸익스프레스에서 가장 값진 보석이 아메리칸익스프레스 카드라는 것은 더 이상 비밀이 아니다. 아메리칸익스프레스에서 부족해 보이는 부분은 이런 사업의 경제성을 제대로 인식하지 못하는 경영진이었다. 다행히 1992년에 로빈슨이 약식으로 사임하고 하비 골럽이 최고경영자 자리에 오르면서 이 문제의 심각성에 대한 인식을 갖게 되었다. 놀라우리만치 버핏과 비슷한 기질을 가진 골럽은 아메리칸익스프레스 카드를 언급하며 '프랜차이즈(franchise)'나 '브랜드 가치(brand value)' 같은 용어를 사용하기 시작했다. 골럽이 곧바로 취한 조치는 TRS에 대한 브랜드 인식을 강화하는 한편 시어슨리먼 매각을 준비하면서 자본 구조를 튼튼히 하는 것이었다.

그 후 2년 동안 골럽은 아메리칸익스프레스에서 실적이 낮은 자산을 청산하고 수익성과 자기자본수익률을 회복하는 과정에 돌입했다. 1992년에 골럽은 아메리칸익스프레스에 10억 달러 이상 순이익을 안겨주었던 퍼스트데이터코퍼레이션(First Data Corporation, 아메리칸익스프레스의 정보 데이터 서비스 사업 부문)을 위한 주식 공모에 착수했다. 이듬해에 아메리칸익스프레스는 자산 관리 사업 부문이었던 보스턴컴퍼니를 15억 달러에 멜런뱅크에 매각했다. 얼마 후 시어슨리먼은 두 개의 사업 부문으로 나뉘었다. 시어슨의 소매 계정 부문은 매각되었다. 한편 리먼브러더스는 비과세 배분을 통해서 리먼아메리칸익스프레스 주주들에게 분할되지만 나중에 골럽은 10억 달러를 리먼에 쏟아부어야 했다.

1994년경 아메리칸익스프레스에서 지난날의 수익을 회복하는 징조가 나타나기 시작했다. 회사의 자원이 이제는 TRS를 든든히 뒷받침해주었다. 경영진의 목표는 아메리칸익스프레스 카드를 '세상에서 가장 존경받는 서비스 브랜드'로 만드는 것이었다. 회사에서 이루어지는 모든 커뮤니케이션은 아메리칸익스프레스라는 이름의 특권적 가치를 강조했다. 심지어 IDS 파이낸셜 서비스도 아메리칸익스프레스 파이낸셜 어드바이저(American Express Financial Advisors)로 명칭을 바꾸었다.

만반의 준비를 갖춘 골럽은 다음 단계로 회사의 재무적 목표를 설정했다. 매년 주당순이익을 12~15퍼센트 증가시키고 자기자본수익률도

18~20퍼센트 끌어올린다는 것이 그 목표였다. 1994년 9월에 아메리칸익스프레스는 새로운 경영진의 합리성을 명확히 보여주는 성명서를 발표했다. 이사회에서는 시장 상황을 조건으로 2,000만 주의 자사주 매입을 경영진에 인가했다. 아마 버핏의 귀에는 그 소식이 감미로운 음악처럼 들렸을 것이다.

1994년 여름, 버핏은 버크셔가 보유하고 있던 전환우선주를 보통주로 전환하고, 아메리칸익스프레스 보통주를 추가로 매입하기 시작했다. 그 해 말까지 버크셔는 평균 단가 25달러로 2,700만 주의 아메리칸익스프레스 보통주를 보유하게 되었다. 자사주 매입 계획이 완료되자 1994년 가을에 아메리칸익스프레스는 이듬해 봄에 총 발행주식의 8퍼센트를 차지하는 4,000만 주의 주식을 추가로 매입할 예정이라고 발표했다.

물론 아메리칸익스프레스는 변화하는 회사였다. 막대한 자본 수요를 가진 시어슨리먼을 처분한 이후 아메리칸익스프레스는 잉여 현금을 창출하는 능력을 가졌다. 그리고 처음으로 필요한 것보다 더 많은 주식과 자본을 갖게 되었다. 아메리칸익스프레스에서 진행 중인 변화를 감지한 버핏은 아메리칸익스프레스에서 버크셔의 지분을 대폭 늘리기로 결정했다. 1995년 3월에 그는 2,000만 주를 추가로 매입했다. 그럼으로써 버크셔가 소유한 아메리칸익스프레스의 지분은 거의 10퍼센트에 달하게 되었다.

원칙_기업의 내재 가치를 평가하라

1990년 이래로 비현금성 비용, 감가상각비와 분할상환금은 아메리칸익스프레스의 토지 및 건물과 장비 인수와 거의 비슷해졌다. 감가상각비와 분할상환금이 자본 지출과 비슷해지면 주주 수익도 순이익과 같아진다. 그러나 아메리칸익스프레스의 굴곡 심한 역사 때문에 그 회사의 주주 수익을 확인하는 것은 쉬운 일이 아니다. 이런 상황에서는 매우 보수적으로 성장을 예측하는 것이 최선이다.

1994년 말에는 1993년에 팔린 계열사들의 매각 대금이 반영되어 아메리칸익스프레스의 주주 수익은 약 14억 달러에 달했다. 골럽의 목표는 12~15퍼센트 비율로 주주 수익을 계속 증가시키는 것이었다. 향후 10년 동안 10퍼센트의 수익 성장과 그 이후에 5퍼센트의 잔여 성장(경영진의 예측보다 훨씬 낮은 비율의 성장)을 한다는 가정하에 10퍼센트씩 수익을 할인하면(30년 만기 미국 국채의 이율이 8퍼센트인 것을 감안하면 보수적으로 계산한 할인율이다), 아메리칸익스프레스의 내재 가치는 434억 달러 또는 주당 87달러가 된다. 그런데 만약 아메리칸익스프레스의 수익이 12퍼센트씩 성장할 수 있다면 이 회사의 내재 가치는 500억 달러 또는 주당 100달러에 육박할 것이다. 버핏은 좀 더 보수적으로 평가하여 내재 가치에서 70퍼센트 할인된 가격으로 아메리칸익스프레스의 주식을 매입했다. 이것만으로도 충분히 안전 마진을 확보할 수 있었기 때문이다.

IBM

버핏이 2011년 10월에 CNBC 인터뷰에서 버크셔해서웨이가 IBM 주식을 매입했다는 사실을 알렸을 때 버크셔의 주주들 중 상당수가 머쓱해졌을 것이라고 나는 확신한다. 기술주 매입에는 관심이 없다고 누누이 말해온 당사자가 바로 버핏이었기 때문이다. "나는 내년도 기술주를 생각하면서 모든 시간을 보낼 수 있다. 그러나 이런 기업들의 분석에 관한 한 나는 아직도 미국에서 100번째나 1,000번째, 아니 10,000번째로 똑똑한 인간 축에도 끼지 못한다."[46]

버핏이 기술주 매입에 나서지 않은 것은 그가 기술 기업들을 이해하지 못해서가 아니었다. 오히려 이런 기업들에 대해서 소상히 잘 알고 있었다. 여기서 그를 애먹인 것은 이런 기업들의 경우 미래의 현금 흐름을 예측하기 힘들다는 것이었다. 기술 산업의 고유한 특성이 끊임없는 파괴와 혁신으로 인해서 기술 독점 판매권의 수명은 매우 짧은 편이었다. 버핏은 코카콜라, 웰스파고, 아메리칸익스프레스, 존슨앤드존슨, 프록터앤드갬블, 크래프트푸드, 월마트 등과 같은 기업이라면 얼마든지 그 미래를 자신 있게 예상할 수 있었다. 그러나 마이크로소프트, 시스코, 오라클, 인텔, IBM 같은 기술 기업들의 미래를 예측하기란 여간 힘든 일이 아니었다.

그러나 2011년 말에 버크셔해서웨이는 총 발행주식의 약 5.4퍼센트인 6,390만 주의 IBM 주식을 매입했다. 그리고 100억8,000만 달러의 매입 금액은 지금껏 버핏이 시도한 개별적인 주식 매입 중에서 최대 규모였다.

원칙_합리적인 기업에 투자하라

버핏이 2011년도 연차 보고서에서 버크셔 주주들에게 IBM 주식 매입에 관한 소식을 전할 때 아마도 대다수는 IBM의 선진 정보처리 기술의 경쟁력에 관한 속성 강의를 듣게 되리라고 생각했을 것이다. 그러나 그들이 접한 것은 자사주 매입의 가치 그리고 이런 기업의 장기 전략을 지적으로 사고하는 방법에 관한 강의였다.

버핏은 다음과 같이 운을 뗐다. "모든 기업 관찰자들, IBM의 CEO인 루이스 거스트너와 새뮤얼 팔미사노가 20년 전 파산 직전의 IBM을 오늘날의 유명 기업으로 탈바꿈시키는 데 탁월한 역할을 했다고 말합니다."[47] 20년 전에 100년의 역사를 가진 IBM이 파산 직전의 위기에 몰렸다는 것은 상상하기 힘들다. 그러나 1992년에 IBM은 50억 달러의 손실을 기록했다. 이것은 당시까지 단일 연도에 미국 기업이 기록한 손실 중 최대 금액이었다. 이듬해에 IBM은 경영을 호전시키고자 루이스 거스트너를 영입했다. 거스트너는 『누가 코끼리는 춤을 출 수 없다고 말하는가?(Who Say Elephant Can't Dance?)』에서 자신의 전략에 대한 개요를 서술했다. 이 전략에는 저수익 하드웨어 테크놀로지를 매각하여 소프트웨어와 서비스 부문으로 이동하는 내용도 포함되어 있었다. 훗날 2002년에 새뮤얼 팔미사노가 CEO가 되었을 때 그는 퍼스널 컴퓨터 사업을 매각한 다음 그 후 10년 동안 서비스와 인터넷과 소프트웨어 사업에 집중하면서 IBM의 지속적인 성장을 이끌었다.

"그들의 재무 관리 역시 아주 훌륭했습니다." 버핏이 말을 이었다. "물질적인 이익 증가로 IBM의 주주들을 만족시키는 기술인 이런 재무 관리에 관한 한, 이보다 더 나은 기업은 생각할 수 없습니다. IBM은 부채를 폭넓게 활용하여 거의 현금만으로 가치를 더해주는 기업 인수를 성사시켰으며, 공격적으로 자사주를 매입했습니다."[48]

1993년에 IBM의 총 발행주식은 23억 주였다. 10년 후 거스트너가 은퇴하고 팔미사노가 CEO가 되었을 때 총 발행주식은 17억 주였다. 거스트너는 10년에 걸쳐 총 발행주식의 26퍼센트에 해당하는 자사주를 매입했으며, 배당금은 136퍼센트나 끌어올렸다. 이 교훈은 팔미사노에게 그대로 이어졌다. 팔미사노가 CEO로 재임한 10년 동안 IBM은 총 발행주식을 17억 주에서 11억 주로, 36퍼센트를 줄였다. 거스트너와 팔미사노의 자사주 매입을 다 합치면 총 발행주식의 절반을 넘어서는 수준이었다. 그뿐만 아니라 팔미사노가 회사를 운영한 10년 동안 배당금도 0.59달러에서 3.30달러로 460퍼센트나 증가했다.

테크놀로지 부문의 4대 기수인 IBM, 마이크로소프트, 인텔과 시스코 중에서 기술주 버블이 절정에 달했던 1999년도보다 최근 주가가 더 높은 기업은 딱 하나뿐이다. IBM이 그 주인공이다. 1999년 말에 주당 112달러에 거래되던 IBM 주식은 2012년 말에는 주당 191달러에 거래되었다. 비교하자면 시스코 주식은 각각 54달러와 19달러, 인텔 주식은 각각 42달러와 20달러, 마이크로소프트는 각각 52달러와 27달러에 거래되었다. 그렇다고 IBM이 유독 다른 기업들보다 빠른 속도로 성장한 것은 아니었다. 주당 가치가 더 빨리 상승하는 바람에 주가도 덩달아 뛰어올랐을 뿐이다. 1999년과 2012년 사이에 마이크로소프트는 19퍼센트, 인텔과 시스코는 23퍼센트 총 발행주식을 줄였지만 IBM은 36퍼센트나 총 발행주식을 줄였다.

버핏의 개념을 떠올려보자. 즉 그는 어떤 회사의 주식을 매입하기 시작한 후 주식시장에서 뒤늦게 인정받는 주식을 선호한다. 저렴한 가격에 더 많은 주식을 매입할 수 있는 기회가 찾아오기 때문이다. 자사주 매입 프로그램을 가동하는 기업의 경우도 마찬가지이다. "버크셔에서 자사주를 매입하는 기업의 주식을 사들일 때 우리가 바라는 것이 두 가지 있다. 첫째로 우리는 기업의 수익이 장기간에 걸쳐 빠른 속도로 증가하기를 바란다. 둘째로 우리는 그 주식이 주식시장에서 오랫동안 '저평가받는 주식'이길 바란다." 버핏의 설명대로 IBM은 향후 5년 동안 자사주 매입에 500억 달러를 투자할 공산이 크다. "이 기간 동안 버크셔 같은 장기 주주들은 무엇을 성원해야 할까? 우리의 바람은 5년 내내 IBM의 주가가 맥을 못 추었으면 하는 것이다."[49]

단기 실적에 집착하는 세상에서 어떤 주식이 오랫동안 주식시장에서 저평가받기를 원한다는 것은 아무리 좋게 말해도 뒷걸음치는 것처럼 들릴 수 있다. 그러나 진정한 장기 투자자라면 이런 사고방식이 실제로 매우 합리적일 수 있다. 버핏은 이를 수학적으로 설명한다. "만약 IBM의 주가가 평균 200달러라면 IBM은 500억 달러를 투자하여 2억5,000만 주의 자사주를 매입할 것이다. 그러면 총 발행주식은 9억1,000만 주가 되고, 그중 우리는 약 7퍼센트의 주식을 보유하게 될 것이다. 그런데 그 주식이 5년 동안 평균 300달러에 거래된다면 IBM은 자사주를 1억6,700만 주만 매입할 수 있을 것이다. 그러면 향후 5년 동안 IBM의 총 발행주식은 약 9억9,000만 주가 되고, 그중 우리는 6.5퍼센트의 주식을 보유하게 될 것이다."[50] 버크셔 입장에서 이 차이는 매우 중요하다. 주가가 더 낮을 경우 버크셔의 수익률은 1억 달러 증가하는데, 5년에 걸친 이런 수익률 증가는 15억 달러의 가치 증가를 의미하기 때문이다.

원칙_장기적으로 전망이 밝은 기업에 투자하라

버핏은 IBM이 벌여놓은 잔치에 뒤늦게 참석했다고 고백했다. 1988년의 코카콜라와 2006년의 벌링턴노던샌타페이철도회사 투자와 마찬가지로 그는 잔치에 참석하기 전에 50년 동안의 연차 보고서를 다 읽었다. 그리고 2011년 3월의 어느 토요일에 마침내 그는 잔치에 참석했다. 버핏은 소로의 글을 인용하여 "중요한 것은 눈으로 보는 것이 아니라 이해하는 것이다(It's not what you look at that matters; it's what you see)"라고 말했다. 버핏은 CNBC 인터뷰에서 고객을 찾아내고 유지하는 데 IBM이 보여준 경쟁력에 "강렬한 인상을 받았다"라고 털어놓았다.[51]

정보 기술(IT) 산업은 기술 부문 내에서 역동적이고 글로벌한 산업이다. 그리고 그 산업 부문에서 최대 규모의 기업이 바로 IBM이다.[52] 정보 기술은 서로 다른 네 가지 분야—컨설팅, 시스템 통합, IT 아웃소싱, 비즈니스 프로세스 아웃소싱—로 나뉜 광범위한 서비스 영역에서 8,000억 달러를 상회하는 시장을 가지고 있다. IBM은 처음 두 분야를 합쳐 52퍼센트, IT 아웃소싱에서 32퍼센트, 비즈니스 프로세스 아웃소싱에서 16퍼센트의 수익을 올리고 있다. 특히 컨설팅과 시스템 통합 분야에서는 그다음 경쟁 기업인 액센추어보다 38퍼센트 규모가 큰 세계 1위 공급업체이다. 또한 IT 아웃소싱 분야에서도 그다음 경쟁 기업인 휼렛패커드보다 78퍼센트 규모가 큰 세계 1위 공급업체이다. 그리고 비즈니스 프로세스 아웃소싱 분야에서는 텔레퍼포먼스, 아텐토, 컨버지스, 시텔, 이지스와 젠팩트의 뒤를 잇는 세계 7위 공급업체이다.

　정보 기술 서비스는 기술 분야 내에서도 안정적인 성장 산업으로 꼽히고 있다. 따라서 하드웨어나 반도체 같은 기술 부문은 현실적으로 좀 더 주기성이 있는 반면 서비스 부문은 좀 더 안정적인 성장 전망으로 혜택을 입고 있다. IT 산업은 탄력성이 큰 편이다. 그 산업의 수익이 대기업과 정부의 고정 예산과 맞물려 있기 때문이다. IT 서비스는 매우 중요하다. 따라서 컨설팅과 시스템 통합과 IT 아웃소싱은 '해자 같은(moatlike)' 특성을 가지는 것으로 여기고 있다. 모닝스타의 기술부 차장인 그래디 버킷에 따르면 명성이나 실적 또는 고객 관계 같은 무형자산이 컨설팅과 시스템 통합 부문에서 '해자'의 원천이 된다. IT 아웃소싱 부문에서는 비용과 규모 전환의 강점이 자체적으로 '해자'를 만들어낸다. 예컨대 IBM에서 일단 고객을 확보하면 그 고객은 향후 몇 년간 충성도 높은 고객이 될 확률이 높다. 그런데 오직 한 부문, 즉 비교적 규모가 작은 비즈니스 프로세스 아웃소싱 부문만 무형자산이나 전환 비용으로부터 보호받지 못한다.

　전 세계 굴지의 정보 기술 연구 및 자문 기업인 가트너(Gartner)에 따르면 IT 서비스를 위한 전체 시장은 연간 4.6퍼센트 비율로 성장하여 2011년 8,440억 달러 규모에서 2016년에는 1조500억 규모로 증가할 것으로 예상하고 있다.

원칙_수익 마진과 자기자본수익률이 높은 기업 그리고 사내 유보금 이상으로 시장 가치를 창출하는 기업에 투자하라

루이스 거스트너가 하드웨어 기술에서 컨설팅과 소프트웨어로의 이동을 시작했고, 새뮤얼 팔미사노가 이를 가속화했다. 그럼으로써 IBM은 기술 산업의 생필품화된 저수익 사업 부문에서 컨설팅과 시스템 통합, IT 아웃소싱 같은 고수익의 안정적인 사업 부문으로 방향 전환을 할 수 있었다. 거스트너가 1994년에 경영 정상화를 시도했을 때 IBM의 자기자본수익률은 14퍼센트였다. 2002년에 그가 은퇴할 때에는 자기자본수익률이 35퍼센트로 증가했다. 팔미사노는 자기자본수익률을 높이기 위해서 한층 더 박차를 가했다. 2012년에 그가 은퇴할 무렵에는 자기자본수익률이 62퍼센트에 달했다.

부분적으로 자기자본수익률 증가는 주식 자본을 대폭 줄인 덕분이었다. 그러나 더 중요한 이유는 저마진 사업 부문을 청산하고 컨설팅과 아웃소싱 같은 고마진 사업 부문을 적극적으로 늘리는 결정을 한 덕분이었다. 2002년에 IBM의 순이익 마진은 8.5퍼센트였다. 10년 후 순이익 마진은 거의 2배인 15.6퍼센트로 증가했다.

2002년부터 2011년까지 10년 동안 IBM은 주주들을 위해서 1,080억 달러의 순이익을 창출했다. 그중 200억 달러는 배당 형태로 주주들에게 나누어주고, 880억 달러는 자본 재투자, 기업 인수와 자사주 매입 등 기업 경영을 위해서 유보했다. 같은 기간에 IBM의 시가 총액은 800억 달러 늘어났다. 유보된 각각의 1달러가 창출하는 1달러의 시장 가치로 환산하면 버핏이 선호하는 기준에 미치지 못했지만 지난 10년이 대형주들에 혹독했던 시기였음을 감안하면 양호한 수준이라 할 수 있다.

원칙_기업의 내재 가치를 평가하라

2010년에 IBM은 주주들을 위해서 148억 달러의 순이익을 창출했다. 그해에 자본 지출로 42억 달러를 소비했는데, 그보다 많은 48억 달러의 감가상각비와 분할상환금 비용으로 상쇄되었다. 그 결과 주주 수익은 154억 달러가 되었다. 1년 동안 현금 가치로 154억 달러를 창출하는 기업이 어떤 의미가 있을까? 존 버 윌리엄스(그리고 워런 버핏)에 따르면 그 가치는 현재 가치로 소급하여 할인한 기업의 미래 현금 흐름이다. 미래의 현금 흐름은 기업의 성장 그리고 버핏이 활용하는 미국 장기 국채 이율인 무위험 이자율을 통한 할인에 의해서 결정될 것이다. 버핏이 자신의 계산에서 주식 리스크 프리미엄을 사용하지 않는다는 점을 유념해야 한다. 그는 이 방식을 사용하는 대신 자신이 지불할 용의가 있는 가격으로 나타나는 안전 마진으로 위험성을 조정한다.

이 이론을 사용하여 IBM의 가치를 계산할 수 있다. 나는 2단계 배당 할인 모델(dividend discount model)을 활용하여 IBM의 현금 수익이 10년 동안 7퍼센트, 그 후 5년 동안은 5퍼센트 성장한다고 가정했다. 그런 다음 이 현금 흐름을 10퍼센트—10년 만기 미국 재무부 증권보다 3퍼센트 더 높은 비율—할인했다. 할인율이 높을수록 안전 마진도 더 커진다. 이 계산에 의하면 IBM의 주당 가치는 326달러로 버핏이 지불한 평균 단가 169달러보다 훨씬 높은 수준이다. 여기서 만약 가트너가 추정한 IT 서비스 산업의 성장률에 가깝게 향후 10년 동안의 성장률을 5퍼센트로 조정하면 그 가치는 주당 279달러가 되는데, 여전히 버핏이 지불한 평균 단가보다 100달러 더 높은 가격이다.

가치 평가 문제를 살펴보는 또 다른 방식은 169달러라는 주가에 어떤 성장률이 내포되어 있는지 물어보는 것이다. 주당 169달러의 가치를 가지려면 IBM은 지속적으로 주주 수익을 2퍼센트씩 성장시켜야 한다. 어쩌면 독자들은 IBM의 적정 주가의 추정치에 대해서 326달러냐 아니면 279달러냐를 놓고 옥신각신할지 모른다. 그러나 대다수는 IBM이 향후 10년 동안 매년 2퍼센트 이상 빠른 속도로 성장하리라고 주장할 것이다. 장담하건대 적정 가치는 이 두 가지 추정치 사이의 어딘가에 위치할 것이다. 이 경우에도 버핏이 선호하던 다음과 같은 금언을 다시 떠올리게 한다. "나는 확실히 틀리느니 대충이라도 맞는 쪽을 더 선호한다."

IBM 주식 매입은 여러모로 버핏의 코카콜라 주식 매입을 떠올리게 한다. 그 당시 많은 비판가들이 어리둥절해했다. 버핏은 (IBM의 경우처럼) 역대 최고치에 근접하는 주식을 매입했다. 많은 이들이 코카콜라가 성장률이 둔화되고 있는 기업이며, (IBM의 경우처럼) 전성기에 못 미치고 있다고 생각했다. 버핏이 코카콜라 주식을 매입했을 때 코카콜라의 주가는 수익의 15배이고 현금 흐름의 12배였는데, 이는 시장 평균에 비해 각각 30퍼센트와 50퍼센트의 프리미엄이 붙은 수준이었다. 우리는 다양한 성장률을 사용하여 코카콜라의 주주 수익에 대한 배당 할인 모형을 가동해보았다. 그 결과 코카콜라의 주가수익률과 주가 현금 흐름 비율(price-to-cash flow ratios)에 프리미엄이 붙어 있음에도 불구하고 이 회사의 주식인 적정 가치보다 상당히 할인된 가격으로 거래되고 있음을 알게 되었다.

만약 코카콜라가 믿기 힘들 정도로 낮은 5퍼센트 성장률을 보인다고 가정해도 배당 할인 모형에 의한 코카콜라의 가치는 207억 달러―현재의 시장 가치인 151억 달러보다 훨씬 많은 금액―가 될 것이다.

향후 10년 동안 코카콜라의 주가는 10배 상승하는 반면 S&P500지수는 3배 상승할 것이다. 여기서 주의할 것이 하나 있다. 물론 내가 IBM의 주가가 향후 10년에 걸쳐 10배 상승할 수 있다고 자신 있게 말하는 것은 아니다. 다만 내재 가치를 확인하기 위해서 회계 비율을 사용하는 월스트리트 방식이 현시점의 주가를 포착할 수 있지만 지속 가능한 장기 성장을 계산하는 데에는 허술하기 짝이 없다는 점만큼은 확실히 말할 수 있다. 달리 말하자면, 주식시장에 의해서 지속 가능한 장기 성장의 가격이 잘못 매겨지는 경우가 빈번하다는 것이다.

사실 IBM의 미래 성공에 가장 큰 영향을 미치는 것은 이 회사의 미래 수익일 것이다. 스탠퍼드C.번스타인의 기술 분석가인 토니 사코나기는 이 회사를 두고 "실적이 산업의 경기 변동으로부터 거의 영향을 받지 않는 것처럼 보이는 기업"이라며, IBM을 요새로 불렀다. 심지어 토니는 기업과 정부에 정보 기술을 제공하는 세계 1위 기업인 IBM을 "무료함을 느낄 정도로 예측 가능한(boringly predictable)"[53] 회사로 칭하기도 했다. 이 표현은 1989년에 코카콜라를 두고 사람들이 한 말이었다. 그리고 이렇게 무료함을 느낄 정도로 예측 가능한 회사가 바로 버핏이 가장 좋아하는 유형의 회사이다.

우리는 재무 관리가 회사의 성공을 결정하는 데 가장 중요한 2차 요소라는 사실도 알게 되었다. 거스트너와 팔미사노가 남긴 유산이 IBM의 새로운 CEO인 버지니아 로메티에게도 상당한 영향을 미쳤음에 틀림없다. 이미 IBM의 재무 모델과 5년 계획의 사업 전망에는 미래의 자사주 매입을 위한 500억 달러의 준비금이 포함되어 있다. 현재의 자사주 매입 비율이라면 IBM은 2030년경에 총 발행주식을 1억 주 이하로 줄일 수 있을 것이다. 물론 IBM이 현재의 자사주 매입 비율을 계속 유지할지는 누구도 자신할 수 없다. 그러나 버핏은 꿈을 포기하지 않는다. 그는 주주들에게 이렇게 말했다. "만약 자사주 매입이 IBM의 총 발행주식을 6,390만 주까지 줄여준다면 나는 나의 유명한 절약 정신을 포기하고 버크셔 직원들에게 유급 휴가를 제공할 겁니다."[54]

H. J. 하인즈

2013년 2월 14일에 버크셔해서웨이와 3G캐피털은 230억 달러에 H. J. 하인즈(Heinz)를 인수했다. 주당 72.50달러의 가격인데, 그 전날의 하인즈 주가에 20퍼센트의 프리미엄을 얹어주는 거래 조건이었다.

하인즈가 어떻게 버크셔해서웨이의 인수 모델로 적합한 기업이 되었는지 확인하는 것은 그리 어렵지 않다. 세계에서 가장 유명한 식품회사 중 하나인 하인즈는 코카콜라나 IBM에 버금가는 인지도를 가지고 있다. 하인즈의 붉은 케첩 병은 오레-아이다(Ore-Ida)의 프렌치프라이와 리앤드페린스(Lea & Perrins)의 우스터소스와 함께 수많은 가정집에서 쉽게 발견할 수 있는 식품이다. 2012년에 하인즈는 116억 달러의 총수익을 기록했는데. 유럽과 빠르게 성장하는 신흥 시장이 매출의 대부분을 차지했다. 버핏은 "하인즈는 우리와 같은 유형의 회사이다"[55]라고 말했다.

원칙_ 일관성 있게 오랜 경영의 역사를 가진 기업에 투자하라

약사인 존 펨버턴이 코카콜라 조제법을 발명하기 18년 전에 헨리 하인즈는 펜실베이니아 주 샤프스버그에서 식품을 포장하고 있었다. 처음에는 1869년에 고추냉이 소스 판매로 시작했지만 1876년에 토마토케첩으로 식품을 전환했다. 1888년에 헨리 하인즈는 두 명의 동업자를 영입한 다음 회사 이름을 H.J.하인즈컴퍼니로 개명했다. 1896년에는 이 회사의 유명한 슬로건인 '57 버라이어티(57 varieties)'가 등장했다. 어느 날 뉴욕에서 고가 철도 열차에 올라탄 헨리 하인즈가 '21개 스타일(21 style)'을 가졌다고 주장하는 구두 가게 광고를 발견하고 이 슬로건을 떠올렸다고 전해진다. 하인즈는 무작위로 '57'을 골랐지만 '7'은 심리적으로 긍정적인 영향을 주기 때문에 특별히 선택한 숫자였다. 버핏은 하인즈가 창업한 1869년과 같은 해에 자신의 증조부인 시드니 버핏도 잡화점을 열었다는 사실도 언급했다.

원칙_ 장기적으로 전망이 밝은 기업에 투자하라

하인즈는 케첩 부문에서 세계 1위, 소스 부문에서 세계 2위 기업이다. 앞으로는 단순히 시장점유율을 유지하는 것뿐만 아니라 급속도로 성장하는 신흥 시장에서 어떻게 자리를 잡느냐가 하인즈의 미래를 좌우할 것이다. 신흥 시장의 경우 하인즈는 자리를 잘 잡은 편이다. 2010년에는 중국의 푸드스타(Foodstar)를 인수했으며, 2011년에는 브라질의 코니엑스프레스SA인두스트리아스알리메티시아스(Coniexpress SA Industrias Alimeticias)의 지분 80퍼센트를 매입했다. 오늘날에는 신흥 시장이 하인즈의 10대 시장 중 일곱 개를 차지하고 있다. 이미 중국에서는 푸드스타의 가치가 2배로 증가했다.

그렇다면 하인즈의 입장에서 신흥 시장은 얼마나 중요할까? 지난 5년 동안 급속도로 성장하는 이 시장이 하인즈 매출 성장의 80퍼센트를 차지했다. 2012 회계연도의 경우 총매출의 21퍼센트가 신흥 시장에서 나왔다. 2013 회계연도에는 25퍼센트에 육박할 것으로 추정된다. 하인즈의 CEO 윌리엄 존슨에 따르면 신흥 시장에서 이 회사의 유기농 식품 성장률은 동종 업계 최고 수준이다.

원칙_기업의 내재 가치를 평가하라

2012년에 하인즈는 9억2,300만 달러의 순이익, 3억4,200만 달러의 감가상각비와 분할상환금, 4억1,800만 달러의 자본 지출, 8억4,700만 달러의 주주 수익을 기록했다. 그러나 이 회사의 연차 보고서에 1억6,300만 달러의 세후 고용 해직 비용, 자산 평가절하와 여타 집행 비용이 실려 있음을 주목할 필요가 있다. 이런 비영업 부문 지출까지 합치면 하인즈에서 약 10억 달러의 주주 수익을 창출하는 것으로 추정할 수 있기 때문이다.

여기서 2단계 배당 할인 모델을 활용하여 우리는 10억 달러의 주주 수익이 10년 동안 7퍼센트씩, 그 이후에는 5퍼센트씩 성장할 것으로 추정했다. 이런 현금 흐름을 9퍼센트(버크셔가 거래할 때 제공하는 우선주 비용)로 할인하면 주당 가치는 대략 96.40달러가 된다. 좀 더 느린 속도로 5퍼센트의 성장률을 보인다면 이 회사의 주식 가치는 82.10달러가 될 것이다. 하인즈는 지난 5년 동안 연간 8.4퍼센트의 성장률을 보이며 주당 수익을 증가시켰다. 게다가 향후 5년 동안에는 급속도로 성장하는 신흥 시장에서 더 많은 수익을 거둘 것으로 예상되고 있다. 따라서 지금 추정한 하인즈의 내재 가치는 아주 보수적으로 계산한 것이다.

원칙_내재 가치보다 주가가 충분히 낮을 경우에만 매입하라

만약 하인즈가 10년 동안 7퍼센트씩 성장하고, 그 이후에 5퍼센트씩 성장한다면 버핏은 내재 가치보다 25퍼센트 할인된 가격으로 주식을 매입하게 될 것이다. 더 보수적으로 계산하여 5퍼센트 성장률을 보인다면 버핏은 12퍼센트 할인된 가격으로 그 회사의 주식을 매입하게 될 것이다. 인정하건대 이것은 버핏의 주식 매입에서 우리가 흔히 목격하던 안전 마진의 할인율이 아니다. 그러나 하인즈 인수는 평소의 할인율 공식을 훨씬 넘어서는 장점을 가지고 있었다.

버크셔해서웨이와 브라질의 사모펀드 회사 3G는 40억 달러의 자기자본으로 하인즈의 지분을 각각 절반씩 보유하게 될 것이다. 버크셔는 9퍼센트 이율의 상환우선주에 80억 달러를 투자했다. 버크셔 입장에서 우선주는 두 가지 장점을 가지고 있다. 첫째, 미래의 어느 시점에 우선주는 상당한 프리미엄을 붙여 상환할 수 있다. 둘째, 우선주는 버크셔가 그 회사의 보통주 5퍼센트를 명목상의 금액으로 매입할 수 있도록 보장한다. 전체적으로 버크셔해서웨이는 보증의 가치나 우선주의 프리미엄 전환 또는 기업 내재 가치에 담긴 미래의 성장성을 제외하고도 이런 혼합형 투자를 통해서 연간 6퍼센트의 수익을 거둘 것으로 예상된다. 설령 하인즈가 손실을 입더라도 버크셔해서웨이는 우선주 배당으로 수익을 거둘 것이다. 또 가능성은 희박하지만 하인즈가 파산한다 해도 버크셔는 다른 채권자들보다 앞서서 채무를 변제받을 위치에 있으며 새롭게 재조직된 하인즈에서도 우선권을 갖게 될 것이다.

원칙_합리적인 기업에 투자하라

하인즈가 버핏이 인수하고 싶어 하는 그런 유형에 딱 들어맞는 기업임을 확인하는 것은 그리 어렵지 않다. 하인즈는 단순하고 이해하기 쉬우며, 일관성 있게 운영되는 오랜 경영의 역사를 가지고 있다. 또한 신흥 시장의 성장으로부터 혜택을 받는 위치에 있기 때문에 장기적인 전망도 밝은 편이다. 투자 가능한 자본수익률(부채 포함)은 17퍼센트이며 주주 지분 수익률은 35퍼센트이다.

그러나 이러한 기업 인수를 특별하게 만든 하인즈와의 거래에도 두 가지 주의할 점이 있다. 첫 번째는 하인즈가 자기자본 1달러에 대해서 6달러의 부채가 있다는 것이다. 따라서 버크셔해서웨이에 지불되는 9퍼센트 이율의 우선주 배당금과 함께 부채에 대한 이자가 하인즈 주주 수익의 많은 부분을 차지할 것이다. 다시 말해 하인즈는 지금 하이 레버리지(과다 차입) 상태에 있는 셈이다. 두 번째는 브라질의 최고 부자인 호르헤 파울로 레만이 이끄는 3G캐피털의 새로운 경영진이 하인즈를 운영하리라는 것이다.

예전에 기업을 인수할 때 버핏은 기존 경영진이 회사 운영을 계속하는 것을 선호했다. 그러나 이 경우에는 새로운 경영진이 하인즈의 미래를 책임질 터였다.

버핏과 레만은 1990년대에 둘 다 질레트의 이사였을 때 처음 만났다. 레만과 3G캐피털은 미국에서 잘 알려져 있지 않지만 패스트푸드 레스토랑과 은행과 양조업 분야에서 엄청난 성공을 거두었다. 2004년에 레만 자신에겐 결정적인 분수령과 같은 거래를 통해서 상대적으로 규모가 작은 그의 브라질 맥주회사 암베브(AmBeV)와 규모가 훨씬 큰 벨기에의 인터브루(Interbrew)가 합병했다. 인터브루는 스텔라 아르투아와 벡스로 잘 알려진 맥주회사였다. 그러고 나서 2008년에는 새로 합병한 이 회사가 현재 세계 최대 맥주회사인 앤호이저부시를 520억 달러에 인수했다.

2010년에 3G캐피털은 버거킹을 33억 달러에 인수했다. 그 후 3주 만에 그 회사는 마이애미 본사에서 근무하는 600명의 직원들 중 절반을 해고하고 경영진을 위한 부속 건물을 매각했다. 그리고 그때부터 직원들이 컬러 인쇄물을 만들려면 허락받을 것을 주문했다. 버거킹 인수 이후 3G캐피털은 운영비를 30퍼센트 감축했다. 한편 각각의 레스토랑은 스무디와 스낵랩(snack warp) 같은 신제품을 소개했으며, 가맹점 소유주가 지불하는 방식으로 리모델링 캠페인을 기획했다. 2012년 4/4분기 보고서에 따르면 버거킹의 수익은 2배로 증가했으며 현금 흐름도 향상되었다.

3G캐피털의 관리 프로파일과 각각의 거래에서 그들이 거둔 성공을 조사하면서 나는 버핏이 이 세상 최고의 경영자 중 한 명으로 손꼽았던 또 다른 인물인 토머스 머피를 떠올렸다. 머피로 하여금 불필요한 비용을 삭감하고 캐피털시티스/ABC의 생산성을 향상시켰던 열정이 3G캐피털의 경영진에서도 확실히 느껴졌기 때문이다.

어떤 사람들은 사모펀드 회사인 3G캐피털이 조만간 하인즈에 투자한 것을 매각할 방도를 찾을 것이라고 주장한다. 그러나 레만은 앤호이저부시인베브를 장기간 소유한 것처럼 3G캐피털도 하인즈를 장기간 보유할 작정이라고 단언했다. 암베브(AmBev)가 맥주 사업의 통합 및 미래 성장을 위한 디딤돌 역할을 했던 것처럼 하인즈 역시 식품 산업의 통합 및 미래 성장을 위해서 초기에 디딤돌 역할을 할 수 있을 것이다.

3G캐피털이 하인즈를 계속 보유하건 그렇지 않건 간에 버핏은 장기 주주로서 만족하고 있다. 버핏은 "하인즈가 3G의 아기가 될 것이다"라고 말했다. 그리고 한마디 덧붙였다. "만약 3G 그룹의 어떤 구성원이 차후에 매각을 원한다면 우리는 우리의 지분을 늘릴 수 있다."[56]

공통 주제

어쩌면 당신은 이런 사례 연구에서 공통점을 발견했을지도 모른다. 워런 버핏이 매입한 주식이 잘나가고 있을 때조차 그가 매각을 서두르지 않는다는 점이 그것이다. 그는 단기적인 주가 상승에 관심을 보이지 않는다. 필립 피셔는 자신이 보유한 투자액이 현금보다 더 나은 투자인지 아닌지를 버핏에게 가르쳐주었다. 버핏은 "투자할 기업의 예상 자기자본수익률이 만족스럽고, 경영진이 유능하고 정직하며, 시장이 그 회사를 과대평가하지 않는 한 영구적으로 그 회사의 주식을 보유하고 싶다"[57]라고 말한다. 그는 주주들에게 자신이 선호하는 주식 보유 기간이 '영구적'이라는 사실을 상기시키고 있다.

그리고 이런 기억할 만한 주장과 함께 버핏은 동전의 뒷면처럼 또 다른 주장도 하고 있다. 어떤 주식을 매입할지 합리적인 결정을 내렸다면 포트폴리오 관리에 내해서는 어떻게 생각해야 할까? 이것이 바로 다음 장의 주제이다.

5

포트폴리오 경영
투자의 수학

요약하자면, 지금까지 기업이나 주식(물론 버핏은 이 두 가지가 동일하다고 생각한다)을 선택하는 워런 버핏의 접근법을 살펴보았다. 이것은 그의 변치 않는 투자 원칙을 근간으로 하는 방법이다. 또한 코카콜라와 IBM 인수를 포함하여 많은 버크셔의 투자에서 이러한 투자 원칙이 구체적으로 어떻게 활용되는지도 살펴보았다. 그리고 타인으로부터 얻은 통찰력이 버핏의 투자 철학 형성에 어떤 도움을 주었는지 이해하는 시간도 가졌다.

그러나 투자자라면 모두가 알고 있듯이 어느 기업의 주식을 매입할지 결정하는 것이 투자의 전부는 아니다. 포트폴리오 관리, 즉 포트폴리오 구축과 지속적인 관리도 그 못지않게 중요하기 때문이다.

포트폴리오 관리를 떠올릴 때면 우리는 흔히 어떤 주식을 사거나 팔아야 하는지 혹은 유보해야 하는지를 결정하는 단순한 과정이라고 생각한다. 만약 당신이 버핏처럼 사고하고 싶다면 이런 결정은 기업의 내재 가치와 현재 주가를 비교하는 안전 마진에 의해서 정해진다. 주가가 내재 가치보다 훨씬 낮을 때 주식을 많이 매입하고, 내재 가치와 엇비슷할 때 유보하고, 내재 가치보다 현저히 높을 때 매도하는 식이다.

그러나 안전 마진 접근법이 중요하긴 해도 그것만으로는 충분치 않다. 버핏이 개발한 세 가지 중요한 포트폴리오 관리를 위한 구성 요소도 고려해야 하기 때문이다.

1. 장기적인 성장의 관점으로 포트폴리오를 만드는 버핏의 방식
2. 포트폴리오의 진척을 판단하기 위해서 버핏이 대안으로 사용하는 측정 수단
3. 포트폴리오 관리에 필연적으로 수반되는 감정 기복에 대처하는 버핏의 기술

우리는 할리우드 영화에 등장하는 펀드매니저들의 모습에 무척 익숙하다. 그들은 한꺼번에 두 대의 전화기에 대고 소리를 지르면서, 한쪽 시선으로는 끊임없이 깜빡이며 삑삑 소리를 내는 화면을 응시하는 동시에 무언가를 정신없이 받아 적고, 컴퓨터 화면에서 주가가 조금이라도 하락하면 그때마다 고통스러운 표정을 짓는다.

그러나 워런 버핏은 이런 광란의 모습과 거리가 멀다. 그는 자신감 넘치는 모습으로 차분하게 움직인다. 그는 여러 대의 컴퓨터 화면을 한꺼번에 주시할 필요성을 느끼지 못할뿐더러, 주식시장에서 벌어지는 순간순간의

변화에도 전혀 관심을 갖지 않는다. 워런 버핏은 1분, 하루, 한 달, 1년 단위가 아니라 몇 년 단위로 길게 생각한다. 그는 수많은 기업들의 동향을 지속적으로 살펴야 할 필요가 없다. 그의 주식 투자는 엄선된 소수의 주식에만 집중되어 있기 때문이다. 그는 이를 집중투자(focus investing)로 부르며 "우리는 오직 소수의 뛰어난 기업에만 집중한다"라고 말한다. 집중투자로 불리는 이런 접근법은 포트폴리오 관리를 엄청나게 간소화할 수 있다.

집중투자는 놀라우리만치 단순한 개념이지만, 대부분의 단순한 개념들이 그런 것처럼 개념들이 서로 맞물려 있는 복잡한 토대를 기반으로 하고 있다. 이 장에서 우리는 집중투자가 미치는 효과를 좀 더 면밀히 살펴볼 것이다. 그 목적은 포트폴리오 관리에 대한 새로운 사고방식을 알려주기 위해서이다. 여기서 한 가지 주의할 점은, 당신이 주식시장에서 항상 들어왔던 방식과 이 새로운 방식이 서로 부딪칠 가능성이 아주 높다는 것이다.

현재의 포트폴리오 관리 방식은 적극적인 포트폴리오 관리와 인덱스투자라는 두 가지 전략이 마치 줄다리기하듯 치열한 경쟁을 벌이는 것처럼 보인다.

적극적인 포트폴리오 관리자들은 수많은 종목의 주식을 끊임없이 사고판다. 그들의 임무는 자신들의 고객을 만족시키는 것이다. 그렇지 않으면 고객을 잃는 것은 물론이고 궁극적으로 직장을 잃어버릴 위험까지 감수해야 한다. 아울러 적극적인 포트폴리오 관리자들은 향후 몇 달에 주가에 어떤 변화가 생길지 예측하려 애쓴다. 그래야 분기 말에 비교적 괜찮아 보이는 포트폴리오를 작성할 수 있고 고객에게 만족감을 줄 수 있기 때문이다.

반면 인덱스 투자는 매수 후 보유 접근법을 취한다. 이것은 S&P500 지수와 같은 특정한 기준 주가지수의 행보를 그대로 따라가도록 광범위하게 분산된 주식 포트폴리오를 의도적으로 구성한 후 계속 보유하는 전략이다.

적극적인 포트폴리오 관리자들은 종목 선택에서 자신들의 탁월한 능력으로 그 어떤 주가지수보다 높은 수익률을 올릴 수 있다고 주장한다. 한편 인덱스 투자자들은 그들 나름의 역사를 가지고 있다. 1980년부터 2011년까지 해마다 대규모 뮤추얼펀드 중 오직 41퍼센트만 S&P500지수를 능가했다.[2]

투자자의 관점에서 보면 이 두 전략의 근본적인 장점은 동일하다. 즉 분산투자를 통해서 리스크를 최소화하는 것이다. 투자자들은 다양한 산업 및 다양한 시장 영역을 대표하는 주식들을 다량 보유함으로써 한 곳에만 모든 돈을 투자할 경우 발생할 수 있는 막대한 손실을 막아주는 보호막을 만들고 싶어 한다. 정상적인 시기라면 분산형 포트폴리오에 속한 주식들 중 일부의 주가는 내려가고, 다른 일부의 주가는 올라갈 것이다. 따라서 그들은 후자가 전자를 상쇄하길 기도할 것이다.

적극적인 포트폴리오 관리자들은 자신의 포트폴리오를 가득 채우는 방식으로 이런 보호막을 마련한다. 그들의 관점은 포트폴리오에 담은 종목이 많을수록 기회도 더 많아진다는 것이다. 예를 들면 열 가지 종목의 주식이 한 가지 종목보다 더 낫고, 100가지 종목 주식이 열 가지 종목 주식보다 더 낫다는 것이다. 당연히 인덱스펀드에서는 이러한 유형의 분산투자를 허용한다. 여기에는 인덱스펀드가 반영하는 주가 지표도 분산되어야 하는 조건이 붙지만 말이다. 전형적인 뮤추얼펀드에 속한 주식이 100종목을 상회하는 것도 이 때문이다.

그런데 여기에 한 가지 문제가 있다. 우리는 오랫동안 귀가 닳도록 분산투자하라는 주문을 들어왔다. 그리고 그에 따르는 불가피한 결과로 평범한 실적에 무감각해졌다. 적극적인 포트폴리오 관리와 인덱스펀드는 둘 다 분산투자를 제공한다. 그러나 대체로 두 전략 모두 높은 수익률을 안겨주지 못한다.

버핏은 이런 논란에 대해서 어떻게 말하고 있을까? 적극적인 전략과 인덱스 전략이라는 두 가지 선택이 주어진다면 워런 버핏은 주저 없이 인덱스 전략을 택할 것이다. 리스크를 용납하려 들지 않는 투자자들 그리고 기업의 재정 건전성에 대해서는 거의 모르지만 그래도 보통주 투자를 통하여 장기적으로 수익을 얻는 데 동참하고 싶어 하는 투자자들 역시 동일한 선택을 할 것이다. 버핏은 누구도 흉내 내기 힘든 독특한 어조로 이렇게 주장한다. "아무것도 모르는 투자자가 주기적으로 인덱스펀드에 투자하면 실제로 대부분의 투자 전문가들보다 높은 수익률을 올릴 수 있다."[3]

그러나 버핏은 주가지수를 능가할 확률을 크게 높여주는, 적극적인 포트폴리오 전략과 다른 제3의 대안이 있다고 말할 것이다. 집중투자가 바로 그것이다. 핵심만 짚자면 집중투자는 다음과 같은 과정을 의미한다. 장기간에 걸쳐 평균 이상의 수익률을 올릴 가능성이 있는 몇몇 종목의 주식을 선정한다. 투자금의 상당 부분을 그 주식들에 집중한다. 그리고 주식시장이 단기적으로 요동쳐도 꿋꿋하게 그 주식을 보유한다.

워런 버핏의 기본 원칙들은 집중투자 포트폴리오에 맞는 우수한 기업들을 가려낸다. 그렇게 선택한 기업들은 뛰어난 실적과 안정적인 경영에 대해서 오랜 역사를 가지고 있으며, 이러한 안정성 덕분에 과거와 마찬가지로 미래에도 실적을 올릴 가능성이 매우 높다. 다시 말해 평균 이상의 실적을 거둘 가능성이 가장 높은 기업들에만 투자하는 것이 바로 집중투자의 핵심이다(수학 분야에서 나온 확률 이론은 집중투자의 근거를 형성하는 중요한 개념들 중 하나이다).

'아무것도 모르는' 투자자라면 인덱스펀드에 투자하라는 버핏의 조언이 기억나는가? 더 흥미로운 것은 다음과 같은 버핏의 말이다. "만약 당신이 무엇을 좀 아는 투자자여서 기업이 하는 일을 이해할 수 있고, 장기적인 경쟁적 우위를 지닌 동시에 주가가 적절한 기업을 다섯 개에서 열 개쯤 찾아낼 수 있다면 전통적인 분산투자 기법은 당신에게 아무런 의미도 없을 것이다."[4]

전통적인 분산투자 기법에서 무엇이 잘못되었다는 걸까? 먼저 이런 기법을 사용하면 당신이 충분히 알지 못하는 기업의 주식을 매입하게 될 가능성이 매우 높아진다. 버핏의 원칙을 적용하면, '무언가를 아는' 투자자들은 오직 소수의 기업들—다섯 개 내지 열 개의 기업들—에 관심을 집중하는 편이 더 좋다. 그리고 보통의 투자자라면 열 개 내지 스무 개의 기업들에 투자하는 것이 타당할 수 있다.

제2장에서 살펴보았듯이 버핏의 사고방식은 필립 피셔로부터 지대한

영향을 받았다. 포트폴리오 관리 분야에서도 피셔의 영향력이 확실히 느껴진다. 피셔는 집중 포트폴리오로 잘 알려져 있다. 그는 자신이 잘 모르는 수많은 평범한 기업들의 주식보다 자신이 잘 아는 소수의 우량 기업 주식을 소유하는 것을 더 선호한다고 늘 말했다. 알다시피 피셔는 자신의 포트폴리오를 열 개 기업 이내로 제한했다. 게다가 그중 서너 개 기업이 총투자의 75퍼센트를 차지했다.

버핏은 좋은 투자 기회를 포착했을 때 유일하게 취할 수 있는 행동이 거액의 투자라는 신념을 가지고 있는데, 이 역시 피셔의 영향을 받은 것이다. 오늘날 버핏은 피셔의 그런 생각을 이렇게 되풀이하고 있다. "투자자는 매번 투자할 때마다 총투자 금액 중 최소한 10퍼센트를 자신이 선정한 한 종목의 주식에 집중 투입하는 용기와 신념을 가지고 있어야 한다."[5]

각각의 종목에 최소한 10퍼센트를 투자해야 한다면 왜 버핏이 이상적인 포트폴리오는 최대한 10종목을 넘기지 말아야 한다고 말하는지 그 이유를 알 수 있다. 그러나 집중투자라는 것이 열 개의 좋은 주식을 찾아내어 전체 투자 자금을 그 종목들에 똑같이 나누면 되는 것처럼 간단한 문제가 아니다. 설령 집중 포트폴리오에 속한 모든 주식이 수익률을 올릴 가능성이 높다 하더라도 일부 주식들이 다른 주식들보다 그 가능성이 더 높기 마련이고, 그런 주식에 투자 비율을 더 높여야 하기 때문이다.

블랙잭 플레이어들은 이런 전략을 직감적으로 이해하고 있다. 즉 그들은 이길 확률이 높은 경우에 큰돈을 건다. 투자자와 도박사들은 동일한 과학, 즉 수학을 활용한다. 확률 이론과 함께 수학은 집중투자의 근거가 되는 또 다른 부분을 제공하는데, 나중에 상세히 살펴볼 켈리 최적화 모델(Kelly optimization model)이 그것이다. 켈리 공식에서는 최적화—이 경우에는 포트폴리오에서 베팅을 하는 최적의 규모—를 계산하기 위해서 확률을 사용한다.

집중투자는 광범위하게 분산투자하여 높은 매매 회전율을 보이는 것과 정반대의 투자 접근 방식이다. 비록 집중투자가 모든 적극적인 포트폴리오 전략 중에서 장기적으로 인덱스 투자의 수익률을 앞설 가능성이 가장 큰 전략이지만 그렇게 하려면 투자자는 다른 전략들이 수익률에서 앞서가더라도 인내심을 가지고 자신의 포트폴리오를 지켜야 한다. 이 기간이 짧을수록 이자율이나 인플레이션 또는 기업 수익에 대한 단기적 예측 변화가 주가에 영향을 미칠 수 있다. 그러나 투자 기간이 길어지면 해당 기업의 경제적 추세가 점점 주가를 지배하게 될 것이다.

주식을 매입한 후 얼마나 오래 보유해야 충분한 걸까? 아마 버핏은 버크셔해서웨이의 실적을 위해서 집중투자하려면 5년쯤은 보유해야 한다고 주장하겠지만 고정불변의 법칙은 존재하지 않는다. 영원히 팔지 않는 제로 회전율이 목표일 수 없다. 그것은 또 다른 극단을 추구하는 어리석은 판단이 될 수 있다. 왜냐하면 더 나은 투자 기회가 찾아와도 이를 활용할 수 없기 때문이다. 일반적으로 10퍼센트에서 20퍼센트 회전율이면 적당하다. 여기서 10퍼센트 회전율이란 투자자가 주식을 10년 동안 보유하는 것이고, 20퍼센트 회전율이란 5년 동안 보유하는 것을 의미한다.

집중투자는 평균 이상의 투자수익률을 추구한다. 학문적인 연구나 실제 사례 모두에서 이 접근법을 신중하게 적용하면 성공적인 결과를 이끌어낸다는 신뢰할 만한 증거가 있다. 그러나 가격 변동성이 높아지는 것은 집중투자 방식의 불가피한 부산물이어서 그 과정은 험난할 수밖에 없다. 집중투자자들은 이런 험난한 과정을 참아낸다. 장기적으로 해당 기업의 경제적 상황이 단기적인 주가 변동을 보상하고도 남는다는 것을 잘 알고 있기 때문이다.

버핏은 주가 변동을 무시하는 데 일가견이 있다. 조금 다른 경로로 집중투자의 기본적인 개념에 도달한 그의 동업자 찰리 멍거도 마찬가지이다. 그는 이렇게 설명했다. "1960년대에 나는 실제로 복리 이자표를 가지고 일반적인 보통주의 움직임과 관련하여 내가 어떤 강점을 가질 수 있는지 여러 가지 가정을 해본 적이 있다."[6] 찰리는 자신의 투자 합자회사의 포트폴리오에 필요한 종목 수를 결정하면서 몇 가지 시나리오를 고안했다.

"나는 포커 플레이어를 통하여 자신에게 유리한 확률이 높을 경우 큰 돈을 걸어야 한다는 것을 알았다." 찰리의 말이다. 그는 주가의 변동성을 제대로 다룰 수 있다면 세 종목의 주식 보유만으로도 충분하다고 결론 내렸다. "나는 힘든 상황을 다룰 줄 안다고 믿는 사람들 틈에서 성장했기 때문에 나 자신도 힘든 상황을 다룰 줄 안다고 생각한다."[7]

어쩌면 당신도 힘든 상황을 다룰 줄 아는 사람들 틈에서 자랐을지 모른다. 그러나 당신이 그처럼 운 좋게 태어나지 않았다 할지라도 그 능력을 어느 정도 후천적으로 습득할 수 있다. 자신의 사고방식과 행동 방식을 변화시키겠다고 의식적으로 결심하면 된다. 물론 새로운 습관과 사고방식을 습득하는 일이 하룻밤 사이에 가능한 것은 아니다. 그러나 예측할 수 없는 주식시장의 변동에 대응하여 당황하거나 경솔하게 행동하도록 자기 자신을 가르치는 것은 얼마든지 가능한 일이다.

집중투자의 수학

주식시장이 수많은 확률로 가득한 커다란 창고라고 말하는 것은 지나치게 단순화한 표현이지만 허풍이 아니다. 이 창고에는 가격 결정을 위해서 서로 결합하여 작용하는 요소들이 수천 가지나 된다. 이 모든 요소가 끊임없이 움직이는데, 그중 하나만으로도 극적인 영향력을 미칠 수 있다. 그러나 절대적으로 확실히 예상할 수 있는 것은 아무것도 없다. 따라서 투자자들이 해야 할 작업은 가장 알려지지 않은 요소들을 확인하고 제거한 다음 가장 많이 알려진 요소들에 집중하는 방식으로 그 영역을 좁히는 것이다. 그 작업이 바로 확률 연습이다.

어떤 상황에 대해서 확실히 아는 것은 아니지만 자기 의견을 표출하고 싶을 때 우리는 흔히 "그 가능성은⋯⋯"이라거나 "아마도⋯⋯" 또는 "그럴 가능성은 거의 없지만⋯⋯"이라고 서두를 꺼낸다. 여기서 한 걸음 더 나아가 이런 일반적인 표현을 수량화하고 싶을 때 우리는 확률을 다룬다. 확률은 리스크에 대한 수학적 언어이다.

고양이가 새를 낳을 확률은 얼마일까? 0이다. 내일 태양이 떠오를 확률은 얼마일까? 1이다. 확실하다고 여기는 사건은 1의 확률을 가진다. 절대적으로 확실하거나 전혀 불가능한 사건들은 모두 0과 1 사이의 어딘가에서 분수로 표기되는 확률을 가진다. 그리고 이런 분수를 결정하는 것이 확률 이론의 전부이다.

1654년에 블레즈 파스칼과 피에르 드 페르마는 확률 이론의 토대가 된 일련의 서신을 교환했다. 수학과 철학에서 타고난 영재였던 파스칼에게 철학자이자 도박가였던 슈발리에 드 메레가 많은 수학자들을 쩔쩔매게 만들었던 난해한 수수께끼를 풀어달라고 부탁했다. 만약 카드 게임을 하던 두 사람이 게임이 끝나기 전에 자리를 떠야 한다면 그 게임에 건 판돈의 지분을 어떻게 결정해야 하는지가 문제였다. 파스칼은 메레가 제기한 수수께끼를 가지고 수학 천재인 페르마에게 접근했다.

리스크에 관한 놀라운 논문인 「리스크(Against the Gods)」에서 피터 번스타인은 이렇게 말했다. "이 주제와 관련하여 1654년에 파스칼과 페르마가 주고받은 서신은 수학의 역사와 확률 이론에 획기적인 사건의 탄생을 알리는 시발점이었다."[8] 비록 두 사람은 서로 다른 방식으로 문제 해결을 시도했지만(페르마는 대수학을 이용한 반면에 파스칼은 기하학을 이용했다) 몇 가지 가능한 결과에 대한 확률을 결정하는 체계를 구성할 수 있었다. 실제로 파스칼의 기하학은 자신이 선호하는 야구 팀이 첫 게임 패배 이후 월드시리즈에서 우승할 확률 등과 같은 많은 난제들을 해결하고 있다.

파스칼과 페르마의 작업은 의사 결정 이론의 시발점이 되었다. 의사 결정 이론은 앞으로 일어날 상황이 불확실할 때 자신이 무엇을 해야 할지 결정하는 과정에 관한 이론이다. 번스타인은 이렇게 적었다. "의사 결정은 리스크 관리에 꼭 필요한 첫 번째 단계이다."[9]

비록 파스칼과 페르마가 확률 이론 개발로 그 공로를 인정받고 있지만 확률 이론을 현실에 적용하는 기틀을 마련한 또 다른 수학자 토머스 베이즈도 빼놓을 수 없다.

페르마의 출생으로부터 정확히 100년, 파스칼의 출생으로부터 78년 후인 1701년에 영국에서 태어난 베이즈는 그다지 특별할 것 없는 평범한 삶을 살았다. 그는 영국 왕립협회의 일원이었지만 살아 있는 동안 수학에 관한 저서는 아무것도 발표하지 않았다. 그의 사후에 '우연의 원칙으로 문제를 해결하는 방법에 관한 에세이(Essays Towards Solving a Problem in the Doctrine of Chances)'라는 제목의 논문이 발표되었다. 당시에는 누구도 그 논문이 중요하다고 생각하지 않았다. 그러나 번스타인에 따르면 그 논문은 "통계학과 경제학과 여타 사회과학 분야에서 베이즈를 불멸의 존재로 만들어준 놀랍고도 독창적인 작품"[10]이었다. 투자자들은 이 방식을 통해서 수학적 확률 이론을 활용할 수 있게 되었다.

베이즈의 분석은, 모든 것이 가능하지만 오직 하나만 실제로 발생하는 상황에 대한 일련의 결과를 논리적으로 사고하는 방법을 알려준다. 개념적으로는 간단한 과정이다. 우선 가능한 모든 증거를 토대로 각각의 결과에 대한 확률을 부과하는 것으로 시작한다. 추가 증거를 이용할 경우 맨 처음 확률은 새로운 정보를 반영하여 수정된다. 요컨대 베이즈의 정리는 우리의 최초 믿음을 새롭게 하고, 그럼으로써 관련 있는 확률을 변경하는 수학적 과정을 알려준다.

그렇다면 이 정리는 어떻게 작용할까? 당신과 친구가 좋아하는 보드게임을 하면서 오후 시간을 보내고 있다고 가정해보자. 게임 막바지에 당신은 이런저런 잡담을 한다. 친구의 말을 들으며 당신은 친숙한 내기를 한다. 게임에서 주사위를 한 번 굴리면 당신은 하나의 수를 얻게 될 것이다. 정확한 확률은 6분의 1, 즉 16퍼센트이다. 그런데 당신의 친구가 주사위를 던지자마자 얼른 손으로 가린 다음 몰래 훔쳐본 뒤 "숫자를 알려주자면 짝수야"라고 말했다고 가정해보자. 이제 당신은 새로운 정보를 알게 되면서 당신의 확률도 3분의 1, 즉 33퍼센트로 극적으로 변한다. 당신이 내기를 바꿀지 여부를 고심하는 동안 친구가 호기심을 돋우듯 한마디 덧붙인다. "이 숫자는 4가 아냐." 이 추가 정보와 함께 당신의 확률은 또다시 2분의 1, 즉 50퍼센트로 바뀐다.

아주 간단한 이 사례를 통하여 당신은 베이즈의 분석을 실행해보았다. 새로운 정보가 추가될 때마다 그것은 최초의 확률에 영향을 미쳤다. 이것이 바로 베이즈의 추론이다.

베이즈의 분석은 기본적인 상태에 관한 추론이나 의사 결정을 위해서 모든 가능한 정보를 하나의 과정으로 구체화하려고 시도하는 것이다. 대학에서는 베이즈의 정리를 활용하여 학생들의 의사 결정에 도움을 주고 있다. 베이즈의 접근법은 강의실에서 의사 결정 나무 이론(decision tree theory)으로 더 널리 알려져 있다. 이 이론에서 나무의 가지들은 저마다 새로운 정보를 나타내며, 그것이 의사 결정의 확률을 변화시킨다. "하버드 경영대학원에서 1학년 급우들을 결속시키는 훌륭한 계량적 수단은 바로 의사 결정 나무 이론이다. 학생들이 할 일은 고등학교 수준의 대수학을 공부하고, 그것을 실생활에서 부딪치는 문제에 적용하는 것뿐이다. 학생들은 이것을 무척 좋아한다. 그들은 고등학교 대수학이 실생활에서 효과가 있는 것을 보고 놀라움을 금치 못한다."[11]

찰리가 지적했듯이 기본적인 대수학은 확률 계산에 매우 유용하게 사용된다. 그러나 확률 이론을 투자에 실용적으로 이용하려면 수치가 어떻게 계산되는지 좀 더 심도 있게 살펴보아야 한다. 특히 빈도의 개념에 주의를 기울여야 한다.

동전 하나를 던졌을 때 앞면이 나올 확률이 2분의 1이라고 말하는 것은 어떤 의미가 있을까? 혹은 주사위를 한 차례 던졌을 때 홀수가 나올 확률이 2분의 1이라고 말하는 것은 어떤 의미가 있을까? 또 상자 안에 70개의 붉은 구슬과 푸른 구슬이 들어 있다면 푸른 구슬을 꺼낼 확률이 10분의 3이라는 것은 어떤 의미가 있을까? 이 모든 사례에서 사건이 벌어질 확률은 빈도 해석(frequency interpretation)으로 일컫는데, 이는 평균의 법칙에 기반을 두고 있다.

만약 불확실한 사건이 수없이 반복된다면 그 사건 발생의 빈도는 확률에 반영된다. 예를 들면 우리가 동전을 10만 번 던졌을 때 앞면이 나올 것으로 예상되는 횟수는 5만 번이다. 여기서 유의할 점은 정확히 5만 번과 똑같아진다고 말할 수 없다는 것이다. 상대 빈도와 확률이 같아지려면 무한 반복이 있어야 한다. 이론적으로 보자면 두 차례 동전을 던져 앞면이 나올 확률은 2분의 1이다. 그러나 무한 번 동전을 던지기 전까지는 이와 동일한 확률이 나온다고 장담할 수 없다.

불확실성을 다루는 문제라면 그 무엇도 확실한 주장을 할 수 없다. 그러나 문제가 잘 정의되어 있으면 모든 가능한 결과를 목록으로 정리할수 있다. 만약 불확실한 사건이 여러 차례 충분히 반복된다면 그 결과의빈도에는 가능한 다른 결과의 확률이 반영될 것이다. 그러나 사건이 오직 한 차례 발생할 경우 난관에 부딪친다.

내일 과학 시험을 통과할 확률 또는 슈퍼볼에서 그린베이 패커스가우승할 확률을 어떻게 추산할 수 있을까? 우리가 직면한 문제는 이런 사건이 오직 한 차례 발생한다는 것이다. 우리는 패커스가 치른 경기에 관한 모든 통계를 살펴볼 수 있다. 그러나 동일한 환경에서 반복적으로 경기에서 뛰었던, 정확히 동일한 선수들의 정확히 동일한 대결을 예상하기에는 충분치 않다. 또 우리는 시험을 얼마나 잘 치렀는지 떠올리기 위해서 예전의 과학 시험을 회상할 수 있지만 모든 시험은 동일하지 않으며, 우리의 지식도 변함없는 것이 아니다.

빈도 분포를 가능하게 하는 반복적인 테스트가 없다면 우리는 확률을 어떻게 계산할 수 있을까? 이런 조건에서는 확률을 계산할 수 없다. 그 대신 주관적 확률 해석에 의존해야 한다. 우리는 항상 주관적 확률해석을 한다. 우리는 패커스의 우승 확률이 2분의 1이라고 혹은 어려운과학 시험을 통과할 확률이 10분의 1이라고 말할 수 있다. 이것이 바로확률적 서술(probabilistic statement)이다. 이런 서술은 사건에 관한 '믿음의정도(degree of belief)'를 나타낸다. 만약 빈도에 근거한 확률 해석을 얻을정도로 특정 사건에 대한 충분한 반복이 불가능하다면 자신의 감각에의존할 수밖에 없다.

이 두 가지 사건에 대한 많은 주관적 해석들이 당신을 잘못된 방향으로 이끌 수 있다. 당신은 이런 사실을 즉각 알아차릴 것이다. 당신의 가정을 분석하는 것은 전적으로 당신에게 달려 있다. 잠시 이런 가정을 떠올려보자. 당신이 과학 시험을 잘 치를 확률을 10분의 1로 가정하는 것은 내용이 어렵고 준비가 부족해서인가 아니면 겸손한 척 내숭을 떨고 있기 때문인가? 또 패커스의 우승 확률을 2분의 1로 가정하는 것은 평생에 걸친 패커스 팀에 대한 열렬한 지지가 상대 팀의 뛰어난 능력을 보지 못하도록 당신의 눈을 가리고 있는 것이 아닐까?

베이즈의 분석에 관한 교재에 따르면 당신의 가정이 합리적이라고 믿을 경우 특정 사건에 대한 주관적 확률과 빈도 확률을 동일시하는 것은 "완벽하게 용인될 수 있는 것"이다.[12] 당신이 해야 할 일은 불합리한 것과 비논리적인 것들을 걸러내고 합리적인 것들은 보유하는 것이다. 주관적 확률이 빈도 확률 방식의 연장선에 지나지 않는다고 생각하면 도움이 될 수 있다. 실제로 많은 경우에 주관적인 확률이 가치를 더해주곤 한다. 이런 접근법을 통하여 장기간에 걸친 통계적 규칙성에 의존하기보다 운영상의 문제점들을 바로 고려할 수 있기 때문이다.

확률 이론과 시장

투자자들이 인식하건 인식하지 못하건 사실상 그들이 행하는 모든 결정은 확률 속에서 이루어진다. 그들이 성공적인 투자 결정을 하려면 과거의 기록과 가장 최근에 이용 가능한 자료를 결합하여 확률을 계산하는 것이 매우 중요하다. 그리고 이것이 바로 베이즈 분석(Bayesian analysis)이다.

"이득 확률×가능한 이득 총액에서 손실 확률×가능한 손실 총액을 차감한다. 우리는 이 방식을 시도한다. 완벽하지는 않지만 이것이 전부이다."[13]

투자와 확률 이론의 연관 관계가 명확히 나타나는 유용한 사례로서 리스크 차익 거래가 있다. 순수한 차익 거래는 서로 다른 두 개의 시장에서 시세가 매겨진 주가의 차이로부터 이득을 얻는 것이다. 예컨대 일용품과 통화는 전 세계의 여러 시장에서 시세가 매겨진다. 만약 동일한 일용품에 대하여 각자 다른 두 시장에서 서로 다른 가격을 매긴다면 당신은 어떤 시장에서 물건을 구입한 뒤 다른 시장에 내다 팔아 그 차액을 수익으로 남길 수 있다.

오늘날 더 흔히 통용되는 형태의 리스크 차익 거래에는 발표된 기업 합병이나 인수도 포함된다. 미발표 기업 합병이나 인수로 리스크 차익 거래를 시도하는 개인들도 있지만 버핏은 이런 시도를 기피한다. 우리 역시 이런 시도를 삼갈 것이다. 스탠퍼드 대학의 학생들에게 행한 연설에서 버핏은 리스크 차익 거래에 대한 자신의 입장을 이렇게 밝혔다. "내가 하는 일은 실제로 발생하는 사건들(발표된 합병)의 확률 그리고 이득과 손실 비율을 산정하는 것입니다."[14]

버핏은 다음과 같은 시나리오로 다시 말문을 열었다. 애벗컴퍼니가 주당 18달러로 당일 매매를 시작했다고 가정해보자. 오전 10시쯤 되자 애벗은 올해의 어느 시점에, 아마도 6개월 뒤 이 회사를 코스텔로컴퍼니에 주당 30달러 가격으로 매각할 것이라고 발표한다. 그 즉시 애벗의 주가는 27달러까지 급등하더니 그 가격대에서 계속 오르내린다.

버핏은 발표된 합병 소식을 접하고 결정을 내려야 한다. 가장 먼저 그는 '확실성의 정도'를 가늠하려고 애쓴다. 기업체들 간의 거래가 실현되지 못하는 경우가 종종 발생하기 때문이다. 예기치 않게 이사회에서 합병을 거부하거나 연방통상위원회에서 반대 의견을 개진할 수도 있다. 리스크 차익 거래가 체결될지, 또 어디에서 리스크가 나타날지 아무도 모른다.

버핏의 의사 결정 과정은 주관적 확률을 실행에 옮기는 것이다. 버핏의 설명을 들어보자. "만약 주가가 3포인트 상승할 확률이 90퍼센트 존재하고, 주가가 9포인트 하락할 확률이 10퍼센트 존재한다면 2.70달러에서 0.90달러를 차감한 1.80달러가 수학적으로 예상할 수 있는 가격입니다."[15]

이어서 버핏은 관련된 기간을 계산한 다음 투자수익률을 이용 가능한 다른 투자와 결부시켜야 한다고 말했다. 버핏의 수학적 계산에 따르면 당신이 애벗컴퍼니 주식을 27달러에 한 주 매입할 경우 잠재 수익률은 6.6퍼센트(1.80달러/27달러)이다. 만약 합병이 6개월 후에 체결될 것으로 예상된다면 연간 투자수익률은 13.2퍼센트가 될 것이다. 물론 버핏은 이런 리스크 차익 거래를 통한 수익률과 이용 가능한 다른 수익률을 비교할 것이다.

버핏은 리스크 차익 거래에 손실 가능성이 있음을 시인한다. "우리는 특정한 거래에서 얼마든지 손실을 감당할 용의가 있습니다. 한 예로 차익 거래가 있습니다. 그러나 유사한 형태의 많은 사건들에서 손실이 예상되는 거래에는 참여하고 싶지 않습니다. 우리는 이런 확률에 대한 우리의 계산이 타당성을 가지는, 그런 거래에 참여하고 싶습니다."[16]

버핏의 리스크 차익 거래 추산은 주관적 확률임을 우리는 한눈에 알 수 있다. 리스크 차익 거래에는 빈도 분포가 존재하지 않는다. 모든 거래가 서로 다르다. 또한 모든 환경이 서로 다른 평가를 요구한다. 그럼에도 불구하고 어느 정도 합리적인 수학적 계산으로 리스크 차익 거래에 접근하는 것은 가치 있는 일이다. 그것은 주식 투자 과정과 아무런 차이가 없기 때문이다.

켈리의 최적화

카지노에 입장할 때마다 승자가 되어 나올 확률은 낮아진다. 그리 놀라운 일도 아니다. 결국 카지노가 최고의 확률을 가지고 있다는 사실을 우리 모두 잘 알고 있다. 그러나 단 한 차례 블랙잭 게임에서 정확히 플레이한다면 카지노를 꺾을 기회를 가질 수도 있다. 수학자 에드워드 소프는 세계적 베스트셀러인 『딜러를 이겨라(*Beat the Dealer: A Winning Strategy for the Game of Twenty-One*)』에서 카지노보다 한 수 앞설 수 있는 과정의 개요를 설명했다.[17]

소프의 전략은 한 가지 단순한 개념에 근거하고 있었다. 손에 쥔 카드에 10s와 페이스 카드와 에이스가 많으면 그 플레이어─당신이라고 하자─는 딜러보다 통계적으로 우위에 있다는 것이다. 당신이 높은 패에 +1점을 주고 낮은 패에 −1점을 부여한다면 카드 패를 기록하는 일이 한결 쉬워질 것이다. 카드가 보일 때마다 더하거나 빼면서 머릿속으로 계산하면 된다. 합계가 플러스라면 플레이하고 있는 카드에 높은 패가 많다는 뜻이다. 총명한 플레이어라면 카드의 합계가 비교적 높은 수에 이를 때까지 가장 큰 금액의 베팅을 아낄 것이다.

더 깊이 들여다보면 소프의 책에는 켈리의 베팅 모델에 관한 내용이 숨어 있다.[18] 그리고 켈리는 정보 이론의 창시자인 클로드 섀넌으로부터 영감을 받았다.

1948년대에 벨연구소의 수학자였던 섀넌은 정보가 무작위로 발생하는 소음에 의한 왜곡 없이 구리선으로 정보를 전송하는 최적의 방법을 찾아내는 데 많은 시간을 보냈다. 1948년에 발표한 '수학적 커뮤니케이션 이론(A Mathematical Theory of Communication)'이라는 제목의 논문에서 그는 자신이 발견한 것을 설명했다.[19] 그 논문에는 성공 가능성을 감안하여 구리선을 통해서 전달할 수 있는 정보의 최적 양에 관한 수학 공식이 포함되어 있었다.

몇 년 후 또 다른 수학자 존 래리 켈리가 섀넌의 논문을 읽고 나서 그 공식을 도박에도 쉽게 적용할 수 있음을 깨달았다. 성공 확률을 알면 큰 효과를 볼 수 있는 또 다른 분야였기 때문이다. 1956년에 '정보 비율에 대한 새로운 해석(A New Interpretation of Information Rate)'이라는 제목의 논문에서 켈리는 섀넌의 다양한 전송 비율과 우연히 발생하는 사건들의 결과가 본질적으로 동일한 것—확률—이며, 동일한 공식이 두 가지 모두를 최적화할 수 있다고 주장했다.[20]

흔히 최적 성장 전략으로도 불리는 켈리의 최적화 모델은 성공 확률을 알고 있을 때 가진 돈의 일부를 베팅하여 성장률을 극대화한다는 개념에 기반을 두고 있다. 공식으로 표현하면 $2p-1=x$이다. 승리할 확률(p)의 2배에서 1을 뺀 숫자가 판돈을 걸어야 할 총 금액의 비율(x)이 된다.

예를 들어 카지노를 이길 확률이 55퍼센트라면 가진 돈의 10퍼센트를 베팅하여 당신의 승리를 극대화해야 한다. 카지노를 이길 확률이 70퍼센트라면 가진 돈의 40퍼센트를 베팅해야 한다. 그리고 승리할 확률이 100퍼센트라면 가진 돈을 모두 베팅해야 한다.

물론 주식시장은 블랙잭보다 훨씬 더 복잡하다. 카드 게임에는 유한한 수의 카드가 존재하고, 그 결과 유한한 수의 가능한 결과가 발생한다. 반면 수천 종목의 주식과 수백만 명의 투자자가 존재하는 주식시장에서 일어날 수 있는 결과는 거의 무한대에 가깝다. 켈리의 접근법을 사용하려면 투자 과정 전반에 걸쳐 거듭되는 재계산과 조정이 필요하다. 그럼에도 불구하고 기본적인 개념—확률의 정도와 투자 규모를 수학적으로 연결시키는 것—은 중요한 교훈을 담고 있다.

나는 켈리 모델이 집중투자를 위해서도 매력적인 도구라고 생각한다. 그러나 책임감 있게 사용하는 이들만 이 도구의 혜택을 받게 될 것이다. 켈리의 접근법을 사용하는 데에는 리스크가 따르기 때문이다. 투자자들은 다음 세 가지 제약을 이해할 수 있을 정도로 현명해져야 한다.

1. 켈리 모델이든 아니든 투자할 의향이 있는 사람은 누구나 장기적인 안목을 가지고 있어야 한다. 비록 블랙잭 플레이어가 카지노를 꺾을 근사한 모델을 가지고 있다 할지라도 그것이 처음 몇 판에서 이길 것이라고 항상 보장해주는 것은 아니다. 투자의 경우도 마찬가지이다. 투자자들이 올바른 기업을 선택했지만 이 선택에 대한 보답으로 주식시장이 제멋대로 움직이는 경우를 비일비재하게 목격하지 않

왔던가?

2. 차입금 이용을 조심하라. 주식시장에서 투자를 위한 대출의 위험성은 벤저민 그레이엄과 워런 버핏이 모두 큰 소리로 경고한 바 있다. 당신의 자금에 대한 예상치 못한 지불 요구가 투자 게임에서 가장 불운한 시기에 찾아올 수 있다. 만약 신용거래 융자를 통해서 켈리 모델을 활용하고 있다면 주식시장이 하락세를 보일 때 어쩔 수 없이 자신의 주식을 팔아야 하고, 그로 인해서 높은 확률을 가진 베팅을 없애는 결과를 낳을 수 있다.

3. 높은 확률을 가진 게임에서 가장 큰 위험은 오버베팅일 것이다. 만약 실제로는 오직 35퍼센트의 성공 확률이 있음에도 불구하고 70퍼센트 성공 확률이 있다고 판단한다면 이른바 '도박사의 파멸(gambler's ruin)'에 빠질 수 있다. 이런 리스크를 최소화하는 방법은 언더베팅을 하는 것이다. 이 경우에는 흔히 하프켈리(half-Kelly) 또는 부분켈리(fractional-Kelly) 모델로 알려진 방식을 사용한다. 예컨대 켈리 모델에서 당신의 자금 중 10퍼센트를 베팅하라고 알려줄 경우 단지 5퍼센트만(하프켈리)만 베팅하는 식이다. 그럼에도 하프켈리 베팅과 부분켈리 베팅은 둘 다 포트폴리오 관리에서 안전 마진을 제공한다. 즉 개별 종목을 선택할 때 적용하는 안전 마진과 함께 이것이 이중의 보호막을 제공한다.

오버베팅의 리스크는 언더베팅의 손실보다 훨씬 많은 해를 끼친다. 나는 모든 투자자, 특히 집중투자 전략을 이제 막 사용하기 시작한 투자자들이라면 부분켈리 베팅을 한다고 믿고 있다. 유감스러운 점은 베팅을 축소하면 가능한 이득도 축소된다는 것이다. 그러나 켈리 모델에서의 이런 관계는 포물선 모양으로 나타나기 때문에 언더베팅으로 인한 손실은 그리 크지 않다. 당신의 베팅을 50퍼센트 줄이는 하프켈리 베팅을 하면 잠재 성장률은 25퍼센트 줄어들 뿐이다.

베팅 확률에 관한 멍거의 견해

1994년에 찰리 멍거는 서던캘리포니아 대학교의 학생 투자 세미나에서 강연을 부탁한 길퍼드 뱁콕 박사의 초빙을 받아들였다. 그는 '처세술'을 포함하여 여러 가지 주제를 다루었다. 그뿐만 아니라 확률과 최적화에 관한 자신의 생각도 설명했다.

"내가 좋아하는 모델—주식시장에서 벌어지는 상황에 대한 개념을 단순화시킨 모델—은 패리뮤추얼 시스템(pari-mutuel system, 이긴 말에 건 사람들에게 수수료를 제하고 건 돈 전부를 나누어주는 방법_옮긴이)입니다. 곰곰 생각해보면 패리뮤추얼 시스템이 곧 주식시장입니다. 누구든 경마장에 가서 베팅을 하는데, 베팅 결과에 따라 배당률이 변합니다. 주식시장에서도 바로 이 같은 상황이 벌어집니다."

그는 말을 이었다. "높은 승률과 좋은 순번을 가지고 가벼운 부담 중량을 짊어진 말이 형편없는 기록을 가진 말에 비해 우승할 가능성이 훨씬 더 높다는 것은 바보라도 알고 있을 겁니다. 그런데 배당을 보면 나쁜 말은 100대 1인 반면 좋은 말은 3대 2입니다. 이 경우 통계학적으로 어느 것이 최상의 베팅인지 확실하지 않습니다. 주가 역시 이런 식으로 변합니다. 따라서 이런 시스템을 이긴다는 것은 여간 힘든 일이 아닙니다."[21]

찰리의 경마장은 투자자들에게 완벽하게 들어맞는 비유이다. 투자자들은 자주 놀라운 배당률을 안겨주는 승산 없는 말과 같은 종목에 모험을 걸지만 수많은 이유들 중 하나로 인해서 그 경주를 완주하지 못한다. 그런가 하면 무모한 도박 대신 확실한 종목을 선택하기도 한다. 개인적으로 나는 훌륭한 말이 매력적인 배당률을 가지고 등장할 때까지 기다리는 것이 경마나 주식시장에 접근하는 가장 분별 있는 방식이라고 생각한다.

심리적 요소

서러브레드 경마에 관해서 여러 권의 책을 집필한 앤드루 베이어는 오랜 세월 경마꾼들의 베팅을 관찰하면서 너무 많은 이들이 성급함 때문에 돈을 잃는다는 것을 알게 되었다. 다른 곳과 마찬가지로 경마장에서도 카지노 심리─돈을 걸거나, 주사위를 던지거나, 레버를 당기고 싶은 충동을 참지 못하는 것─로 인하여 사람들은 자신의 행동에 대해서 생각할 시간적 여유도 없이 어리석은 베팅에 나선다.

베이어는 게임에 참여하려는 심리적 충동을 잘 알고 있다. 그래서 그는 플레이어들에게 액션 베팅과 프라임 베팅으로 전략을 나누어 게임에 임하라고 조언한다. 프라임 베팅은 다음 두 가지 상황이 발생했을 때 신중한 플레이어들을 위한 베팅이다. (1) 말의 우승 능력에 대한 자신감이 높은 상황, (2) 기대 이상의 배당금을 받을 확률이 높은 상황. 프라임 베팅은 많은 돈을 필요로 한다. 그에 반해 액션 베팅은 승률이 낮은 말에 소액을 걸면서 내기를 하는 심리적 욕구를 만족시키는 베팅이며, 절대로 플레이어가 가진 판돈에 많은 부분을 차지해서는 안 된다.

베이어는 이렇게 말한다. "경마꾼이 프라임 베팅과 액션 베팅의 차이를 구별하지 못하면 선택의 강약에 대한 균형 감각을 잃어버리면서 성급한 베팅을 하는 쪽으로 나아갈 수밖에 없다."[22]

이론에서 현실로

이제 경마장에서 벗어나 이 모든 이론을 주식시장의 현실로 옮겨보자. 사고하는 일련의 과정은 동일하다.

1. 확률을 계산한다. 다음은 당신과 관련 있는 확률이다. 내가 염두에 두고 있는 주식이 주식시장보다 더 많은 수익률을 올릴 가능성은 얼마일까?

2. 최상의 확률을 기다린다. 성공 확률은 안전 마진을 확보했을 때 당신에게 유리한 쪽으로 작용한다. 그리고 상황이 불확실할수록 당신에게 더 많은 안전 마진이 필요하다. 주식시장에서 안전 마진은 할인된 가격으로 제공된다. 당신이 선호하는 기업의 주식이 내재 가치보다 낮은 가격에 거래되고 있다면 이는 투자를 실행하라는 신호나 다름없다.

3. 새로운 정보에 맞게 조정한다. 확률이 당신에게 유리해질 때까지 기다려야 한다는 사실을 알고 있다면 그동안 기업이 어떤 활동을 하고 있는지 주의를 기울여야 한다. 경영진이 무책임한 행동을 하고 있는가? 재무 관련 결정에서 변화가 있는가? 기업 운영을 하는 데

경쟁 구도에 어떤 변화가 있는가? 만약 그렇다면 확률도 변할 가능성이 있다.

4. 얼마나 투자할지 결정한다. 주식시장에서 투자하는 데 이용 가능한 자금 중에서 특정한 주식 매입에 어느 정도의 비율로 그 자금을 사용해야 할까? 먼저 켈리 공식으로 시작하라. 그런 다음 하프켈리 베팅이나 부분켈리 베팅 수준으로 비율을 줄여 조정하라.

확률을 생각하는 것이 당신에게 생소할 수 있다. 그러나 확률을 활용하는 법을 배우는 것이 불가능한 일은 아니다. 이런 식으로 주식에 관해서 사고하는 법을 스스로 터득할 수 있다면 그 배움으로부터 충분히 이득을 얻을 수 있을 것이다. 1988년에 버핏의 코카콜라 주식 매입을 떠올려보자. 그는 코카콜라에 버크셔 포트폴리오의 3분의 1을 투자했다. 코카콜라는 평균 이상의 재정 건전성을 가진 우수한 기업이었지만 내재가치보다 상당히 낮은 가격에 주식이 거래되고 있었다. 주식시장에서 이같은 기회는 자주 찾아오지 않는다. 그러나 이런 기회가 찾아오면 확률을 이해하는 사람들은 그것을 인지하고 무엇을 해야 할지 알 것이다. 그래서 찰리 멍거는 이런 말을 했다. "현명한 투자자들은 세상이 자신에게 기회를 제공할 때 아주 많이 베팅한다. 승산이 있을 때 크게 베팅하는 것이다. 그러나 다른 때에는 그렇게 하지 않는다. 아주 간단하다."[23]

그레이엄과 도드 마을의 집중투자자들

1934년에 대공황이 절정에 이르렀을 무렵 '증권 분석'이라는 평범한 제목을 가진 놀라운 책이 출간되었다. 공동 저자인 벤저민 그레이엄과 데이비드 도드는 5년 동안 이 책 저술에 매달렸다. 컬럼비아 대학에서 학생들을 가르치고, 1929년의 증시 대폭락에 대처할 수 있도록 고객들에게 도움을 주느라 그들의 집필 시간은 방해를 받았다. 그런데 훗날 그레이엄은 이런 지연이 천우신조였다고 말했다. "고통의 대가로 얻은 지혜로움"이 생겼기 때문이다.[24] 흔히 『증권 분석』은 고전으로 칭송받고 있다. 이 책은 다섯 차례 개정판을 거쳐 80년이 지난 지금도 여전히 팔리고 있는데, 현대의 투자 세계에 미친 영향은 이루 말할 수 없다.

초판 발행 이후 50년이 지났을 때 컬럼비아 경영대학원은 이를 기념하는 세미나를 개최했다. 컬럼비아 대학 동창생들 중 가장 널리 알려진 인물이자 그레이엄 교수의 가치 투자 접근법의 가장 유명한 신봉자인 워런 버핏이 그 모임의 연설에 초빙되었다. '그레이엄과 도드 마을의 최고 투자자들(The Superinvestors of Graham-and-Doddsville)'이라는 제목이 붙은 그의 연설은 그가 칭송한 『증권 분석』만큼이나 유명한 고전의 반열에 올랐다.[25]

1984년 그날 모인 청중들—대학교수와 연구자 그리고 여타 학계 사람들—은 대부분 현대적 포트폴리오 이론과 효율적 시장 가설의 타당성을 적극 지지하고 있었다. 그러나 버핏은 당연한 듯이 이런 주장에 반기를 들었다. 그는 자신의 연설을 통해서 효율적 시장 이론의 토대를 무너뜨렸다.

버핏은 현대 포트폴리오 이론의 핵심 개념을 요약하면서 연설을 시작했다. 즉 주식시장은 효율적이고 모든 주식의 주가는 정확히 형성되기 때문에 해를 거듭해서 주식시장을 능가하여 투자 수익을 올리는 사람은 단지 운이 좋았을 뿐이라는 것이 현대 포트폴리오 이론의 주장이었다. 그러나 버핏은 어쩌면 이 이론이 맞을지 모르지만 자신은 꾸준히 주식시장을 능가하여 투자 수익을 올리는 몇몇 사람들을 알고 있는데 그들의 성공을 단순히 운으로만 설명할 수 없다는 말을 덧붙였다.

그러고 나서 버핏은 증거를 열거하기 시작했다. 그날 그가 제시한 모든 사례들은 단순히 운 때문이 아니라 벤저민 그레이엄이라는 동일한 원천이 가르쳐준 원칙을 따라 함으로써 오랜 세월에 걸쳐 주식시장을 능가하는 수익을 올릴 수 있었던 사람들의 이야기였다. 버핏은 그들이 그레이엄과 도드의 '지적인 마을'에 거주한다고 말했다.

버핏의 설명에 따르면 그들은 각자 다른 결정을 내릴 수 있지만 주가와 내재 가치 간의 차이로부터 수익을 모색하는 공통적인 접근법으로 서로 연결되어 있다. "두말할 것도 없이 그레이엄과 도드 마을의 투자자들은 베타나 자본자산 가격 결정 모델이나 수익의 공분산에 대해서 논의하지 않습니다. 이것들은 그들의 관심사가 아니기 때문입니다. 실제로 그들에게 이런 용어를 정의하라면 애를 먹을 겁니다."

1984년의 연설에 기초하여 작성된 한 기사에 버핏은 그레이엄과 도드 마을의 주민들이 거둔 인상적인 실적이 담긴 도표를 포함시켰다.[26] 그러나 이런 위대한 투자자들을 하나로 묶어준 것은 그레이엄의 가치 투자 접근법뿐만이 아니었다. 이런 위대한 투자자들—찰리 멍거, 윌리엄 루안, 루이스 심슨—도 버핏과 마찬가지로 집중투자 포트폴리오를 관리했기 때문이다. 그들이 거둔 성과를 보면 우리가 배울 점들이 꽤 많다. 그러나 이것을 조사하기 전에 손꼽히는 집중투자자들부터 살펴보기로 하자.

존 메이너드 케인스

대다수 사람들은 존 메이너드 케인스를 경제학 이론의 위대한 공헌자로 인정하고 있다. 그러나 그가 전설적인 투자자이기도 했다는 사실을 아는 이들은 거의 없다. 그의 뛰어난 투자 능력을 보여주는 증거로 영국 케임브리지에 위치한 킹스칼리지의 체스트펀드(Chest Fund)에서 나온 실적 보고서가 있다.

1920년 이전에 킹스칼리지의 투자는 고정 수익 증권으로 제한되어 있었다. 1919년 말에 회계 담당자로 임명된 케인스는 보통주 펀드, 통화 펀드와 상품 펀드로만 구성된 개별적인 펀드로 시작하라고 이사들을 설득했다. 결국 이런 독립된 펀드가 체스트펀드가 되었다. 회계 책임자로 임명된 1927년부터 1945년 사망할 때까지 케인스가 전적으로 이 펀드를 책임졌다. 그 기간에 케인스는 오직 소수의 기업들에 집중하여 주식을 보유했다. 『증권 분석』이 출간된 연도와 같은 1934년에 케인스는 한 동료에게 자신의 추론을 설명하는 글을 보냈다.

자신이 잘 알지 못하고, 특별한 자신감을 가질 이유가 없는 기업들에 잔뜩 분산시켜놓고 리스크를 줄인다는 것은 잘못된 생각입니다. (……) 개인의 지식과 경험은 제한적일 수밖에 없고, 따라서 특정 시기에 내가 개인적으로 충분히 자신감을 가질 만한 기업을 두세 개 이상 찾기가 힘들기 때문입니다.[27]

4년 후 케인스는 체스트펀드에 대한 완벽한 정책 보고서를 준비했다. 다음은 그의 원칙들을 요약한 것이다.

1. 수년에 걸쳐 잠재적 '내재' 가치 그리고 당시에 대안이 되는 다른 투자와 비교하여 상대적으로 저렴하다고 생각되는 소수의 투자 대상을 신중하게 선택한다.
2. 잠재적 가능성이 실현되거나 혹은 잘못된 인수로 판명될 때까지 변함없이 이런 투자 대상을 대규모로 보유한다.
3. '균형 잡힌' 투자 포지션을 취한다. 즉 개별적인 주식을 다량으로 보유하고 있음에도 불구하고, 가능하면 리스크를 없애는 방향으로 리스크를 다변화한다.[28]

비록 케인스 본인은 집중투자자라는 용어를 쓰지 않았지만 그의 투자정책을 보면 집중투자자임이 분명해 보인다. 그는 의도적으로 엄선된 소수의 주식들만으로 투자 종목을 제한했으며, 기본적인 분석을 토대로 주가와 비교하여 그 주식의 가치를 추산했다. 그는 포트폴리오의 회전율을 낮은 수준으로 유지하고 싶어 했다. 또 예측 가능한 우량 기업 위주로 다양한 경제적 상황에 '리스크 감소'가 포함되는 것을 목표로 정했다.

그렇다면 케인스는 이런 과정을 얼마나 잘 수행했을까? 18년 동안 그가 관리한 체스트펀드는 영국의 주식시장이 전반적으로 저조했던 시기에 연평균 13.2퍼센트의 수익률을 달성했다. 그 시기에 대공황과 제2차 세계대전이 포함되어 있다는 점을 감안하면 매우 놀라운 실적을 거둔 셈이었다.

그럼에도 불구하고 체스트펀드는 세 차례의 고통스러운 시기(1930년, 1938년, 1940년)를 견뎌야 했다. 당시는 영국 주식시장의 수익률에 비해 펀드의 수익률이 현저히 떨어진 시기였다. 1983년에 케인스의 투자 실적을 검토하던 두 명의 분석가는 이렇게 말했다. "펀드의 자금에 큰 변동이 있었던 걸로 미루어 체스트펀드가 주식시장보다 더 심한 변동을 겪었음이 분명해 보인다."[29] 실제로 체스트펀드의 표준편차를 살펴보면 일반 주식시장보다 2.5배쯤 변동성이 더 큰 것을 알 수 있다. 당연히 체스트펀드 투자자들은 종종 평탄치 않은 과정을 거쳐야 했다. 그러나 결론적으로 볼 때 주식시장과 상당한 차이가 날 정도로 많은 수익을 얻었다.

■ ■ ■

거시경제의 배경을 가진 케인스가 마케팅 타이밍에 능한 기술을 가졌다고 생각하지 않으려면 그의 투자 정책을 좀 더 살펴보아야 한다. "우리는 서로 다른 국면의 거래 사이클에서 일반 주식 안팎에서 발생하는 체계적인 움직임을 제대로 활용할 수 있음을 입증하지 못했다." 케인스의 글이다. "이런 경험의 결과, 다량의 주식을 이동시킨다는 사고방식이 여러 가지 이유로 실용적이지 않을 뿐 아니라 사실상 바람직하지 않다는 것을 확실히 알게 되었다. 이런 식으로 시도하는 사람들은 대부분 너무 빨리 매도하거나 너무 늦게 매입하고, 또 너무 자주 사고팔기를 한다. 그 결과 많은 비용을 초래하고 불안정하고 투기성 있는 심리 상태를 유발하는데, 이런 심리가 확산될 경우 주가 변동의 범위를 악화시키는 엄청난 사회적 불이익을 가져올 수 있다."[30]

찰리 멍거

버크셔해서웨이의 투자 실적은 대개 회장인 버핏과 관련이 있지만 부회장인 찰리 멍거도 뛰어난 투자자라는 사실을 간과하지 말아야 한다. "나는 1960년경에 처음으로 찰리를 우연히 만났다. 나는 변호사 일도 취미 생활로서는 괜찮지만 그보다 훨씬 나은 일을 할 수 있다고 그에게 말했다."[31] 버핏의 말이다. 제2장에서 언급했듯이 그 당시 멍거는 로스앤젤레스에서 잘나가는 변호사였다. 그러나 자신의 이름을 딴 투자 합자회사를 설립한 뒤 자기 역량을 그 방면으로 서서히 옮겨가고 있었다.

"멍거의 포트폴리오는 극히 소수의 주식에 집중되어 있었기 때문에 그의 투자 실적은 변동성이 무척 컸다. 그러나 그 역시 '내재 가치로부터의 할인'이라는 동일한 접근법에 기반을 두고 있었다." 버핏의 설명이다. 멍거는 자신의 합자회사를 위해서 투자 결정을 내릴 때 그레이엄의 방법론에 따라 내재 가치보다 낮은 가격에 거래되는 회사의 주식에만 관심을 가졌다. 버핏은 또 이렇게 말했다. "멍거는 투자 실적에서 기복이 심해도 이를 순순히 받아들이려고 했다. 그가 원래 집중투자 성향이 강한 인간이었기 때문이다."[32]

멍거의 투자 실적을 설명하는 데 버핏이 '리스크'라는 단어를 사용하고 있지 않다는 점에 주목할 필요가 있다. 현대적 포트폴리오 이론에서 찾아볼 수 있는 리스크에 대한 기존의 정의는 가격 변동성으로부터 리스크가 발생한다는 것이었다. 때문에 혹자는 13년 역사를 가진 멍거의 합자회사가 대단히 위험하다고 말할지 모른다. 그 회사의 표준편차가 주식시장의 거의 2배에 달했기 때문이다. 그러나 그 기간에 주식시장의 연평균 수익률보다 18퍼센트 앞섰다는 것은 그가 위험을 감수하는 투자자가 아니라 주도면밀한 투자자임을 말해준다.

세쿼이아펀드

버핏은 1951년에 빌 루안을 처음 만났다. 당시 두 사람은 컬럼비아 대학에서 그레이엄의 증권 분석 수업을 함께 수강하고 있었다. 그 후에도 계속 연락을 주고받았는데, 버핏은 루안의 투자 성적을 오랫동안 감탄 어린 시선으로 지켜보았다. 1969년에 자신의 투자 합자회사를 청산한 버핏은 루안에게 자기 고객들 중 일부 펀드를 관리해줄 것을 부탁했다. 루안은 그 부탁을 받아들였고, 그것이 세쿼이아펀드(Sequoia Fund)의 시발점이 되었다.

두 사람은 당시가 뮤추얼펀드를 만들기에 힘든 시기임을 알고 있었다. 그러나 루안은 밀어붙였다. 주식시장은 두 층으로 나뉘어 있었다. 대부분의 투기성 자금은 새로운 '니프티 피프티'에만 몰려들었고, 가치 주식들은 뒷전으로 밀려나 있었다. 1970년대 초반만 해도 가치 투자자들에 대한 실적 비교가 힘들었다. 그럼에도 버핏은 이렇게 말했다. "그에게 보낸 내 고객들 중 다수가 그를 떠나기는커녕 오히려 더 많은 투자금을 맡기고 결국 행복한 결실을 맺었다고 말할 수 있어 나는 무척 기쁘다."[33]

세쿼이아펀드는 집중투자의 원칙 아래 운영된 최초의 뮤추얼펀드라는 점에서 진정한 선구자였다. 세쿼이아가 보유한 주식들의 공개된 기록을 살펴보면 빌 루안과 루안쿠니프앤드컴퍼니(Ruane, Cuniff & Company)에서 동업자인 리처드 쿠니프가 매우 집중적이고 회전율이 낮은 포트폴리오를 관리해왔음이 확실해 보인다. 90퍼센트 이상의 펀드 금액이 평균 6~10개의 기업들에 집중투자되었다. 그럼에도 포트폴리오는 경제적 환경에 따라 폭넓게 분산되어 있었다.

초창기부터 빌 루안은 펀드매니저들 사이에서 독특한 인물이었다. 일반적으로 대다수 펀드매니저들은 주가지수에서 크게 벗어나 있지 않은 주식들을 모아 포트폴리오를 구성한다. 포트폴리오 매니저들은 산업 부문 인덱스 가중치를 파악한 다음 각각의 부문에 적합한 주식들을 가지고 포트폴리오를 구성하려 한다. 그러나 루안쿠니프앤드컴퍼니의 파트너들은 최상의 주식을 선택한다는 생각에서 출발하여 이렇게 선택된 주식들을 중심으로 포트폴리오를 구성한다.

물론 최상의 주식을 찾아내려면 강도 높은 조사가 필요하다. 루안의 투자회사는 자금 관리에 관한 한 최고라는 명성을 가지고 있다. 그들은 월스트리트 증권회사들의 보고서를 참고하지 않는다. 대신 자신이 직접 조사한 기업 정보에 의지한다. 언젠가 루안은 이런 말을 한 적이 있다. "우리는 회사에서 직위에 별 관심을 갖지 않는다. 굳이 관심을 가진다면 내 명함에는 '조사 분석가 빌 루안'이라고 적혀 있을 것이다."

이런 사고방식은 월스트리트에서는 찾아보기 힘들다고 그는 설명했다. "일반적으로 사람들은 분석가 역할을 하면서 직장 생활을 시작하지만 명망 높은 포트폴리오 매니저로 승진하기를 바란다. 반면 우리는 장기 투자자가 되면 분석가로서의 역할이 가장 중요하며 포트폴리오 관리는 저절로 이루어진다고 믿고 있다."[34]

이런 독특한 접근법이 세쿼이아 주주들에게 얼마나 많은 기여를 했을까? 1971년부터 2013년까지 세쿼이아펀드는 연평균 14.46퍼센트의 수익률을 기록했다. 비교하자면 같은 기간에 S&P500지수의 연평균 수익률은 10.65퍼센트였다.

다른 집중투자 포트폴리오와 마찬가지로 세쿼이아펀드 역시 다소 변동성을 보이면서 평균 이상의 수익률을 달성했다. 이 기간에 주식시장의 표준편차는 16.1퍼센트였고, 세쿼이아펀드의 표준편차는 21.2퍼센트였다. 리스크에 대한 현대적 포트폴리오 이론의 정의를 옹호하는 사람들은 멍거의 합자회사처럼 세쿼이아펀드도 평균 이상의 수익률을 얻기 위해서 리스크를 감수했다고 결론 내릴 것이다. 그러나 세쿼이아가 얼마나 세심하고 성실하게 조사하는지 알고 있다면 이런 접근법이 위험하다는 결론을 쉽게 받아들이지 못할 것이다.

루이스 심슨

워런 버핏이 1970년대 후반에 GEICO 보험회사의 주식을 매입하기 시작할 무렵, 그는 훗날 GEICO의 재정 건전성에 직접적인 영향을 미치게 될 인물도 영입했다. 그가 바로 루이스 심슨이다.

프린스턴 대학에서 경제학 석사 학위를 취득한 심슨은 1979년에 버핏이 GEICO로 끌어들이기 전에 스타인로앤드파넘과 웨스턴애셋매니지먼트에서 근무했다. 버핏은 심슨을 채용하기 위한 면접을 회상하면서 그가 "투자자로서 이상적인 성격의 소유자"라고 술회했다. 그는 자신의 조사를 확신하며 "대중의 선호나 반대에 특별히 관심을 갖지 않는"[35] 독립적인 사고의 소유자였다.

독서광으로 유명했던 심슨은 월스트리트의 조사 보고서를 무시하고 그 대신 기업의 연차 보고서 분석에 몰두했다. 그의 주식 선택 과정은 버핏의 방식과 유사했다. 그는 유능한 경영진에 의해서 운영되고 합당한 가격으로 이용 가능한, 수익성 높은 기업들의 주식만 매입했다. 심슨은 버핏과 또 다른 공통점도 가지고 있었다. 오직 소수의 주식에만 포트폴리오를 집중하는 것이 그것이었다. GEICO의 주식 포트폴리오는 수십억 달러 규모였지만 소유 주식은 대개 열 종목을 넘지 않았다.

1980년부터 2004년 사이에 GEICO의 포트폴리오는 연평균 20.3퍼센트의 수익률을 기록했다. 같은 기간에 주식시장의 수익률은 연평균 13.5퍼센트였다. "심슨은 일관성 있게 저평가된 주식만 매입했기 때문에 각각의 종목이 지속적으로 손실을 입을 가능성은 거의 없었으며 전체 종목으로 보아도 무위험에 가까웠다."[36] 버핏의 설명이다.

여기서 또다시 리스크에 대한 버핏의 감각을 살펴보자. 그가 느끼는 리스크는 주가의 변동성과 아무 관련이 없다. 그보다는 개별적인 주식이 시간의 경과와 함께 수익을 낳게 되는 확실성과 더 관련이 있다.

심슨의 실적 및 투자 스타일은 버핏의 사고방식과 거의 비슷하다. "심슨의 조심스러운 집중투자 방식은 버크셔의 투자 방식과 동일하다. 따라서 그와 한배를 타는 것이 우리에겐 엄청난 이득이다. 우리가 관리하는 자금 및 기업들에 대해서 내가 운영을 맡기고 싶은 사람들은 극소수에 지나지 않는다. 그러나 심슨이라면 기꺼이 맡기고 싶다."[37]

버핏, 멍거, 루안, 심슨. 버핏 마을의 이 위대한 투자자들은 투자에 대한 지적인 접근법에 공통점을 가지고 있음이 분명해 보인다. 그들은 리스크를 줄이는 것이 안전 마진(즉 기업의 내재 가치와 현재 시장가격 간의 차이)이 높을 경우에만 주식을 매입하는 것이라는 믿음으로 서로 연결되어 있다. 또한 이런 확률 높은 소수의 주식들을 중심으로 포트폴리오를 집중하는 것이 리스크를 줄여줄 뿐 아니라 주식시장의 수익률을 훨씬 능가하는 높은 수익률 창출에도 도움이 된다는 믿음을 가지고 있다.

그러나 우리가 이렇게 성공적인 집중투자자들을 언급해도 어떤 이들은 여전히 회의적이다. 그들은 미심쩍어 한다. 그들이 직업적으로 가까운 관계이기 때문에 모두 성공을 거둔 것은 아닐까? 나중에 밝혀졌지만 이 투자자들은 서로 다른 주식을 소유하고 있었다. 버핏은 멍거가 소유한 주식과 동일한 주식을 소유하지 않았고, 멍거는 루안이 소유한 주식을 소유하지 않았으며, 루안은 심슨이 소유한 주식을 소유하지 않았다. 그리고 케인스가 소유한 주식은 아무도 몰랐다.

회의주의자들은 여기서 사례로 든 집중투자자들이 다섯 명에 불과하다고 주장할지 모른다. 다섯 명이라면 통계학적으로 의미 있는 결론을 이끌어내기에 턱없이 모자란 수치이다. 수천 명의 포트폴리오 매니저들이 활동하는 투자업계에서 이 다섯 건의 성공 스토리는 그냥 무작위로 골라낸 사례일 수 있다는 것이다.

충분히 일리 있는 주장이다. 따라서 버핏 마을의 위대한 투자자들이 통계상의 착오일 뿐이라는 개념을 불식시키려면 더 폭넓은 영역을 살펴볼 필요가 있다. 유감스럽게도 집중투자자들의 수는 매우 적다. 투자금을 관리하는 수천 명의 포트폴리오 매니저들 중에서 집중투자 포트폴리오를 운영하는 사람들은 극소수에 지나지 않는다.

내가『워런 버핏 포트폴리오(*The Warren Buffett Portfolio: Mastering the Power of the Focus Investing Strategy*)』를 집필할 당시 이와 동일한 문제에 부딪쳤다. 통계학적으로 의미 있는 결론을 이끌어내기에는 집중투자자들의 수가 충분치 않았던 것이다. 그렇다면 우리는 무엇을 했을까? 우리는 통계연구소로 찾아가 3,000개의 투자 포트폴리오를 가진 모집단을 설계했다.[38]

우리는 보통주 수익률을 알려주는 컴퓨스태트(Compustat, 미국의 기업 재무 자료 데이터베이스_옮긴이) 데이터베이스를 활용하여 측정이 가능한 데이터—총매출, 수익, 자기자본수익률 포함—를 보여주는 1,200개 기업을 분리했다. 그런 다음 이 기업들을 가지고 다양한 규모의 1만2,000개 포트폴리오를 무작위로 조합하여 다음 네 가지 포트폴리오 그룹을 만들었다.

1. 250개 종목의 주식들로 구성된 3,000개의 포트폴리오
2. 100개 종목의 주식들로 구성된 3,000개의 포트폴리오
3. 50개 종목의 주식들로 구성된 3,000개의 포트폴리오
4. 15개 종목의 주식들로 구성된 3,000개의 포트폴리오-집중투자 포

트폴리오 그룹

그런 다음 10년(1987~1996)에 걸쳐 각 그룹에 속한 개별적인 포트폴리오의 연평균 수익률을 계산했다. 그리고 같은 기간에 전체 주식시장(S&P500지수)의 수익률과 네 가지 포트폴리오 그룹의 수익률을 비교했다.

- 250개 종목의 주식들로 구성된 포트폴리오의 경우 표준편차는 0.65퍼센트였다. 최상의 포트폴리오의 연간 수익률은 16.0퍼센트였고, 최악의 포트폴리오의 연간 수익률은 11.4퍼센트였다.
- 100개 종목의 주식들로 구성된 포트폴리오의 경우 표준편차는 1.11퍼센트였다. 최상의 포트폴리오의 연간 수익률은 18.3퍼센트였고, 최악의 포트폴리오의 연간 수익률은 10퍼센트였다.
- 50개 종목의 주식들로 구성된 포트폴리오의 경우 표준편차는 1.54퍼센트였다. 최상의 포트폴리오의 연간 수익률은 19.1퍼센트였고, 최악의 포트폴리오의 연간 수익률은 8.6퍼센트였다.
- 15개 종목의 주식들로 구성된 포트폴리오의 경우 표준편차는 2.78퍼센트였다. 최상의 포트폴리오의 연간 수익률은 26.6퍼센트였고, 최악의 포트폴리오의 연간 수익률은 6.7퍼센트였다.

이를 종합하면 중요한 한 가지 결과를 이끌어낼 수 있다. 포트폴리오에서 주식 종목의 수를 줄일 경우 주식시장의 수익률보다 더 높은 수익률을 창출한 확률이 증가하기 시작한다는 것이다. 그러나 동시에 더 낮은 수익률을 창출한 확률도 증가했다.

첫 번째 결론을 보강하기 위해서 데이터를 정리하다가 우리는 몇 가지 놀라운 통계를 발견했다.

- 250개 종목을 가진 3,000개 포트폴리오 중에서 63개가 주식시장 수익률을 앞섰다.
- 100개 종목을 가진 3,000개 포트폴리오 중에서 337개가 주식시장 수익률을 앞섰다.
- 50개 종목을 가진 3,000개 포트폴리오 중에서 549개가 주식시장 수익률을 앞섰다.
- 15개 종목을 가진 3,000개 포트폴리오 중에서 808개가 주식시장 수익률을 앞섰다.

250개 종목을 가진 포트폴리오의 경우 주식시장 수익률을 앞설 확률은 50대 1이었지만 15개 종목을 가진 포트폴리오의 경우에는 그 확률이 극적으로 증가하여 4 대 1이 되었다.

여기서 또 다른 중요한 고려 사항이 있다. 이 조사에서 우리는 거래 비용의 효과를 감안하지 않았다. 포트폴리오의 회전율이 높으면 비용도 높아질 수밖에 없다. 그리고 이런 비용이 투자자들의 수익률을 낮추는 작용을 한다.

두 번째 결론은 간단히 말해 지능적인 종목 선택의 중요성을 뒷받침하는 것이었다. 버핏 마을의 위대한 투자자들이 탁월한 종목 선택자이기도 했다는 사실은 우연의 일치가 아니다. 만약 당신이 집중투자 포트폴리오를 운영하면서 훌륭한 종목 선택 기술을 가지고 있지 않다면 저조한 실적이 더 두드러질 수 있다. 그러나 올바른 기업의 주식을 선정하는 능력을 개발한다면 가장 적절하다고 생각되는 주식에 당신의 포트폴리오를 집중하는 방식으로 수익률을 더욱 증대시킬 수 있을 것이다.

15년 전에 통계연구소에서 우리가 3,000개의 집중투자 포트폴리오를 분별했을 때 이것은 복잡하지 않고 간단한 과정이었다. 그 이후 학계에서는 집중투자 개념을 더 심도 있게 파고들면서 서로 다른 규모의 포트폴리오들의 움직임을 살펴보았을 뿐 아니라 훨씬 장기간에 걸친 성과 수익률을 연구했다. 특히 주목할 만한 연구로는 마르테인 크레머스와 안티 페타지스토가 이른바 '적극적 투자 비중(active share)'[39]이라는 개념을 토대로 집중투자에 대해서 철저히 조사한 것이 있다.

적극적 투자 비중이란 쉽게 말해서 포트폴리오를 비교하는 벤치마크 지수(benchmark index, 펀드의 수익률을 비교하는 기준 수익률_옮긴이)와 차이가 나는 포트폴리오의 비율을 나타낸다. 이것은 백분율로 표기되며, 종목 선택뿐만 아니라 벤치마크의 주식 비중과 비교하여 포트폴리오의 주식 비중 확대나 축소도 고려한다. 크레먼스와 페타지스토에 따르면 60퍼센트 이하의 적극적 투자 비중을 가진 포트폴리오 관리자들은 클로짓 인덱싱(closet indexing, 시장 평균 수준에 준하는 수익률 획득을 목적으로 다양한 종목을 가지고 포트폴리오를 구성하는 투자 기법의 하나_옮긴이)을 추구한다. 즉 그들의 포트폴리오는 그들이 비교하는 시장지수에 아주 근접하게 구성된다. 반면 80퍼센트 이상의 적극적 투자 비중을 가진 포트폴리오는 시장지수와 큰 차이를 보이는 포트폴리오이다.

크레머스와 페타지스토는 1980년부터 2003년까지 국내 주식형 펀드에서 적극적 투자 비중을 계산했다. 그들은 적극적 투자 비중을 펀드 규모, 펀드 비용, 펀드 회전율, 펀드 성과 같은 펀드의 특징들과 결부시킬 수 있다. 그렇게 함으로써 그들은 무엇을 발견했을까? 적극적 투자 비중은 펀드 성과를 예측할 수 있다. 가장 높은 적극적 투자 비중을 가진 뮤추얼펀드, 즉 시장지수와 가장 차이 나는 펀드는 그들의 벤치마크보다 훨씬 높은 수익률을 기록한 반면 가장 낮은 적극적 투자 비중을 가진 펀드는 벤치마크보다 훨씬 낮은 수익률을 기록했다.

그런데 흥미롭게도 크레머스의 발표에 따르면 1980년에 대형 뮤추얼펀드의 50퍼센트는 80퍼센트 이상의 적극적 투자 비중을 가지고 있었다. 이는 곧 뮤추얼펀드 절반이 벤치마크와 사뭇 다른 포트폴리오를 가지고 있음을 의미했다. 오늘날에는 뮤추얼펀드의 25퍼센트만 진정한 적극적 투자 비중으로 간주되고 있다. "투자자들과 펀드매니저들 모두 갈수록 벤치마크를 의식하게 되었다. 매니저로서 (동종 집단 중) 하위 20~40퍼센트에 속하고 싶지 않기 때문이다. 여기서 특히 단기간에 평가받을 때 이 같은 상황을 모면하기 위한 가장 안전한 방편은 시장지수를 포용하는 것이다."[40]

투자자들은 습관적으로 실적이 저조한 뮤추얼펀드의 투자 비중을 줄이기 때문에 포트폴리오 관리자들은 점점 주가지수와 유사하게 자신의 포트폴리오를 구성하게 된다. 그 결과 주가지수보다 현저히 실적이 낮아질 확률은 줄어든다. 물론 당신의 포트폴리오가 주가지수와 비슷해질수록 당신이 주가지수를 능가하는 실적을 올릴 확률도 줄어든다. 여기서 해당 포트폴리오가 벤치마크와 다르다면 그 차이가 아무리 작을지라도 그는 적극적인 포트폴리오 관리자임을 명심하는 것이 중요하다. 당신의 포트폴리오에서 적극적인 투자 비중은 얼마나 되는가?

진정한 가치 평가

그레이엄과 도드 마을에 관한 연설에서 워런 버핏은 중요한 많은 것들을 이야기했는데 다음은 그중에서 가장 돋보이는 한마디였다. "주가가 가장 감정적이거나 탐욕스러운 인간 또는 가장 의기소침한 인간이 가격을 책정하는 월스트리트의 '무리'에 의해서 영향을 받는다면 시장에서는 언제나 합리적으로 가격이 정해진다고 주장하기 힘들 것이다. 실제로 주가는 종종 불합리하게 움직인다."[41]

이것은 우리의 나아가야 할 방향을 알려주므로 매우 중요하다. 만약 주가가 항상 합리적으로 움직이지는 않는다는 개념을 받아들인다면 주가를 의사 결정을 위한 유일한 기준으로 활용하는 근시안적 사고에서 벗어날 수 있을 것이다. 또한 주가가 모든 것을 결정하지 않는다는 개념을 받아들인다면 우리의 시야를 좀 더 넓혀 해당 기업에 대한 철저한 연구 및 분석과 같은 중요한 측면에 집중할 수 있을 것이다. 물론 우리는 언제나 주가를 알고 싶어 한다. 그래야 주가가 내재 가치보다 낮은 가격에 거래되는 시점을 알아차릴 수 있기 때문이다. 그러나 우리를 터무니없이 잘못된 방향으로 이끌 수 있는 이런 1차원적 수단에 전적으로 의존할 필요는 없다.

물론 이런 식으로 변화하는 것은 쉽지 않다. 펀드매니저와 기관 투자자 그리고 각양각색의 개인 투자자들을 포함하여 투자업계 전체가 주가에 근시안적이기 때문이다. 특정 주식의 주가가 상승하고 있다면 우리는 그 기업에 좋은 상황이 벌어지고 있다고 생각하지만 주가가 하락하기 시작하면 무언가 나쁜 상황이 벌어지고 있다고 생각한다. 그리고 이런 심리에 부응하여 투자 활동에 나선다.

하지만 그것은 바람직하지 못한 사고 습관이다. 더 짧은 기간에 주가 성적을 평가하는 식으로 상황을 악화시키기 때문이다. 버핏은 우리가 잘못된 것(주가)에 전적으로 의존하는 탓에 너무 자주 그 종목을 들여다보며 성이 차지 않을 경우에는 너무 빨리 종목 갈아타기를 한다고 말한다.

이러한 이중의 어리석음—주가에 의존하고 근시안적인 심리 상태—은 결코 올바른 사고방식이 아니지만 투자업계의 각계각층에서 찾아볼 수 있다. 일부 사람들이 매일, 가끔은 매 시간 주식 시세를 확인하며 심리적으로 쫓기는 것도 이 때문이다. 또 수십억 달러를 책임지고 관리하는 기관 투자자들이 재빨리 손가락을 놀리며 주식을 사고팔 준비가 되어 있는 것도 이 때문이다. 그리고 뮤추얼펀드 매니저들이 펀드의 포트폴리오에 속한 주식들을 어지러울 정도로 빨리 회전시키는 이유이기도 하다. 그들은 이렇게 하는 것이 마땅히 해야 할 일이라고 생각한다.

그런데 놀라운 사실은 동일한 펀드매니저들이 자신의 고객들에게는 상황이 불안정해 보일 때 침착함을 유지하라고 가장 먼저 충고한다는 것이다. 그들은 현 상황을 그대로 유지하는 장점을 치켜세우면서 고객들을 안심시키는 서한을 보낸다. 그렇다면 그들은 왜 고객들에게 설파하는 것을 정작 본인은 실행에 옮기지 못하는 걸까?

뮤추얼펀드 관리 과정에서 이런 모순을 관찰하는 것은 그리 어렵지 않다. 그들의 활동이 철저히 문서화되어 금융 전문지의 면밀한 검토를 거치기 때문이다. 이를 통해서 우리는 많은 정보를 활용할 수 있으며, 뮤추얼펀드에 친숙해질 수 있다. 따라서 뮤추얼펀드를 면밀히 관찰하면 주가 기준 평가의 어리석음에 대해서 많은 배움을 얻을 수 있다.

금융 전문지 필자인 조지프 노세라도 뮤추얼펀드 매니저가 주주들에게 권하는 것─'매수 후 보유 전략'─과 펀드매니저들이 실제로 자신의 포트폴리오를 가지고 행하는 것─'잇따라 매수와 매도를 거듭하는 전략'─간의 불일치를 지적한 적이 있다. 노세라는 다음과 같은 모닝스타의 돈 필립스의 말을 인용했다. "펀드 산업이 행하고 있는 것과 그들이 투자자들에게 말해주는 것 사이에는 커다란 간극이 존재한다."[42]

여기서 의구심이 생기는 것은 당연하다. 만약 투자자들이 주식을 매수한 후 보유하라는 자문을 받는다면 왜 펀드매니저들은 해마다 미친 듯이 사고파는 걸까? 이 물음에 대해서 노세라는 이렇게 답한다. "펀드 산업의 내부 역학 관계가 펀드매니저들로 하여금 단기 실적을 넘어서서 멀리 내다보는 것을 거의 불가능하게 만들기 때문이다."[43] 왜 그럴까? 그것은 뮤추얼펀드 사업이 오직 주가로 평가받는, 최고 실적을 올리려는 무분별한 단기적 게임으로 변질되었기 때문이다.

오늘날 포트폴리오 관리자들은 단박에 눈길을 끄는 단기 실적 수치를 양산해야 하는 심한 압박을 받고 있다. 그 수치들이 많은 관심을 불러일으키기 때문이다. 3개월마다 「월스트리트저널」이나 『배런스』 같은 유수한 금융 전문지들은 뮤추얼펀드의 분기별 실적 순위를 발표한다. 지난 3개월 동안 최고의 실적을 올려 리스트에서 1위를 차지한 펀드는 텔레비전과 신문의 금융 해설가로부터 찬사를 받는다. 그리고 앞다투어 자화자찬식 광고를 쏟아내며 새로운 예치금을 끌어들인다. 투자자들은 어떤 펀드매니저들이 단기간에 좋은 실적을 올리는지 지켜보면서 이런 순위에 덤벼든다. 실제로 분기별 펀드 실적 순위는 갈수록 재능 있는 펀드매니저와 평범한 펀드매니저를 구분하는 잣대로 활용되고 있다.

특히 뮤추얼펀드에서 두드러지게 나타나는 단기간 주가 실적에 대한 집착은 펀드매니저들에게만 국한되는 현상이 아니다. 투자 산업 전체에 이런 심리가 영향을 미치기 때문이다. 우리가 속해 있는 환경에서는 더 이상 펀드매니저들을 장기적 관점에서 평가하지 않는다. 심지어 직접 매니저 역할을 하는 사람들조차 이런 불건전한 환경의 영향을 받고 있다. 결론적으로 여러 가지 면에서 우리는 낮은 실적을 보장하는 마케팅 시스템의 노예가 되어가고 있다.

일단 이런 악순환에 빠져들면 탈출구가 없어 보인다. 그러나 앞서 배웠듯이 투자 실적을 향상시키는 방법이 없는 것은 아니다. 이제 우리가 해야 할 일은 실적을 평가하기 위한 더 나은 방안을 찾는 것이다. 한 가지 아이러니한 사실은, 장기간에 걸쳐 평균 이상의 수익률을 안겨줄 확률이 가장 높을 것 같은 전략이 실적을 판단하는 우리의 방식과 양립할 수 없는 것처럼 보인다는 점이다.

1986년에 컬럼비아 경영대학원 졸업생이자 US트러스트의 포트폴리오 매니저였던 유진 섀헌은 버핏의 '그레이엄과 도드 마을의 위대한 투자자들'에 대한 후속 기사를 썼다. '단기 실적과 가치 투자는 상호 배타적인가?'라는 제목이 붙은 그 기사에서 새헌은 지금 우리가 궁금해하는 것과 동일한 질문을 했다. 단기 실적을 토대로 펀드매니저의 능력을 평가하는 것이 과연 얼마나 적절할까?

그는 버핏을 제외하고, 버핏이 '최고의 투자자(Superinvestors)'—의심할 여지 없이 유능하고 성공적인 투자자들—로 묘사한 많은 사람들이 짧은 기간 동안 저조한 실적에 직면한 적이 있다는 사실에 주목했다. 토끼와 거북의 경주와 비슷한 자금 관리에 대해서 새헌은 이렇게 설명했다. "원칙적으로 단기 실적에 관심을 보이는 투자자들이 그 실적을 달성한다 하더라도 그것이 장기 실적을 희생시킨 대가라는 측면에서 보면 이것이 우리 삶의 또 다른 아이러니일 수도 있다. 그레이엄과 도드 마을의 위대한 투자자들이 거둔 뛰어난 성과는 분명 단기 실적에 연연하지 않은 덕분인 것처럼 보인다."[44] 새헌은 오늘날의 펀드 실적 경쟁에서 그레이엄과 도드 마을의 위대한 투자자들이 간과되었을지 모른다고 설명한다. 그리고 이것은 버핏 마을의 위대한 투자자들의 경우도 마찬가지이다.

18년간 체스트펀드를 관리했던 존 메이너드 케인스도 그 기간 중 3분의 1은 시장보다 저조한 실적을 보였다. 실제로 펀드를 관리했던 처음 3년 동안 18퍼센트포인트 시장보다 낮은 실적을 기록했다.

세쿼이아펀드의 경우도 이와 유사하다. 실적 표시 기간에 세쿼이아는 시장보다 37퍼센트나 낮은 실적을 기록했다. 그래서 케인스와 마찬가지로 루안 역시 호된 신고식을 치러야 했다. "오랜 기간 우리는 주기적으로 '저조한 실적의 왕(Kings of Underperformance)'이라는 불명예를 안아야 했다. 우리는 불분명한 비전을 가지고 1970년대 중반에 세쿼이아펀드를 시작했는데, 처음 4년 동안 내리 S&P보다 낮은 실적을 기록하는 바람에 중국의 물고문과도 같은 고통을 겪어야 했다." 1974년 말에 세쿼이아펀드가 기록한 실적은 시장보다 무려 36퍼센트포인트나 낮았다. "우리는 책상 밑에 숨어 전화도 받지 않고 폭풍이 잠잠해지기만 기다렸다."[45] 물론 폭풍은 잠잠해졌다. 펀드 출범 7년 후, 마침내 세쿼이아는 S&P500지수의 60퍼센트 이익률을 훨씬 능가한 220퍼센트 이익률을 기록했다.

심지어 찰리 멍거도 집중투자에 어쩔 수 없이 뒤따르는 변동성을 피하지 못했다. 14년 동안 멍거는 주식시장보다 36퍼센트 저조한 실적을 기록했다. 다른 집중투자자들과 마찬가지로 멍거 역시 단기간 연속되는 불운을 피할 수 없었다. 1972년부터 1974년까지 멍거는 시장보다 37퍼센트포인트만큼 실적이 뒤떨어졌다. 루이스 심슨의 경우 17년 동안 시장보다 24퍼센트 낮은 실적을 기록했다. 최악의 상대 실적을 기록한 해에는 시장보다 15퍼센트포인트나 실적이 뒤떨어졌다.

내친김에 하는 말이지만 우리 연구소에서 3,000개의 집중투자 포트폴리오를 분석했을 때 우리는 유사한 투자 실적 흐름을 목격했다. 10년 동안 시장 수익률을 능가한 808개의 포트폴리오 중에서 놀랍게도 95퍼센트가 일정 기간—10년 중에서 3년, 4년, 5년, 심지어 6년 동안—저조한 실적을 견뎌냈다.

만약 케인스, 멍거, 루안 또는 심슨이 오늘날의 투자 환경에서 신참 펀드매니저로 직장 생활을 시작했는데, 1년 동안의 실적만으로 평가한다면 어떤 상황이 벌어졌을까?

그런데 집중투자 전략이 일정 기간 저조한 실적을 야기할 가능성이 있다는 주장에 뒤이어 단순히 평가 수단으로서 주가 성적만을 활용한다면 실적이 저조한 한 해(심지어 3년까지)를 보내다가 장기적으로 성공을 거두는 유망한 투자자와 훌륭한 집중투자자가 되기에는 능력이 부족한 펀드 매니저를 어떻게 구분할 수 있을까?

우리는 워런 버핏이 무슨 말을 할지 쉽게 상상할 수 있다. 버핏의 경우 그 이야기에 담긴 교훈은 명확하다. 주가를 유일한 평가 수단으로 고집하지 말아야 하며, 단기적으로 판단하여 역효과를 낳는 습관에서 벗어나야 한다는 것이 그것이다.

그러나 주가가 평가 수단이 되지 않는다면 그 대신 무엇을 활용해야 할까? "아무것도 없다"는 말은 좋은 답변이 아니다. 심지어 매수 후 보유 전략가들도 마냥 눈감고 있는 것을 추천하지는 않는다. 따라서 우리는 실적 평가를 위한 또 다른 벤치마크를 찾아야 한다. 다행히 하나가 있다. 버핏이 자신과 버크셔해서웨이의 투자 실적을 판단하기 위한 초석으로 삼고 있는 수단이 그것이다.

예전에 버핏은 이런 말을 한 적이 있다. "나는 주식시장이 한두 해 문을 닫더라도 개의치 않을 것이다. 어쨌든 주식시장은 토요일과 일요일에 문을 닫는다. 그리고 아직은 그것이 나를 신경 쓰이게 하지 않는다."[46] "거래가 활발하게 이루어지는 시장이 유용한 것은 사실이다. 왜냐하면 이런 시장이 구미를 당기게 하는 좋은 기회를 우리에게 주기적으로 제공하기 때문이다. 그러나 이런 시장이 반드시 필요한 것은 아니다."[47]

이 표현을 제대로 이해하려면 버핏의 다음 한마디도 고려해야 한다.

"우리가 보유한 종목이 오랫동안 거래 정지를 당한다 해도 우리는 크게 신경 쓰지 않는다. 그보다는 버크셔의 전액 출자 자회사들의 일간 시세에 더 신경을 쓰는 편이다. 궁극적으로 우리의 경제적 운명은, (주식 지분의 형태로) 일부 소유건 완전 소유건 상관없이 우리가 소유한 기업의 경제적 운명에 의해서 결정될 것이다."[48]

만약 당신이 어떤 기업을 소유하고 있는데 실적을 평가하는 일간 시세표가 없다면 진척 상황을 어떻게 알 수 있을까? 어쩌면 당신은 수익 증대나 자기자본수익률 증가 또는 영업 마진 향상으로 평가할지 모른다. 그도 아니면 단순히 기업의 재정적 여건을 보고 당신의 투자 가치 증가와 감소 여부를 판단할 수도 있다. 버핏은 상장 기업의 실적을 평가하는 리트머스 시험에는 아무런 차이가 없다고 생각한다. "찰리와 나는 우리의 투자 성공 여부를 일간 또는 연간 시세가 아니라 시장성 있는 지분의 영업 실적을 통해서 파악한다. 시장에서는 한동안 기업의 성공을 무시할 수 있지만 결국에는 그 성공을 확인해줄 것이다."[49]

그렇다면 우리는 시장을 믿고 올바른 기업을 선별할 수 있을까? 어떤 기업의 영업이익과 주가 사이에서 밀접한 상관관계를 이끌어낼 수 있을까? 만약 우리에게 충분한 투자 기간이 주어진다면 그 답은 아마 긍정적일 것이다.

우리는 1만2,000개 기업의 연구 집단을 이용하여 주가와 영업이익 간에 얼마나 밀접한 관련이 있는지 확인하는 과정에서 기간이 길어질수록 상관관계도 더 밀접해진다는 사실을 알았다. 3년 동안 주식을 보유했을 때 주가와 영업이익 간의 상관관계 정도는 .131에서 .360 사이에 분포했다(.360의 상관관계란 영업이익 변동이 주가 변동의 36퍼센트에 영향을 미침을 의미한다). 5년 동안 보유한 주식의 경우 상관관계는 .374에서 .599 사이에 분포했다. 그리고 10년 동안 보유한 주식의 경우 영업이익과 주가 간의 상관관계는 .593에서 .695의 범위로 증가했다.

이는 충분한 시간이 주어졌을 때 기업의 주가가 기업의 내재 가치와 일치한다는 버핏의 논지가 옳음을 입증한다. 그러나 그는 영업이익을 주가로 그대로 이동시키는 것은 '불공정'할뿐더러 '예측 불가능'하다고 경고한다. 오랜 기간에 걸쳐 영업이익과 주가 간에 밀접한 관계가 형성되었다 할지라도 그것이 항상 예측 가능하진 않다는 것이다. "장기적으로 보면 시장 가치가 기업 가치를 잘 따라오는 것처럼 보이지만 특정 연도에는 이런 관계가 불규칙적으로 소용돌이칠 수 있다."[50] 버핏의 설명이다. 벤저민 그레이엄도 우리에게 똑같은 교훈을 들려주고 있다. "단기적으로 보면 시장은 순위 다툼을 하는 투표 계산기와 비슷하지만 장기적으로 보면 체중계와 비슷하다."[51]

다양한 측정 기준

버핏은 자신이 이미 사실로 믿는 것을 시장에서 확인해주길 서두르지 않는다. "기업의 내재 가치가 만족스러운 비율로 증가하는 한 기업의 성공을 얼마나 빨리 인지하느냐는 중요하지 않다." 버핏의 말이다. "실제로 뒤늦게 알아채는 것이 이득일 수도 있다. 그것이 낮은 가격에 거래되는 좋은 주식을 더 많이 매수할 기회를 제공하기 때문이다."[52]

버핏은 버크셔의 대규모 보통주 투자의 가치를 주주들이 올바르게 판단할 수 있도록 도움을 주기 위하여 포괄이익(look-through earning)이라는 용어를 고안했다. 버크셔의 포괄이익은 자회사들의 영업이익과 대규모 보통주 투자의 유보이익 그리고 유보이익을 실제로 지불했을 경우 버크셔에서 치러야 할 세금 비용으로 구성되어 있다.

포괄이익은 원래 버크셔 주주들을 위해서 고안된 개념이지만 주가가 기본적인 경제적 여건에서 벗어날 때 자신의 포트폴리오 가치를 이해하기 위한 방안을 모색하는 집중투자자들에게도 중요한 학습 과제가 될 수 있다. "투자자 각각의 목표는 지금부터 10년 후쯤 가능한 최고의 포괄이익을 가져다줄 수 있는 포트폴리오(사실상 기업체)를 구성하는 것이어야 한다."[53]

버핏에 따르면 1965년(버핏이 버크셔해서웨이 경영권을 인수한 해) 이래 버크셔의 포괄이익은 회사가 선택한 종목들의 시장 가치와 거의 동일한 비율로 증가했다. 그러나 이들이 항상 정확하게 동일한 비율로 움직인 것은 아니다. 어떤 경우에는 주가가 이익보다 앞서갔고, 또 어떤 경우에는 이익이 주가보다 앞서갔다. 여기서 유념할 점은 장기간에 걸쳐 이런 관계가 형성되었다는 것이다. "이런 유형의 접근법으로 투자자는 단기적 시장 중심의 전망 대신 장기적 기업 중심의 전망을 가질 수 있다. 그리고 이런 시각이 실적을 향상시킬 확률을 높여준다."[54]

버핏은 추가 투자를 고려할 때 먼저 자신이 소유한 주식부터 살펴본 다음 새로 매입하려는 주식이 더 나은지 비교한다. 버크셔가 현재 소유한 주식을 평가 기준으로 활용하여 매수할 주식과 비교하는 것이다. 멍거도 이런 측면을 강조한다. "버핏이 말하고자 하는 것은 실질적으로 모든 투자자들에게 매우 유용하다. 평범한 개인이라면 자신이 이미 소유한 주식들 중에서 최상의 주식을 이런 평가 기준으로 활용해야 한다." 그다음으로 고려할 점은 포트폴리오의 가치를 증대시키는 데 매우 중요함에도 불구하고 흔히 간과되고 있는 비결이다. "만약 당신이 매수를 고려하는 새로운 주식이 당신이 이미 보유한 주식보다 나을 것이 없다면 그것은 당신이 정한 기준에 미달하는 주식이다. 이런 식으로 당신이 매수를 고려하는 주식의 99퍼센트를 걸러낼 수 있다."[55]

당신은 이미 현재 보유한 주식을 가지고 재량껏 경제적 벤치마크, 즉 평가 기준으로 이용할 수 있다. 또한 당신의 개인적인 경제적 벤치마크를 포괄이익, 자기자본수익률, 안전 마진 등등 여러 가지 방식으로 정의할 수도 있다. 당신의 포트폴리오에 속한 기업의 주식을 매입하거나 매도할 때 당신은 이러한 평가 기준을 높이기도 하고 낮추기도 한다. 주식을 장기 보유하면서 미래의 주가가 궁극적으로 기업의 내재 가치와 같은 수준이 될 것이라고 믿는 포트폴리오 관리자라면 이러한 벤치마크를 끌어올리는 방안을 모색해야 한다.

한 걸음 물러나 생각해보면 S&P500지수도 평가 기준이 될 수 있다. S&P500지수는 500개 기업들로 구성되어 있으며, 각 기업은 고유의 수익률을 가지고 있다. 여기서 S&P500지수를 능가하려면—벤치마크를 끌어올리는 것—그보다 수익률이 높은 기업들로 포트폴리오를 구성하고 관리하면 된다.

"만약 나의 투자 가능성이 오마하에 있는 사기업들에 국한된다면 첫 번째로 나는 개별 기업의 장기적인 경제적 특성을 평가할 것이다. 두 번째로 기업 운영을 책임지는 경영자들의 자질을 평가할 것이다. 세 번째로 최상의 상태로 운영되는 소수 기업의 주식을 합리적인 가격에 매입하려 할 것이다. 물론 나는 모든 기업들의 주식을 동일한 비율로 보유하고 싶지 않다. 그렇다면 규모가 더 큰 공기업 주식을 거래할 때 버크셔에서 다른 방침을 선택해야 할 이유가 없잖은가? 또 우수한 기업과 탁월한 펀드매니저를 찾기 힘들다고 해서 이미 검증된 주식을 버려야 할 이유가 없잖은가? 우리의 모토는 다음과 같다. 처음에 성공했다면 더 이상 시도하지 마라."[56]

집중투자는 필연적으로 장기적인 투자 접근법을 요구한다. 만약 버핏에게 이상적인 주식 보유 기간이 얼마인지를 묻는다면 그는 '영원히'라고 대답할 것이다. 기업이 평균 이상의 수익률을 지속적으로 창출하고 경영진이 회사의 수익을 합리적으로 배분하는 한 계속 보유해야 한다는 것이다. "아무것도 하지 않은 것이 우리에겐 현명한 행동처럼 생각된다. 우리는 물론 대다수 펀드매니저들도 연방준비이사회의 할인율에서 작은 변화가 예상되거나 월스트리트의 권위자가 시장에 대한 자신의 견해를 뒤집었다 해서 수익률이 아주 높은 자회사 주식을 앞다투어 매각하려 들지 않을 것이다. 그렇다면 훌륭한 기업에서 우리가 소유한 작은 지분을 가지고 다른 방식으로 행동할 이유가 없잖은가?"[57]

물론 형편없는 기업의 주식을 소유하고 있다면 교체해야 한다. 그렇게 하지 않으면 기준에 미달하는 기업의 주식을 장기간 보유하는 꼴이 되기 때문이다. 그러나 우량 기업의 주식을 보유하고 있다면 끝까지 그 주식을 팔고 싶지 않을 것이다.

규칙적으로 활발히 주식을 사고파는 데 익숙한 펀드매니저들에게는 나무늘보처럼 느릿느릿한 이런 포트폴리오 관리 방식이 특이해 보일 수도 있다. 그러나 이런 접근법을 선택하면 평균 이상의 비율로 자본이 증가하는 것 이외에 다음 두 가지 중요한 경제적 이점을 누릴 수 있다. 하나는 거래 비용을 줄일 수 있다는 것이고, 다른 하나는 세후 수익률을 높일 수 있다는 것이다. 각각의 이점은 그 자체로도 가치가 상당한데, 두 가지 이점을 합치면 아마 엄청날 것이다.

시카고에 본사를 둔 뮤추얼펀드 조사 기관인 모닝스타는 3,650개의 미국 주식 펀드를 검토하다가 회전율이 낮은 펀드들이 회전율이 높은 펀드들과 비교하여 더 높은 수익률을 창출한다는 사실을 발견했다. 모닝스타의 조사 결과를 보면 20퍼센트 이하의 회전율을 가지고 10년 넘게 보유한 펀드는 100퍼센트 이상 회전율을 가진 펀드에 비해 14퍼센트 더 높은 수익률을 기록했다.

이것은 너무나도 명확한 동시에 쉽게 간과되는 상식적인 역학 관계 중 하나이다. 높은 회전율을 가진 주식의 문제점은 주식을 거래할 때마다 중개 수수료가 붙어 순이익률을 낮추는 요인으로 작용한다는 것이다. 비과세 신용거래를 제외하고 투자자들이 직면한 가장 큰 비용은 세금—중개 수수료보다 더 높고, 가끔은 펀드 운영비보다 더 높은 수준의—이다. 실제로 펀드가 저조한 실적을 올리는 주된 이유 중 하나가 바로 세금이다. 펀드매니저인 로버트 제프리와 로버트 애넛에 따르면 "이것은 나쁜 소식이다. 그러나 좋은 소식은 흔히 간과되는 이런 세금 문제를 최소화할 수 있는 주식 거래 전략이 존재한다는 것이다."[58] 『포트폴리오 매니지먼트 저널』에 실린 '세금을 감당할 수 있을 만큼 당신의 수익률은 충분한가(Is Your Alpha Big Enough to Cover Its Taxes)'라는 제목의 기사에서 그들이 쓴 글이다.

간단히 말하자면 이 중요한 전략에는 사람들이 종종 과소평가하는 또 다른 상식적인 개념이 포함되어 있다. 미실현 수익의 엄청난 가치가 그것이다. 주식의 가격이 오르지만 팔리지 않을 때 이런 가치의 증가가 바로 미실현 수익이다. 주식이 팔릴 때까지는 양도소득세가 부과되지 않는다. 만약 당신이 이 수익을 그대로 놔둔다면 당신의 돈은 더 효과적으로 불어날 것이다.

일반적으로 투자자들은, 버핏이 '재무부에서 빌린 무이자 대출'이라고 부르는 미실현 수익의 엄청난 가치를 지나치게 자주 과소평가한다. 버핏은 자신의 주장을 입증하고자 1달러를 투자하여 해마다 주가가 2배로 뛰면 어떤 결과가 발생하는지 상상해보라고 주문한다. 만약 첫해에 매입한 주식을 판다면 순이익은 0.66달러가 될 것이다(34퍼센트의 과세 등급으로 가정할 경우). 여기서 1.66달러를 재투자하여 이듬해 말에 그 가치가 2배가 되었다고 하자. 만약 해마다 주가가 2배로 오른다는 가정 아래 지속적으로 주식을 팔고 세금을 지불하고 수익금을 재투자한다면 20년 후에 당신은 1만3,000달러의 세금을 제외한 2만5,200달러의 순이익을 얻게 될 것이다. 반면 해마다 주가가 2배로 뛰는 주식을 1달러에 매입한 후 팔지 않으면 20년 후에 당신은 약 35만6,000달러의 세금을 제외한 69만2,000달러의 수익을 얻게 될 것이다.

제프리와 애넛의 조사에서는 투자자들이 세후 수익을 높이려면 연평균 포트폴리오 비율을 0∽20퍼센트 사이에서 유지해야 한다는 결론을 이끌어냈다. 낮은 회전율을 유지하기 위한 최선의 전략으로는 무엇이 있을까? 한 가지 가능한 접근법은 낮은 회전율의 인덱스펀드이고, 또 다른 접근법은 집중투자 포트폴리오이다. "이것은 결혼 전의 카운슬링과 흡사하다. 즉 오랜 기간 함께 살아갈 포트폴리오를 구축하려고 시도하는 것이다."[59] 제프리와 애닛의 말이다.

여기서 중요한 점은 이 장을 마치기 전에 집중투자 방식에 수반되는 다음 사항들을 진지하게 생각해보아야 한다는 것이다.

- 주식을 기업과 공동 소유하는 지분으로 생각할 의향이 없다면 주식 시장에 접근하지 마라.
- 당신이 주식을 소유한 기업에 대해서 어느 누구보다 많이 알고 있다는 생각으로 해당 기업뿐만 아니라 경쟁 기업들에 대해서도 부지런히 연구할 준비를 하라.
- 최소한 5년 동안(10년이면 더욱 좋다) 투자할 의향이 없다면 집중투자 포트폴리오는 시작하지도 마라.
- 절대로 차입금을 이용하여 집중투자 포트폴리오를 구성하지 마라. 차입금 없는 집중투자 포트폴리오가 당신의 목표에 빨리 도달하는 데 도움이 될 것이다. 예상치 못한 증거금 납입 요구가 잘 조율된 포트폴리오를 엉망으로 만들 수 있음을 명심하라.
- 집중투자자가 되려면 올바른 기질과 성격을 습득해야 한다는 필요성을 받아들여라.

집중투자자로서 당신의 목표는 기업을 이해하는 데 월스트리트에서 최고 수준에 도달하는 것이다. 어쩌면 당신은 그것이 비현실적이라고 항변할지 모르지만 월스트리트에서 무엇을 장려하는지 고려해보면 생각만큼 어렵지 않을 수도 있다. 월스트리트에서는 분기별로 발생하는 상황을 강조하면서 단기 실적을 선전한다. 이와 대조적으로 경영주들은 장기적인 경쟁력 우위에 더 많은 관심을 보인다. 만약 당신이 기업들에 대한 조사에 심혈을 기울일 의향이 있다면 시간이 지날수록 당신은 평범한 투자자들보다 당신이 소유한 주식에 대해서 더 많은 것을 알게 될 공산이 크다. 그리고 그것이 당신이 수익을 얻는 데 필요한 모든 것이다.

일부 투자자들은 귀찮게 연차 보고서를 읽는 대신 '시장 동향'에 대해서 잡담을 나누고 싶어 한다. 그러나 주식시장이나 이자율의 미래 동향에 대해서 시답잖은 대화를 나누기보다는 당신이 투자한 기업의 최근 정보를 읽는 데 30분을 투자하는 것이 훨씬 더 이득이 된다.

많은 노력이 필요할 것처럼 보이는가? 실상은 생각보다 더 쉬울 수 있다. 컴퓨터 프로그램을 배우거나 두툼한 투자은행 설명서를 읽거나 할 필요는 없다. 집중투자 접근법을 통하여 수익을 얻으려 할 때 기업에 관해서 MBA 수준의 전문가가 될 필요도 없다. 기업의 가치를 평가한 다음 해당 기업의 내재 가치 이하의 가격을 지불하는 것이 특별한 것은 아니기 때문이다.

"당신은 굳이 로켓 과학자가 될 필요가 없다. 투자는 160의 지능지수를 가진 사람이 130의 지능지수를 가진 사람을 이기는 게임이 아니다. 투자자의 뇌 용량보다 더 중요한 것은 두뇌로부터 감정을 분리해내는 능력이다."[60] 버핏의 말이다. 주식시장에서 거래하는 방식을 포함하여 당신이 투자에 접근하는 방식에 변화를 꾀하려면 감정적, 심리적 적응 과정이 필요하다. 심지어 당신이 집중투자에 관한 수학적 논거를 충분히 받아들이고, 그것을 활용해 총명한 사람들이 성공하는 것을 지켜보았다 할지라도 당신에겐 여전히 주저하는 감정이 남아 있을 수 있다.

핵심은 균형감 있게 감정을 유지하는 것이다. 만약 당신이 기본적인 심리를 이해하고 있다면 그 일은 좀 더 쉬워질 수 있다. 이런 심리적인 측면은 다음 장에서 살펴볼 것이다.

6

투자의 심리학

워런 버핏의 첫 주식 투자는 재정적으로 또 감정적으로 실망스러웠다. 그러나 변명의 여지가 없는 것은 아니다. 그의 나이가 고작 열한 살이었기 때문이다. 제1장에서 나온 일화를 다시 한 번 떠올려보자. 버핏과 그의 누나 도리스는 저금한 돈을 함께 모아 시티즈서비스의 우선주를 주당 38.25달러에 매입했다. 6개월 후 그 주식은 30퍼센트 하락하여 26.95달러에 거래되었다.

버핏은 어린 나이였음에도 불구하고 숙제하듯이 그 당시 주가 차트를 분석하면서 아버지가 선호하던 종목 중 하나를 선택했다. 그러나 도리스는 손실을 볼 수 있다는 생각에 몹시 불안해했다. 그녀는 하루도 빠짐없이 남동생을 닦달했다. 그 때문에 시티즈서비스의 우선주 주가가 회복되어 그들의 투자가 흑자로 돌아서자마자 버핏은 주식을 팔아치웠다. 나중에 그 주식의 주가는 200달러까지 치솟았는데, 버핏은 원망의 눈빛으로 주가 급등을 지켜볼 수밖에 없었다.

이런 고통스러운 경험에도 불구하고 주식시장에서 버핏의 첫 번째 투자가 순전히 시간 낭비는 아니었다. 그는 두 가지 중요한 교훈을 배웠다. 첫 번째는 인내의 가치였고, 두 번째는 주가의 단기적 변화가 가치와 별 관련이 없을지라도 감정적인 불안과는 많은 관련이 있을 수 있다는 것이었다. 장기 투자에서 인내의 역할에 관해서는 다음 장에서 살펴볼 것이다. 지금은 주가의 단기적 변화가 투자자의 행동에 미치는 악영향부터 살펴보려고 한다. 그런데 그렇게 하려면 흥미로운 심리학의 영역으로 들어가야 한다.

인간 존재의 여러 측면들 중에서 돈과 관련된 부분만큼 감정이 실리는 것도 달리 없을 듯싶다. 특히 주식시장을 말할 때 이것이 중요하다. 주식 매입을 결정하게 만드는 요인들 중 많은 부분은 오직 인간 행동 원리로만 설명이 가능하다. 주식시장은 모든 주식 매수자들에 의해서 만들어지는 집단적인 의사 결정 공간이다. 따라서 전체 주식시장이 심리적 요소로 밀고 당기는 과정을 되풀이하는 것이라 해도 결코 과장은 아니다.

심리학과 경제학의 교점

인간 심리에 관한 연구는 언제나 흥미진진하다. 특히 나의 호기심을 불러일으키는 것은 일반적으로 냉정한 수치와 삭막한 자료들이 주도한다고 여기는 투자 세계에서 이런 요소가 많은 영향을 미친다는 것이다. 투자 결정과 관련하여 사람들은 종종 변덕스럽거나 모순적이거나, 바보 같은 행동을 한다.

특히 놀라우면서도 모든 투자자가 명심해야 할 점은 종종 그들 스스로 내리는 잘못된 결정을 자각조차 하지 못한다는 것이다. 주식시장과 투자를 충분히 이해하려면 자신의 비이성적인 부분도 이해하고 있어야 한다. 실제로 심리적 오판에 대한 이런 연구는 대차대조표와 손익계산서 분석 못지않게 투자자들에게 중요하다.

최근에 인간 행동의 구조를 통해서 재무 문제를 바라보는 새로운 방식이 등장했다. 경제학과 심리학의 결합인 '행동재무학(behavioral finance)'이 그것이다. 이 분야에 대한 연구는 대학이라는 상아탑에서 조금씩 흘러나와 어느덧 전문 투자자들 사이에서 정보를 알려주는 대화의 주제가 되고 있다. 만약 그들이 어깨 너머를 돌아보면 미소 짓는 벤저민 그레이엄의 모습을 보게 될지도 모른다.

미스터 마켓을 만나다

재무분석학의 아버지로 널리 알려진 벤저민 그레이엄은 수학적 도로 지도를 가지고 주식시장의 길을 찾아가는 방법을 3세대에 걸쳐 가르쳤다. 그러나 흔히 간과되는 부분이 바로 심리와 투자에 관한 그레이엄의 가르침이다. 『증권 분석』과 『현명한 투자자』에서 그레이엄은 투자자의 감정이 주식시장의 변동성을 초래하는 과정을 설명하는 데 많은 부분을 할애했다.

그레이엄은 투자자들에게 최악의 적은 주식시장이 아니라 자기 자신이라고 생각했다. 그들이 수학과 금융과 회계 분야에서 뛰어난 능력을 가지고 있어도 자신의 감정을 통제하지 못한다면 투자 과정에서 수익을 얻기 힘들다.

그레이엄의 가장 유명한 제자인 워런 버핏은 이렇게 말한다. "그레이엄의 접근법에는 세 가지 중요한 원칙이 있다. 첫 번째 원칙은 단순히 주식을 기업처럼 바라보는 것이다. 그것은 주식시장에 있는 대다수 투자자들과 사뭇 다른 시각이다. 두 번째 원칙은 안전 마진 개념이다. 그것은 경쟁적인 이점을 가져다준다. 세 번째 원칙은 주식시장에서 진정한 투자자의 태도를 가지는 것이다. 만약 당신이 이런 태도를 가지고 있다면 주식시장에서 활동하는 사람들의 99퍼센트보다 앞서갈 수 있다. 그리고 이것이야말로 엄청난 이점이다."[1]

그레이엄은 투자자의 태도를 발전시키려면 주식시장에서 불가피하게 발생하는 변동성에 대하여 재정적, 심리적으로 어떻게 대처하느냐가 관건이라고 말했다. 즉 주가가 하락세를 보이는 상황을 지적으로 이해하는 동시에 그런 상황에서 적절히 대처하는 감정적인 균형감도 갖추어야 한다는 것이다. 그레이엄은 주가 하락세에 투자자들의 적절한 반응은 불만족스러운 가격을 제시받았을 때 기업주가 보이는 반응과 같아야 한다고 생각했다. 그 반응은 그냥 무시하는 것이다. "진정한 투자자는 억지로 자신의 주식을 파는 경우가 거의 없다. 거의 대부분의 경우 현재의 시세를 마음대로 무시한다."[2] 그레이엄의 말이다.

그레이엄은 자신의 이러한 주장을 납득시키기 위해서 '미스터 마켓

(Mr. Market)'이라는 우화적인 인물을 만들어냈다. 널리 알려진 미스터 마켓 이야기에는 주가가 주기적으로 합리성에서 벗어나는 이유와 과정에 대한 값진 교훈이 담겨 있다.

당신과 미스터 마켓이 사업을 함께하는 동업자라고 상상해보자. 그는 하루도 빠짐없이 당신의 지분을 사겠다면서 가격을 제시하거나 혹은 반대로 자신의 지분을 당신에게 팔겠다고 가격을 제시한다.

다행히 당신 둘이 소유한 기업은 경제적으로 안정되어 있지만 미스터 마켓이 제시하는 시세는 그렇지 않다. 미스터 마켓은 정서적으로 불안정해 보인다. 기분 좋은 날이면 그는 미래를 낙관적으로 바라본다. 또 그런 날에는 당신의 주식을 사기 위해서 아주 높은 가격을 제시한다. 반대로 의욕을 상실한 날이면 그는 미래를 부정적으로 바라보며 당신의 주식에 아주 낮은 가격의 시세를 매긴다.

그러나 미스터 마켓은 또 다른 좋은 성격을 가지고 있다. 그는 자신이 무시당해도 신경 쓰지 않는다. 설령 자신이 제시한 가격이 무시당한다 할지라도 미스터 마켓은 다음 날 바로 새로운 가격을 제시할 것이다. 그레이엄은 여기서 쓸모 있는 것은 미스터 마켓의 지갑이지 그의 지혜가 아니라고 충고한다. 만약 미스터 마켓이 분별력을 잃어버리는 심리 상태에 빠져 있을 때 당신은 그를 무시하거나 이용하면 그만이다. 그러나 그 심리에 영향을 받으면 그것이 당신에겐 재난이 될 수 있다.

벤저민 그레이엄이 미스터 마켓을 만들어낸 지도 어언 60년이 지났음에도 그레이엄이 경고한 판단 착오를 주변에서 쉽게 목격할 수 있다. 투자자들은 여전히 비이성적으로 행동한다. 공포와 탐욕도 여전히 주식시장에 만연해 있다. 어리석은 실수도 여전히 횡행하고 있다. 따라서 투자자들은 올바른 판단과 함께 미스터 마켓이 불러일으킨 감정의 소용돌이로부터 자신을 보호하는 법을 알고 있어야 한다. 이를 위해서 우리는 재정학과 심리학의 교점(交點)인 행동재무학에 반드시 익숙해져야 한다.

행동재무학

행동재무학은 심리학 이론을 이용하여 시장의 비효율성을 설명하는 연구 분야이다. 사람들은 종종 자신의 돈과 관련된 일을 처리하면서 터무니없는 실수를 저지르거나 비논리적인 가정을 한다. 이런 행동을 관찰한 학자들이 사람들의 사고에 숨어 있는 비합리성을 설명하기 위해서 심리학적 개념을 더 깊이 파고들기 시작했다. 행동재무학은 비교적 새로운 연구 분야이지만 배움 자체가 흥미로울 뿐 아니라 투자자들에게도 상당히 유용할 수 있다.

자기 과신

몇몇 심리학 연구에서는 일반 대중이 자기 과신으로 말미암아 판단 착오를 일으킨다고 주장한다. 표본을 크게 하여 많은 사람들에게 운전 실력을 물으면 거의 대다수가 평균 이상의 운전 실력을 가지고 있다고 답한다. 또 다른 사례를 들자면, 폐렴에 대해서 실제로는 오직 50퍼센트만 올바른 진단을 내림에도 불구하고 의사들은 90퍼센트의 자신감을 가지고 올바른 진단을 내릴 수 있다고 믿는다. "상상하기 가장 힘든 것 중 하나는 당신이 평균 이상으로 더 똑똑하지 않다는 것이다."[3] 프린스턴 대학 심리학 교수이자 노벨 경제학상 수상자인 대니얼 카너먼의 말이다. 냉정한 현실은 모든 사람들이 평균 이상으로 뛰어날 수 없다는 것이다.

자신감 자체가 나쁜 것은 아니다. 그러나 자기 과신은 다른 문제이다. 돈과 관련된 일을 할 경우 자기 과신이 오히려 많은 손해를 야기할 수 있기 때문이다. 자기 과신을 하는 투자자들은 스스로 어리석은 결정을 내릴 뿐 아니라 시장 전체에도 악영향을 끼친다.

일반적으로 투자자들은 자신이 남들보다 더 똑똑하다는 강한 자신감을 가지고 있다. 그리고 자신의 능력과 지식을 과대평가하는 성향을 보인다. 그들은 흔히 자신의 믿음을 확인해주는 정보에 의존하는 반면 그와 상반된 정보는 묵살한다. 또한 거의 알려지지 않은 정보를 찾아 나서기보다 쉽게 이용 가능한 정보를 평가하려는 심리를 가지고 있다. 투자자들과 펀드매니저들은 자신이 남들보다 더 나은 정보를 가지고 있기 때문에 다른 투자자들보다 한발 앞서 수익을 올릴 수 있다고 생각한다.

자기 과신은 왜 그토록 많은 투자자들이 잘못된 매매를 하게 되는지에 대한 이유를 설명해준다. 그들은 자신이 수집한 정보에 지나친 자신감을 가지고 있으며, 실제보다 그 정보가 더 정확하다고 생각한다. 만약 모든 투자자들이 자신의 정보가 정확하며 타인이 모르는 정보를 알고 있다고 생각한다면 그 결과는 대규모 거래로 이어질 것이다.

과잉 반응 편견

행동재무학 분야에서 손꼽히는 인물 중 한 사람이 바로 리처드 탈러이다. 행동과학 및 경제학 교수인 그는 오로지 투자자들의 합리적 행동을 탐구할 목적으로 시카고 대학에서 코넬 대학으로 옮겨왔다. 그는 최근의 몇몇 연구를 통하여 사람들이 단지 몇 차례 우연히 맞힌 것을 가지고 자신이 주가의 추세를 정확히 읽었다고 판단하며 그 점을 지나치게 강조하는 심리가 있음을 입증했다. 특히 투자자들은 가장 최근에 입수한 정보에 끌려 그것으로부터 추정하는 성향을 보인다. 따라서 그들의 마음속에서는 가장 최근에 발표된 수익 보고서가 미래의 수익을 알려주는 신호가 된다. 그러면 다른 사람이 알지 못하는 것을 자신은 알고 있다는 믿음이 생기고, 그 결과 피상적인 추론을 토대로 단숨에 결정을 내리게 된다.

물론 여기서도 자기 과신이 발동한다. 즉 남들보다 자신이 자료를 더 잘 이해하고, 더 잘 해석할 수 있다는 믿음이 생기는 것이다. 그러나 그게 전부가 아니다. 자기 과신은 과잉 반응으로 사태를 더욱 악화시킨다. 행동 심리학자들은 사람들이 나쁜 소식에는 과잉 반응하는 반면 좋은 소식에는 천천히 반응한다는 사실을 알아냈다. 심리학자들은 이를 '편향성 과잉 반응(overreaction bias)'이라고 부른다. 이에 따라 단기 수익 보고서가 신통치 않을 경우 일반 투자자는 갑작스럽고 신중하지 못한 과잉 반응을 보이는데, 이것은 필연적으로 주가에 악영향을 미칠 수밖에 없다.

탈러는 이 같은 단기 실적에 대한 지나친 강조를 투자자의 '근시안'으로 묘사하면서 대다수 투자자들은 월별 실적 보고서를 받아보지 않는 편이 오히려 더 낫다고 생각한다.

탈러는 과잉 반응에 대한 자신의 생각을 설명하기 위해서 간단한 분석 연구를 고안했다. 그는 뉴욕 증권거래소의 모든 주식을 대상으로 과거 5년 동안의 실적을 기준으로 순위를 매겼다. 그리고 최고의 실적을 거둔 35개 기업들(주가가 최고치로 상승한 기업들)과 최악의 실적을 거둔 35개 기업들(주가가 최저치로 하락한 기업들)을 구분하여 총 70개 종목으로 가상의 포트폴리오를 구성했다. 그런 다음 5년 동안 이 포트폴리오를 그대로 보유하면서 그 기간에 '패자'가 '승자'보다 40퍼센트 높은 수익률을 올리는 것을 지켜보았다. 그러나 현실 세계에서는 주가 하락세에 나타나는 과잉 반응을 억누를 만큼 용기 있고, '패자'들이 정반대 방향으로 움직일 때까지 손실을 감수하는 투자자들은 거의 찾아보기 힘들다.[4]

요즘 들어 편향성 과잉 반응은 하나의 개념으로 이해되고 있다. 그런데 지난 몇 년 동안 현대적 기술에 의해서 이런 과잉 반응이 더 심화되고 있다. 인터넷과 케이블 경제 뉴스 프로그램이 등장하기 전만 해도 대다수 투자자들은 주가를 자주 볼 수 없었다. 매달 말에 주식 거래 내역서를 확인하고, 3개월마다 분기별 성적을 확인하고, 연말에 연간 실적을 도표로 작성하는 정도가 전부였다.

그러나 오늘날 투자자들은 커뮤니케이션 기술의 발전으로 언제든 주식시장에 연결될 수 있다. 예를 들면 모바일 장치 덕분에 사람들은 자동차나 기차를 타고 이동하는 와중에도 자신의 포트폴리오를 확인할 수 있다. 모임에서 이리저리 오가거나 줄을 서서 기다리는 동안에도 자신의 실적을 확인할 수 있다. 게다가 온라인 증권 거래 계좌가 있으면 증시 개장 이후 자신의 포트폴리오가 어느 정도 실적을 올렸는지 확인할 수 있다. 온라인 계좌로는 일별, 5일별, 10일별, 월별, 분기별, 연간 수익률을 따라가면서 자신의 실적을 비교할 수도 있다. 요컨대 투자자들은 매일같이 하루 24시간 매초 자신의 주가를 확인할 수 있다.

이렇게 끊임없이 주가를 확인하는 것이 과연 투자자들에게 유익할까? 탈러는 단호하게 답한다. 그는 매년 국가경제연구원 및 하버드 대학의 존에프케네디 행정대학원의 후원을 받아 행동학술회의(Behavioral Conference)에서 강연을 하는데, 늘 이렇게 충고한다. "주식에 투자한 다음부터는 여러분의 우편함을 열어보지 말아야 합니다."[5] 여기에 나는 한마디 덧붙이고 싶다. "그리고 여러분의 컴퓨터나 전화기 또는 다른 장치들도 매분 확인하지 말아야 합니다."

손실 회피 성향

도리스 버핏이 시티즈서비스 우선주 투자로 남동생을 못살게 굴 때, 이것은 그녀가 하락세를 타는 주가와 관련하여 불안감을 참기 힘들다는 것을 보여주는 확실한 증거였다. 그렇다고 도리스를 지나치게 나무라지는 말아야 한다. 매일같이 수백만의 투자자들을 괴롭히는 심리 상태 때문에 그녀역시 고통받았기 때문이다. '손실 회피 성향(loss aversion)'으로 불리는 심리 상태가 그것이다. 많은 투자자들이 워런 버핏의 투자법을 성공적으로 응용하지 못하게 가로막는 가장 힘든 장애물이 바로 이것이다.

35년 전에 이 분야에서 내로라하는 두 명의 거장이 이런 심리 상태를 발견했다. 노벨상을 수상한 대니얼 카너먼과 스탠퍼드 대학의 심리학 교수인 에이머스 트버스키가 그들이다. 오랜 협력자 관계였던 두 사람은 의사 결정 이론에 관심을 가졌다.

1979년에 카너먼과 트버스키는 '전망 이론(Prospect Theory: An Analysis of Decision under Risk)'이라는 제목의 논문을 집필했다. 훗날 이 논문은 저명한 경제 학술지『이코노메트리카(Econometrica)』에서 역사상 가장 많이 인용된 논문이 되었다. 그 당시만 하더라도 경제학에서 용인된 정설은 존 폰 노이만과 오스카 모르겐슈테른의「게임 이론과 경제 행동(Theory of Games and Economic Behavior)」으로 널리 알려진 의사 결정의 효용 이론이었다. 효용 이론에서는 누군가에게 의사 결정의 대안이 제시되는 방식은 크게 중요하지 않다고 주장한다. 가장 중요한 것은 그 사람이 최고의 만족감을 얻는 것이다. 예를 들면 65퍼센트의 승리 확률과 35퍼센트의 패배 확률을 가진 게임이 제시되었을 때 효용 이론을 따르는 사람이라면 게임에 임해야 한다. 왜냐하면 그 게임은 이득이 되는 결과를 가져오기 때문이다.

효용 이론은 수학적으로 흠잡을 데가 없다. 이상적인 세계에서 이 이론은 완벽한 의사 결정 접근법이다. 그러나 카너먼과 트버스키는 경제학자가 아닌 심리학자로 교육받았기 때문에 그 정도로는 확신할 수 없었다. 그들은 인간 판단의 특정한 오류를 연구하며 대부분의 시간을 보냈다. 그들은 개인이 이득과 손실을 서로 다르게 저울질한다는 사실을 알게 되었다. 효용 이론에 따르면 가치는 최종 자산에 부여된다. 그런데 카너먼과 트버스키의 전망 이론에 따르면 가치는 각각의 이득과 손실에 부여된다. 두 학자는 사람들이 효용 이론에 명시되어 있는 것처럼 최종 자산에 관심을 보이는 대신 최종 자산에 영향을 미치는 이득과 손실에 집중한다는 사실을 입증했다. 전망 이론에서 가장 중요한 발견은 사람들에게 손실을 회피하는 성향이 있다는 깨달음이었다. 실제로 카너먼과 트버스키는 사람들이 동일한 크기의 이득을 기뻐하는 정도보다 손실을 후회하는 정도가 훨씬 더 크다는 사실(2~2.5배)을 수학적으로 입증했다.

다시 말해 손실의 고통이 이득의 즐거움보다 훨씬 더 강도가 세다. 사람들이 부정적 요소를 극복하려면 2배 이상의 긍정적 요소가 필요하다는 사실을 많은 연구자들이 입증했다. 예컨대 정확히 50대 50의 확률에서 대다수 사람들은 잠재적 이득이 잠재적 손실보다 2배만큼 크지 않으면 어떤 위험도 무릅쓰려 하지 않는다.

이것은 '비대칭성 손실 회피 성향(asymmetrical loss aversion)'으로 알려져 있는데 부정적인 결과가 긍정적인 결과보다 더 강력한 영향을 미치며, 그것이 인간 심리의 근원적인 일부분이라는 것이다. 이를 주식시장에 적용해보면 투자자들이 올바른 주식 선택으로 기분이 좋을 때보다 손실로 실망감을 느낄 때 그 강도에서 2배의 차이가 난다는 의미이다. 투자 결정에서 손실 회피가 미치는 영향은 분명하고도 강력하다. 우리는 모두 자신이 올바른 결정을 한다고 믿고 싶어 한다. 그리고 스스로 올바르다고 생각하는 견해를 지키기 위해서 상황이 호전될 것이라는 막연한 바람을 품고 지나치게 오랫동안 나쁜 결정을 고수한다. 나쁜 주식을 팔지 않으면 절대 실패를 맛볼 일이 없기 때문이다.

이런 손실 회피 성향은 투자자들을 지나치게 조심하도록 만든다. 투자 기간이 수십 년에 달하는 미국 퇴직연금(401k)의 관계자들은 자기 자금 중 상당액을 여전히 채권시장에 투자하고 있다. 왜 그럴까? 손실 회피 성향으로 말미암아 투자 자금을 아주 조심스럽게 배분하기 때문이다. 그러나 손실 회피 성향은 나쁜 주식을 비이성적으로 계속 보유하게 만드는 식으로 좀 더 즉각적으로 당신에게 영향을 미칠 수 있다. 자신의 실수를 인정하고 싶어 하는 사람은 아무도 없다. 그러나 실수를 범한 주식을 팔지 않으면 현명하게 재투자함으로써 얻을 수 있는 이득을 포기하는 결과를 낳을 수도 있다.

심적 회계

운 좋게도 리처드 탈러는 오랜 기간 카너먼과 트버스키를 비롯하여 행동재무 분야의 여러 학자들과 연구하고 협력할 수 있었다. 그는 의사 결정에 관한 몇 편의 논문을 썼는데, 그의 유명한 저서 『승자의 저주(The Winner's Curse: Paradoxes and Anomalies of Economic Life)』에서 대부분의 내용을 찾아볼 수 있다. 그러나 탈러는 슐로모 베나치와 공동 집필하여 1995년에 발표한 '근시안적 손실 회피 성향과 주식 리스크 프리미엄(Myopic Loss Aversion and the Equity Risk Premium)'이라는 제목의 논문으로 가장 널리 알려져 있다. 당시 베나치는 UCLA 앤더슨 경영대학원 소속 행동심리 의사 결정 그룹의 공동 회장이었다. 탈러와 베나치는 그들의 논문에서 카너먼과 트버스키의 전망 이론이 설명한 손실 회피 성향을 채택한 다음 이를 주식시장에 직접 연결시켰다.

탈러와 베나치는 다음과 같은 핵심적인 질문에 당혹감을 느꼈다. 왜 장기 투자를 하는 사람은 주식이 채권에 비해 항상 수익성이 더 높다는 사실을 알고 있음에도 불구하고 주식보다 채권을 더 소유하고 싶어 하는 걸까? 그들은 카너먼과 트버스키가 주장한 두 가지 주요 개념에 답이 있다고 생각했다. 첫 번째는 앞서 살펴보았던 손실 회피 개념이고, 두 번째는 '심적 회계(mental accounting)'로 불리는 행동심리 개념이었다. 심적 회계는 주변 환경이 변함에 따라 돈에 대한 관점도 바뀌는 우리의 습성을 일컫는다. 즉 우리는 마음속에서 돈을 서로 다른 '계좌'에 집어넣는 경향이 있는데, 그것이 돈에 대한 우리의 사고방식을 결정한다는 것이다.

한 가지 단순한 상황을 예로 들어보자. 당신은 배우자와 함께 저녁 외식을 마치고 막 집으로 돌아왔다. 당신은 베이비시터에게 돈을 주려고 지갑을 꺼냈지만, 지갑 안에 있다고 생각했던 20달러짜리 지폐가 없다는 사실을 알게 되었다. 그래서 베이비시터를 차로 데려다 주는 길에 현금인출기에서 20달러를 인출했다. 그런데 이튿날 당신은 잃어버린 줄 알았던 원래의 20달러짜리 지폐를 양복 주머니에서 발견했다.

만약 당신이 대다수 사람들과 같다면 크게 기뻐하는 반응을 보였을 것이다. 양복 주머니 안에 있던 20달러는 공짜로 생긴 돈이 된다. 처음 20달러나 현금인출기에서 뽑은 20달러나 당신의 계좌에서 나온 돈이고, 둘 다 당신이 열심히 일해서 번 돈이지만 지금 당신의 손에 들려 있는 20달러는 기대하지 않았던 돈이다. 때문에 당신은 그 돈을 마구 써버려도 상관없다고 생각한다.

리처드 탈러는 또다시 이 개념을 입증하기 위해서 흥미로운 학문적 실험을 시도했다. 실험에서 그는 먼저 사람들을 두 집단으로 나눈 뒤 첫 번째 집단에 속한 사람들에게는 현금으로 30달러씩 주면서 다음 두 가지 선택권이 있다고 말했다. (1) 돈을 챙겨 그냥 걸어 나간다. (2) 이기면 9달러를 추가로 받고 지면 9달러를 물어내는 동전 던지기 내기를 한다. 대다수 사람들(70퍼센트)이 내기를 선택했다. 왜냐하면 공짜로 생긴 돈으로 최악의 경우에도 21달러를 챙길 수 있기 때문이다. 한편 두 번째 집단에 속한 사람들에게는 다른 선택권을 제시했다. (1) 이기면 39달러를 받고 지면 21달러를 받는 조건으로 동전 던지기 내기를 시도한다. (2) 동전 던지기를 하지 않고 30달러를 그냥 받는다. 여기서는 절반 이상의 사람들(57퍼센트)이 확실한 돈을 선택하기로 결정했다. 두 집단의 사람들이 똑같은 확률로 동일한 금액을 획득할 수 있는 입장이었지만 각각 다른 방식으로 상황을 받아들였다.[6]

이 실험이 보여주는 함축적인 의미는 명확하다. 우리의 투자 결정 방식과 이런 투자 관리 선택 방식이 돈에 관련된 우리의 사고방식과 밀접한 관련이 있다는 것이다. 예컨대 심적 회계는 사람들이 형편없는 주식을 팔아치우지 않는 또 다른 이유를 제시하고 있다. 그들은 마음속으로 손실이 영향을 미치기 전까지 그 손실은 실재하지 않는다고 생각한다. 심적 회계는 우리의 리스크 허용 범위를 이해하는 데에도 도움이 된다. 공짜로 돈이 생겼을 때 리스크를 감수할 확률이 훨씬 더 높은 것도 그 때문이다.

근시안적 손실 회피 성향

탈러와 베나치는 연구를 계속했다. 탈러는 노벨상 수상자인 폴 새뮤얼슨이 처음 제기했던 금융과 관련된 난제를 떠올렸다. 1963년에 새뮤얼슨은 다음과 같은 내기를 받아들일 의향이 있는지 동료에게 물었다. 200달러를 얻을 확률이 50퍼센트이고 100달러를 잃을 확률은 50퍼센트인 내기였다. 처음에는 동료가 제안을 거절했지만 나중에 다시 생각했다. 그는 100차례 게임을 하면서 각각의 결과를 지켜볼 필요가 없다면 기꺼이 게임을 즐길 수 있다고 말했다. 새로운 규칙이 적용될 경우 게임에 임할 의향이 있다는 사실에 탈러와 베나치는 영감을 얻었다.

새뮤얼슨의 동료는 두 가지 조건이 충족되면 내기를 받아들일 의향이 있었다. 하나는 게임 기한을 연장하는 것이고, 다른 하나는 결과를 지켜보아야 하는 횟수를 줄이는 것이었다. 탈러와 베나치는 이 관찰을 투자에 적용시켜 투자자가 자산을 오래 보유할수록 그 자산의 가치가 더욱 증가한다고 추론했다. 단 그 투자에 대한 평가가 빈번하게 이루어지지 말아야 한다는 조건이 붙었다.

과거의 투자수익률을 분석하면서 우리는 장기 투자수익률의 대부분이 모든 거래 기간 중 불과 7퍼센트에 해당하는 기간에서 나온 결과임을 알게 되었다. 나머지 93퍼센트 거래 기간의 평균 수익률은 0에 가까웠다.[7] 확실한 것은 단기간의 실적을 평가할수록 당신의 포트폴리오에서 손실을 발견할 확률이 높아진다는 것이다. 만약 당신이 매일 포트폴리오를 확인한다면 손실을 경험할 확률은 50대 50일 것이다. 설령 평가 기간을 한 달로 연장한다 해도 이 확률은 큰 변화가 없을 것이다.

그러나 만약 하루도 빠짐없이 포트폴리오를 확인하는 일을 중단한다면 매일 요동치는 주가를 지켜보아야 하는 불안감은 없앨 수 있다. 즉 주식을 오래 보유할수록 주가의 변동성에 시달릴 확률이 줄어들고, 그 결과 당신이 선택한 주식에 더욱 호감을 가지게 될 것이다. 달리 표현하자면 투자자의 감정적 동요를 불러일으키는 두 가지 요소는 손실 회피 성향과 빈번한 평가 기간이다. 탈러와 베나치는 이런 근시안적 요소에 대하여 의학 용어를 빌려 '근시안적 손실 회피 성향(myopic loss aversion)'이라는 용어를 고안했는데, 손실 회피 성향과 잦은 평가 기간의 결합을 반영하여 만든 것이다.

그다음으로 탈러와 베나치는 이상적인 주식 보유 기간을 확인했다. 우리는 주식 보유 기간이 짧을수록 주가가 채권 가격보다 변동성이 훨씬 더 크다는 사실을 알고 있다. 또 주가의 변화를 측정하는 기간을 연장하면 주식 수익률의 표준편차가 줄어든다는 사실도 알고 있다. 탈러와 베나치는 다음과 같은 사실을 알고 싶어 했다. 주식 대 채권의 근시안적 손실 회피 성향에 무관심해지는 수준에 도달하려면 투자자들은 실적 확인 없이 얼마나 오랫동안 주식을 보유해야 할까? 정답은 1년이다.

탈러와 베나치는 한 시간, 하루, 일주일, 한 달, 1년, 10년, 100년의 기한을 가지고 주식의 수익률과 표준편차 그리고 양(+)의 수익률을 확인했다. 그런 다음 카너먼과 트버스키의 손실 회피 계수(효용=가격 상승 확률-가격 하락 확률×2)에 기반을 둔 간단한 효용 함수를 사용했다. 수학에 근거한 투자자들의 심리적 효용 함수는 관찰 기간이 1년에 도달할 때까지 양(+)의 수를 넘어서지 못했다. 나는 종종 주식시장이 1년에 오직 한 차례 열리길 원한다는 워런 버핏의 주장이 근시안적 손실 회피 성향이라는 심리학적 발견과 일맥상통하는지 궁금했다.

탈러와 베나치는 손실 회피 성향에 대해서 언급할 때마다 수익률을 계산하는 횟수도 반드시 고려해야 한다고 주장한다. 만약 투자자들이 자신의 포트폴리오를 짧은 기간에 평가한다면 그럴수록 변동성이 심한 주식에 대한 호감도 줄어들 것이 분명하다. "손실 회피 성향은 어쩔 수 없는 현실이다. 이와 대조적으로 평가 횟수는 적어도 원칙적으로 변경 가능한 정책상의 선택 문제이다."[8]

레밍 요인

투자자들을 유혹하는 또 다른 심리적 함정은 합리적이든 아니든 상관없이 남들이 하면 무조건 따라 하려는 성향이다. 우리는 이것을 레밍 오류(lemming fallacy)라고 부른다.

레밍은 툰드라 지역에 자생하는 소형 설치류인데 대규모 집단이 바다로 이주하는 것으로 유명하다. 평소에 레밍은 봄철 이주기가 되면 먹이와 새로운 보금자리를 찾아 이리저리 돌아다닌다. 그러나 3~4일마다 특이한 상황이 발생한다. 높은 번식률과 낮은 사망률로 레밍의 수가 증가하는 것이다. 일단 무리가 불어나면 레밍은 어둠 속에서 불규칙한 움직임을 보인다. 얼마 후 대담한 집단이 주간에 이동하기 시작한다. 그때 장애물이 막아서면 레밍 무리는 점점 증가하다가 급기야 공황 상태와 같은 반응을 보이며 장애물을 통과하거나 넘어간다. 이런 행동이 더 강하게 나타나면 평소에 기피하던 다른 동물들에게 덤벼들기 시작한다. 비록 많은 수의 레밍들이 굶주림과 포식자와 사고로 죽음을 맞지만 대다수는 바다에 도착한다. 그곳에서 그들은 바다에 뛰어들어 헤엄치다가 기진맥진하여 죽음에 이른다.

레밍이 왜 이런 행동을 하는지 정확히 알려진 바는 없다. 동물학자들은 레밍의 대규모 이동이 먹이 공급이나 스트레스를 받는 환경의 변화 때문이라는 이론을 제시했다. 레밍들 사이에서 발생하는 과밀과 경쟁 상황이 이상행동을 일으키는 호르몬 변화를 유발할 수 있다는 것이다.

그렇다면 왜 수많은 투자자들이 레밍처럼 행동하는 걸까? 이해를 돕기 위해서 버핏은 1985년도 버크셔해서웨이 연차 보고서에 실린 벤저민 그레이엄의 일화 중 하나를 소개했다.

천국에 온 한 석유 탐사관이 나쁜 소식을 알려주러 온 성 베드로를 만났다. "당신은 이곳에 머물 자격이 있습니다. 그러나 석유 사업자들을 위한 숙소가 만원이어서 당신이 비집고 들어갈 자리가 하나도 없군요." 성 베드로가 말했다. 석유 탐사관은 잠시 생각하더니 현재 거주자들에게 한마디만 할 수 있느냐고 물었다. 별문제 없을 것이라고 판단한 성 베드로는 그렇게 해도 상관없다고 대답했다. 석유 탐사관은 두 손을 모아 확성기 모양으로 만들면서 고함을 질렀다. "지옥에서 석유를 발견했다!" 잠시 후 숙소 문이 열리자마자 모든 석유 사업자들이 우르르 몰려나왔다. 이 장면에 깊은 인상을 받은 성 베드로는 석유 탐사관에게 안으로 들어와 편하게 있으라고 정중히 권했다. 그러나 석유 탐사관은 움직이지 않았다. "아닙니다." 그가 말했다. "나도 저 친구들을 따라갈 겁니다. 어쩌면 소문이 맞을지도 모르니까요."

투자자들이 이런 함정에 빠지지 않도록 도움을 주고자 버핏은 전문적인 펀드매니저를 떠올려보라고 당부한다. 펀드매니저들은 평균과 안정성을 동일시하며, 독립적인 사고보다 표준 관행을 고수할 경우 보답하는 시스템으로부터 너무 자주 보상을 받는다. "대다수 펀드매니저들은 재치 있지만 언뜻 보기에 어리석어 보이는 결정을 내릴 경우 거의 인센티 브를 받지 못한다. 그들의 개인적인 손익 비율은 매우 명확하다. 만약 관행에서 벗어난 투자 결정으로 좋은 성과를 거둔다면 어깨를 두드리는 정도의 칭찬을 받을 것이다. 그러나 그 결정이 형편없는 성과를 거둔다면 바로 해고 통지서를 받을 것이다. 실패하더라도 기존의 관행을 따르는 것이 가야 할 길이다. 하나의 집단으로서 레밍은 지저분해 보일 수 있다. 그러나 개인으로서의 레밍은 혹평을 받은 적이 없다."9

심리적 함정을 관리하라

돈에 대한 이 같은 일반적인 사고방식으로 인하여 투자자들은 자신에게 피해를 입히는 악영향에서 벗어나지 못하는 문제가 발생한다. 그러나 내가 보기에 가장 심각한 문제는 근시안적 손실 회피 성향이다. 나는 투자자들이 워런 버핏의 투자법을 성공적으로 적용하지 못하도록 가로막는 가장 큰 심리적 장애물이 바로 이것이라고 생각한다. 나는 30여 년간 투자업계를 경험하면서 투자자들, 포트폴리오 매니저들, 컨설턴트들과 기관 투자자들이 빈번하게 손실을 일람표로 작성함으로써 겪게 되는 내면적인 고통을 힘들어하는 것을 직접 관찰했다. 그런데 이런 심리적 부담은 극소수의 선택된 이들을 제외한 모든 이들을 불리한 입장에 놓이게 한다.

어쩌면 근시안적 손실 회피 성향을 완벽하게 극복한 사람이 세계 최고의 투자자인 워런 버핏이라는 사실은 그리 놀라운 일이 아닐지도 모른다. 나는 버핏의 장기적인 성공이 버크셔해서웨이의 독특한 구조와 밀접한 관련이 있다는 믿음을 가지고 있다. 버크셔해서웨이는 보통주와 전액 출자 기업을 모두 보유하고 있다. 덕분에 버핏은 이런 기업들의 내재 가치와 보통주의 주가가 불가분의 관계로 연결된 구조를 직접 관찰할 수 있다. 그는 매일같이 주가를 들여다볼 필요가 없다. 자신이 올바른 투자를 하고 있다는 사실을 스스로에게 납득시키기 위해서 시장의 확인을 받을 필요가 없기 때문이다. 그는 종종 이런 말을 했다. "내가 이미 알고 있는 가치를 말해주는 주가는 내게 필요치 않다."

　이런 태도가 버핏에게 어떤 효과가 있었는지는 1988년에 버크셔가 코카콜라에 10억 달러를 투자한 사례에서 찾아볼 수 있다. 당시에는 그것이 버크셔 역사상 최대 규모의 투자였다. 그 후 10년 동안 S&P지수는 3배 상승에 그쳤지만 코카콜라의 주가는 10배나 상승했다. 돌이켜보면 코카콜라는 투자자가 시도할 수 있는 가장 손쉬운 투자 대상 중 하나였다. 1990년대 말에 나는 여러 투자 세미나에 참석했는데, 그때마다 청중에게 이런 질문을 했다. "여러분 중에 지난 10년 동안 코카콜라 주식을 보유했던 분이 계신가요?" 거의 모든 이가 손을 들었다. 나는 다시 질문을 던졌다. "코카콜라에 투자하여 버핏과 비슷한 수준의 수익률을 거둔 분이 계신가요?" 그러자 사람들은 멋쩍은 표정을 지으며 슬그머니 손을 내렸다.

　잠시 후 나는 정말 중요한 질문을 했다. "왜 이럴까요?" 만약 그렇게 많은 청중이 코카콜라 주식을 소유했다면(실제로 그들은 버핏과 동일한 방식으로 투자했다) 왜 그들 중 어느 누구도 버핏과 동일한 수익률을 기록하지 못한 걸까? 나는 그 해답을 찾기 위해서는 근시안적 손실 회피 성향으로 되돌아가야 한다고 생각했다. 1989년부터 1998년까지 10년 동안 코카콜라는 주식시장보다 높은 수익률을 기록했지만 연간 기준으로 볼 때 주식시장보다 수익률이 높았던 기간은 6년뿐이었다. 손실 회피 성향의 수학으로 계산해보면, 코카콜라의 투자는 부정적 감정의 효용을 가지고 있었다(6단위 긍정적 감정-4단위 부정적 감정×2). 코카콜라 주식을 소유한 개인들은 주가의 수익률이 주식시장의 수익률을 밑돌던 해에 주식 매도를 결심했다고 가정할 수 있다. 그렇다면 버핏은 어떻게 했을까? 그는 우선 코카콜라의 경제적 전망이 아직 밝다는 사실을 확인했다. 그러고는 그 회사의 주식을 계속 보유했다.

벤저민 그레이엄은 다음과 같은 사실을 우리에게 상기시켜주었다. "대개의 경우 보통주는 비합리적이고 과도한 가격 변동 과정을 거친다. 왜냐하면 대다수 사람들이 투기하거나 도박하려는 성향, 즉 희망과 공포와 탐욕에 굴복하는 성향을 타고났기 때문이다."[10] 그레이엄은 투자자들이 주식시장에서 주가의 오르내림을 미리 준비해야 한다고 주의를 주었다. 그가 의미하는 바는 심리적 그리고 금전적으로 준비되어 있어야 한다는 것이다. 즉 주가가 하락하는 상황을 단순히 지적으로 이해하는 데 그치지 않고 그런 상황에 적절히 대처하기 위한 감정적인 수단도 가지고 있어야 한다는 뜻이다.

"자신이 보유한 주식의 주가가 납득할 수 없는 이유로 하락한다고 해서 성급한 결정을 내리거나 지나치게 걱정하는 투자자라면 기본적인 이익을 불이익으로 바꾸는 우를 범하고 있는 것이다." 그레이엄의 말이다. "이런 투자자의 주식이 주식시장에서 시세가 전혀 없다면 오히려 더 나을 수 있다. 그럴 경우 타인의 판단 착오로 인해서 정신적인 고통을 겪지 않을 것이기 때문이다."[11]

다른 편에 위치한 워런 버핏

주식을 기업으로 생각하며 집중투자 포트폴리오를 운영하는 워런 버핏의 투자법은 해마다 수많은 비즈니스 연구자들이 배우는 재무 이론과 부딪친다. 일반적으로 그들이 배우는 재무 구조는 현대 포트폴리오 이론으로 알려져 있다. 앞서 살펴보았듯이 이 투자론은 경영자들이 아닌 상아탑의 학자들이 만든 이론이다. 그러나 버핏은 이런 지성의 공간에 거주하길 거부한다. 버핏의 원칙을 따르는 사람들이라면 그 자신이 대다수 투자자들의 행동 방식과 감정적 및 심리적으로 단절되어 있음을 곧바로 알아차릴 것이다.

해리 마코위츠_공분산

1952년 3월에 시카고 대학 졸업생인 해리 마코위츠가 『저널 오브 파이낸스』에 '포트폴리오 선정(Portfolio Selection)'[12]이라는 제목의 14쪽짜리 논문을 발표했다. 이 논문에서 마코위츠는 수익률과 리스크가 불가분의 관계라는 다소 단순한 개념을 설명하며, 높은 위험 없이 고수익을 달성할 수 없다는 자신의 결론을 뒷받침하는 계산을 제시했다. 오늘날에는 지극히 당연한 것처럼 여기지만 무계획적으로 포트폴리오를 구성하던 1950년대에는 가히 혁명적인 개념이었다. 오늘날 이 짧은 논문은 현대적 재무 관리의 시발점으로 여기고 있다.

7년 후 마코위츠는 첫 번째 저서로 『포트폴리오 선정(Portfolio Selection: Efficient Diversification of Investment)』을 펴냈다. 많은 사람들이 그의 최대 공적으로 인정하는 이 책에서 그는 전체 포트폴리오의 위험성 측정에 관심을 쏟았다. 그는 이를 '공분산(covariance)'으로 불렀는데, 한 그룹 주식들의 방향성을 측정하는 수단이었다. 주식들이 동일한 방향으로 움직일수록 경제 침체가 주가를 끌어내릴 확률도 증가한다. 같은 이유로 위험한 종목으로 구성된 포트폴리오라 할지라도 개별 종목들의 주가가 서로 다르게 움직일 경우 사실상 조심스러운 주식 선정이 될 수도 있다. 마코위츠는 어느 경우든 분산투자가 핵심이라고 말한다. 그의 결론에 따르면, 투자자들의 현명한 선택은 먼저 자신이 편하게 처리할 수 있는 위험 수준을 확인하고, 그런 다음 공분산이 낮은 주식을 가지고 효율적으로 분산된 포트폴리오를 구성하는 것이다.

유진 파마_효율적 시장

1965년에 시카고 대학의 유진 파마는 자신의 박사 논문인 「주가의 움직임(The Behavior of Stock Market Prices)」을 『저널 오브 비즈니스』에 발표했다. 주식시장의 움직임에 대하여 포괄적인 이론을 제시한 논문이었다. 그가 제시한 메시지는 명확했다. 미래 주가의 예측이 무의미하다는 것이다. 왜냐하면 주식시장이 너무나도 효율적이기 때문이다. 효율적 시장에서는 이용 가능한 정보가 나타날 때 수많은 총명한 사람들이 주가에 즉각 반영되도록 그 정보를 적극적으로 사용하기 때문에 어느 누구도 이득을 볼 수 없다. 결론적으로 특정 시기에 이용 가능한 모든 정보를 반영하기 때문에 우리는 주식시장이 효율적이라고 말한다.

윌리엄 샤프_자본자산 가격결정 모델

마코위츠의 논문이 처음 발표된 지 약 10년 후에 윌리엄 샤프라는 박사과정의 젊은 학생이 포트폴리오 이론의 연구 및 수많은 공분산의 필요성에 관해서 마코위츠와 장시간 대화를 나누었다. 이듬해인 1963년에 샤프는 '단순화한 포트폴리오 분석 모델(A Simplified Model of Portfolio Analysis)'이라는 제목의 논문을 발표했다. 샤프는 모든 주식이 어떤 기본적인 요소와 상관관계가 있다고 믿었다. 그러므로 주식 분석은 단순히 이런 기본 요소에 따라 개별 주식의 변동성을 계산하면 되었다. 그는 자신의 변동성 계산에 베타 요소(beta factor)라는 명칭을 붙였다.

1년 후 샤프는 효율적인 포트폴리오 구성을 위한 단일 요소 모델을 확대시킨 자본자산 가격결정 모델(CAPM)이라는 개념을 소개했다. CAPM에 따르면 주식은 서로 다른 두 개의 리스크를 가지고 있다. 하나는 주식시장에 있는 리스크인데, 샤프는 이를 '체계적 리스크(systemic risk)'라고 불렀다. 체계적 리스크는 '베타'이며 분산화되지 않는다. 그리고 다른 하나는 '비체계적 리스크(unsystemic risk)'인데, 이것은 기업의 경제 상태에 국한된 리스크를 말한다. 체계적 리스크와 달리 비체계적 리스크는 간단히 포트폴리오에 다른 주식을 추가함으로써 분산화할 수 있다.

···

10년에 걸쳐 세 명의 학자가 훗날 현대 포트폴리오 이론이라 불리는 중요한 원리를 정의했다. 마코위츠는 보상과 위험의 균형이 분산투자에 달려 있다는 개념을, 파마는 효율적 시장 이론을, 샤프는 리스크에 대한 정의를 확립했다. 그 결과 역사상 처음으로 금융 투자의 운명이 월스트리트나 워싱턴 D.C.의 책임에서, 심지어 경영자들의 손에서도 벗어났다. 나아가 일단의 교수들이 금융 투자의 전망을 정의하고, 금융 전문가들이 그 교수들의 연구실 문을 두드리게 될지도 모른다. 지금은 그 교수들이 상아탑에서 나와 현대 금융 투자의 새로운 제사장이 되었다.

리스크와 분산투자에 대한 버핏의 입장

이쯤에서 워런 버핏으로 다시 돌아가보자. 그는 고작 몇천 달러를 종잣돈으로 투자 합자회사를 설립한 후 2,500만 달러 규모의 회사로 키웠다. 그리고 투자 합자회사에서 얻은 수익으로 버크셔해서웨이의 경영권을 인수했다. 얼마 지나지 않아 버크셔해서웨이는 빠르게 성장하여 10억 달러 이상의 순자산을 갖추게 되었다. 총 25년에 달하는 이 기간에 버핏은 주식의 공분산이나 포트폴리오 수익률의 변동성을 줄이는 전략 또는 주식시장에서 효율적으로 가격 책정이 이루어진다는 개념에 대해서 거의 생각하지 않거나 아예 생각조차 하지 않았다. 버핏은 리스크의 개념에 대해서 심도 있게 생각했지만 그의 해석은 리스크에 대해서 학자들이 말하는 것과 동떨어져 있었다.

현대 포트폴리오 이론의 경우 리스크는 주가의 변동성에 의해서 정해진다. 그러나 버핏은 주가 하락을 기회로 인식했다. 주가 하락이 사실상 리스크를 '줄인다'는 것이다. "기업 소유주들의 입장에서 리스크에 대한 학계의 정의는 터무니없는 불합리성을 양산할 정도로 주식시장의 현실과 동떨어져 있다."[13] 버핏의 지적이다.

버핏은 손해나 손실이 발생할 가능성으로서의 리스크에 대하여 색다른 정의를 하고 있다. 리스크는 주가의 움직임이 아니라 기업의 '내재 가치 리스크'에서 비롯된다는 것이다. 버핏은 투자에 따른 세후 수익이 "최초 투자금에 대해서 적당한 이자율을 더하여 투자자에게 최소한 처음과 같은 주식 매입 능력을 가져다줄 수 있는지"[14] 여부가 진정한 리스크라고 말한다.

버핏의 경우 리스크는 투자자의 투자 기간과도 밀접한 관련이 있다. 버핏이 생각하는 리스크와 현대 포트폴리오 이론에서 말하는 리스크 간의 가장 큰 차이점이 바로 이것이다. 만약 당신이 내일 매도할 의도를 가지고 오늘 주식을 매입하면 위험한 거래에 접어드는 것이라고 버핏은 설명한다. 여기서 당신이 수익을 거둘 확률은 동전 던지기와 별 차이가 없다. 손실을 볼 확률도 대략 절반이기 때문이다. 그러나 투자 기간을 몇 년으로 길게 늘려 잡으면 합리적인 주식 매입을 한다는 가정 아래 위험한 거래의 확률을 줄일 수 있다. "만약 오늘 아침 코카콜라 주식을 매수한 다음 내일 아침 매도할 경우의 리스크를 산정하라고 요구한다면 나는 그것이 매우 위험한 거래라고 답변할 것이다."[15] 버핏의 주장이다. 그러나 버핏의 사고방식에 따르면 오늘 아침 코카콜라 주식을 매수한 다음 10년 동안 그 주식을 보유했을 때 리스크는 제로가 된다.

리스크에 대한 버핏의 독특한 시각은 그의 포트폴리오 분산 전략에 그대로 반영되어 있다. 물론 여기서도 그의 사고방식은 현대 포트폴리오 이론과 상반된다. 현대 포트폴리오 이론에 따르면, 광범위하게 분산된 포트폴리오의 주요 이점은 개별 주식의 주가 변동성을 경감할 수 있다는 것이다. 그러나 버핏처럼 단기적인 주가 변동에 관심을 두지 않는다면 이와 다른 관점으로 포트폴리오 분산을 바라보게 될 것이다.

"분산은 무지에 대한 보호막 역할을 할 뿐이다." 버핏의 말이다. "만약 주식시장보다 낮은 수익률을 기록하고 싶지 않다면 모든 주식을 소유하면 된다. 그것은 잘못이 아니다. 기업을 분석할 줄 모르는 사람에게는 그 것이야말로 합리적인 접근법이기 때문이다." 여러 가지 면에서 현대 포트폴리오 이론은 기업의 가치 분석에 대해서 제한적인 지식과 이해를 가진 투자자들을 보호해준다. 그러나 이러한 보호막은 주가를 따라간다. "현대 포트폴리오 이론은 투자자들에게 평균 수준의 수익률을 올리는 방법을 가르쳐준다. 그러나 나는 초등학교 5학년 이상이면 누구든 평균 수준으로 행동하는 법을 알고 있다고 생각한다." 버핏의 주장이다.[16]

마지막으로 만약 효율적 시장 이론이 옳다면 우연을 제외하고 어떤 개인이나 집단이 주식시장보다 높은 수익률을 거둘 가능성은 없다. 나아가 동일한 개인이나 집단이 지속적으로 그런 수익률을 거둘 가능성도 전혀 없다. 그러나 지난 48년 동안 버핏의 투자 실적은 그것이 가능함을 보여주는 명백한 증거나 다름없다. 특히 버핏의 전례를 따라서 주식시장의 수익률을 능가하는 투자 실적을 올린 다른 총명한 투자자들의 경험과 합친다면 이런 증거는 더욱 확실해질 것이다. 그렇다면 효율적 시장 이론과는 어떤 차이가 있는 걸까?

버핏은 한 가지 중요한 측면에서 효율적 시장 이론에 동의하지 않는다. 즉 이용 가능한 모든 정보를 분석하고, 그럼으로써 경쟁력을 얻는 투자자들에게 효율적 시장 이론은 그 어떤 대비책도 되지 않는다는 것이다. "주식시장이 빈번하게 효율적으로 움직인다는 사실을 제대로 관찰했음에도 불구하고 그들은 주식시장이 항상 효율적으로 움직인다는 그릇된 결론을 이끌어냈다."[17]

그러나 경영대학에서는 여전히 효율적 시장 이론을 맹목적으로 가르치고 있다. 이런 상황이 버핏에겐 충분한 만족감을 제공한다. "자연히 효율적 시장 이론을 그대로 받아들인 학생들과 속기 쉬운 투자 전문가들이 우리와 그레이엄의 추종자들에게 많은 공헌을 하고 있는 셈이다." 버핏은 비꼬듯이 말했다. "금전적이건 정신적이건 육체적이건 온갖 유형의 경쟁에서 상대방이 경쟁을 시도하는 것조차 무익하다는 가르침을 받았다면 이것은 엄청난 이득이 아닐 수 없다. 이기적인 입장에서 보자면 영구적으로 효율적 시장 이론을 가르칠 수 있도록 교수 직을 마련해주는 것이 우리가 해야 할 일인지도 모른다."[18]

오늘날 투자자들은 지적으로 또 감정적으로 갈림길에 놓여 있다. 그들의 왼편에는 현대 포트폴리오 이론이라는 길이 있다. 이 이론은 학술 논문과 정돈된 공식과 노벨상 수상자들로 넘치는 50년의 역사를 가지고 있다. 가능한 한 가격 변동성을 적게 하고, 그럼으로써 널뛰는 주가 때문에 겪게 되는 감정적 고통을 최소화하며 A지점에서 B지점으로 투자자들을 이동시키기 위한 방안을 모색하는 이론이다. 현대 포트폴리오 이론 신봉자들은 주식시장이 효율적으로 움직인다고 믿기 때문에 그들의 입장에서 주가와 내재 가치는 동일하다. 그들에겐 주가가 우선이고 자산 가치는 나중 문제이다. 가끔은 자산 가치를 아예 고려하지 않을 때도 있다.

그런가 하면 그들의 오른편에는 워런 버핏과 다른 성공적인 투자자들이 선택한 길이 있다. 이 길은 인생 경험과 간단한 산술과 장기 주식 보유자들로 가득 채워진 50년의 역사를 가지고 있다. 평탄한 단기 주가 여정을 제공하는 것이 아니라 내재 가치 성장률의 최대화를 모색하는 투자법을 기획하는 방식으로 투자자들을 A지점에서 B지점으로 이동시켜주는 길이다. 버핏 투자 기법의 지지자들은 주식시장이 항상 효율적으로 움직인다고 생각하지 않는다. 대신 그들에겐 자산 가치가 우선이고 주가는 나중 문제이다. 가끔은 주가를 아예 고려하지 않을 때도 있다.

■ ■ ■

비록 간단하긴 하지만 당신이 현대 포트폴리오 이론의 개념을 이해한다면 버핏의 투자 기법이 어떻게 현대 포트폴리오 이론의 지지자들과 충돌을 일으키는지 쉽게 알 수 있을 것이다. 당신은 단순히 현대 포트폴리오 이론가들과 지적으로 충돌할 뿐 아니라 학교와 회사에서 그들보다 훨씬 뛰어난 성적을 거둘 수 있다. 그러나 워런 버핏의 투자 기법을 받아들이면 당신과 사뭇 다른 방식으로 투자하는 월등히 많은 수의 사람들이 당신을 모반자처럼 대할지도 모른다. 나중에 차차 알게 되겠지만 따돌림 당하는 것은 그 자체로 심리적 부담이 큰 도전이다.

　나는 20여 년 동안 워런 버핏에 관한 글을 썼다. 이 기간에 나는 이 책의 방법론에 격렬히 반대하는 사람을 만난 적이 없다. 그러나 워런 버핏의 글에 전적으로 동의함에도 불구하고 심리적인 버핏의 교훈을 적용하지 못하는 사람들을 수없이 많이 만났다. 어쩌면 이것이 버핏의 성공을 이해하는 가장 중요한 열쇠이자 아직 완전히 풀리지 않은 퍼즐의 한 조각인지도 모른다. 한마디로 버핏은 감정적이 아니라 이성적이다.

왜 심리학이 중요한가

2002년에 심리학자 대니얼 카너먼은 "특히 인간 판단 및 의사 결정과 관련하여 심리학 연구를 통해서 얻은 통찰력을 경제학과 통합시켰다"는 공로로 노벨 경제학상을 받았다. 이것은 자본 시장에 관한 사고방식을 다루는 한 분야로서 행동재무학을 공식적으로 알리는 신호탄이었다. 컴퓨터 프로그램과 블랙박스가 있음에도 불구하고 주식시장을 움직이는 것은 여전히 인간들이기 때문이다.

　감정이 이성보다 더 강하기 때문에 공포와 탐욕이 기업의 내재 가치보다 높거나 낮은 수준으로 주가를 움직이게 한다. 버핏에 따르면 사람들이 탐욕을 부리거나 겁을 집어먹을 때 종종 터무니없는 가격으로 주식을 팔아치운다. 단적으로 말하자면 투자자의 감정—인간의 감정—이 기업의 기본적 경제 지표보다 주가에 더 많은 영향을 미치는 것이다.

행동재무라는 용어가 생겨나기 훨씬 이전에도 워런 버핏이나 찰리 멍거처럼 주류에서 벗어난 소수의 이탈자들이 이 개념을 이해하고 받아들였다. 찰리는 이렇게 말한다. "나와 버핏이 대학원을 졸업했을 때 우리는 거대하고 예측 가능한 극단적 비합리성의 패턴을 발견하기 위해서 비즈니스 세계에 뛰어들었다."[19] 여기서 그가 말하고자 하는 것은 매매 타이밍에 대한 예측이 아니라 비합리성이 발생할 경우 그것이 후속 행동의 패턴을 예측 가능하게 만든다는 개념이다.

버핏과 멍거를 차치하고라도, 대다수 투자 전문가들이 재무학과 심리학의 결합에 깊은 관심을 보이기 시작한 것은 아주 최근의 일이다. 투자와 관련하여 감정은 매우 현실적이다. 감정이 사람들의 행동에 영향을 미치고, 궁극적으로 시장 가격에도 영향을 미치기 때문이다. 십중팔구이미 알아차렸겠지만 당신의 투자 활동에서 인간 역학(human dynamic)에 대한 이해가 매우 중요한 것은 다음 두 가지 이유 때문이다.

1. 자신이 흔히 저지르는 실수를 피하는 데 도움이 되는 지침을 얻을 수 있다.
2. 타인의 실수를 적절한 시기에 감지하여 그것으로부터 이득을 얻을 수 있다.

우리는 모두 개인적인 판단 착오에 빠지기 쉽다. 또 나아가 그것이 개인의 성공에 영향을 미칠 수 있다. 만약 1,000명 혹은 100만 명의 사람들이 판단 착오를 범한다면, 집단적인 그 영향력은 주식시장을 파괴적인 방향으로 몰고 갈 것이다. 대세를 좇으려는 충동이 강하게 나타나면서 판단 착오의 악순환이 더욱 가속화되는 것이다. 따라서 비합리적인 행동의 험난한 바다에서는 합리적으로 행동하는 소수의 사람들만 유일한 생존자가 될 수 있는지도 모른다.

실제로 감정이 주도하는 판단 착오에 대한 유일한 해독제는, 특히 인내심을 가지고 장기간에 걸쳐 사용하는 합리성뿐이다. 그리고 바로 이것이 다음 장의 주제이다.

7

인내의 가치

레프 톨스토이는 『전쟁과 평화』에서 심오한 발언을 했다. "모든 전사들 중에서 가장 강한 자는 시간과 인내이다." 물론 그는 군사적 관점에서 말하고 있지만 이 개념은 경제학에도 적용된다. 자본시장을 깊이 이해하고자 하는 이들에게 매우 가치 있는 개념이기 때문이다.

모든 시장 활동은 시간의 연속과 함께 이루어진다. 우리는 왼쪽에서 오른쪽으로 움직이며 초, 분, 시, 일, 주, 월, 연 단위로 벌어지는 매매 결정을 관찰한다. 경계선이 정확히 어디인지 불명확하지만 왼쪽에 위치한 활동(단기적 기준)은 투기성이 강한 데 반해 오른쪽에 위치한 활동(장기적 기준)은 투자로 여기는 것이 일반적이다. 워런 버핏은 두말할 것 없이 장기간에 걸쳐 묵묵히 인내하며 편안히 오른쪽에 위치해 있다.

이런 상황은 다음과 같은 의문을 낳는다. 왜 수많은 사람들이 왼쪽 끝에서 정신없이 발버둥치며 최대한 빨리 많은 돈을 벌어들이려고 애쓰는 걸까? 탐욕 때문일까? 자신이 주식시장의 심리 변화를 예측할 수 있다는 그릇된 믿음 때문일까? 아니면 지난 10년 동안 두 차례 베어마켓과 한 차례 금융 위기를 경험한 결과 긍정적인 장기 투자의 가능성에 대한 믿음을 잃어버린 때문일까? 사실을 말하자면 세 가지 질문에 대한 답은 모두 '그렇다'이다. 비록 각각의 질문에 문제가 있긴 하지만 나를 가장 당혹스럽게 한 것은 마지막 질문에 포함된 장기 투자에 대한 자신감 부족이다. 왜냐하면 워런 버핏의 투자 기법의 핵심이 바로 장기 투자이기 때문이다.

장기 투자에 관하여

20여 년 전에 하버드 대학교 교수이자 존베이츠클라크 메달 수상자인 안드레이 슐라이퍼와 시카고 대학교 부스 경영대학원 재정학 교수인 로버트 비슈니는 단기 투자 전략과 장기 투자 전략을 비교한 매우 독창적인 글을 집필했다. 1990년에 슐라이퍼와 비슈니는 『아메리칸 이코노믹 리뷰』에 '새로운 기업 이론(The New Theory of the Firm: Equilibrium Short Horizons of Investors and Firms)'[1]이라는 제목의 연구 논문을 발표했다. 이 논문에서 그들은 비용, 리스크, 단기간 수익률과 장기간 차익 거래를 비교했다.

차익 거래 비용은 자본이 투자된 시간의 합계이다. 리스크는 성과에 대한 불확실성의 합계이다. 수익은 투자를 통해서 만들어진 돈의 합계이다. 단기 차익 거래의 경우 이 세 가지 요소가 모두 낮은 수치를 보인다. 반면 장기 차익 거래의 경우 자본이 더 오래 투자되고, 청산 시기에 대한 정보도 불확실하지만 수익은 더 높아진다.

슐라이퍼와 비슈니는 이렇게 말했다. "균형 상태에서 개별적인 자산의 차익 거래 수익으로 예상되는 순이익은 반드시 동일해야 한다. 장기 자산의 차익 거래는 단기 자산의 차익 거래보다 더 많은 비용이 들기 때문에 전자는 순이익이 동일해지는 균형 상태의 적정가격으로부터 벗어날 가능성이 더 높아질 수밖에 없다."[2] 달리 말하자면 장기 차익 거래가 단기 차익 거래보다 더 많은 비용이 들기 때문에 투자 수익이 더 클 수밖에 없다.

슐라이퍼와 비슈니는 보통주를 단기 차익 거래에 사용할 수 있다고 주장한다. 예를 들면 정보에 밝은 차익 거래자처럼 행동하는 단기 투기자들은 기업 인수 확률이나 수익 공표 또는 잘못된 가격 책정을 재빨리 되돌릴 수 있는 다른 공개적 발표의 결과에 따라 베팅할 수 있다. 그럼으로써 주가가 예상대로 반응하지 않더라도 트레이더는 재정적 영향을 거의 받지 않으면서 신속하게 그 위치에서 빠져나올 수 있다. 슐라이퍼와 비슈니의 사고의 흐름을 그대로 따라가면 투기꾼의 비용은 최소화되며(자본은 단기간에 투자된다) 리스크도 작아진다(결과에 대한 불확실성이 재빨리 해소된다). 그러나 수익 역시 줄어든다.

단기 차익 거래에서 상당한 수익을 창출하려면 전략을 자주 그리고 반복적으로 이용할 수밖에 없다는 점을 주목해야 한다. 슐라이퍼와 비슈니는 투기자들이 예상하는 것 이상으로 투자 수익을 올리려면 더 많은 리스크(결과가 해소되는 시점에 대한 불확실성)를 감수해야 할 뿐 아니라 투자 비용(돈을 투자한 시간의 합계)도 늘릴 의향이 있어야 한다고 설명한다. 투기자와 투자자 모두에게 해당되는 제어 변수는 투자 기간이다. 투기자들은 단기간에 투자 활동을 하면서 더 적은 수익을 기꺼이 받아들인다. 한편 투자자들은 장기간 투자 활동을 하면서 더 많은 수익을 예상한다.

이런 상황은 다음과 같은 의문을 낳는다. 장기간 차익 거래에서 보통주 매수 후 보유 전략으로 과연 많은 수익을 얻을 수 있을까? 나는 증거를 더 면밀히 살펴보기로 결심했다.

우리는 1970년부터 2012년까지 1년 수익과 3년 연속 수익과 5년 연속 수익을 계산했다. 이 기간 동안 S&P500지수에 속한 종목들 중에서 1년 단위로 수익이 2배 증가한 종목은 평균 1.8퍼센트, 즉 500개 종목 중 약 9개 종목이었다. 3년 단위로 수익이 2배 증가한 종목은 15.3퍼센트, 즉 500개 종목 중 약 77개 종목이었다. 그리고 5년 단위로 수익이 2배 증가한 종목은 29.9퍼센트, 즉 500개 종목 중 약 150개 종목이었다.

여기서 처음 질문으로 다시 돌아가보자. 장기간에 걸쳐 주식 매수 후 보유 전략으로 실제로 많은 수익을 얻을 수 있을까? 답은 충분히 그 정도 수익을 얻을 수 있다는 것이다. 만약 5년에 걸쳐 수익이 2배로 증가하는 것을 하찮게 여기지 않는다면 이것이 연평균 14.9퍼센트의 수익률에 해당한다는 사실을 명심해야 할 것이다.

물론 이런 조사는 투자자들이 5년 안에 수익이 2배로 증가할 가능성이 있는 주식을 고르는 능력을 갖추고 있어야 한다. 해결책은 주식 선택

과정 및 포트폴리오 관리 전략에서 확고한 태도를 가지는 것이다. 나는 이 책에 나온 투자 원칙들을 적용하면서 낮은 회전율의 포트폴리오 전략을 고수하는 이런 투자자들이 5년 안에 2배의 수익을 얻을 가능성이 크다고 확신한다.

재무 이론에서는 투자자들이 적정가격에서 벗어난 주가를 확인한 것에 대하여 보상을 받는다고 말한다. 만약 어떤 종목의 초과 수익이 충분히 크다면 주가와 가치 간의 격차를 메우고자 하는 많은 투자자들을 끌어들일 것이라고 가정할 수 있다. 또 차익 거래자의 수가 증가하면 차익 거래에 의한 수익이 감소한다는 것도 우리는 알고 있다. 그러나 1970년부터 2012년까지 5년 단위로 수익이 2배나 증가한 기업들의 평균 수입을 조사해본 결과 초과 수익에서 눈에 띄는 감소세가 발견되지 않았다. 물론 2배의 투자 수익을 거둔 기업들의 수는 전체 시장의 실적과 상관관계를 보인다. 강세장에서는 이 수치가 더 높아지는 반면 약세장에서는 더 낮아지는 것이다. 그러나 어떤 환경에서든 주식시장과 비교하여 2배의 초과 수익을 얻은 이런 비율은 아주 인상적이다. 요컨대 적정가격에서 벗어난 이런 주식들을 공격할 것으로 예상되는 장기 차익 거래자들은 거의 남아 있지 않았다.

5년 동안의 가격과 가치 간의 격차를 메우는 데 가장 유리한 위치에 있는 사람은 누구일까? 정답은 장기 투자자들이다. 그러나 지난 43년 동안 이 격차는 넓게 벌어져 있었기 때문에 주식시장의 고객층은 단기 거래자가 주도한 것처럼 보인다.

1950년부터 1970년 사이에 평균 주식 보유 기간은 4년에서 8년이었다. 그러나 1970년대부터 보유 기간이 지속적으로 줄어들기 시작하여 오늘날 뮤추얼펀드의 평균 보유 기간은 채 수개월에 지나지 않는다. 우리의 조사에 따르면 3년 이후에 높은 초과 수익을 얻을 기회가 가장 많은 것으로 나타났다. 그러나 포트폴리오 회전율이 100퍼센트를 넘어서는 상황이므로 대다수 투자자들은 이런 기회에서 배제되고 있다.

혹자는 단기 트레이더와 장기 투자자들 사이에 균형이 이루어져 주식시장이 제 역할을 한다고 강력하게 주장할지 모른다. 만약 주식시장이 단기간 잘못된 주가 책정을 공격하는 차익 거래자들과 장기적인 가격과 가치 간의 격차를 메우려고 애쓰는 차익 거래자들이 동등한 세력을 가지고 있다면, 이 주장대로 주식시장의 단기간 비효율성과 장기간 비효율성은 대부분 사라질 것이다. 그런데 이런 균형이 방해를 받는다면 주식시장에서 어떤 상황이 벌어질까? 장기 투자자들이 지배하는 주식시장에서는 단기적으로 발생하는 잘못된 주가 책정에 주의를 기울이지 않지만 단기 트레이더가 주도하는 주식시장에서는 장기적으로 발생하는 잘못된 주가 책정에 관심을 보이지 않는다.

그럼 일단 이런 특성이 자리 잡으면 주식시장에서 다양성이 대부분 사라지는 까닭은 무엇일까? 그것은 장기 투자에서 단기 투기로 전환하는 사람들의 이동 속도가 느리기 때문이다. 이런 점진적인 변화의 결과는 어느 정도 예측 가능하다. 단순히 산술적으로 계산만 하면 되기 때문이다. 지금은 너무 많은 사람들이 투기 성향을 보이고 있다. 그 결과 단기적인 베팅의 성공 확률이 떨어지고 있으며, 수익성도 저하되고 있다. 수많은 사람들을 끌어당겨 단기성 투기자로 만든 강력한 자석이 장기 투자의 비효율성인, 초과 수익을 없앨 수 있는 사람들을 극소수만 남겨두고 있기 때문이다.

합리성_결정적 차이

『옥스퍼드 아메리칸 사전』에 따르면, 합리주의는 개인의 견해나 행동이 감정적 반응이 아닌 이성과 지식에 근거해야 한다는 믿음이다. 합리적인 사람은 명확하고 논리적이고 분별 있게 사고한다.

가장 먼저 알아야 할 것은 합리성이 지능과 동일한 개념이 아니라는 점이다. 똑똑한 사람들도 얼마든지 어리석은 짓을 할 수 있다. 토론토 대학교의 인간발달학 및 응용심리학 교수인 키스 스타노비치는 IQ 테스트나 SAT/ACT 시험 같은 지능 테스트들이 합리적 사고를 평가하는 데 적합하지 않다고 생각한다. "그런 테스트는 기껏해야 가벼운 예측 변수에 지나지 않는다. 합리적 사고 능력은 지능과 전혀 관련이 없다."[3] 스타노비치의 주장이다.

스타노비치는 『지능 시험이 놓치고 있는 것(What Intelligence Tests Miss: The Psychology of Rational Thought)』에서 '디스레이션낼리아(dysrationalia)'—높은 지능에도 불구하고 합리적인 사고와 행동을 할 수 없는 상태—라는 용어를 고안했다. 인지심리학 연구에 따르면 디스레이션낼리아가 발생하는 데에는 두 가지 주요 원인이 있다. 첫 번째는 처리 문제이고, 두 번째는 내용 문제이다. 하나씩 면밀히 살펴보자.

스타노비치는 우리 인간의 처리 능력이 부족하다고 생각한다. 어떤 문제를 해결할 때 사람들은 서로 다른 인지 메커니즘을 선택한다. 사고 스펙트럼(thinking spectrum)의 한쪽 끝에는 엄청난 계산 능력을 가진 메커니즘이 존재한다. 그러나 이런 엄청난 계산 능력에는 그만한 대가가 따른다. 사고의 처리 과정은 더 느려지는 반면 많은 집중력을 요하기 때문이다. 다른 한편 사고 스펙트럼의 반대편 끝에는 계산 능력이 거의 없는 메커니즘이 존재한다. 이 메커니즘에서는 집중력이 거의 필요로 하지 않는 반면 신속한 결정을 가능케 한다. 스타노비치는 이렇게 적었다. "인간은 인지 능력에 인색하다. 왜냐하면 설령 정확성이 떨어진다 하더라도 계산 능력을 덜 필요로 하는 사고 처리 메커니즘의 이행을 게을리하는 것이 인간의 기본적인 성향이기 때문이다."[4] 한마디로 인간은 게으른 사색가이다. 인간은 문제 해결 시점에서 쉬운 길을 택한다. 그 결과 그들은 종종 비논리적인 해결책을 제시한다.

느리게 움직이는 아이디어

이제 정보의 역할로 우리의 관심을 돌려보자. 우리에게 필요한 정보는 이 장의 주제인 '인내'와 '느리게 움직이는 아이디어(slow-traveling idea)'의 가치에 대해서 말해준다.

대다수 독자들은 잭 트레이너를 잘 모를 것이다. 그러나 그는 재무 관리 분야의 지적인 거장이다. 해버퍼드 대학에서 수학자로 교육을 받은 트레이너는 1955년에 하버드 경영대학원을 우등으로 졸업한 후 컨설팅 회사 아서디리틀(Arther D. Little)의 연구 부서에서 직장 생활을 시작했다. 젊은 분석가 시절에 트레이너는 콜로라도에서 3주 휴가를 보내는 동안에도 리스크 문제와 관련하여 44쪽 분량의 수학적 기록을 작성했다. 이렇듯 다작에 능했던 트레이너는 결국 CFA협회 산하의 『파이낸셜 애널리스트 저널』 편집자가 되었다.

오랫동안 트레이너는 노벨상 수상자인 프랑코 모딜리아니, 머턴 밀러, 윌리엄 샤프 등의 유수한 금융학자들과 논문을 주고받았다. 그리고 트레이너의 많은 논문들이 『파이낸셜 애널리스트 저널』의 그래이엄앤드도드상(Graham and Dodd Award)이나 로저머리상(Roger F. Murray Prize) 같은 권위 있는 상을 받았다. 2007년에는 저명한 CFA협회의 최고전문가상을 수상했다. 예전에는 트레이너의 글이 여기저기 산만하게 기록되어 있었지만 다행히 지금은 '트레이너의 기관 투자(Treynor on Institutional Investing)'라는 제목으로 574쪽 분량의 책으로 묶여 나왔다. 진정한 투자자들의 서가에서 한 자리를 차지할 자격이 충분한 책이다.

내가 가지고 있는 그의 책은 군데군데 책장 모서리가 접혀 있고 다소 낡아 보인다. 1년에 몇 차례씩 내가 좋아하는 부분을 되풀이하여 읽었기 때문이다. 거의 뒷면까지 접혀 있는 424페이지에는 내가 특히 좋아하는 「장기 투자(Long-Term Investing)」라는 논문이 실려 있다. 1976년 5~6월호 『파이낸셜 애널리스트 저널』에 처음 실린 논문이었다. 트레이너는 항상 존재하는 시장 효율성의 난제로 이야기를 시작한다. 우리가 아무리 노력해도 주식시장의 주식들이 아직 할인되지 않았다는 개념을 절대 발견할 수 없다는 것이 과연 사실일까? 이 질문을 던지면서 트레이너는 다음 두 가지 유형의 투자 개념을 구분해야 한다고 당부한다. "(a) 함축적인 의미가 단순명료하고, 평가에서 특별한 전문 지식을 필요로 하지 않기에 빠르게 움직이는 아이디어. (b) 심사숙고와 신중한 판단 그리고 평가를 위한 특별한 전문 지식을 필요로 하기에 느리게 움직이는 아이디어."[5]

"만약 시장이 비효율적이라면 첫 번째 유형의 개념과 관련하여 비효율적이진 않을 것이다. 왜냐하면 첫 번째 개념은 그 자체로 대다수 투자자들이 부정확하게 평가할 가능성이 거의 없기 때문이다."[6] 트레이너의 결론이다. 달리 말하자면 주가수익률, 배당수익률, 주가순자산 비율, 주가이익 증가 비율, 52주 저평가주 목록, 기술적 차트 등과 같은 단순한 개념들이 손쉬운 수익을 가져다줄 가능성은 거의 없다는 것이다. "만약 시장의 비효율성이 존재하고, 그 때문에 투자 기회가 생긴다면 두 번째 유형의 투자 개념, 즉 느리게 움직이는 아이디어와 함께 그런 기회가 생겨날 것이다. 따라서 '장기적인' 기업 발전과 관련하여 명료하고 손쉽게 이해할 수 있는 것과 다른 이 두 번째 개념이 장기 투자를 위한 유일하고 의미 있는 토대가 된다."[7]

장담컨대 당신은 이 책에 실린 투자 원칙들이 "느리게 움직이고", "장기적인 기업 발전"과 관련 있으며, 그 결과 '장기 투자'를 위한 토대가 되는 개념들임을 이미 알아차렸을 것이다. 알아듣기 쉽게 설명하자면 이렇다. 느리게 움직이는 아이디어는 지적으로 완전히 이해하기 힘든 것은 아니지만 '단순명료한' 개념에 비해서 더 많은 시간과 노력을 요하는 개념이다.

시스템 1과 시스템 2

오랫동안 심리학자들은 우리의 인지 과정이 두 가지 사고 유형으로 구분된다는 개념에 관심을 가졌다. 하나는 '빠르고 연상하기 쉬운' 인지를 낳는 직관이고, 다른 하나는 '느리고 규칙에 따르는' 것으로 설명되는 이성이다. 오늘날 심리학자들은 이런 인지 시스템을 흔히 시스템 1 생각과 시스템 2 생각으로 지칭하고 있다. 시스템 1 생각에서는 단순명료한 개념들이 빠르게 움직인다. 예컨대 주가수익률이나 배당수익률을 계산할 때에는 시간이 적게 들고 지적인 노동력도 많이 필요로 하지 않는다.

시스템 2 생각은 우리의 인지 과정에서 숙고하는 부분이다. 이 사고는 통제된 방식으로 천천히 애를 써야 효력을 발휘한다. "심사숙고와 신중한 판단과 전문 지식"을 필요로 하는 "느리게 움직이는 아이디어"가 시스템 2 생각에 속한다.

2011년에 노벨상 수상자인 대니얼 카너먼은 '생각에 관한 생각(Thinking Fast and Slow)'이라는 제목의 중요한 책을 펴냈다. 이 책은 「뉴욕타임스」 베스트셀러 목록 및 그해의 5대 논픽션 작품으로 선정되었는데, 의사 결정에 관한 500쪽 분량의 책치고는 대단한 성과가 아닐 수 없다. 이 책에서 특히 내가 좋아하는 부분은 '게으른 통제자(The Lazy Controller)'라는 부제가 붙은 제3장이다. 카너먼은 인지적 노력이 정신적 노동이며, 이런 노동으로 인해서 작업이 힘들어질수록 우리들 대다수가 게을러지는 경향이 있음을 우리에게 상기시키고 있다. 그는 지적인 사람들이 자신의 맨 처음 답변에 충분히 만족한 나머지 너무 쉽게 사고를 중단하는 데 놀라움을 감추지 못한다.

카너먼은 시스템 2 생각을 요하는 활동은 자제력을 필요로 하는데, 지속적으로 자제력을 발휘하는 것이 불쾌감을 낳을 수 있다고 말한다. 만약 우리가 어쩔 수 없이 어떤 힘든 일을 반복적으로 처리해야 한다면 그다음 난관에 부딪쳤을 때 자제력을 덜 발휘하는 성향을 갖게 된다. 결국 연료가 바닥나는 것이다. 그러나 이와 대조적으로 "지적인 게으름의 죄를 모면한 자들은 '적극적인 사람(engaged)'이라고 부를 수 있다. 그들은 타인보다 더 기민하고 지적으로 행동하며, 피상적인 답변에 만족하지 않고 자신의 직감을 자주 의심한다."[8]

예일 대학교 마케팅과 부교수인 셰인 프레더릭은 상당히 높은 IQ를 가진 사람들이 시스템 1과 시스템 2 사이에서 어떻게 길을 찾아가는지 흥미로운 관찰을 제공하고 있다. 그는 아이비그룹에 속한 하버드 대학과 프린스턴 대학과 MIT의 대학생들(모두 지능이 높다고 여기는 대학생들)을 모집한 다음 그들에게 다음 세 가지 질문을 했다.

1. 야구 방망이와 공의 가격은 1.10달러이다. 야구 방망이는 공보다 1달러 더 비싸다. 공의 가격은 얼마인가?

2. 다섯 대의 기계로 5개 제품을 만드는 데 5분이 걸린다면 100대의 기계로 100개 제품을 만드는 데 얼마의 시간이 걸리겠는가?

3. 연못에 수련밭이 있다. 수련밭은 크기가 매일 2배로 늘어난다. 만약 수련밭이 연못 전체를 채우기까지 48일이 걸린다면 연못 절반을 채우는 데는 얼마의 시간이 걸리겠는가?[9]

놀랍게도 학생 절반 이상이 잘못된 답을 말했다. 여기서 프레더릭은 두 가지 중요한 문제점을 제기했다. 첫 번째는 사람들이 문제에 대해서 진지하게 사고하는 데 익숙하지 않다는 것이다. 그들은 종종 맨 처음 머리에 떠오른 그럴듯한 해답을 서둘러 선택함으로써 시스템 2의 무거운 부담을 피하려 한다. 그리고 그 자체로 걱정스러운 두 번째 문제는 시스템 2의 사고 과정이 시스템 1의 사고의 오류를 감시하는 데 제 역할을 전혀 하지 못한다는 것이다. 프레더릭은 학생들이 시스템 1 생각을 고수하면서 시스템 2 생각으로 전환하지 못하거나, 할 수 없는 것이 당연할지도 모른다고 말한다.

그렇다면 시스템 1 생각과 시스템 2 생각이 투자에서는 어떤 역할을 할까? 보통주 매입을 고려하는 투자자가 있다고 하자. 그는 시스템 1 생각을 이용하여 기업의 주가수익률과 장부 가치와 배당수익률을 일람표로 작성했다. 그리고 두 비율이 역사상 가장 낮은 수준으로 수치를 보이고 있으며, 해당 기업에서 지난 10년간 배당금을 해마다 증가시켰다는 점을 감안하여 그 종목의 가치가 훌륭하다고 얼른 결론 내렸다. 안타깝게도 너무 많은 투자자들이 거의 전적으로 시스템 1 생각에 의존하여 투자 결정을 내린다. 그러나 시스템 2 생각을 끌어들이는 것은 결코 멈추지 않는다.

'적극적'이라는 것은 무슨 의미일까? 간단히 말하자면 이는 시스템 2 생각이 강렬하고 활발하며, 지치지 않음을 의미한다. 그래서 심리학자인 키스 스타노비치는 시스템 1 생각과 시스템 2 생각의 차이를 일컬어 이 두 생각이 '분리된 마음(separate mind)'을 가지고 있다고 말했다.

그러나 '분리된 마음'은 그것을 구별할 수 있을 때에만 분리된다. 투자의 관점에서 보자면 기업의 경쟁력, 자본을 합리적으로 배분하는 경영진의 강점, 기업의 가치를 결정하는 중요한 경제적 원동력, 투자자의 어리석은 결정을 방지하는 심리적 교훈 등에 충분한 이해력을 가지고 있는 경우에만 시스템 2 생각에 자리 잡은 '분리된 마음'은 시스템 1 생각의 '분리된 마음'과 구분할 수 있다.

내가 보기에 월스트리트에서 이루어지는 의사 결정들은 대부분 시스템 1 생각에 해당한다. 이것은 주로 직감에 의해서 작동한다. 심사숙고할 시간이 거의 없거나 아예 없는 상태에서 자동적으로 그리고 신속하게 투자 결정이 이루어진다. 한편 시스템 2 생각은 진지하게 숙고하는 것으로서 신중함과 집중력을 필요로 한다. 시스템 2로 생각하는 사람들은 선천적으로 인내심을 가지고 있다. 시스템 2 생각을 효과적으로 작동시키려면 숙고할 시간, 나아가 묵상할 시간을 따로 마련해야 한다. 그러면 이 책에 실린 원칙들이 시스템 1 생각의 신속한 결정이 아니라 느린 사고에 적합하다고 내가 주장해도 당신은 놀라지 않을 것이다.

마인드웨어 갭

스타노비치에 따르면, 디스레이션낼리어의 두 번째 원인은 시스템 2 사고를 위해서 적절한 내용의 부족함이다. 의사 결정을 연구하는 심리학자들은 이런 내용의 부족함을 '마인드웨어 갭(mindware gap)'이라고 부른다. 하버드 대학 인지과학자인 데이비드 퍼킨스가 처음으로 명명한 마인드웨어는 사람들이 문제 해결에 도움을 얻기 위하여 정신적으로 마음 껏 사용할 수 있는 모든 규칙과 전략, 과정과 지식을 일컫는 말이다. "주방용품은 주방에서 활동하기 위한 도구들로 구성되어 있고, 소프트웨어는 컴퓨터에 사용되는 도구들로 구성되어 있는 것과 마찬가지로 마인드웨어는 마음을 위한 도구들로 구성되어 있다. 마인드웨어는 개인이 배울 수 있는 어떤 것으로 개인의 전반적인 능력을 확장시켜 비판적으로 그리고 창조적으로 사고할 수 있도록 해준다."[10]

그렇다면 시스템 2의 사고를 활성화하기 위해서 당신에게는 어떤 마인드웨어가 필요할까? 최소한 당신은 해당 기업의 연차 보고서와 경쟁 기업들의 연차 보고서는 읽어두어야 한다. 만약 그 기업이 장기적으로 전망이 밝고 충분한 경쟁력을 갖추고 있는 것처럼 보인다면 대략적인 기업 가치를 파악하기 위하여 서로 다른 시기에 서로 다른 주주 수익 성장률이 포함된 몇 가지 배당 할인 모델을 실행해보아야 한다. 그다음에는 경영진의 장기적인 자본 배분 전략을 연구하고 이해해야 한다. 마지막으로 당신은 몇몇 친구나 동료 또는 투자 자문가들에게 연락하여 당신이 투자한 기업 또는 경쟁 기업에 관한 의견을 얻을 수 있다. 여기서 명심할 점은 높은 IQ는 불필요하다는 것이다. 그 대신 단순히 기업의 현재 주가수익률을 알아내는 것보다 더 많은 정신적 노력과 집중력이 필요하다.

시간과 인내

인내심을 가지면 장기 투자야말로 투자 성공을 위한 최상의 방법이라는 증거가 충분함에도 불구하고 크게 변한 것이 없는 듯 보인다. 2008년과 2009년에 금융 위기와 하락 장세가 있었지만 우리의 행동은 변하지 않았다. 오늘날에는 사실상 주식시장의 모든 활동이 단기적이다. 1960년에 뉴욕 증권거래소(NYSE)와 아메리칸 증권거래소(AMEX)의 가치 가중 방식의 연간 회전율은 10퍼센트 미만이었다. 오늘날에는 이 비율이 300퍼센트를 상회한다. 지난 50년 동안 30배 증가한 셈이다.[11] 이런 극적인 증가세가 주식시장과 시장 참여자 모두에게 많은 영향을 미치지 않았다고는 믿기 힘들다.

이론적으로 보자면 주식시장 참여자가 증가하고 거래량도 함께 늘어나면 더 나은 가격 발견(price discovery)이 이루어지고, 차례로 시장 잡음과 변동성 감소에 상응하여 가격과 가치 간의 격차도 줄어드는 것으로 여겼다. 그러나 현실에서는 주식시장 참여자들의 대부분이 투자자가 아닌 투기자일 경우 정반대의 상황이 벌어질 공산이 크다. 거래 활동의 증가가 오히려 가격과 가치 간의 격차를 넓히고, 시스템 내부의 잡음을 증가시키며, 큰 폭의 변동성을 유발한다. 이 같은 세계에서 단기 실적의 압박에 볼모로 잡혀 있는 투자자는 불만을 느낄 수밖에 없다.

그러나 굳이 이런 식으로 투자 활동을 하지 않아도 된다. 워런 버핏의 성공은 남들과 다른 방식으로 게임을 진행하려는 그의 욕구가 많은 영향을 미치고 있다. 우리 모두 버핏과 함께 그 게임에 참여하라는 초대를 받고 있다. 성공적인 게임 진행을 위해서 필요한 것은 상이한 일련의 규칙들을 채택하고자 하는 의지를 보여주는 것이다. 물론 그중에서 가장 중요한 것은 인내의 가치이다.

동전의 양면과도 같은 시간과 인내가 버핏의 투자 활동의 핵심이다. 그의 성공 비결은 버크셔의 전액 출자 기업들과 포트폴리오에 속한 보통주를 관리하면서 차분하게 인내심을 유지한 그의 태도에 있다. 끊임없는 활동으로 빠르게 움직이는 이 세계에서 버핏은 의도적으로 느리게 움직인다. 객관적인 관찰자라면 이렇듯 느린 움직임을 보이는 태도가 손쉬운 수익을 포기하는 것처럼 보일 수 있다. 그러나 이런 과정을 이해한 이들이라면 버핏과 버크셔가 막대한 부를 축적하고 있음을 알아차릴 것이다. 투기자는 인내심이 없다. 그러나 투자자로서 버핏은 인내심을 삶의 지표로 삼고 있다. 그는 "시간에서 가장 좋은 점은 충분한 길이가 있다는 것이다"라며 인내심의 중요성을 우리에게 상기시킨다.

지금까지 우리는 감정으로부터 그 반대편의 합리성에 이르기까지 중요한 문제를 두루 살펴보았다. 지능만으로는 투자 성공을 확실히 보장할 수 없다. 투자자의 뇌 크기보다는 뇌로부터 감정을 분리해내는 능력이 더 중요하다. "사람들이 단기적인 탐욕이나 공포로 인해서 의사 결정을 내릴 때 합리성은 절대적으로 필요하다. 왜냐하면 그때 돈이 만들어지기 때문이다."[12]

버핏은 주식시장의 단기적인 변동으로 인해서 자신이 더 부유해지거나 더 가난해지지 않는다는 점을 잘 알고 있다. 그의 주식 보유 기간이 장기적이기 때문이다. 대다수 개인 투자자들은 주가 하락과 관련된 불편

한 심기를 견디지 못하지만 버핏은 불안해하지 않는다. 왜냐하면 주식시장보다 자신이 기업의 가치를 더 잘 평가할 수 있다고 확신하기 때문이다. 버핏은 자신이 남들보다 더 잘할 수 없으면 게임에 참여하지 말아야 한다고 생각한다. 그는 주식 투자가 포커 게임과 흡사하다고 설명한다. 만약 포커 게임에 참여하고 있을 때 누가 어수룩한 봉인지 모르면 자신이 봉이 된다는 것이다.

합리성이 부족한 투자자들은 쉽게 시스템 1의 사고로 연결된다. 시스템 1은 단순하고 예측 가능한 작업에는 적합하지만 주식 투자 같은 복잡한 작업에는 적합하지 않다. 합리성이 부족한 투자자들은 탐욕과 공포 같은 기본적인 감정의 노예가 된다. 결국 그들은 투자로 불리는 게임에도 어수룩한 봉이 될 수밖에 없다.

8

세상에서 가장 위대한 투자자

워런 버핏은 종종 세상에서 가장 위대한 투자자로 불린다. 어째서 우리는 그렇게 알고 있는 걸까? 또 이런 주장이 얼마나 정확한 걸까? 나는 상대적으로 뛰어난 실적과 투자 지속 기간이라는 이 두 가지 간단한 변수를 살펴보기만 해도 충분히 납득할 수 있다고 생각한다. 두 가지 모두 필요하지만 단기간 주식시장의 수익률보다 앞섰다는 것만으로는 충분치 않다. 많은 사람들이 한 번쯤은 이런 성과를 거둔 적이 있기 때문이다. 중요한 것은 장기간에 걸쳐 이런 성과를 지속했느냐이다. 마이클 모부신이 『성공 방정식(The Success Equation)』에서 적절히 설명한 것처럼 비즈니스와 스포츠 그리고 투자에는 운과 능력이라는 척도가 존재한다. 그리고 운이 더 우세한지 능력이 더 우세한지 구분하는 유일한 방법은 장기간에 걸쳐 결과를 살펴보는 것이다. 단기적으로는 운이 상당한 역할을 할 수도 있지만 시간이 지나면 능력이 더 중요한 역할을 한다는 것을 깨닫게 된다. 바로 이 점에서 버핏은 타의 추종을 불허한다.

워런 버핏은 60년에 달하는 자금 관리 경력을 가지고 있다. 이것은 다시 그가 버핏합자회사를 운영하던 시기(1956~1969)와 버크셔해서웨이의 경영권을 인수한 1965년부터 지금까지 그 회사를 운영해온 두 시기로 구분할 수 있다.

비교적 어린 나이인 스물다섯 살에 단돈 100달러의 본인 투자금을 가지고 버핏은 합자회사를 시작했다. 합자회사의 목표는 최소한 매년 6퍼센트의 수익률을 창출하는 것이었지만 버핏은 이보다 훨씬 더 높은 기준을 설정했다. 즉 매년 다우존스 산업지수보다 10퍼센트포인트 높은 수익률을 올리는 것이 그의 목표였다. 실제로는 이보다 더 높은 실적을 기록했다. 1965년부터 1969년 사이에 버핏은 연간 29.5퍼센트 비율로 합자회사의 수익률을 올렸는데, 다우존스 산업지수보다 22퍼센트포인트 더 높은 수치였다. 버핏의 투자회사가 출범했을 때 1만 달러를 투자한 투자자는 합자회사가 문을 닫을 즈음 버핏의 이익분배금을 제외하고, 15만260달러의 순이익을 얻을 수 있었다. 만약 같은 기간에 다우존스에 투자했다면 1만5,260달러의 순이익을 얻는 데 그쳤을 것이다. 그 기간에 다우존스는 다섯 차례 연간 손실을 기록했다. 그러나 버핏은 계속 수익을 올리면서 해마다 다우존스의 수익률을 앞서갔다.

당시에는 버핏에 견줄 만큼 뛰어난 펀드매니저들이 극히 드물었다. 버핏이 합자회사의 문을 닫으려고 고심할 즈음인 1960년대 중반에 제럴드 차이와 프레드 카라는 뮤추얼펀드 매니저가 혜성처럼 불쑥 나타났다.

세상에 널리 알려진 그들은 1960년대에 '고고(Go-Go)' 주식 매입으로 명성을 쌓았지만 이내 무너지고 말았다. 캐럴 루미스는 '어느 누구에게도 뒤지지 않는 존스(The Jones Nobody Keeps Up With)'(1966년 4월)라는 제목으로 『포천』에 실린 자신의 첫 기사에서 버핏합자회사의 투자 성적과 앨프리드 윈슬로 존스의 투자 성적을 비교했다. 당시에 A.W.존스앤드컴퍼니는 10년 동안의 경영 기록이 있었지만 버핏은 9년 동안의 자금 관리 기록만 있었다. 그래서 캐럴은 두 투자자가 5년 연속 기록한 수익률을 조사했는데, 334퍼센트 대 325퍼센트로 버핏의 수익률이 존스의 수익률을 간신히 앞서는 것으로 나타났다. 그러나 버핏은 이내 합자회사 문을 닫은 반면 존스는 투자 활동을 계속했다. 그 결과 주식의 가치가 과대평가되었음을 미처 알아차리지 못한 다른 투자자들처럼 존스 역시 시련을 겪어야 했다.

버핏합자회사의 놀라운 실적은 접어두고라도 버핏이 세상에서 가장 위대한 투자자라는 주장은 표 8-1에 나타나 있는 것처럼 버크셔해서웨이에서 그가 이룬 성과만으로도 쉽게 알 수 있다. 1965년부터 2012년까지 48년 동안 버크셔해서웨이의 시장 가치는 19.7퍼센트의 연간 수익률을 기록하며 주당 19달러에서 무려 11만4,214달러로 증가했다. 비교하자면 S&P500지수는 배당을 포함하여 9.4퍼센트 성장했다. 그리고 48년 동안 S&P500지수는 5년에 한 번꼴로 열한 차례 연간 손실을 기록했다. 반면 버크셔해서웨이가 손실을 기록한 연도는 단 두 차례뿐이었다.

표 8-1 버크셔와 S&P500 기업들의 성과 비교

연도	연간 변화율		
	버크셔의 주당 장부 가치	S&P500 기업들의 주당 장부 가치	비교 결과
연도	**(1)**	**(2)**	**(1) - (2)**
1965	23.8	10.0	13.8
1966	20.3	(11.7)	32.0
1967	11.0	30.9	(19.9)
1968	19.0	11.0	8.0
1969	16.2	(8.4)	24.6
1970	12.0	3.9	8.1
1971	16.4	14.6	1.8
1972	21.7	18.9	2.8
1973	4.7	(14.8)	19.5
1974	5.5	(26.4)	31.9
1975	21.9	37.2	(15.3)
1976	59.3	23.6	35.7
1977	31.9	(7.4)	39.3
1978	24.0	6.4	17.6
1979	35.7	18.2	17.5
1980	19.3	32.3	(13.0)
1981	31.4	(5.0)	36.4
1982	40.0	21.4	18.6
1983	32.3	22.4	9.9
1984	13.6	16.1	7.5
1985	48.2	31.6	16.6
1986	26.1	18.6	7.5
1987	19.5	5.1	14.4
1988	20.1	16.6	3.5
1989	44.4	31.7	12.7
1990	7.4	(3.1)	10.5
1991	39.6	30.5	9.1
1992	20.3	7.6	12.7

1993	14.3	10.1	4.2
1994	13.9	1.3	12.6
1995	43.1	37.6	5.5
1996	31.8	23.0	8.8
1997	34.1	33.4	0.7
1998	48.3	28.6	19.7
1999	0.5	21.0	(20.5)
2000	6.5	(9.1)	15.6
2001	(6.2)	(11.9)	5.7
2002	10.0	(22.1)	32.1
2003	21.0	28.7	(7.7)
2004	10.5	10.9	(0.4)
2005	6.4	4.9	1.5
2006	18.4	15.8	2.6
2007	11.0	5.5	5.5
2008	(9.6)	(37.7)	27.4
2009	19.8	26.5	(6.7)
2010	13.0	15.1	(2.1)
2011	4.6	2.1	2.5
2012	14.4	16.0	(1.6)
연평균 수익률 (1965~2012)	19.7%	9.4%	10.3
총수익률 (1964~2012)	586,817%	7,433%	

순전히 수치로만 보면 장기간에 걸쳐 뛰어난 실적을 올렸음에도 불구하고 버핏이 세상에서 가장 위대한 투자자라고 주장하기 힘들다. 그러나 수치가 아닌 다른 부분까지 살펴보면 어떨까?

개인 버핏

드와이트 아이젠하워가 대통령이던 시절에 자금 관리를 시작하여 60여 년 동안 투자 활동에서 계속 성공을 거둔 한 사내에 대해서 어떻게 생각해야 할까?

10대였을 때 어린 버핏은 서른 살이 되면 백만장자가 될 것이며, 그러지 못한다면 오마하의 가장 높은 빌딩에서 뛰어내릴 것이라고 사람들에게 공표했다. 물론 빌딩에서 뛰어내린다는 것은 농담이었다. 심지어 백만장자가 된다는 야심도 그가 기대할 수 있는 것이 아니었을 것이다. 어쨌든 오늘날 그는 어린 시절의 야망을 훨씬 뛰어넘는 눈부신 성공을 거두었다. 그러나 버핏과 친한 사람들은 그가 백만장자의 생활 방식에 별 관심이 없다는 것을 잘 알고 있다. 그는 여전히 1958년에 구입한 오마하의 집에서 생활하고, 구식 모델의 미국산 자동차를 몰고 다니며, 값비싼 요리보다 치즈버거와 콜라와 아이스크림을 더 좋아한다. 버핏의 유일한 사치는 자신이 애용하는 개인 제트기뿐이다. "내가 원하는 것은 돈이 아니다. 돈을 만들어 불리는 재미를 원할 뿐이다."[1] 제1장에서 살펴보았듯이 요즘 그는 기부에서 큰 즐거움을 얻고 있다.

애국심이 너무나도 쉽게 진부한 표현으로 변질되는 세상에서 워런 버핏은 미국에 대해서 뻔뻔하리만큼 긍정적이다. 그는 미국이 열심히 일하고 싶어 하는 사람들에게 엄청난 기회를 제공한다는 자신의 믿음을 표출하는 데 한 번도 주저한 적이 없다. 그는 대체로 긍정적이고 쾌활하며 삶에 대해서도 낙관적이다. 상식적으로 보자면 젊어서는 영원한 낙관주

364

의자이지만 나이 들수록 비관주의로 변하기 마련이다. 그러나 버핏은 예외인 것처럼 보인다. 아마도 그 이유는 근 60년 동안 극적이고 충격적인 사건들이 숱하게 벌어졌어도 주식시장과 경제와 국가가 다시 회복하여 번성하는 것을 지켜보며 투자 활동을 해온 때문일 것이다.

1950년대, 1960년대, 1970년대, 1980년대, 1990년대와 2000년대에 벌어진 주목할 만한 사건들을 구글로 검색해보는 것도 가치 있는 일이다. 하나하나 열거하기에는 그 수가 너무 많지만 헤드라인을 장식했던 굵직굵직한 사건을 들면 핵전쟁 위기 정책, 대통령 암살과 사임, 국내 불안과 폭동, 국지전, 석유 파동, 초인플레이션, 두 자릿수 이자율, 테러리스트의 공격 등이 있다. 간간이 발생한 경기 침체와 주식시장 붕괴는 두말할 것도 없다.

주식시장이 붕괴하여 대다수 투자자들이 잔뜩 겁을 집어먹을 수밖에 없는 위험한 상황을 어떻게 헤쳐나갔느냐는 질문을 받았을 때 버핏은 "남들이 겁먹을 때 욕심을 부렸고, 남들이 욕심을 부릴 때 겁먹을 뿐"이라고 소탈하게 말했다. 그러나 나는 그의 이 말에 깊은 뜻이 담겨 있다고 생각한다. 헤드라인을 장식할 정도로 위험한 시기에 단지 생존에 급급해하는 것이 아니라 이런 험난한 시기에 적극적으로 투자에 나서는 탁월한 능력이 있음을 말하고 있기 때문이다.

버핏의 이점

오랜 세월에 걸쳐 학계에 몸담은 학자들과 투자 전문가들은 이른바 효율적 시장 이론의 타당성에 대한 논쟁을 벌였다. 제6장에서 살펴보았듯이 논란이 분분한 이 이론에서는 주식 분석이 시간 낭비일 뿐이라고 주장한다. 현재의 주가에 이미 이용 가능한 모든 정보가 반영되어 있기 때문이다. 어떤 의미에서 주식시장은 그 자체로 당신이 필요로 하는 모든 조사를 실행하고 있다. 이 이론의 지지자들은 투자 전문가들이 주식 시세표에 다트를 던져 종목을 고르는 것이 최신 연차 보고서나 분기별 보고서를 상세히 조사하는 노련한 재무 분석가 못지않은 성공 확률을 가지고 있다고 농담처럼 주장한다.

그러나 지속적으로 중요한 지수들을 능가하여 수익률을 올리는 몇몇 투자자들—가장 유명한 워런 버핏을 포함해서—의 성공은 효율적 시장 이론에 결함이 있음을 시사하고 있다. 버핏을 포함하여 이 이론의 반대자들은 대다수 펀드매니저들이 주식시장보다 저조한 수익률을 기록하는 것은 효율성 때문이 아니라 방법론적인 결함 때문이라고 주장한다.

경영 컨설턴트들은 성공적인 기업들이 세 가지 특징적인 이점을 가지고 있다고 생각한다. 행동의 이점과 분석의 이점과 조직의 이점이 그것이다.[2] 그런데 워런 버핏을 연구하다 보면 이런 각각의 이점이 어떻게 작용하는지 알 수 있다.

366

행동의 이점

버핏은 성공적인 투자를 위해서 높은 IQ를 가지고 있거나 최고의 경영대학원 과정을 이수할 필요가 없다고 말한다. 가장 중요한 것은 기질(temperament)이다. 버핏이 기질에 관해서 말할 때 그가 의미하는 것은 합리성이다. 합리성의 기반은 과거를 현재로 바라보면서 몇 가지 가능한 시나리오를 분석하여 신중하게 선택하는 능력에 있다. 요컨대 워런 버핏이 그런 기질의 소유자다.

버핏을 잘 아는 이들은 합리성이 버핏과 나머지 다른 사람들을 구분 짓는 잣대라는 데 동의한다. "하버드 법대에는 수천 명이 있었다. 나는 최상위층에 속한 학생들을 다 알고 있었지만 버핏만큼 뛰어난 능력을 가진 학생은 없었다. 그의 두뇌는 남들보다 월등한 합리적 메커니즘을 가지고 있다."[3] 찰리 멍거의 말이다. 50년 동안 워런 버핏을 알고 지낸 캐럴 루미스 역시 버핏의 투자 성공에서 합리성이야말로 가장 중요한 특징이라고 믿고 있다.[4] 『버핏』의 저자 로저 로웬스테인도 "버핏이 가진 천재성은 대체로 인내와 절제와 합리성이라는 성격상의 천재성이다"[5]라고 말했다.

버크셔해서웨이 위원회의 일원인 빌 게이츠도 합리성이 버핏의 두드러진 특징으로 생각한다. 어느 날 오후 두 사람이 시애틀의 워싱턴 대학교에서 강당을 가득 채운 학생들의 질문에 답할 때 이 사실이 명확히 입증되었다. 한 학생이 첫 질문을 던졌다. "어떻게 그 자리에 오르게 된 거죠? 어떻게 하느님보다 더 부자가 되었나요?" 버핏이 숨을 깊이 들이켜고 나서 답변하기 시작했다.

"내 경우에는 이 자리에 오게 된 과정이 아주 단순합니다. IQ는 아닙니다. 분명 여러분에게도 듣던 중 반가운 소리일 겁니다. 정말 중요한 것은 합리성입니다. 나는 항상 IQ와 재능을 자동차의 마력과 같다고 생각합니다. 그러나 실제 출력—자동차의 작동 효율성—은 합리성에 달려 있습니다. 많은 사람들이 400마력짜리 자동차를 먼저 구입하지만 정작 출력은 100마력밖에 되지 않습니다. 따라서 200마력짜리 자동차를 구입하여 200마력 출력을 모두 활용하는 것이 더 나은 선택이 되는 겁니다."

버핏이 말을 이었다. "그렇다면 왜 똑똑한 사람들이 이런 출력을 얻는데 방해되는 행동을 하는 걸까요? 그것이 습관이 되고 성격이 되며, 기질이 되고 합리적인 행동이 되기 때문입니다. 그러나 이것이 당신에게 방해가 되어서는 안 됩니다. 앞서 말한 것처럼 이 자리에 있는 모든 분이 나보다 더 나은 행동을 할 능력을 가지고 있습니다. 여러분 중 일부는 앞으로도 그런 능력을 가지게 될 것이지만 또 다른 일부는 그렇지 않을 겁니다. 후자의 경우 이런 능력을 갖지 못하게 되는 것은 세상이 허락하지 않아서가 아니라 당신 스스로 방해하기 때문입니다."[6]

버핏을 아는 이들은 물론 버핏 자신도 스스로를 움직이게 만든 원동력이 합리성이라는 데 동의한다. 투자 전략의 원동력은 합리적인 자본 배분에 있다. 회사 수익의 배분 방식을 정하는 것이 경영자에게 가장 중요한 의사 결정이라면, 개인이 저축한 것에 대해서 배분 방식을 정하는 것은 투자자에게 가장 중요한 의사 결정이다. 선택의 시점에서 합리적 사고를 보여주는 합리성은 버핏이 가장 칭송하는 자질이다. 예측 불허의 변동성에도 불구하고 금융시장에는 이성의 경계선이 존재한다. 버핏은 이 같은 이성의 경계선을 확인하고 그 선을 절대 넘지 않았기에 성공할 수 있었다.

분석의 이점

버핏은 투자할 때 기업을 먼저 살펴본다. 그러나 대다수 투자자들은 오직 주가만 바라본다. 그들은 주가 변동을 지켜보고 예측하는 데 지나치게 많은 시간과 노력을 쏟아붓는 반면 자신이 지분을 갖게 되는 기업을 이해하는 데는 너무 적은 시간을 투자한다. 어쩌면 아주 기본적인 사실이지만 버핏이 남들과 차별화되는 근원이 바로 이것이다.

기업을 소유하고 운영해본 경험이 버핏의 분석적인 사고에서 독특한 장점으로 기여했다. 그는 투기적 사업으로 성공과 실패를 모두 경험했으며, 그렇게 배운 교훈을 주식시장에 적용시켰다. 전문 투자자들의 경우 버핏과 같은 경험을 해보지 못한 이들이 대다수이다. 그들은 자본자산 가격 결정 모델, 베타, 현대 포트폴리오 이론 등을 연구하느라 바쁘지만 버핏은 손익계산서와 자본 재투자 요건과 자기 회사의 현금 창출 능력을 조사한다. "마치 땅 위를 걷는 것처럼 물고기에 대해서 설명할 수 있을까? 하루 땅 위를 직접 걷는 것은 수천 년 동안 그것에 대해서 말하는 것만큼 가치가 있다. 단 하루 기업을 직접 운영해보는 것 역시 그만한 가치가 있다."[7] 버핏의 말이다.

버핏은 투자자나 사업가나 동일한 방식으로 기업을 바라보아야 한다고 확신한다. 사업가는 회사 전체를 매입하고 싶어 하는 데 비해, 투자자는 회사의 지분을 매입하고 싶어 한다. 만약 사업가에게 기업 인수 시점에 어떤 생각을 하는지 묻는다면 아마 이렇게 대답할 것이다. "그 기업이 얼마나 많은 현금을 창출할 수 있느냐를 생각할 겁니다." 재무 이론에서는 시간이 흐르면 기업의 내재 가치와 현금 창출 능력 간에 상관관계가 형성된다고 주장한다. 따라서 수익을 얻으려면 사업가와 투자자 모두 동일한 변수들을 살펴보아야 한다.

버핏은 이렇게 말했다. "나는 투자를 배우는 학생들이 단 두 가지 과정만 잘 마치면 된다고 생각한다. 기업의 가치를 평가하고 주가에 대해서 사고하는 과정이 그것이다."[8]

주식시장은 조울증 증세가 있음을 명심해야 한다. 때로는 미래의 전망에 대해서 미친 듯이 흥분하다가 또 때로는 까닭 모를 우울증에 빠진다. 물론 여기서 기회가 생긴다. 특히 우량 기업들의 주식을 터무니없이 싼 가격에 매입할 수 있다면 더없이 좋은 기회일 것이다. 그러나 조울증 성향을 보이는 투자 자문가로부터 지시를 받고 싶지 않은 것과 마찬가지로 시장이 당신의 행동을 지시하도록 해서는 안 된다. 주식시장은 개인 지도교사가 아니다. 단지 주식을 사고파는 메커니즘을 가지고 당신에게 도움을 줄 뿐이다. 만약 주식시장이 당신보다 더 똑똑하다는 확신이 든다면 인덱스펀드에 당신의 돈을 투자해야 한다. 그러나 미리 철저히 준비하여 투자할 기업에 자신감이 생긴다면 주식시장에 대해서 아예 신경을 끊는 편이 좋다.

버핏은 컴퓨터에 착 달라붙어 스크린상에서 시시각각 변하는 주가를 주시하지 않는다. 그는 컴퓨터가 없어도 별 지장이 없는 것처럼 보인다. 만약 당신이 우량 기업의 주식을 오랜 기간 보유할 계획이라면 매일매일 벌어지는 주식시장의 상황은 중요하지 않을 것이다. 당신이 지속적으로 주식시장을 들여다보지 않아도 당신의 포트폴리오는 잘 버텨낼 것이다. 이런 사실을 발견하면 아마 당신은 깜짝 놀랄 것이다. 믿기지 않는다면 직접 실험해보라. 48시간 동안 주식시장을 들여다보지 마라. 당신의 컴퓨터나 휴대전화나 신문을 보지 말고, 텔레비전이나 라디오에서 나오는 주식시장 해설도 듣지 마라. 만약 이틀 후에 당신이 투자한 주식들이 아무 문제가 없다면 사흘 동안 주식시장에 신경 쓰지 마라. 그다음에는 일주일 내내 신경 쓰지 마라. 얼마 지나지 않아 당신은 자신의 투자 건전성이 존속되며, 주식 시세에 끊임없이 관심을 두지 않아도 당신이 투자한 기업들이 잘 운영되고 있다는 확신이 생길 것이다.

"우리가 주식을 매입한 이후에 주식시장이 한두 해쯤 문을 닫아도 우리는 당황하지 않을 것이다. 우리의 행복을 입증하기 위해서 우리가 100퍼센트 지분을 가진 시즈캔디즈의 시세를 매일매일 확인할 필요도 없다. 그렇다면 코카콜라의 경우에도 우리의 지분에 대한 시세를 확인할 필요가 있을까?"[9] 버핏의 말이다. 버핏은 버크셔의 보통주 투자의 타당성을 입증하기 위해서 주식시장의 주가가 불필요하다는 점을 우리에게 확실히 알려주고 있다. 이는 개인 투자자들의 경우에도 마찬가지이다. 당신이 주식시장에 관심을 두었을 때 마음속에 다음과 같은 질문이 떠오른다면 당신은 버핏의 투자 수준에 근접해 있는 것이다. "최근에 내게 우량 기업의 주식을 헐값에 매입할 수 있는 기회를 주는, 그런 어리석은 짓을 한 사람이 있었나?"

주식시장에 대해서 걱정하느라 허송세월을 보내는 것처럼 사람들은 경제에 대해서 쓸데없이 걱정한다. 만약 경제가 성장세를 보이는지 하락세를 보이는지, 이자율이 올라가는지 내려가는지, 인플레이션이 존재하는지 디플레이션이 존재하는지 여부에 대해서 토의하거나 논쟁하는 자신을 발견한다면 당장 그만두어야 한다. 그 대신 스스로에게 휴식 시간을 제공하라. 버핏은 경제를 무심하게 바라보는 관찰자이지만 미래의 경제를 예측할 의도를 가지고 분석하는 데 많은 시간이나 에너지를 허비하지 않는다.

때때로 투자자들은 경제에 대한 가정을 한 다음 이 원대한 구상에 꼭 들어맞는 종목들을 물색한다. 그러나 버핏은 이런 사고방식이 어리석다고 생각한다. 그 이유는 다음과 같다. 첫째, 사람들이 주식시장에 대한 예측 능력을 가지고 있지 않은 것처럼 어느 누구도 경제에 대한 예측 능력을 가지고 있지 않다. 둘째, 만약 특정한 경제적 환경에서만 유익한 종목을 선택한다면 높은 회전율과 투기는 불가피할 것이다. 즉 경제를 올바르게 예측하건 그렇지 않건, 당신은 향후 경제적 시나리오에서 유리한 방향으로 끊임없이 당신의 포트폴리오를 조정할 것이다. 그러나 버핏은 경제와 상관없이 수익성 있는 기업의 주식 매입을 선호한다. 물론 거시경제의 지배력이 수익률에 영향을 미칠 수 있다. 그러나 전반적으로 버핏이 투자한 기업들은 예측하기 힘든 경제적 변동에도 불구하고 많은 수익을 올리고 있다. 버핏은 경제에 대한 예측이 옳을 경우에만 수익성 있는 종목들을 일시적으로 빌리는 대신 모든 경제적 환경에서 수익을 올릴 수 있는 종목들을 찾아내고 보유하면서 현명하게 시간을 사용하고 있다.

조직의 이점

1944년에 윈스턴 처칠은 그 전날 공습으로 크게 파손된 건물에서 하원 연설을 하면서 이렇게 말했다. "우리는 건물을 만들었습니다. 그러나 향후에는 건물이 우리를 만들 겁니다." 여러 세대의 건축가들로부터 사랑받은 이 연설은 버크셔해서웨이와 그 건설자들의 모습을 이해하는 데에도 도움이 된다. 버핏의 이점을 분석하면 그가 만든 회사의 조직 구조를 들여다보는 것에도 도움이 된다.

버핏이 버크셔해서웨이 주식을 주당 7달러에 처음 매입했을 때 50년 후 버크셔의 모습에 대해서 아마도 그는 원대한 비전을 가지고 있지 않았을 것이다. 그러나 처칠이 예언한 것처럼 버크셔는 건축가의 특성을 그대로 반영했다. 아울러 투자자 워런 버핏도 그 회사의 특성을 보여주는 완벽한 본보기였다.

버크셔해서웨이의 성공은 다음 세 가지 기본적인 특징 덕분이다. 첫째로 버크셔 자회사들이 막대한 현금을 창출하여 오마하 본사로 그 현금을 올려 보내고 있다. 이 현금은 비금융계 전액 출자 자회사의 현금 창출 능력 및 대규모 보험 영업의 부동증권에서 나온 것이다.

둘째로 자본 배분가인 버핏은 이 현금을 가지고 현금 창출 기회가 더 많은 기업들에 재투자한다. 그리고 이 기업들이 현금을 창출하면 그는 또다시 그 현금으로 재투자하는 과정을 되풀이한다. 이쯤 되면 얼추 그림이 그려질 것이다.

마지막 특징은 분권화이다. 각각의 자회사는 기업 운영을 위해서 버핏의 도움을 전혀 필요로 하지 않는 유능한 경영자들이 관리한다. 무엇보다 좋은 점은 이런 분권화 덕분에 버핏이 자신의 능력을 최대한 발휘할 수 있는 자본 배분에 거의 100퍼센트 에너지를 집중할 수 있다는 것이다. 버핏의 기업 관리 방식은 "고용은 잘하고, 관리는 적게 한다"로 간단히 요약할 수 있다. 현재 버크셔해서웨이는 80여 개의 자회사와 27만 명의 직원을 거느린 기업이지만 본사 직원은 단 23명뿐이다.

『아웃사이더』의 저자 윌리엄 손다이크에 따르면 버크셔해서웨이의 구조는 단순한 기업 전략보다 더 강력한 무언가를 이끌었다. "버핏은 우수한 사람들이나 기업들과의 관계 발전은 도모하지만 장기적인 가치 창출의 핵심인 일련의 강력한 경제적 조합에 걸림돌이 될 수 있는 불필요한 자금 회전은 기피한다는 점을 특히 강조하는 '세계관'을 개발했다."[10] 손다이크의 글이다.

손다이크는 "주요 목적이 회전율 감소인 관리자이자 투자자이자 철학자"[11]로서 버핏을 가장 잘 이해할 수 있다고 생각한다. 왜 그럴까? 그 이유는 높은 회전율에는 그만한 대가가 따르기 때문이다. 단순히 거래 수수료와 양도소득세를 말하는 것이 아니다. 버핏은 높은 회전율의 비용이 인간의 본성에 기인한다고 생각한다. 만약 당신이 최고의 경영자들에 의해서 운영되며 최고의 주주들에 의해서 자금 지원을 받는 최고의 기업들을 모으고 있다면 이런 강력한 조합에서 유발되는 장기적인 가치 창출을 어느 누가 방해하고 싶겠는가?

버핏처럼 생각하는 법을 배워라

20여 년 동안 나는 워런 버핏과 그의 놀라운 성공에 관한 글을 쓰고 강의를 했다. 그러면서 나는 종종 이런 말을 들었다. "만약 내가 백만장자였다면 나 역시 주식시장에서 많은 돈을 벌 수 있었을 겁니다." 나는 이런 사고방식을 결코 이해할 수 없다. 이런 논리를 따르자면 부자가 되는 재능을 갖추기 전에 먼저 부자가 되지 않으면 안 된다. 그러나 나는 버핏이 억만장자는커녕 백만장자가 되기도 훨씬 전에 독특한 투자 기법을 개발했다는 점을 독자들에게 상기시키고 싶다.

만약 당신의 재정 한도 내에서 버핏의 투자 기법을 당신의 사고방식과 통합하고 이에 근거하여 투자 결정을 내린다면 당신 역시 버핏처럼 성공하지 못할 하등의 이유가 없다. 나는 이 사실을 당신에게 납득시키기 위해서 최선을 다하려고 한다. 물론 당장 100달러를 가지고 투자를 시작하여 오랜 세월이 지나면 수백만 달러가 된다고 내가 보장한다는 말은 아니다. 그러나 주식시장 주변에 떠도는 숱한 투기꾼들의 계획 중 하나에 의존하는 사람들에 비해 당신이 훨씬 더 투자를 잘할 거라는 사실은 보장할 수 있다.

여기서 가상의 상황을 이용하여 한 걸음 더 나아가보자.

지금 당신이 매우 중요한 결정을 내려야 하는 상황이라고 가정해보자.

내일 당신에게 하나의 기업을 선택할 기회가 주어질 것이다. 오직 그 기업에만 투자할 것이다. 흥미를 더하기 위해서 일단 당신이 투자 결정을 내리면 그 결정을 바꿀 수 없고, 나아가 10년 동안 투자한 주식을 보유해야 한다고 가정해보자. 궁극적으로 이런 시도를 통해서 얻은 수익이 당신의 은퇴를 재정적으로 뒷받침할 것이다. 이제 당신은 어떤 생각을 해야 할까?

기업 요소

기업이 단순하고 이해하기 쉬운가? 만약 당신이 수익을 얻는 방법을 이해하지 못한다면 당신이 투자한 기업의 미래를 통찰력 있게 추측할 수 없을 것이다. 흔히 사람들은 기업이 어떻게 매출을 이끌어내고, 비용을 발생시키고, 수익을 낳는지에 대해서 아무런 단서도 없이 주식 투자에 나선다. 그러나 당신이 이런 경제적 과정을 이해한다면 더 많은 조사를 하려고 준비할 것이다.

기업이 일관성 있는 오랜 경영의 역사를 가지고 있는가? 만약 당신이 어떤 기업에 가족의 미래를 투자하려 한다면 그 기업이 오랜 세월에도 불구하고 건재한지 여부를 알아야 한다. 독특한 경제 순환과 경쟁 세력을 경험하지 못한 신생 기업에 당신의 미래를 투자하지 말아야 한다. 그 대신 장기간에 걸쳐 상당한 수익을 이끌어낼 능력을 입증할 수 있을 만큼 오랜 경영의 역사를 가진 기업에 투자해야 한다.

기업이 장기적으로 밝은 전망을 가지고 있는가? 주식을 소유하기에 가장 좋은 기업, 장기적 전망이 가장 밝은 기업은 워런 버핏이 프랜차이즈라고 이름 붙인 기업이다. 프랜차이즈란 사람들이 필요로 하고 원하지만 마땅한 대체물이 없으며 수익을 통제받지 않는 제품이나 서비스를 판매하는 기업을 말한다. 일반적으로 프랜차이즈는 인플레이션의 영향을 견뎌낼 수 있을 정도로 충분한 경제적 영업권을 가지고 있다. 주식을 소유하기에 최악의 기업은 생필품 제조 회사이다. 생필품 제조 회사는 경쟁 업체와 차별화되지 않는 제품이나 서비스를 판매한다. 그들에겐 경제적 영업권이 거의 없거나 아예 없다. 이런 회사들 간의 유일한 차이는 가격뿐이다. 생필품 제조 회사 주식 소유의 문제점은 가격을 무기로 활용하는 경쟁 업체들이 일시적이나마 고객 충성도를 유지하려는 욕심에 종종 원가 이하의 가격으로 제품을 판매한다는 것이다. 만약 당신이 툭하면 원가 이하로 제품을 판매하는 다른 기업들과 경쟁한다면 당신의 앞날은 어두울 수밖에 없다.

대체로 대다수 기업들은 전형적인 프랜차이즈 기업과 생필품 제조 회사 사이 어딘가에 위치해 있다. 심지어 약한 프랜차이즈 기업이라 할지라도 평균 이상의 투자자본수익률을 얻을 수 있는 가격 결정력을 가지고 있다. 이와 반대로 강한 생필품 제조 회사라 할지라도 최저 가격을 제공할 경우에만 평균 이상의 수익을 얻을 수 있다. 프랜차이즈 기업 주식 소유의 한 가지 이점은 프랜차이즈가 경영진의 무능력을 견뎌낼 수 있을뿐더러, 심지어 경영진의 무능력이 치명적일 경우에도 생필품 제조 회사와는 달리 살아남을 수 있다는 것이다.

경영 요소

경영진이 합리적인가? 당신은 주식시장이나 경제 전반을 주시할 필요가 없으므로 그 대신 당신이 투자한 기업의 현금을 주시해야 한다. 경영 진이 현금 수익을 재투자하는 방식이 당신이 적절한 투자 수익을 달성할 수 있는지 여부를 결정할 것이다. 만약 당신이 투자한 기업이 운영에 필 요한 것보다 더 많은 현금을 창출하고 있다면 경영진의 활동을 면밀히 관찰해야 한다. 합리적인 경영자라면 자본 비용보다 훨씬 더 높은 비율 로 수익을 얻을 수 있는 프로젝트에만 여유 자금을 투자할 것이다. 만약 이런 높은 수익률을 유지할 수 없다면 그는 배당금을 늘리거나 자사주 를 매입하는 식으로 주주들에게 돈을 돌려줄 것이다. 그러나 비합리적 인 경영자들은 주주들에게 돈을 돌려주는 대신 여유 자금을 쓰려고 끊 임없이 다른 방도를 모색한다. 그러다가 결국 투자수익률이 자본 비용을 밑돌 때 그들의 정체가 드러난다.

경영진이 주주들에게 정직한가? 비록 당신이 투자한 기업의 CEO와 자 리를 같이하면서 대화할 기회가 전혀 없었다 할지라도 당신의 주주들과 교류하는 방식으로 CEO에 관해서 많은 말을 할 수 있다. 해당 기업의 경영자가 각각의 사업 부문이 어떻게 운영되고 있는지 당신이 이해하게 끔 기업의 진척 상황을 알려주고 있는가? 경영진이 그들의 성공을 자랑 스럽게 알리듯이 실패도 솔직하게 시인하고 있는가? 특히 경영진이 회사 의 주요 목표가 주주의 총투자 수익률을 극대화하는 것이라고 솔직하게 선언하고 있는가?

경영진이 제도적 관행을 거부하는가? 경영자들로 하여금 분별없이 행동하게 하고 주주의 이익을 앗아가는 강력한 보이지 않는 힘이 존재한다. 그것이 바로 제도적 관행이다. 여기서 제도적 관행이란 다른 기업들이 무언가를 행하고 있다면 그것은 당연히 옳다는 논리에 근거하여 자신의 행동을 정당화하는 경영자들이 아무 생각 없이 레밍처럼 다른 경영자들을 무조건 따라 하는 것을 말한다. 경영자들의 능력을 평가하는 한 가지 기준은 그들이 혼자 힘으로 사고하면서 군중심리를 피할 수 있는지 가늠해보는 것이다.

재무 요소

주당순이익이 아닌 자기자본수익률에 초점을 맞추어라. 대다수 투자자들은 기업의 연간 실적을 주당순이익(EPS) 기준으로 평가하면서 전년도에 비해 이 비율이 큰 폭으로 상승했는지 여부를 주시한다. 그러나 기업들은 전년도 수익의 일부분을 유보하는 방식으로 꾸준히 자본을 확충하기 때문에 수익 증가는 사실상 무의미하다(수익 증대는 자동적으로 주당순이익을 증가시킨다). 기업들이 '기록적인 주당순이익'이라고 떠들썩하게 발표하면 투자자들은 경영진이 해마다 일을 잘해내고 있다는 잘못된 믿음을 갖게 된다. 기업의 자본 증가를 감안하여 기업의 연간 실적을 더 정확히 평가할 수 있는 수단으로는 자기자본수익률—주주의 자기자본에 대한 영업 수익의 비율—이 있다.

주주 수익을 계산하라. 기업의 현금 창출 능력이 기업의 가치를 결정한다. 버핏은 현금을 소모하는 기업들과 반대로 잉여 현금을 창출하는 기업들을 찾아낸다. 그러나 기업의 가치를 결정할 때면 모든 수익이 동일하게 만들어지지 않는다는 사실을 이해해야 한다. 수익 대비 높은 고정자산 비율을 가진 기업들은 수익 대비 낮은 고정자산 비율을 가진 기업들에 비해 기업 존립을 위해서 더 많은 유보이익을 필요로 한다. 왜냐하면 이런 고정자산의 유지 및 개선을 위해서 이익을 일정 부분 따로 책정해야 하기 때문이다. 따라서 회계 이익은 기업의 현금 창출 능력을 반영하도록 조정되어야 한다.

버핏은 이를 '주주 수익'으로 부른다. 주주 수익을 결정하려면 순이익에 감가상각 등과 같은 현금이 직접 오가지 않는 제 비용을 합친 다음 기업 운영에 필요한 자본 지출액을 차감해야 한다.

수익 마진이 높은 기업을 찾아라. 높은 수익 마진은 수익성 높은 사업뿐만 아니라 비용을 통제하려는 경영진의 강인한 정신도 반영하고 있다. 버핏은 비용을 의식하는 경영자들을 선호하고 비용 증가를 허용하는 경영자들은 혐오한다. 주주들은 간접적으로 기업의 수익을 가진다. 무분별하게 소비되는 돈은 기업 소유주로부터 그만한 금액을 빼앗는 것이나 마찬가지이다. 버핏은 오랜 관찰을 통해서 높은 비용으로 운영되는 기업들은 대개 비용을 그대로 유지하거나 증가하는 방안을 모색하는 반면 낮은 비용으로 운영되는 기업들은 지출을 줄이는 방안을 모색한다는 사실을 알게 되었다.

기업은 사내 유보금 이상으로 시장 가치를 창출해야 한다. 이것은 해당 기업의 강점뿐만 아니라 경영진이 회사의 자원을 얼마나 잘 배분하는지 알 수 있는 간단한 재무 테스트이다. 기업의 순이익에서 주주에게 지불되는 모든 배당금을 차감하라. 그러면 남아 있는 것이 바로 유보이익이다. 여기에 지난 10년 동안 회사의 유보이익을 모두 더해보라. 그런 다음 회사의 현재 시장 가치와 10년 전 시장 가치의 차이를 확인해보라. 만약 해당 기업이 지난 10년 동안 비생산적으로 유보이익을 사용했다면 결국 주식시장에 반영되어 낮은 주가가 형성될 것이다. 또 기업의 시장 가치가 유보이익의 총합보다 적다면 그 기업은 퇴보할 것이다. 그러나 기업이 평균 이상의 유보 자본수익률을 올린다면 기업의 시장 가치 이득이 유보이익의 총계를 넘어설 것이고, 그 결과 유보이익 1달러에 대해서 1달러 이상의 시장 가치를 창출할 것이다.

시장 요소

기업의 가치는 얼마인가? 기업의 가치는 향후 추정되는 현금 흐름을 적절한 이자율로 할인한 것이다. 기업의 현금 흐름이 그 회사의 주주 수익이다. 장기간에 걸쳐 주주 수익을 측정함으로써 그 수익이 평균 비율로 꾸준히 증가하는지 혹은 일시적인 변동 과정에 있는지 여부를 알 수 있다. 만약 기업의 이익이 일시적으로 변동하고 있다면 장기 이자율로 그 이익을 할인해야 한다. 여기서 주주 수익이 예측 가능한 성장 패턴을 보여준다면 이 성장률로 할인율을 낮출 수 있다. 기업의 미래 성장률에 대해서는 지나치게 낙관하지 말아야 한다. 열의를 가지고 기업의 가치를 부풀리느니 보수적으로 추정하는 편이 더 낫다. 버핏은 미 재무부 장기 채권 금리를 자신의 할인계수로 활용하고 있다. 그는 이 할인율에 주식 리스크 프리미엄을 더하지는 않지만 이자율이 낮을 때는 할인율을 높여 조정한다.

기업의 내재 가치보다 크게 할인된 가격으로 주식을 매입할 수 있는가? 일단 기업의 내재 가치를 확인하면 그다음 단계는 시장가격을 살펴보는 것이다. 버핏의 원칙은 주가가 내재 가치보다 상당히 할인된 가격으로 형성되어 있을 때에만 해당 기업의 주식을 매입하는 것이다. 명심할 점은 이 마지막 단계에 와서야 비로소 버핏이 주가를 확인한다는 것이다.

　기업의 가치를 계산하는 것은 수학적으로 복잡한 일이 아니다. 그러나 분석가가 기업의 미래 현금 흐름을 잘못 추산하면 문제가 생긴다. 버핏은 이 문제를 다음 두 가지 방식으로 처리한다. 첫째로 그는 기업 특성상 단순하고 안정적인 기업들에 대한 투자를 고수함으로써 미래의 현금 흐름을 올바르게 예측할 수 있는 확률을 높인다. 둘째로 그는 자신이 주식을 매입한 기업마다 매입 가격과 내재 가치 간에 반드시 안전 마진이 존재해야 한다고 주장한다. 이런 안전 마진은 미래의 현금 흐름에 변동이 생기는 기업들로부터 그를 보호해주는 쿠션 같은 역할을 한다.

■　■　■

이제 당신은 주식을 빌린 임차인이 아니라 기업 소유주이므로 이론적인 포트폴리오를 하나에서 여러 개로 확충할 준비를 해야 한다. 당신은 더

버핏의 투자 요소들

기업 요소
- 기업이 단순하고 이해하기 쉬운가?
- 기업이 일관성 있는 오랜 경영의 역사를 가지고 있는가?
- 기업이 장기적으로 밝은 전망을 가지고 있는가?

경영 요소
- 경영진이 합리적인가?
- 경영진이 주주들에게 정직한가?
- 경영진이 제도적 관행을 거부하는가?

재무 요소
- 주당순이익이 아닌 자기자본수익률에 초점을 맞추어라.
- '주주 수익'을 계산하라.
- 수익 마진이 높은 기업들을 찾아라.
- 기업은 사내 유보금 이상으로 시장 가치를 창출해야 한다.

시장 요소
- 기업의 가치는 얼마인가?
- 기업의 내재 가치보다 크게 할인된 가격으로 주식을 매입할 수 있는가?

이상 자신의 성공을 오직 주가만으로 평가하거나 연간 주가 변화를 보통주 벤치마크와 비교하지 않는다. 따라서 당신은 자유롭게 최상의 기업들을 선택할 수 있다. 당신의 포트폴리오에 주요 산업들을 모두 포함시켜야 한다거나 적절한 분산투자를 위해서 당신의 포트폴리오에 40개, 50개, 60개 또는 100개 종목을 반드시 포함시켜야 한다는 법칙 따위도 존재하지 않는다.

버핏은 투자자 본인이 무엇을 하고 있는지 모를 경우에만 폭넓은 분산투자가 필요하다고 생각한다. '아무것도 모르는' 이런 투자자들이 보통주 소유를 원한다면 많은 수의 종목들을 보유하면서 충분한 시간 간격을 두고 주식을 매입해야 한다. 다시 말해 아무것도 모르는 투자자라면 인덱스펀드와 정액 정기 매입을 해야 한다. 인덱스펀드 투자자가 된다고 해서 창피할 것은 없다. 버핏에 따르면 인덱스펀드 투자자들이 대다수 전문 투자자들보다 실적에서 더 앞선다. "역설적이지만 '벙어리' 돈이 자신의 한계를 인정할 때 벙어리가 되는 것을 멈춘다."[12] 버핏의 주장이다.

"다른 한편 당신이 무언가를 아는 투자자로 기업의 경제적 상황을 이해하면서 장기적으로도 경쟁력을 가지고 있고 주가가 합리적인 기업을 5~10개쯤 찾아낸다면 기존의 분산투자는 당신에게 아무 의미도 없을 것이다."[13] 버핏은 다음과 같은 점을 고려하라고 당부한다. 만약 당신이 주식을 보유한 최고의 기업이 재무적 리스크는 매우 낮은 반면 장기적 전망은 아주 밝다면 최상의 선택에 돈을 더 투자하는 대신 당신이 스무 번째로 선호하는 기업에 투자하는 것이 무슨 의미가 있겠는가?

이쯤에서 한 종목 이상으로 늘어난 당신의 이론적 포트폴리오가 어떤 상황인지 생각해보자. 당신은 버핏이 그랬던 것처럼 기업의 포괄수익(look-through earnings)을 계산함으로써 당신이 주식을 보유한 기업의 경제적 발전 상태를 평가할 수 있다. 당신이 소유한 주식 수에 주당 이익을 곱하여 해당 기업의 총수익 능력을 계산해보라. 버핏의 설명에 따르면 사업주의 목적은 10년 후 최고 수준의 포괄수익을 양산하는 기업들로 포트폴리오를 구성하는 것이다.

　이제 당신의 포트폴리오에서 주가 변동이 아니라 포괄수익의 성장이 최우선권이 되면 많은 변화가 생긴다. 가장 먼저 당신은 단순히 수익을 얻었다는 이유만으로 최상 기업의 주식을 팔아치우려 하지 않을 것이다. 아이러니하게도 기업 경영자들은 자기 회사 운영에 집중할 때 이런 사실을 깨닫게 된다. "장기적으로 재정 건전성이 뛰어난 자회사들을 소유한 모기업은 주가와 상관없이 좀처럼 자회사 자산을 매각하려 들지 않을 것이다."[14] 버핏의 설명이다. 기업 가치 증대를 원하는 CEO는 회사의 최우량 자산을 팔고 싶지 않을 것이다. 그러나 동일한 CEO라도 사적인 포트폴리오에 속한 종목들이라면 '흑자도산을 할 수 없다'는 생각에 충동적으로 주식을 팔아치울 수 있다. 버핏은 이렇게 설명한다. "내 생각은 기업의 입장에서 이치에 맞는 것이 주식의 경우에도 적용된다는 것이다. 따라서 투자자는 기업 경영주와 같은 끈기를 가지고 소수 우량 기업들의 주식을 보유해야 한다."[15]

　이제 당신은 기업의 포트폴리오를 관리하고 있기 때문에 최상 기업의 주식을 팔지 않을 뿐 아니라 훨씬 더 신중하게 새로운 기업의 주식을 선택할 것이다. 기업들의 포트폴리오 관리자로서 당신은 단순히 여유 자금이 있다는 이유만으로 한계 기업의 주식을 매입하려는 유혹에 넘어가서는 안 된다. 만약 해당 기업이 당신이 정한 원칙에 부합하지 않는다면 그 회사의 주식은 매입하지 말아야 한다. 적당한 기업이 나타날 때까지 인내심을 가지고 기다려야 한다. 주식을 사고팔지 않는다고 해서 당신이 발전하지 않는다는 생각은 잘못된 것이다. 버핏은 평생 동안 수백 개의 현명한 결정을 내리는 일은 거의 불가능하다고 생각한다. 그래서 그는 오직 소수의 현명한 결정을 내릴 수 있을 정도로 포트폴리오를 구성한다.

당신만의 투자 기법을 발견하라

"현실과 가상 모두의 패턴을 발견하기 위해서 연결된 마음의 한 부분은 기본적인 무질서의 개념을 거역한다."[16] 조지 존슨의 『마음속의 불꽃(*Fire in the Mind*)』에 실린 이 문장은 모든 투자자가 직면하는 딜레마를 보여주고 있다. 존슨은 마음이 패턴을 갈망한다고 믿었다. 패턴은 질서를 암시하는데, 이를 통해서 우리는 우리의 자원을 계획하고 이해한다.

버핏에 관해서 우리가 알게 된 것은, 그가 끊임없이 패턴—기업을 분석할 때 발견되는—을 모색한다는 것이다. 또한 그는 기업의 패턴이 어떤 점에서 미래의 주가 패턴을 보여준다는 사실도 알고 있다. 물론 주가의 패턴이 기업 패턴의 모든 변화를 그대로 따라가지는 않을 것이다. 그러나 당신의 투자가 충분히 오랜 기간 지속된다면 종국에는 주가 패턴이 기업 패턴을 따라잡을 것이다.

너무 많은 투자자들이 엉뚱한 장소에서 패턴을 찾고 있다. 그들은 단기 주가 변화를 측정할 수 있는 예측 가능한 패턴이 존재한다는 확신을 가지고 있다. 그러나 주식시장에는 미래의 방향을 측정할 수 있는 예측 가능한 패턴이 없다. 왜냐하면 정확히 동일한 패턴이 반복되지 않기 때문이다. 그럼에도 투자자들은 이 같은 시도를 멈추지 않는다.

그렇다면 패턴에 대한 인식이 부족한 이 세상에서 투자자들은 어떻게 처신해야 할까? 해답은 올바른 수준으로 올바른 장소를 찾는 것이다. 비록 경제와 시장 전반은 지나치게 복잡하고 거대한 탓에 예측이 불가능하지만 기업 차원에서 인지할 수 있는 패턴이 존재한다. 그리고 각 기업의 내부에는 기업 패턴과 관리 패턴과 재무 패턴이 존재한다.

만약 당신이 이런 패턴들을 연구한다면 대개의 경우 기업의 미래에 대해서 합리적인 예측을 할 수 있을 것이다. 워런 버핏도 많은 투자자들의 예측할 수 없는 행동 대신 이런 패턴에 초점을 맞춘다. "나는 항상 심리학의 영향을 받는 '표결'보다 기본 원칙의 영향을 받는 '무게'를 평가하는 것이 더 쉽다고 생각했다."[17]

한 가지 확실히 말할 수 있는 것은, 이런 지식이 우리의 투자 수익을 증가시키는 반면 전반적인 리스크를 줄이는 데 큰 도움이 된다는 것이다. 나는 그 지식이 투자와 투기의 차이를 정의하는 잣대가 될 수 있다고 생각한다. 결국 당신이 투자한 회사에 대해서 많이 알수록 투기가 당신의 생각과 행동을 지배할 가능성도 더 줄어든다.

금융 전문 작가인 론 처노는 "재무 시스템은 사회의 가치들을 반영한다"[18]라고 주장한다. 나는 대체로 그의 주장이 맞다고 생각한다. 때때로 우리는 자신의 가치를 잘못 적용한다. 그러면 우리가 투자한 주식시장은 투기 세력에 굴복당하고 만다. 조만간 우리는 다시 일어나 투자를 계속하겠지만 자신에게 피해를 입히는 이런 습관에 또다시 빠져들지 모른다. 이런 악순환의 고리를 끊을 수 있는 유일한 방법은 무엇이 효과가 있고 없는지 스스로를 교육시키는 것뿐이다.

버핏은 지금까지 많은 실패를 경험해왔고, 앞으로도 분명 몇 차례 더 실패를 맛볼 것이다. 그러나 투자 성공이 곧 무결점과 동의어는 아니다. 그보다는 잘못된 결정보다 올바른 결정을 더 많이 한 결과로 보는 것이 옳다. 워런 버핏의 투자 기법도 이와 다르지 않다. 그의 투자 기법에서 성공 비결은 복잡하고 혼란하여 쉽게 잘못 판단할 수 있는 요소들(주식시장, 경제, 주가를 예측하는 것)은 제거한 반면 단순하고 올바른 요소들(기업의 내재 가치 평가)을 요구한 것이다. 버핏은 주식을 매입할 때 기업의 가격과 가치라는 두 가지 변수에 초점을 맞춘다. 기업의 가격은 시세를 검색하여 알아낼 수 있다. 한편 기업 가치 확인에는 약간의 계산이 필요하지만 의지만 있으면 그리 어려운 일이 아니다.

이제 당신은 주식시장이나 경제 또는 주가 예측에 대해서 더 이상 고민할 필요가 없으므로 투자할 기업을 이해하는 데 마음껏 시간을 쓸 수 있다. 당신의 지식을 향상시켜주는 연차 보고서 및 기업이나 산업 관련 기사들을 읽으면서 더 생산적으로 시간을 사용할 수 있는 것이다. 실제로 당신이 투자하는 기업들을 조사할 의지만 있으면 불합리한 행동을 조언하면서 생계를 유지하는 투자 전문가들에 대한 의존도 줄일 수 있을 것이다.

궁극적으로 최고의 투자는 당신 스스로 투자에 나서는 것이다. 그렇다고 두려움을 느낄 필요는 없다. 워런 버핏의 투자 기법은 대다수 진지한 투자자들이 충분히 이해할 수 있는 수준이다. 기업을 평가하고 성공적으로 활용하기 위해서 MBA 수준의 능력을 발휘할 필요가 없다. 그럼에도 이런 투자 기법을 적용하는 데 마음의 부담을 느낀다면 금융 전문가들에게 얼마든지 조언을 구할 수 있다. 실제로 가격과 가치에 대한 대화를 많이 할수록 당신은 워런 버핏의 투자 기법을 더 많이 알게 될 것이다.

버핏은 평생에 걸쳐 다양한 투자 전략을 시도했다. 젊은 시절에는 주식 차트를 직접 손으로 그리기도 했다. 그는 업계에서 가장 총명한 투자 전문가인 벤저민 그레이엄으로부터 증권 분석을 배웠다. 필립 피셔에게서는 투자 전략 연구와 관련하여 혜택을 받았다. 그리고 운 좋게도 찰리 멍거와 동업자 관계를 유지하면서 자신이 배운 모든 것을 실행에 옮겼다. 60여 년간 투자 활동을 하면서 버핏은 수많은 경제적, 정치적, 군사적 난관에 부딪쳤지만 이를 극복하며 자신의 길을 찾아갔다. 온갖 혼란을 헤쳐가면서 그는 자신에게 적합한 장소를 발견했는데, 모든 상황이 이치에 맞고 투자 전략이 자신의 성격과 공존할 수 있는 곳이었다. "우리가 투자에 임하는 태도는 우리의 개성 그리고 우리가 원하는 삶의 방식에 딱 들어맞는다."[19] 버핏의 말이다.

이런 조화는 버핏의 태도에서 쉽게 찾아볼 수 있다. 그는 항상 긍정적이고 타인에게 도움을 주려 한다. 그는 매일 신바람을 내며 일하러 간다. "지금 이곳에 내가 원하는 모든 것이 있다. 나는 하루하루를 사랑한다. 이곳에서 탭댄스를 추며 오직 내가 좋아하는 사람들과 함께 일하기 때문이다."[20] 여기서 버핏은 한마디 덧붙였다. "이 세상에서 버크셔를 운영하는 것보다 더 재미있는 일은 없을 것이다. 지금 이 자리에 있는 것이 내게는 크나큰 행운이다."[21]

감사의 글

내가 수차례 언급했듯이 이 책의 성공은 무엇보다도 워런 버핏이 증거가 되어 보여주고 있다. 그의 재치와 성실함과 지성이 수많은 투자자들을 매료시켰다. 비할 데 없이 뛰어난 이런 자질 덕분에 워런 버핏은 오늘날의 투자업계에서 가장 유명한 롤모델이자 역사상 가장 위대한 투자자가 되었다.

내게 가르침을 주고 저작권 있는 자료들의 사용을 허락해준 워런 버핏에게 가장 먼저 감사드리고 싶다. 버핏은 이미 최고의 투자 기법에 관해서 말했다. 따라서 이 책을 읽는 독자들은 그의 말을 글로 접할 수 있다는 점에서 행운이라고 할 수 있다.

데비 보사넥에게도 감사한다. 그녀는 신경 써서 해야 할 다른 일들이 산더미처럼 쌓여 있음에도 불구하고 끊임없이 나와 연락을 주고받는 것을 조금도 성가셔 하지 않았다.

지적인 측면에서 투자 연구에 기여한 찰리 멍거에게도 감사드리고 싶다. '오판의 심리학'과 '정신적 모형의 격자 구조'에 관한 그의 개념은 모든 투자자가 검토해야 할 매우 중요한 개념이다. 찰리의 사려 깊은 대화와 친절한 지지 글에 대해서도 감사를 전하고 싶다.

캐럴 루미스에게도 깊은 감사의 감정을 가지고 있다. 버핏이 자신의 합자회사를 설립하기 2년 전부터 캐럴은 『포천』의 연구원으로 직장 생활을 시작했다. 현재 『포천』의 선임 기자인 그녀는 「뉴욕타임스」 베스트셀러 목록에 오른 작가이자 미국에서 손꼽히는 훌륭한 저널리스트이다. 많은 이들이 알고 있듯이 그녀는 1977년 이래로 버크셔해서웨이의 연차 보고서를 편집했다. 최근에 캐럴이 전해준 격려의 글은 말로 형용할 수 없을 정도로 내게 소중한 의미를 가지고 있다.

『영원한 가치에 관하여(*Of Permanent Value: The Story of Warren Buffett*)』의 저자 앤드루 킬패트릭에게 특히 감사를 전하고 싶다. 나는 어떤 사실을 잘못 알고 있거나 특정한 사건이 헷갈릴 때마다 그의 책을 펼치곤 했다. 지금도 도움이 필요하면 나는 그에게 연락할 것이다. 보나마나 그는 내가 찾는 것을 즉시 알려줄 것이다. 앤드루는 점잖은 신사이다. 나는 그를 버크셔해서웨이에 관한 한 공식적인 역사가로 여기고 있다.

만약 당신이 30년 동안 버크셔해서웨이 공동체의 일원이었다면 수많은 대화에 참여하고 서한과 이메일을 교환하는 특권을 누릴 수 있었을 것이다. 나는 이런 교류에서 단 한 번도 불쾌한 감정을 느낀 적이 없다. 그리고 이것은 충실한 버크셔 회원들에 대해서 많은 것을 말해주고 있다.

이런 사실을 마음에 새기면서 척 애크리, 잭 보글, 데이비드 브레이버먼, 제이미 클라크, 밥 콜먼, 래리 커닝엄, 크리스 데이비스, 팻 도시, 찰스 엘리스, 헨리 에머슨, 켄 피셔, 필 피셔, 밥 골드파브, 버턴 그레이, 메이슨 호킨스, 애짓 제인, 조앤 램테넌트, 버지니아 리스, 존 로이드, 폴 라운치스, 재닛 로, 피터 린치, 마이클 모부신, 로버트 마일스, 빌 밀러, 에리카 피터슨, 래리 피전, 리자 라푸아노, 로라 리튼하우스, 존 로스차일드, 빌 루안, 톰 루소, 앨리스 슈뢰더, 루이스 심슨, 에드워드 소프, 월리 웨이츠, 데이비드 윈터스에게 마음 깊은 곳에서 우러나오는 감사를 전하고 싶다.

나는 소중한 친구인 찰스 E. 핼더먼에게 많은 신세를 졌다. 에드워드는 처음부터 나와 함께했다. 내가 워런 버핏에 관한 책을 집필해도 되는지 그에게 물었던 그날을 지금도 생생히 기억하고 있다. 에드워드는 "당장 책을 써!"라고 소리쳤다. 좋은 충고였다. 그는 초고를 읽고 나서 도움이 되는 몇 가지 조언까지 해주었다.

그리고 이 책을 출간해주고 지난 20년 동안 꾸준히 지원과 헌신을 아끼지 않은 와일리앤드선스 출판사에도 감사를 전하고 싶다. 그곳에서 일하는 직원들은 모두 진정한 전문가들이다. 맨 먼저 초보 작가에게 기회를 준 마일즈 톰슨에게 감사한다. 또한 제니퍼 핀콧, 메리 대니엘로, 조앤 오닐, 파멜라 반 기슨, 케빈 커밍스와 주디 하워스에게도 고마움을 표하고 싶다.

나는 서배스천 리터러리 에이전시 소속의 내 전담 에이전트인 로리 하퍼에게 늘 많은 신세를 졌다. 로리는 흠잡을 데 없는 에이전트이다. 그녀는 총명하고 충실하고 쾌활하며, 항상 완벽에 가깝게 행동한다. 무엇보다도 그녀는 우리의 공동 작업을 최고로 만들기 위해서 한층 더 노력한다. 한마디로 로리는 특별한 사람이다.

20년 전에 마일즈 톰슨은 이 책의 초고를 매기 스터키에게 보내면서 처음으로 책을 쓴 작가에게 도움을 줄 수 있는지 물었다. 그 이후 매기와 나는 아홉 권의 책을 공동으로 집필했다. 가끔은 그녀가 나와의 공동 작업에 동의하지 않았다면 어떤 상황이 벌어졌을지 궁금한 생각이 든 적도 있다. 우리는 하나의 대륙만큼 멀리 떨어져 있지만 자료를 직접 구하는 매기의 능력에 나는 항상 놀라움을 금치 못했다. 그녀는 한 장에서 다음 장으로 끈기 있게 일하며, 내용 구성을 위해서 최상의 방안을 모색한다. 또한 내가 그녀에게 보낸 원고를 쉬운 표현으로 정리한다. 한마디로 매기 스터키는 업계에서 최고의 전문가이다.

책을 쓰기 위해서 자리에 앉아본 이라면 누구든 그것이 가족과 함께할 수 있는 시간을 희생하여 수많은 시간을 홀로 보내야 하는 과정임을 익히 알고 있을 것이다. 집필 과정은 저자에게 어느 정도 희생을 요구한다. 그러나 장담컨대 저자보다 그 가족에게 더 많은 희생을 요구한다. 나는 내 아이들을 끔찍이 사랑하며, 나와 가족에 대한 성원을 결코 주저하지 않는 아내 매기에게 늘 고마움의 감정을 가지고 있다. 내가 책을 쓰겠다고 말한 첫날에 그녀는 미소를 지으며 내가 잘해낼 거라며 자신감을 심어주었다. 그녀의 변함없는 사랑이 모든 것을 가능케 했다. 비록 내 가족이 감사의 글 목록에서 맨 마지막에 위치할지라도 내 마음속에서는 가족이 항상 맨 앞자리에 위치해 있을 것이다.

이 책에서 무엇이든 유용하고 좋은 것을 얻었다면 여기서 내가 언급한 이들에게 감사해야 할 것이다. 그러나 어딘가 착오나 누락이 있다면 그것은 전적으로 나의 책임이다.

_로버트 G. 해그스트롬

웹사이트 소개

현재 시장에 워런 버핏의 투자 기법을 응용하기 위해서 추가 정보를 원한다면 www.thewarrenbuffettway.com을 방문하라. 웹사이트에는 다음과 같은 자료가 실려 있다.

- 특정 종목의 가치 평가에 활용할 수 있는 인터랙티브 도구
- 버크셔해서웨이 보유 주식이 모두 포함된 최신 목록
- 워런 버핏에 관한 뉴스 및 토론을 위한 장
- 워런 버핏의 연대기와 투자 과정 요약문과 그의 유명한 인용문
- 비디오나 관련 서적 같은 워런 버핏의 다른 자료들

이 책의 소중한 연장선인 이 웹사이트에서는 워런 버핏처럼 투자하기 위해서 필요한 도구와 정보와 해설을 제공하고 있다.

부록

표 A-1 버크셔해서웨이의 1977년도 주식 포트폴리오(단위: 1,000달러)

주식 수	회사명	원가	시장 가치
934,300	워싱턴포스트	$10,628	$33,401
1,969,935	GEICO 전환우선주	19,417	33,033
592,650	인터퍼블릭그룹	4,531	17,187
220,000	캐피털시티스커뮤니케이션스	10,909	13,228
1,294,308	GEICO 보통주	4,116	10,516
324,580	카이저알루미늄앤드케미컬	11,218	9,981
226,900	나잇-리더 신문사	7,534	8,736
170,800	오길비앤드매더인터내셔널	2,762	6,960
1,305,800	카이저인더스트리스	778	6,039
	중간 합계	$71,893	$139,081
	기타 주식 합계	34,996	41,992
	총계	$106,889	$181,073

출처: 버크셔해서웨이 1977년도 연차 보고서

표 A-2 버크셔해서웨이의 1978년도 주식 포트폴리오(단위: 1,000달러)

주식 수	회사명	원가	시장 가치
934,000	워싱턴포스트	$10,628	$43,445
1,986,953	GEICO 전환우선주	19,417	28,314
953,750	SAFECO	23,867	26,467
592,650	인터퍼블릭그룹	4,531	19,039
1,066,934	카이저알루미늄앤드케미컬	18,085	18,671
453,800	나잇-리더 신문사	7,534	10,267
1,294,308	GEICO 보통주	4,116	9,060
246,450	아메리칸브로드캐스팅	6,082	8,626
	중간 합계	$94,260	$163,889
	기타 주식 합계	39,506	57,040
	총계	$133,766	$220,929

출처: 버크셔해서웨이 1978년도 연차 보고서

주식 수	회사명	원가	시장 가치
5,730,114	GEICO	$28,288	$68,045
1,868,000	워싱턴포스트	10,628	39,241
1,007,500	핸디앤드하먼	21,825	38,537
953,750	SAFECO	23,867	35,527
711,180	인터퍼블릭그룹	4,531	23,736
1,211,834	카이저알루미늄앤드케미컬	20,629	23,328
771,900	F.W.울워스	15,515	19,394
328,700	제너럴푸드	11,437	11,053
246,450	아메리칸브로드캐스팅	6,082	9,673
289,700	어필리에이티드퍼블리케이션스	2,821	8,800
391,400	오길비앤드매더인터내셔널	3,709	7,828
282,500	미디어제너럴	4,545	7,345
112,545	아메라다헤스	2,861	5,487
	중간 합계	$156,738	$297,994
	기타 주식 합계	28,675	36,686
	총계	$185,413	$334,680

출처: 버크셔해서웨이 1979년도 연차 보고서

표 A-4 버크셔해서웨이의 1980년도 주식 포트폴리오(단위: 1,000달러)

주식 수	회사명	원가	시장 가치
7,200,000	GEICO	$47,138	$105,300
1,983,812	제너럴푸드	62,507	59,889
2,015,000	핸디앤드하먼	21,825	58,435
1,250,525	SAFECO	32,063	45,177
1,868,600	워싱턴포스트	10,628	42,277
464,317	알루미늄컴퍼니오브아메리카	25,577	27,685
1,211,834	카이저알루미늄앤드케미컬	20,629	27,569
711,180	인터퍼블릭그룹	4,531	22,135
667,124	F.W.울워스	13,583	16,511
370,088	핑커튼스	12,144	16,489
475,217	클리블랜드-클리프스아이언	12,942	15,894
435,550	어필리에이티드퍼블리케이션스	2,821	12,222
245,700	R.J.레이놀즈인더스트리스	8,702	11,228
391,400	오길비앤드매더인터내셔널	3,709	9,981
282,500	미디어제너럴	4,545	8,334

247,039	내셔널디트로이트	5,930	6,299
151,104	더타임스미러	4,447	6,271
881,500	내셔널스튜던트마케팅	5,128	5,895
	중간 합계	$298,848	$497,591
	기타 주식 합계	26,313	32,096
	총계	$325,161	$529,687

출처: 버크셔해서웨이 1980년도 연차 보고서

표 A·5 버크셔해서웨이의 1981년도 주식 포트폴리오(단위: 1,000달러)

주식 수	회사명	원가	시장 가치
7,200,000	GEICO	$47,138	$199,800
1,764,824	R.J.레이놀즈인더스트리스	76,668	83,127
2,101,244	제너럴푸드	66,277	66,714
1,868,600	워싱턴포스트	10,628	58,160
2,015,000	핸디앤드하먼	21,825	36,270
785,225	SAFECO	21,329	31,016
711,180	인터퍼블릭그룹	4,531	23,202
370,088	핑커튼스	12,144	19,675
703,634	알루미늄컴퍼니오브아메리카	19,359	18,031
420,441	아르카타	14,076	15,136
475,217	클리블랜드-클리프스아이언	12,942	14,362
451,650	어필리에이티드퍼블리케이션스	3,297	14,362
441,522	GATX	17,147	13,466
391,400	오길비앤드매더인터내셔널	3,709	12,329
282,500	미디어제너럴	4,545	11,088
	중간 합계	$335,615	$616,490
	기타 주식 합계	16,131	22,739
	총계	$351,746	$639,229

출처: 버크셔해서웨이 1981년도 연차 보고서

표 A·6 버크셔해서웨이의 1982년도 주식 포트폴리오(단위: 1,000달러)

주식 수	회사명	원가	시장 가치
7,200,000	GEICO	$47,138	$309,600
3,107,675	R.J.레이놀즈인더스트리스	142,343	158,715
1,868,600	워싱턴포스트	10,628	103,240
2,101,244	제너럴푸드	66,277	83,680
1,531,391	타임	45,273	79,824
908,800	크럼앤드포스터	47,144	48,962
2,379,200	핸디앤드하먼	27,318	46,692
711,180	인터퍼블릭그룹	4,531	34,314
460,650	어필리에이티드퍼블리케이션스	3,516	16,929
391,400	오길비앤드매더인터내셔널	3,709	17,319
282,500	미디어제너럴	4,545	12,289
	중간 합계	$402,422	$911,564
	기타 주식 합계	21,611	34,058
	총계	$424,033	$945,622

출처: 버크셔해서웨이 1982년도 연차 보고서

표 A·7 버크셔해서웨이의 1983년도 주식 포트폴리오(단위: 1,000달러)

주식 수	회사명	원가	시장 가치
6,850,000	GEICO	$47,138	$398,156
5,618,661	R.J.레이놀즈인더스트리스	268,918	314,334
4,451,544	제너럴푸드	163,786	228,698
1,868,600	워싱턴포스트	10,628	136,875
901,788	타임	27,732	56,860
2,379,200	핸디앤드하먼	27,318	42,231
636,310	인터퍼블릭그룹	4,056	33,088
690,975	어필리에이티드퍼블리케이션스	3,516	26,603
250,400	오길비앤드매더인터내셔널	2,580	12,833
197,200	미디어제너럴	3,191	11,191
	중간 합계	$558,863	$1,260,869
	기타 주식 합계	7,485	18,044
	총계	$566,348	$1,278,913

출처: 버크셔해서웨이 1983년도 연차 보고서

표 A·8 버크셔해서웨이의 1984년도 주식 포트폴리오(단위: 1,000달러)

주식 수	회사명	원가	시장 가치
6,850,000	GEICO	$47,138	$397,300
4,047,191	제너럴푸드	149,870	226,137
3,895,710	엑손	173,401	175,307
1,868,600	워싱턴포스트	10,628	149,955
2,553,488	타임	89,237	109,162
740,400	아메리칸브로드캐스팅	44,416	46,738
2,379,200	핸디앤드하먼	27,318	38,662
690,975	어필리에이티드퍼블리케이션스	3,516	32,908
818,872	인터퍼블릭그룹	2,570	28,149
555,949	노스웨스트인더스트리스	26,581	27,242
	중간 합계	$573,340	$1,231,560
	기타 주식 합계	11,634	37,326
	총계	$584,974	$1,268,886

출처: 버크셔해서웨이 1984년도 연차 보고서

표 A·9 버크셔해서웨이의 1985년도 주식 포트폴리오(단위: 1,000달러)

주식 수	회사명	원가	시장 가치
6,850,000	GEICO	$45,713	$595,950
1,727,765	워싱턴포스트	9,731	205,172
900,800	아메리칸브로드캐스팅	54,435	108,997
2,350,922	비어트리스	106,811	108,142
1,036,461	어필리에이티드퍼블리케이션스	3,516	55,710
2,553,488	타임	20,385	52,669
2,379,200	핸디앤드하먼	27,318	43,718
	중간 합계	$267,909	$1,170,358
	기타 주식 합계	7,201	27,963
	총계	$275,110	$1,198,321

출처: 버크셔해서웨이 1985년도 연차 보고서

표 A-10 버크셔해서웨이의 1986년도 주식 포트폴리오(단위: 1,000달러)

주식 수	회사명	원가	시장 가치
2,990,000	캐피털시티스/ABC	$515,775	$801,694
6,850,000	GEICO	45,713	674,725
1,727,765	워싱턴포스트	9,731	269,531
2,379,200	핸디앤드하먼	27,318	46,989
489,300	리어시글러	44,064	44,587
	중간 합계	$642,601	$1,837,526
	기타 주식 합계	12,763	36,507
	총계	$655,364	$1,874,033

출처: 버크셔해서웨이 1986년도 연차 보고서

표 A-11 버크셔해서웨이의 1987년도 주식 포트폴리오(단위: 1,000달러)

주식 수	회사명	원가	시장 가치
3,000,000	캐피털시티스/ABC	$517,500	$1,035,000
6,850,000	GEICO	45,713	756,925
1,727,765	워싱턴포스트	9,731	323,092
	총계	$572,944	$2,115,017

출처: 버크셔해서웨이 1987년도 연차 보고서

표 A-12 버크셔해서웨이의 1988년도 주식 포트폴리오(단위: 1,000달러)

주식 수	회사명	원가	시장 가치
3,000,000	캐피털시티스/ABC	$517,500	$1,086,750
6,850,000	GEICO	45,713	849,400
14,172,500	코카콜라	592,540	632,448
1,727,765	워싱턴포스트	9,731	364,126
2,400,000	페더럴홈론모기지	71,729	121,200
	총계	$1,237,213	$3,053,924

출처: 버크셔해서웨이 1988년도 연차 보고서

표 A-13 버크셔해서웨이의 1989년도 주식 포트폴리오(단위: 1,000달러)

주식 수	회사명	원가	시장 가치
23,350,000	코카콜라	$1,023,920	$1,803,787
3,000,000	캐피털시티스/ABC	517,500	1,692,375
6,850,000	GEICO	45,713	1,044,625
1,727,765	워싱턴포스트	9,731	486,366
2,400,000	페더럴홈론모기지	71,729	161,100
	총계	$1,668,593	$5,188,253

출처: 버크셔해서웨이 1989년도 연차 보고서

표 A-14 버크셔해서웨이의 1990년도 주식 포트폴리오(단위: 1,000달러)

주식 수	회사명	원가	시장 가치
46,700,000	코카콜라	$1,023,920	$2,171,550
3,000,000	캐피털시티스/ABC	517,500	1,377,375
6,850,000	GEICO	45,713	1,110,556
1,727,765	워싱턴포스트	9,731	342,097
2,400,000	페더럴홈론모기지	71,729	117,000
	총계	$1,958,024	$5,407,953

출처: 버크셔해서웨이 1990년도 연차 보고서

표 A-15 버크셔해서웨이의 1991년도 주식 포트폴리오(단위: 1,000달러)

주식 수	회사명	원가	시장 가치
46,700,000	코카콜라	$1,023,920	$3,747,675
6,850,000	GEICO	45,713	1,363,150
24,000,000	질레트	600,000	1,347,000
3,000,000	캐피털시티스/ABC	517,500	1,300,500
2,495,200	페더럴홈론모기지	77,245	343,090
1,727,765	워싱턴포스트	9,731	336,050
31,247,000	기네스피엘시	264,782	296,755
5,000,000	웰스파고	289,431	290,000
	총계	$2,828,322	$9,024,220

출처: 버크셔해서웨이 1991년도 연차 보고서

표 A-16 버크셔해서웨이의 1992년도 주식 포트폴리오(단위: 1,000달러)

주식 수	회사명	원가	시장 가치
93,400,000	코카콜라	$1,023,920	$3,911,125
34,250,000	GEICO	45,713	2,226,250
3,000,000	캐피털시티스/ABC	517,500	1,523,500
24,000,000	질레트	600,000	1,365,000
16,196,700	페더럴홈론모기지	414,527	783,515
6,358,418	웰스파고	308,983	485,624
4,350,000	제너럴다이내믹스	312,438	450,769
1,727,765	워싱턴포스트	9,731	396,954
38,335,000	기네스피엘시	333,019	299,581
	총계	$3,637,831	$11,442,318

출처: 버크셔해서웨이 1992년도 연차 보고서

표 A-17 버크셔해서웨이의 1993년도 주식 포트폴리오(단위: 1,000달러)

주식 수	회사명	원가	시장 가치
93,400,000	코카콜라	$1,023,920	$4,167,975
34,250,000	GEICO	45,713	1,759,594
24,000,000	질레트	600,000	1,431,000
2,000,000	캐피털시티스/ABC	345,000	1,239,000
6,791,218	웰스파고	423,680	878,614
13,654,600	페더럴홈론모기지	307,505	681,023
1,727,765	워싱턴포스트	9,731	440,148
4,350,000	제너럴다이내믹스	94,938	401,287
38,335,000	기네스피엘시	333,019	270,822
	총계	$3,183,506	$11,269,463

출처: 버크셔해서웨이 1993년도 연차 보고서

표 A-18 버크셔해서웨이의 1994년도 주식 포트폴리오(단위: 1,000달러)

주식 수	회사명	원가	시장 가치
93,400,000	코카콜라	$1,023,920	$5,150,000
24,000,000	질레트	600,000	1,797,000
20,000,000	캐피털시티스/ABC	345,000	1,705,000
34,250,000	GEICO	45,713	1,678,250
6,791,218	웰스파고	423,680	984,272
27,759,941	아메리칸익스프레스	723,919	818,918
13,654,600	페더럴홈론모기지	270,468	644,441

1,727,765	워싱턴포스트	9,731	418,983
19,453,300	피엔시뱅크	503,046	410,951
6,854,500	가네트	335,216	365,005
	총계	$4,280,693	$13,972,817

표 A-19 버크셔해서웨이의 1995년도 주식 포트폴리오(단위: 100만 달러)

주식 수	회사명	원가	시장 가치
49,456,900	아메리칸익스프레스	$1,392.70	$2,046.30
20,000,000	캐피털시티스/ABC	345.00	2,467.50
100,000,000	코카콜라	1,298.90	7,425.00
12,502,500	페더럴홈론모기지	260.10	1,044.00
34,250,000	GEICO	45.70	2,393.20
48,000,000	질레트	600.00	2,502.00
6,791,218	웰스파고	423.70	1,466.90
	총계	$4,366.10	$19,344.90

표 A-20 버크셔해서웨이의 1996년도 주식 포트폴리오(단위: 100만 달러)

주식 수	회사명	원가	시장 가치
49,456,900	아메리칸익스프레스	$1,392.70	$2,794.30
200,000,000	코카콜라	1,298.90	10,525.00
24,614,214	월트디즈니	577.00	1,716.80
64,246,000	페더럴홈론모기지	333.40	1,772.80
48,000,000	질레트	600.00	3,732.00
30,156,600	맥도널드	1,265.30	1,368.40
1,727,765	워싱턴포스트	10.60	579.00
7,291,418	웰스파고	497.80	1,966.90
	총계	$5,975.70	$24,455.20

표 A-21 버크셔해서웨이의 1997년도 주식 포트폴리오(단위: 100만 달러)

주식 수	회사명	원가	시장 가치
49,456,900	아메리칸익스프레스	$1,392.70	$4,414.00
200,000,000	코카콜라	1,298.90	13,337.50
21,563,414	월트디즈니	381.20	2,134.80
63,977,600	프레디맥	329.40	2,683.10
48,000,000	질레트	600.00	4,821.00
23,733,198	트래블러스	604.40	1,278.60
1,727,765	워싱턴포스트	10.60	840.60
6,690,218	웰스파고	412.60	2,270.90
	총계	**$5,029.80**	**$31,780.50**

출처: 버크셔해서웨이 1997년도 연차 보고서

표 A-22 버크셔해서웨이의 1998년도 주식 포트폴리오(단위: 100만 달러)

주식 수	회사명	원가	시장 가치
50,536,900	아메리칸익스프레스	$1,470	$5,180
200,000,000	코카콜라	1,299	13,400
51,202,242	월트디즈니	281	1,536
60,298,000	프레디맥	308	3,885
96,000,000	질레트	600	4,590
1,727,765	워싱턴포스트	11	999
63,595,180	웰스파고	392	2,540
	기타	2,683	5,135
	총계	**$7,044**	**$37,265**

세금 기준 비용으로 일반 통용 회계 원칙을 적용한 비용보다 총 15억 달러가 적음.
출처: 버크셔해서웨이 1998년도 연차 보고서

표 A-23 버크셔해서웨이의 1999년도 주식 포트폴리오(단위: 100만 달러)

주식 수	회사명	원가	시장 가치
50,536,900	아메리칸익스프레스	$1,470	$8,402
200,000,000	코카콜라	1,299	11,650
59,559,300	월트디즈니	281	1,536
60,298,000	프레디맥	294	2,803
96,000,000	질레트	600	3,954
1,727,765	워싱턴포스트	11	960
59,136,680	웰스파고	349	2,391
	기타	4,180	6,848
	총계	$8,203	$37,008

세금 기준 비용으로 일반 통용 회계 원칙을 적용한 비용보다 총 6억9,100만 달러가 적음.
출처: 버크셔해서웨이 1999년도 연차 보고서

표 A-24 버크셔해서웨이의 2000년도 주식 포트폴리오(단위: 100만 달러)

주식 수	회사명	원가	시장 가치
151,610,700	아메리칸익스프레스	$1,470	$8,329
200,000,000	코카콜라	1,299	12,188
96,000,000	질레트	600	3,468
1,727,765	워싱턴포스트	11	1,066
55,071,380	웰스파고	319	3,067
	기타	6,703	9,501
	총계	$10,402	$37,619

출처: 버크셔해서웨이 2000년도 연차 보고서

표 A-25 버크셔해서웨이의 2001년도 주식 포트폴리오(단위: 100만 달러)

주식 수	회사명	원가	시장 가치
151,610,700	아메리칸익스프레스	$1,470	$5,410
200,000,000	코카콜라	1,299	9,430
96,000,000	질레트	600	3,206
15,999,200	H&R블록	255	715
24,000,000	무디스	499	957
1,727,765	워싱턴포스트	11	916
53,265,080	웰스파고	306	2,315
	기타	4,103	5,726
	총계	$8,543	$28,675

출처: 버크셔해서웨이 2001년도 연차 보고서

표 A·26 버크셔해서웨이의 2002년도 주식 포트폴리오(단위: 100만 달러)

주식 수	회사명	원가	시장 가치
151,610,700	아메리칸익스프레스	$1,470	$5,359
200,000,000	코카콜라	1,299	8,768
15,999,200	H&R블록	255	643
24,000,000	무디스	499	991
1,727,765	워싱턴포스트	11	1,275
53,265,080	웰스파고	306	2,497
	기타	4,621	5,383
	총계	$9,146	$28,363

출처: 버크셔해서웨이 2002년도 연차 보고서

표 A·27 버크셔해서웨이의 2003년도 주식 포트폴리오(단위: 100만 달러)

주식 수	회사명	원가	시장 가치
151,610,700	아메리칸익스프레스	$1,470	$7,312
200,000,000	코카콜라	1,299	10,150
96,000,000	질레트	600	3,526
14,610,900	H&R블록	227	809
15,476,500	HCA	492	665
6,708,760	M&T뱅크	103	659
24,000,000	무디스	499	1,453
2,338,961,000	페트로차이나	488	1,340
1,727,765	워싱턴포스트	11	1,367
56,448,380	웰스파고	463	3,324
	기타	2,863	4,682
	총계	$8,515	$35,287

출처: 버크셔해서웨이 2003년도 연차 보고서

표 A·28 버크셔해서웨이의 2004년도 주식 포트폴리오(단위: 100만 달러)

주식 수	회사명	원가	시장 가치
151,610,700	아메리칸익스프레스	$1,470	$8,546
200,000,000	코카콜라	1,299	8,328
96,000,000	질레트	600	4,299
14,350,600	H&R블록	233	703
6,708,760	M&T뱅크	103	723
24,000,000	무디스	499	2,084
2,338,961,000	페트로차이나	488	1,249

1,727,765	워싱턴포스트	11	1,698
56,448,380	웰스파고	463	3,508
1,724,200	화이트마운틴 보험	369	1,114
	기타	3,351	5,465
	총계	$9,056	$37,717

출처: 버크셔해서웨이 2004년도 연차 보고서

표 A·29 버크셔해서웨이의 2005년도 주식 포트폴리오(단위: 100만 달러)

주식 수	회사명	원가	시장 가치
151,610,700	아메리칸익스프레스	$1,287	$7,802
30,322,137	아메리프라이즈파이낸셜	183	1,243
43,854,200	앤호이저부시	2,133	1,844
200,000,000	코카콜라	1,299	8,062
6,708,760	M&T뱅크	103	732
48,000,000	무디스	499	2,084
2,338,961,000	페트로차이나	488	1,915
100,000,000	프록터앤드갬블	940	5,788
19,944,300	월마트	944	933
1,727,765	워싱턴포스트	11	1,322
95,092,200	웰스파고	2,754	5,975
1,724,200	화이트마운틴 보험	369	963
	기타	4,937	7,154
	총계	$15,947	$46,721

출처: 버크셔해서웨이 2005년도 연차 보고서

표 A·30 버크셔해서웨이의 2006년도 주식 포트폴리오(단위: 100만 달러)

주식 수	회사명	원가	시장 가치
151,610,700	아메리칸익스프레스	$1,287	$9,198
36,417,400	앤호이저부시	1,761	1,792
200,000,000	코카콜라	1,299	9,650
17,938,100	코노코필립스	1,066	1,291
21,334,900	존슨앤드존슨	1,250	1,409
6,708,760	M&T뱅크	103	820
48,000,000	무디스	499	3,315
2,338,961,000	페트로차이나	488	3,313
3,486,006	포스코	572	1,158
100,000,000	프록터앤드갬블	940	6,427

299,707,000	테스코	1,340	1,820
31,033,800	US뱅코프	969	1,123
17,072,192	USG	536	936
19,944,300	월마트	942	921
1,727,765	워싱턴포스트	11	1,288
218,169,300	웰스파고	3,697	7,758
1,724,200	화이트마운틴 보험	369	999
	기타	5,866	8,315
	총계	**$22,995**	**$61,533**

출처: 버크셔해서웨이 2006년도 연차 보고서

표 A-31 버크셔해서웨이의 2007년도 주식 포트폴리오(단위: 100만 달러)

주식 수	회사명	원가	시장 가치
151,610,700	아메리칸익스프레스	$1,287	$7,887
35,563,200	앤호이저부시	1,718	1,861
60,828,818	벌링턴노던샌타페이	4,731	5,063
200,000,000	코카콜라	1,299	12,274
17,508,700	코노코필립스	1,039	1,546
64,271,948	존슨앤드존슨	3,943	4,287
124,393,800	크래프트푸드	4,152	4,059
48,000,000	무디스	499	1,714
3,486,006	포스코	572	2,136
101,472,000	프록터앤드갬블	1,030	7,450
17,170,953	사노피아벤티스	1,466	1,575
227,307,000	테스코	1,326	2,156
75,176,026	US뱅코프	2,417	2,386
17,072,192	USG	536	611
19,944,300	월마트	942	948
1,727,765	워싱턴포스트	11	1,367
303,407,068	웰스파고	6,677	9,160
1,724,200	화이트마운틴 보험	369	886
	기타	5,238	7,633
	총계	**$39,252**	**$74,999**

출처: 버크셔해서웨이 2007년도 연차 보고서

표 A-32 **버크셔해서웨이의 2008년도 주식 포트폴리오**(단위: 100만 달러)

주식 수	회사명	원가	시장 가치
151,610,700	아메리칸익스프레스	$1,287	$2,812
200,000,000	코카콜라	1,299	9,054
84,896,273	코노코필립스	7,008	4,398
30,009,591	존슨앤드존슨	1,847	1,795
130,272,500	크래프트푸드	4,330	3,498
3,947,554	포스코	768	1,191
91,941,010	프록터앤드갬블	643	5,684
22,111,966	사노피아벤티스	1,827	1,404
11,262,000	스위스리	733	530
227,307,000	테스코	1,326	1,193
75,176,426	US뱅코프	2,337	1,879
19,944,300	월마트	942	1,118
1,727,765	워싱턴포스트	11	674
304,392,068	웰스파고	6,702	8,973
	기타	6,035	4,870
	총계	**$37,135**	**$49,073**

출처: 버크셔해서웨이 2008년도 연차 보고서

표 A-33 **버크셔해서웨이의 2009년도 주식 포트폴리오**(단위: 100만 달러)

주식 수	회사명	원가	시장 가치
151,610,700	아메리칸익스프레스	$1,287	$6,143
225,000,000	BYD컴퍼니	232	1,986
200,000,000	코카콜라	1,299	11,400
37,711,330	코노코필립스	2,741	1,926
28,530,467	존슨앤드존슨	1,724	1,838
130,272,500	크래프트푸드	4,330	3,541
3,947,554	포스코	768	2,092
83,128,411	프록터앤드갬블	533	5,040
25,108,967	사노피아벤티스	2,027	1,979
234,247,373	테스코	1,367	1,620
76,633,426	US뱅코프	2,371	1,725
39,037,142	월마트	1,893	2,087
334,235,585	웰스파고	7,394	9,021
	기타	6,680	8,636
	총계	**$34,646**	**$59,034**

출처: 버크셔해서웨이 2009년도 연차 보고서

표 A·34 버크셔해서웨이의 2010년도 주식 포트폴리오(단위: 100만 달러)

주식 수	회사명	원가	시장 가치
151,610,700	아메리칸익스프레스	$1,287	$6,507
225,000,000	BYD컴퍼니	232	1,182
200,000,000	코카콜라	1,299	13,154
29,109,637	코노코필립스	2,028	1,982
45,022,563	존슨앤드존슨	2,749	2,785
97,214,684	크래프트푸드	3,207	3,063
19,259,600	뮌헨레	2,896	2,924
3,947,554	포스코	768	1,706
72,391,036	프록터앤드갬블	464	4,657
25,848,838	사노피아벤티스	2,060	1,656
242,163,773	테스코	1,414	1,608
78,060,769	US뱅코프	2,401	2,105
39,037,142	월마트	1,893	2,105
358,936,125	웰스파고	8,015	11,123
	기타	3,020	4,956
	총계	$33,733	$61,513

출처: 버크셔해서웨이 2010년도 연차 보고서

표 A·35 버크셔해서웨이의 2011년도 주식 포트폴리오(단위: 100만 달러)

주식 수	회사명	원가	시장 가치
151,610,700	아메리칸익스프레스	$1,287	$7,151
200,000,000	코카콜라	1,299	13,994
29,100,937	코노코필립스	2,027	2,121
63,905,931	IBM	10,856	11,751
31,416,127	존슨앤드존슨	1,880	2,060
79,034,713	크래프트푸드	2,589	2,953
20,060,390	뮌헨레	2,990	2,464
3,947,555	포스코	768	1,301
72,391,036	프록터앤드갬블	464	4,829
25,848,838	사노피	2,055	1,900
291,577,428	테스코	1,719	1,827
78,060,769	US뱅코프	2,401	2,112
39,037,142	월마트	1,893	2,333
400,015,828	웰스파고	9,086	11,024
	기타	6,895	9,171
	총계	$48,209	$76,991

출처: 버크셔해서웨이 2011년도 연차 보고서

표 A·36 버크셔해서웨이의 2012년도 주식 포트폴리오(단위: 100만 달러)

주식 수	회사명	원가	시장 가치
151,610,700	아메리칸익스프레스	$1,287	$8,715
400,000,000	코카콜라	1,299	14,500
24,123,911	코노코필립스	1,219	1,399
22,999,600	다이렉TV	1,057	1,154
68,115,484	IBM	11,680	13,048
28,415,250	무디스	287	1,430
20,060,390	뮌헨레	2,990	3,599
3,947,555	포스코	768	1,295
52,477,678	프록터앤드갬블	336	3,563
25,848,838	사노피	2,073	2,438
415,510,889	테스코	2,350	2,268
78,060,769	US뱅코프	2,401	2,493
54,823,433	월마트	2,837	3,741
456,170,061	웰스파고	10,906	15,592
	기타	7,646	11,330
	총계	$49,796	$87,662

출처: 버크셔해서웨이 2012년도 연차 보고서

표 A·37 버크셔해서웨이의 2013년도 주식 포트폴리오(단위: 100만 달러)

주식 수	회사명	원가	시장 가치
151,610,700	아메리칸익스프레스	$1,287	$13,756
400,000,000	코카콜라	1,299	16,524
22,238,900	다이렉TV	1,017	1,536
41,129,643	엑슨모빌	3,737	4,162
13,062,594	골드만삭스	750	2,315
68,121,984	IBM	11,681	12,778
24,669,778	무디스	248	1,936
20,060,390	뮌헨레	2,990	4,415
20,668,118	필립스	660	1,594
52,477,678	프록터앤드갬블	336	4,272
22,169,930	사노피	1,747	2,354
301,046,076	테스코	1,699	1,666
96,117,069	US뱅코프	3,002	3,883
56,805,984	월마트	2,976	4,470
483,470,853	웰스파고	11,871	21,950

		11,281	19,894
총계		$56,581	$117,505

표 A-38 버크셔해서웨이의 2014년도 주식 포트폴리오(단위: 100만 달러)

주식 수	회사명	원가	시장 가치
151,610,700	아메리칸익스프레스	$1,287	$14,106
400,000,000	코카콜라	1,299	16,888
18,513,482	다비타헬스케어파트너스	843	1,402
15,430,586	디어앤컴퍼니	1,253	1,365
24,617,939	다이렉TV	1,454	2,134
13,062,594	골드만삭스	750	2,532
76,971,817	IBM.	13,157	12,349
24,669,778	무디스	248	2,364
20,060,390	뮌헨레	2,990	4,023
52,477,678	프록터앤드갬블	336	4,683
22,169,930	사노피	1,721	2,032
96,890,665	US뱅코프	3,033	4,355
43,387,980	USG	836	1,214
67,707,544	월마트	3,798	5,815
483,470,853	웰스파고	11,871	26,504
	기타	10,180	15,704
	총계	$55,056	$117,470

표 A-39 버크셔해서웨이의 2015년도 주식 포트폴리오(단위: 100만 달러)

주식 수	회사명	원가	시장 가치
151,610,700	아메리칸익스프레스	$1,287	$10,545
46,577,138	AT&T	1,283	1,603
7,463,157	차터커뮤니케이션스	1,202	1,367
400,000,000	코카콜라	1,299	17,184
18,513,482	다비타헬스케어파트너스	843	1,291
22,164,450	디어앤컴퍼니	1,773	1,690
11,390,582	골드만삭스	654	2,053
81,033,450	IBM.	13,791	11,152
24,669,778	무디스	248	2,475
55,384,926	필립스 66	4,357	4,530

52,477,678	프록터앤드갬블	336	4,683 ***
22,169,930	사노피	1,701	1,896
101,859,335	US뱅코프	3,239	4,346
63,507,544	월마트	3,593	3,893
500,000,000	웰스파고	12,730	27,180
	기타	10,276	16,450
	총계	$58,612	$112,338

출처: 버크셔해서웨이 2015년도 연차 보고서

표 A-40 버크셔해서웨이의 2016년도 주식 포트폴리오(단위: 100만 달러)

주식 수	회사명	원가	시장 가치
151,610,700	아메리칸익스프레스	$1,287	$11,231
61,242,652	애플	6,747	7,093
6,789,054	차터커뮤니케이션스	1,210	1,955
400,000,000	코카콜라	1,299	16,584
54,934,718	델타항공	2,299	2,702
11,390,582	골드만삭스	654	2,727
81,232,303	IBM.	13,815	13,484
24,669,778	무디스	248	2,326
74,587,892	필립스 66	5,841	6,445
22,169,930	사노피	1,692	1,791
43,203,775	사우스웨스트항공	1,757	2,153
101,859,335	US뱅코프	3,239	5,233
26,620,184	유나이티드컨티넨털홀딩스	1,477	1,940
43,387,980	USG	836	1,253
500,000,000	웰스파고	12,730	27,555
	기타	10,697	17,560
	총계	$65,828	$122,032

출처: 버크셔해서웨이 2016년도 연차 보고서

표 A-41 **버크셔해서웨이의 2017년도 주식 포트폴리오**(단위: 100만 달러)

주식 수	회사명	원가	시장 가치
151,610,700	아메리칸익스프레스	$1,287	$15,056
166,713,209	애플	20,961	28,213
700,000,000	뱅크오브아메리카	5,007	20,664
53,307,534	뉴욕멜론은행	2,230	2,871
225,000,000	BYD	232	1,961
6,789,054	차터커뮤니케이션스	1,210	2,281
400,000,000	코카콜라	1,299	18,352
53,110,395	델타항공	2,219	2,974
44,527,147	제너럴모터스	1,343	1,825
11,390,582	골드만삭스	654	2,902
24,669,778	무디스	248	3,642
74,587,892	필립스 66	5,841	7,545
47,659,456	사우스웨스트항공	1,997	3,119
103,855,045	US뱅코프	3,343	5,565
482,544,468	웰스파고	11,837	29,276
	기타	14,968	24,294
	총계	**$74,676**	**$170,540**

출처: 버크셔해서웨이 2017년도 연차 보고서

표 A-42 **버크셔해서웨이의 2018년도 주식 포트폴리오**(단위: 100만 달러)

주식 수	회사명	원가	시장 가치
151,610,700	아메리칸익스프레스	$1,287	$14,452
255,300,329	애플	36,044	40,271
918,919,000	뱅크오브아메리카	11,650	22,642
84,488,751	뉴욕멜론은행	3,860	3,977
6,789,054	차터커뮤니케이션스	1,210	1,935
400,000,000	코카콜라	1,299	18,940
65,535,000	델타항공	2,860	3,270
18,784,698	골드만삭스	2,380	3,138
50,661,394	JP모건	5,605	4,946
24,669,778	무디스	248	3,455
47,890,899	사우스웨스트항공	2,005	2,226
21,938,642	유나이티드컨티넨털홀딩스	1,195	1,837
146,346,999	US뱅코프	5,548	6,688
43,387,980	USG	836	1,851

449,349,102	웰스파고	10,639	20,706
	기타	16,201	22,423
	총계	$102,867	$172,757

출처: 버크셔해서웨이 2018년도 연차 보고서

표 A-43 버크셔해서웨이의 2019년도 주식 포트폴리오(단위: 100만 달러)

주식 수	회사명	원가	시장 가치
151,610,700	아메리칸익스프레스	$1,287	$18,874
250,866,566	애플	35,287	73,667
947,760,000	뱅크오브아메리카	12,560	33,380
81,488,751	뉴욕멜론은행	3,696	4,101
5,426,609	차터커뮤니케이션스	944	2,632
400,000,000	코카콜라	1,299	22,140
70,910,456	델타항공	3,125	4,147
12,435,814	골드만삭스	890	2,859
60,059,932	JP모건	6,556	8,372
24,669,778	무디스	248	5,857
46,692,713	사우스웨스트항공	1,940	2,520
21,938,642	유나이티드컨티넨털홀딩스	1,195	1,933
149,497,786	US뱅코프	5,709	8,864
10,239,160	비자카드	349	1,924
345,688,918	웰스파고	7,040	18,598
	기타	28,215	38,159
	총계	$110,340	$248,027

출처: 버크셔해서웨이 2019년도 연차 보고서

제1장 5시그마 사건_세상에서 가장 위대한 투자자

1 Carol Loomis, *Tap Dancing to Work: Warren Buffet on Practically Everything, 1966-2012* (New York: Time inc., 2012), p. 256.

2 Mattew Bishop and Michael Green, *Philanthrocapitalism: How Giving Can Save the World*(New York: Bloomsbury Press, 2008), p. 1.

3 Loomis, *Tap Dancing to Work*, p. 258.

4 Ibid., p. 261.

5 Bishop and Green, *Philanthrocapitalism*, p. 75.

6 Loomis, *Tap Dancing to Work*, p. 149.

7 Ibid., p. 315.

8 Alice Schroeder, *The Snowball: Warren Buffett and the Business of Life*(New York: Random House, 2008), p. 51, 55.

9 Roger Lowenstein, *Buffett: The Making of an American Capitalist*(New York: Random House, 1995), p. 10.

10 Schroeder, *The Snowball*, p. 62.

11 Ibid.

12 Ibid.

13 Adam Smith, *Supermoney*(Hoboken, NJ: John Wiley & Sons, 2006), p. 178.

14 Ibid.

15 Loomis, *Tap Dancing to Work*, p. 67.

16 Lowenstein, *Buffett*, p. 26.

17 Schroeder, *The Snowball*, p. 146. 슈뢰더는 이것을 플라톤의 동굴에 비유했는데, 원래

는 패트릭 번이 한 말이다.

18 John Train, *The Money Masters*(New York: Penguin Books, 1981), p. 11.

19 John Brooks, *The Go-Go Years*(New York: Weybright & Talley, 1973).

20 Train, *The Money Masters*, p. 12.

21 Berkshire Hathaway Annual Report, 1987, p. 22.

22 Berkshire Hathaway Annual Report, 2011, p. 9.

23 Loomis, *Tap Dancing to Work*, p. 62. 그리스 문자 시그마(sigma)는 평균으로부터 표준 편차를 나타내는 통계에 사용된다. 5시그마 사건은 348만8,555번 중 한 번 나타날 확률을 의미한다. 달리 표현하면 99.99994퍼센트의 정확성을 가진 확률이다.

24 Ibid.

제2장 워런 버핏의 교육

1 Adam Smith, *Supermoney*(New York: Random House, 1972), p. 172.

2 *New York Times*, December 2, 1934, 13D.

3 Benjamin Graham and David Dodd, *Security Analysis*, 3rd ed.(New York: McGraw-Hill, 1951), p. 38.

4 Ibid., p. 13.

5 "Ben Graham: The Grandfather of Investment Value Is Still Concerned", *Institutional Investor*, April 1974, p. 62.

6 Ibid., p. 61.

7 John Train, *The Money Masters*(New York: Penguin Books, 1981), p. 60.

8 Philip Fisher, *Common Stocks and Uncommon Profits*(New York: Harper & Brothers, 1958), p. 11.

9 Ibid., p. 16.

10 Ibid., p. 33.

11 Philip Fisher, *Developing an Investment Philosophy*, Financial Analysts Research Foundation, Monograph Number 10, p. 1.

12 Fisher, *Common Stocks and Uncommon Profits*, p. 13.

13 Fisher, *Developing an Investment Philosophy*, p. 29.

14 Andrew Kilpatrick, *Of Permanent Value: The Story of Warren Buffett*, rev. ed.(Birmingham, AL: AKPE, 2000), p. 89.

15 Robert Hagstrom, *Investing: The Last Liberal Art*(New York: Columbia University Press, 2013).

16 1997년도 버크셔해서웨이 연차 주주총회에서 나온 말. 재닛 로의 찰리 멍거 자서전 『찰리 멍거, 자네가 옳아!(*Damn Right!*)』(New York: John Wiley & Sons, 2000)에서 인용.

17 Andrew Kilpatrick, *Warren Buffett: The Good Guy of Wall Street*(New York: Donald I. Fine, 1992), p. 38.

18 Robert Lenzner, "Warren Buffett's Idea of Heaven: I Don't Have to Work with People I Don't Like", *Forbes*, October 18, 1993, p. 43.

19 Berkshire Hathaway Annual Report, 1989, p. 21.

20 Ibid.

21 L. J. Davis, "Buffett Takes Stock", *New York Times Magazine*, April 1, 1990, p. 61.

22 Berkshire Hathaway Annual Report, 1987, p. 15.

23 Warren Buffett, "The Superinvestors of Graham-and-Doddsville", *Hermes*, Fall 1984.

24 Berkshire Hathaway Annual Report, 1990, p. 17.

25 Benjamin Graham, *The Intelligent Investor*, 4th ed.(New York: Harper & Row, 1973), p. 287.

26 Warren Buffett, "What We Can Learn from Philip Fisher", *Forbes*, October 19, 1987, p. 40.

27 "The Money Men—How Omaha Beats Wall Street", *Forbes*, November 1, 1969, p. 82.

제3장 기업 인수_12가지 불변의 요소들

1 Berkshire Hathaway Annual Report, 1987, p. 14.

2 Robert Lenzner, "Warren Buffett's Idea of Heaven: I don't Have to Work with People I Don't Like", *Forbes*, October 18, 1993.

3 *Fortune*, November 29, 1993, p. 11.

4 Berkshire Hathaway Annual Report, 1987, p. 7.

5 Berkshire Hathaway Annual Report, 1989, p. 22.

6 버크셔해서웨이 1995년도 연례 주주총회, 앤드루 킬패트릭의 『영원한 가치에 관하여』(Birmingham, AL: AKPE, 2004), 1,356쪽에서 인용.

7 *St. Petersburg Times*(December 15, 1999), 앤드루 킬패트릭의 『영원한 가치에 관하여』(2004), 1,356쪽에서 인용.

8 *Fortune*(November 22, 1999), 앤드루 킬패트릭의 『영원한 가치에 관하여』(2004), 1,356쪽에서 인용.

9 버크셔해서웨이 1996년도 연례 주주총회, 앤드루 킬패트릭의 『영원한 가치에 관하여』(2004), 1,344쪽에서 인용.

10 Berkshire Hathaway Annual Report, 1982, p. 57.

11 Lenzner, "Warren Buffett's Idea of Heaven".

12 Berkshire Hathaway Annual Report, 1989.

13 Carol Loomis, "The Inside Story of Warren Buffett", *Fortune*, April 11, 1988.

14 Berkshire Hathaway Annual Report, 1988, p. 5.

15 Berkshire Hathaway Annual Report, 1986, p. 5.

16 Andrew Kilpatrick, *Of Permanent Value*(2000), p. 89.

17 Berkshire Hathaway Annual Report, 1989, p. 22.

18 Linda Grant, "The $4 Billion Regular Guy", *Los Angeles Times*, April 17, 1991(magazine section), p. 36.

19 Lenzner, "Warren Buffett's Idea of Heaven".

20 Berkshire Hathaway Annual Report, 1985, p. 9.

21 Berkshire Hathaway Annual Report, 1987, p. 20.

22 Ibid., p. 21.

23 Berkshire Hathaway Annual Report, 1984, p. 15.

24 Berkshire Hathaway Annual Report, 1986, p. 25.

25 Carol Loomis, *Tap Dancing to Work: Warren Buffet on Practically Everything, 1966-2012* (New York: Time inc., 2012).

26 Berkshire Hathaway Annual Report, 1990, p. 16.

27 Berkshire Hathaway Letters to Shareholders, 1977-1983, p. 52.

28 Berkshire Hathaway Annual Report, 1989, p. 5.

29 Jim Rasmussen, "Buffett Talks Strategy with Students", *Omaha World Herald*, January 2, 1994, p. 26.

30 Berkshire Hathaway Annual Report, 1992, p. 14.

31 Berkshire Hathaway Letters to Shareholders, 1977~1983, p. 53.

32 Lowenstein, *Buffett: The Making of an American Capitalist*(New York: Random House, 1995), p. 323.

33 Berkshire Hathaway Letters to Shareholders, 1977~1983, p. 82.

제4장 보통주 매입_9가지 사례 연구

1 Mary Rowland, "Mastermind of a Media Empire", *Working Women*, November 11, 1989, p. 115.

2 The Washington Post Company Annual Report, 1991, p. 2.

3 Berkshire Hathaway Annual Report, 1992, p. 5.

4 Berkshire Hathaway Annual Report, 1985, p. 19.

5 Chalmers M. Roberts, *The Washington Post: The First 100 Years*(Boston: Houghton Mifflin, 1977), p. 449.

6 Berkshire Hathaway Annual Report, 1991, p. 8.

7 Ibid., p. 9.

8 William Thorndike, *The Outsiders: Eight Unconventional CEOs and Their Radically Rational Blueprint for Success*(Boston: Harvard Business Review Press, 2012), p. 9,110.

9 Carol Loomis, "An Accident Report on GEICO", *Fortune*, June 1976, p. 120.

10 1973년과 1974년의 약세장이 GEICO의 초창기 몰락의 부분적인 이유가 될 수는 있지만 1975년과 1976년의 주가 하락은 자초한 것이었다. 1975년에 S&P500지수는 70.23포인트에서 출발하여 90.9포인트로 막을 내렸다. 이듬해에도 주식시장은 강세를 보였다. 1976년에 주식시장은 상승한 반면 이자율은 하락했다. 따라서 GEICO의 주가 하락은 금융시장과 아무 관련도 없었다.

11 Beth Brophy, "After the Fall and Rise", *Forbes*, February 2, 1981, p. 86.

12 Lynn Dodds, "Handling the Naysayers", *Financial World*, August 17, 1985, p. 42.

13 Berkshire Hathaway Letters to Shareholders, 1977~1983, 33.

14 Andrew Kilpatrick, *Warren Buffett: The Good Guy of Wall Street*(New York: Donald I. Fine, 1992), p. 102.

15 Anthony Bianco, "Why Warren Buffett Is Breaking His Own Rules", *Business Week*, April 15, 1985, p. 34.

16 Berkshire Hathaway Annual Report, 1991, p. 8.

17 Bianco, "Why Warren Buffett Is Breaking His Own Rules".

18 Dennis Kneale, "Murphy & Burke", *Wall Street Journal*, February 2, 1990, p. 1.

19 Capital Cities/ABC Inc. Annual Report, 1992.

20 "A Star Is Born", *Business Week*, April 1, 1985, p. 77.

21 Anthony Baldo, "CEO of the Year Daniel B. Burke", *Financial World*, April 2, 1991, p. 38.

22 Berkshire Hathaway Annual Report, 1985, p. 20.

23 Roger Lowenstein, *Buffett: The Making of an American Capitalist*(New York: Random House, 1995), p. 323.

24 Berkshire Hathaway Annual Report, 1993, p. 14.

25 Kilpatrick, *Warren Buffett: The Good Guy of Wall Street*, p. 123.

26 Mark Pendergrast, *For God, Country and Coca-Cola*(New York: Scribners, 1993).

27 Art Harris, "The Man Who Changed the Real Thing", *Washington Post*, July 22, 1985, B1.

28 "Strategy of the 1980s", Coca-Cola Company.

29 Ibid.

30 Berkshire Hathaway Annual Report, 1992, p. 13.

31 Ibid.

32 John Dorfman, "Wells Fargo Has Bulls and Bears: So Who's Right?", *Wall Street Journal*, November 1, 1990, C1.

33 Ibid.

34 John Liscio, "Trading Points", *Barron's*, October 29, 1990, p. 51.

35 Berkshire Hathaway Letters to Shareholders, 1977–1983, p. 15.

36 Berkshire Hathaway Annual Report, 1990, p. 16.

37 Reid Nagle, "Interpreting the Banking Numbers", *The Financial Services Industry-Banks, Thrifts, Insurance Companies, and Securities Firms*, ed. Alfred C. Morley, 25-41 (Charlottesvile, VA: Associated of Investment Management and Research, 1991).

38 "CEO Silver Award", *Financial World*, April 5, 1988, p. 92.

39 Gary Hector, "Warren Buffett's Favorite Banker", *Forbes*, October 18, 1993, p. 46.

40 Berkshire Hathaway Annual Report, 1990, p. 16.

41 Ibid.

42 Ibid.

43 R. Hutchings Vernon, "Mother of All Annual Meetings", *Barron's*, May 6, 1991.

44 John Taylor, "A Leveraged Bet", *Forbes*, April 15, 1991, p. 42.

45 Berkshire Hathaway Annual Report, 1994, p. 17.

46 Dominic Rushe, "Warren Buffet Buys $10bn IBM Stake", *The Guardian*, November 14, 2011.

47 Berkshire Hathaway Annual Report, 2011, p. 7.

48 Ibid.

49 Ibid., p. 6.

50 Ibid., p. 7.

51 Rushe, "Warren Buffet Buys $10bn IBM Stake".

52 개인적으로 내게 가르침을 주었던 모닝스타 CFA 겸 기술이사인 그래디 버킷에게 감사한다.

53 Steve Lohr, "IBM Delivers Solid Quarterly Profits", *New York Times*, July 18, 2012.

54 Berkshire Hathaway Annual Report, 2011, p. 7.

55 CNBC에 출연한 워런 버핏으로부터 인용. February 14, 2013.

56 Michael De La Merced and Andrew Ross Sorkin, "Berkshire and 3G Capital in a $23 Billion Deal for Heinz", *New York Times*, February 19, 2013.

57 Berkshire Hathaway Annual Report, 1987, p. 15.

제5장 포트폴리오 관리_투자의 수학

1 워런 버핏과의 대화, 1994년 8월.

2 Dan Callaghan, Legg Mason Capital Management / Morningstar Mutual Funds.

3 Berkshire Hathaway Annual Report, 1993, p. 15.

4 Ibid.

5 워런 버핏과의 대화, 1994년 8월.

6 *Outstanding Investor Digest*, August 10, 1995, p. 63.

7 Ibid.

8 Peter L. Bernstein, *Against the Gods*(New York: John Wiley & Sons, 1996), p. 63.

9 Ibid.

10 Ibid.

11 *Outstanding Investor Digest*, May 5, 1995, p. 49.

12 Robert L. Winkler, *An Introduction to Bayesian Inference and Decision*(New York: Holt, Rinehart & Winston, 1972), p. 17.

13 Andrew Kilpatrick, *Of Permanent Value: The Story of Warren Buffett*(Birmingham, AL: AKPE, 1998), p. 800.

14 *Outstanding Investor Digest*, April 18, 1990, p. 16.

15 Ibid.

16 *Outstanding Investor Digest*, June 23, 1994, p. 19.

17 Edward O. Thorp, *Beat the Dealer: A Winning Strategy for the Game of Twenty-One*(New York: Vintage Books, 1962).

18 켈리 성장 모델의 확인을 위해서 나는 빌 밀러에게 신세를 졌다.

19 C. E. Shannon, "A Mathematical Theory of Communication", *Bell System Technical Journal* 27, no.3(July 1948).

20 J. L. Kelly Jr., "A New Interpretation of Information Rate", *Bell System Technical Journal* 35, no.3(July 1956).

21 *Outstanding Investor Digest*, May 5, 1995, p. 57.

22 Andrew Beyer, *Picking Winners: A Horse Player's Guide*(New York: Houghton Mifflin, 1994), p. 178.

23 *Outstanding Investor Digest*, May 5, 1995, p. 58.

24 Benjamin Graham, *The Memoirs of the Dean of Wall Street*(New York: McGraw-Hill, 1996), p. 239.

25 이 연설은 컬럼비아 경영대학원 간행물인 『헤르메스』(1984년 가을호)에서 동일한 제목의 기사로 각색되었다. 이 글은 기사에서 직접 인용한 것이다.

26 Warren Buffett, "The Superinvestors of Graham-and-Doddsville", *Hermes*, Fall 1984. 다음은 버핏의 기사에 실린 최고 투자자들이다. 1950년대 중반에 그레이엄뉴먼코퍼레이션에서 버핏과 함께 일했던 월터 슐로스, 그레이엄뉴먼의 또 다른 동료이면서 훗날 그레이엄의 추종자가 된 에드 앤더슨과 함께 트위디브라운합자회사(Tweedy, Browne Partners)를 창립한 톰 냅, 버핏의 동업자 찰리 멍거, 퍼시픽합자회사의 릭 거린, 펄미터투자(Perlmeter Investments)의 스탠 펄미터.

27 Berkshire Hathaway Annual Report, 1991, p. 15.

28 Jess H. Chua and Richard S. Woodward, "J. M. Keynes's Investment Performance: A Note", *Journal of Finance* 38, no.1(March 1983).

29 Ibid.

30 Ibid.

31 Buffett, "The Superinvestors of Graham-and-Doddsville".

32 Ibid.

33 Ibid.

34 Sequoia Fund Annual Report, 1996.

35 Solveig Jansson, "GEICO Sticks to Its Last", *Institutional Investor*, July 1986, p. 130.

36 Berkshire Hathaway Annual Report, 1986, p. 15.

37 Berkshire Hathaway Annual Report, 1995, p. 10.

38 이것은 빌라노바 대학의 조앤 램테넌트 박사가 진행한 조사였다.

39 K. J. Martijn Cremers and Antti Petajisto, "How Active Is Your Fund Manager? A New Measure That Predicts Performance", Yale ICF Working Paper No. 06-14. March 31, 2009.

40 "Active Funds Come out of the Close", *Barron's*, November 17, 2012.

41 Buffett, "The Superinvestors of Graham-and-Doddsville".

42 Joseph Nocera, "Who's Got the Answers?", *Fortune*, November 24, 1997, p. 329.

43 Ibid.

44 V. Eugene Shahan, "Are Short-Term Performance and Value Investing Mutually Exclusive", *Hermes*, Spring 1986.

45 Sequoia Fund, Quarterly Report, March 31, 1996.

46 널리 인용된 워런 버핏의 말.

47 Berkshire Hathaway Annual Report, 1987, p. 14.

48 Ibid.

49 Ibid.

50 Berkshire Hathaway Annual Report, 1981, p. 39.

51 Benjamin Graham and David Dodd, *Security Analysis*, 3rd(New York: McGraw-Hill, 1951).

52 Berkshire Hathaway Annual Report, 1987, p. 15.

53 Berkshire Hathaway Annual Report, 1991, p. 8.

54 Ibid.

55 *Outstanding Investor Digest*, August 10, 1995, p. 10.

56 Berkshire Hathaway Annual Report, 1991, p. 15.

57 Berkshire Hathaway Annual Report, 1996.

58 Robert Jeffrey and Robert Arnott, "Is Your Alpha Big Enough to Cover Its Taxes?", *Journal of Portfolio Management*, Spring 1993.

59 Ibid.

60 Brett Duval Fromson, "Are These the New Warren Buffetts?", *Fortune*, October 30, 1989; Carol Loomis, *Tap Dancing to Work: Warren Buffet on Practically Everything, 1966~2012*(New York: Time inc., 2012), p. 101.

제6장 투자의 심리학

1 *Outstanding Investor Digest*, August 10, 1995, p. 11.

2 Benjamin Graham, *The Intelligent Investor*(New York: Harper & Row, 1973), p. 106.

3 Jonathan Fuerbringer, "Why Both Bulls and Bears Can Act So Bird-Brained", *New York Times*, March 30, 1997, section 3, p. 6.

4 Jonathan Burton, "It Just Ain't Rational", *Fee Advisor*, September/October 1996, p. 26.

5 Brian O'Railly, "Why Can't Johnny Invest?", *Fortune*, November 9, 1998, p. 73.

6 Fuerbringer, "Why Both Bulls and Bears Can Act So Bird-Brained".

7 Larry Swedore, "Frequent Monitoring of Your Portfolio Can Be Injurious to Your Health", www.indexfunds.com/articles/20021015_myopic_com_gen_LS.htm.

8 Shlomo Benartzi and Richard Thaler, "Myopic Loss Aversion and the Equity Risk Premium", *Quarterly Journal of Economics* 110, no.1(February 1995), pp. 73~92.

9 Berkshire Hathaway Annual Report, 1984, p. 14.

10 Graham, *The Intelligent Investor*.

11 Ibid.

12 현대 재무학 발전에 대해서 광범위하게 잘 정리한 책을 찾는다면 피터 번스타인의 『캐피털 아이디어(*Capital Ideas: The Improbable Origins of Modern Wall Street*)』(New York: Free Press, 1992)를 참조하라.

13 Berkshire Hathaway Annual Report, 1993, p. 13.

14 Ibid.

15 *Outstanding Investor Digest*, June 23, 1994, p. 19.

16 *Outstanding Investor Digest*, August 8, 1996, p. 29.

17 Berkshire Hathaway Annual Report, 1988, p. 18.

18 Ibid.

19 Andrew Kilpatrick, *Of Permanent Value: The Story of Warren Buffett*(Birmingham, AL: AKPE, 1988), p. 683.

제7장 인내의 가치

1 Andrei Shleifer and Robert Vishny, "The New Theory of the Firm: Equilibrium Short Horizons of Investors and Firms", *American Economic Review, Paper and Proceedings* 80, no.2(1990), pp. 148~153.

2 Ibid.

3 Keith Stanovich, *What Intelligence Tests Miss: The Psychology of Rational Thought*(New Haven: Yale University Press, 2009); Keith Stanovich, "Rationality versus Intelligence", Project Syndicate(2009-04-06), www.project-syndicate.org.

4 Keith Stanovich, "Rational and Irrational Thought: The Thinking That IQ Tests Miss", *Scientific American Mind*(November/December 2009), p. 35.

5 Jack Treynor, *Treynor on Institutional Investing*(Hoboken, NJ: John Whiley & Sons, 2008), p. 425.

6 Ibid., p. 424.

7 Ibid.

8 Daniel Kahneman, *Thinking Fast and Slow*(New York: Farrar, Straus & Giroux, 2011), p. 4.

9 야구 방망이 가격은 1.05달러이고 공의 가격은 0.05달러이다. 100대의 기계로 100개의 제품을 만드는 데에는 5분이 걸린다. 수련밭이 연못의 절반을 덮을 때까지 걸리는 시간은 47일이다.

10 D. N. Perkins, "Mindware and Metacurriculm", *Creating the Future: Perspectives on Educational Change*, comp. and ed. Dee Dickinson(Baltimore: Johns Hopkins University School of Education, 2002).

11 Ilia Dicher, Kelly Long, Dexin Zhou, "The Dark Side of Trading", Emory University School of Law, Research Paper No.11, pp. 95~143.

12 Carol Loomis, *Tap Dancing to Work: Warren Buffet on Practically Everything, 1966~2012* (New York: Time inc., 2012), p. 101.

제8장 세상에서 가장 위대한 투자자

1 Roger Lowenstein, *Buffett: The Making of an American Capitalist*(New York: Random House, 1995), p. 20.

2 John Pratt and Richard Zeckhauser, *Principals and Agents: The Structure of Business* (Boston: Harvard Business School Press, 1985).

3 Carol Loomis, *Tap Dancing to Work: Warren Buffet on Practically Everything, 1966~2012*

(New York: Time inc., 2012), p. 101.

4 캐럴 루미스와의 대화, 2012년 2월.

5 Roger Lowenstein, *Buffett.*

6 Loomis, *Tap Dancing to Work*, p. 134.

7 Carol Loomis, "Inside Story of Warren Buffett", *Fortune*, April 11, 1988, p. 34.

8 Berkshire Hathaway Annual Report, 1996, p. 16.

9 Berkshire Hathaway Annual Report, 1993, p. 15.

10 William N. Thorndike, *The Outsiders: Eight Unconventional CEOs and Their Radically Rational Blueprint for Success*(Boston Harvard Business Review Press, 2012), p. 194.

11 Ibid.

12 Berkshire Hathaway Annual Report, 1993, p. 16.

13 Ibid.

14 Ibid., p. 14.

15 Ibid.

16 George Johnson, *Fire in the Mind: Science, Faith, and the Search for Order*(New York: Vintage Books, 1995), p. 104.

17 Andrew Kilpatrick, *Of Permanent Value: The Story of Warren Buffett*(Birmingham, AL: AKPE, 1998), p. 794.

18 Ron Chernow, *The Death of the Banker: The Decline and Fall of the Great Financial Dynasties and the Triumph of Small Investors*(New York: Vintage Books: 1997).

19 Berkshire Hathaway Annual Report, 1987, p. 15.

20 Robert Lenzner, "Warren Buffett's Idea of Heaven: I don't Have to Work with People I Don't Like", *Forbes*, October 18, 1993, p. 40.

21 Berkshire Hathaway Annual Report, 1992, p. 16.

찾아보기